"十四五"职业教育国家规划教材

U0649701

城市轨道交通
票务管理

谢淑润　张美晴　主　编
余　莉　副主编
柯　菲　主　审

人民交通出版社股份有限公司
北　京

内 容 提 要

本教材为"十四五"职业教育国家规划教材。主要面向城市轨道交通运营企业票务管理与服务人员岗位，从企业岗位需求和教学实践要求出发，对城市轨道交通票务管理工作进行了全面分析。全书共分6个模块，主要内容包括：城市轨道交通票务系统及自动售检票系统，城市轨道交通票卡与票务政策，自动售检票系统车站设备操作，车站票务管理，乘客票务事务处理，票务差错、违章和事故管理。

本教材可供职业院校城市轨道交通运营管理专业教学使用，也可作为相关行业岗位培训或自学用书，同时可供城市轨道交通从业人员学习参考。

本教材配套丰富的助教助学资源，其中课程标准、电子教案、电子课件、配套习题及答案、与实践教学单元匹配的任务工单、企业案例分析、教学示范视频仅向授课教师提供。请有需求的任课老师通过加入职教轨道教学研讨群（**QQ群129327355**）获取。

图书在版编目(CIP)数据

城市轨道交通票务管理/谢淑润,张美晴主编. —
北京:人民交通出版社股份有限公司,2021.4(2025.2重印)
ISBN 978-7-114-17072-0

Ⅰ.①城… Ⅱ.①谢…②张… Ⅲ.①城市铁路—旅
客运输—售票—管理—教材 Ⅳ.①U293.22

中国版本图书馆 CIP 数据核字(2021)第 027713 号

Chengshi Guidao Jiaotong Piaowu Guanli
书　　名:城市轨道交通票务管理
著 作 者:谢淑润　张美晴
责任编辑:钱　堃　杨　思
责任校对:刘　芹
责任印制:张　凯
出版发行:人民交通出版社股份有限公司
地　　址:(100011) 北京市朝阳区安定门外外馆斜街 3 号
网　　址:http://www.ccpcl.com.cn
销售电话:(010) 85285911
总 经 销:人民交通出版社股份有限公司发行部
经　　销:各地新华书店
印　　刷:北京武英文博科技有限公司
开　　本:787×1092 1/16
印　　张:20.75
字　　数:463 千
版　　次:2021 年 4 月　第 1 版
印　　次:2025 年 2 月　第 7 次印刷
书　　号:ISBN 978-7-114-17072-0
定　　价:49.00 元
(有印刷、装订质量问题的图书,由本公司负责调换)

前言

● **编写背景**

为适应城市轨道交通行业的快速发展，对接主流生产技术，注重吸收行业发展的新知识、新技术、新工艺、新方法，贯彻落实《国家职业教育改革实施方案》（国发〔2019〕4号）、《职业教育提质培优行动计划（2020—2023年）》（教职司成〔2020〕7号）等文件精神，深化职业教育教学改革，进一步办好新时代职业教育，人民交通出版社组织相关职业院校具有丰富教学经验的专业教师及城市轨道交通运营企业技术骨干，在联合有关部门、行业组织、行业职业教育教学指导机构进行深入论证，听取各方意见，认真总结近几年城市轨道交通运营管理专业教育教学改革成果的基础上编写了本教材。本教材也是课程改革的成果之一，其内容经过多年的教育教学实践检验，得到普遍认可，在教育教学实践中反映良好，对加快新形态教材建设，提高教学水平和教育质量发挥了重要作用。

● **编写理念**

教材的编写采取了校企合作的方式，得到了广州、东莞、武汉、深圳、合肥、郑州等城市轨道交通运营企业的大力支持。教材以发展较早的广州地铁集团有限公司管理模式为基础，结合武汉、北京、上海、深圳、长沙、合肥、郑州、太原、西安、佛山等城市轨道交通运营企业现行票务管理模式，力求做到通用性和实效性的统一。

教材紧跟城市轨道交通行业发展步伐，有效服务经济社会发展对人才培养的需要，创新思想政治教育模式，将社会主义核心价值观融入其中，全面落实课程思政要求。按照专业设置与产业需求对接、课程内容与职业标准对接、教学过程与生产过程对接的理念，贯彻落实职业道德与专业精神的统一，努力实现全过程、全方位育人。

● **教材特色**

（1）教材在编写过程中以促进学生就业和适应产业发展需求为导向，"岗课赛证"融通，着力培养高素质劳动者和技术技能人才。教材对接最新职业标准、行业标准和岗位规范，紧贴岗位实际工作过程，调整课程结构，更新课程内容。把职业岗位所需要的思政、知识、技能和职业素养融入其中，将"1+X"《城市轨道交通站务职业技能等级标准》（2020版）对应的"票务运作"工作领域内所有的职业技能要求涵盖在内，并与全国交通运输行业城市轨道交通服务员职业技能大赛票务系统项目技术方案充分对接。力求将课程学业评价与职业技能等级标准、职业技能大赛评分标准相结合，加大职业能力培训设计，增强学生就业创业本领，为满足城市轨道交通行业发展和提高个人职业生涯发展需求提供优质人才资源支撑。

（2）编者通过深入企业调研，分解车站票务管理典型工作任务，以任务为导向，以站务岗位的票务工作程序及标准为出发点，设计教学内容，落实立德树人根本任务，健全德技并修、工学结合的育人机制。每个模块设置课程思政案例专栏，通过企业真实案例分析，融入中华优秀传统文化、法治意识等思想政治教育元素，弘扬劳动光荣、技能宝贵、精益求精的专业精神、职业精神、工匠精神和劳模精神。大量采用图表、案例分析、情境模拟和流程图，便于采取小组讨论、角色扮演、工作情境模拟等多种课堂形式，强调学生参与、小组协作、师生互动，提高其学习动力和团队合作能力。

（3）教材遵循学生认知规律和职业成长规律，教学内容由浅入深、循序渐进，主要包括城市轨道交通票务系统及自动售检票系统（AFC 系统），城市轨道交通票卡与票务政策，AFC 系统车站设备操作，车站票务管理，乘客票务事务处理，票务差错、违章和事故管理 6 个模块。突出学生职业综合能力和职业生涯发展的培养，每个单元设有方便学生提前了解知识框架的知识树和对单元重点知识掌握情况进行摸底的单元测试（见配套资源包），每个模块设有配套的模块工作任务，并在附录中附有相应工作任务活页单，便于师生及时开展过程性训练评价。通过多方位自测、职业能力训练方案和每个模块的工作任务综合评价，突出过程性考核，考核评价指标科学有据，注重及时反馈。评价重点遵循个人职业成长规律，从个人能力到团队协作，再到管理能力的发展，最终达到学生综合职业能力提升的目的。

● **读者对象**

本教材可作为职业教育城市轨道交通运营管理专业的核心课程教材，也可为城市轨道交通运营企业站务岗位培训提供参考。

● **编写分工**

本教材由武汉铁路职业技术学院谢淑润（城市轨道交通运营管理专业带头人）、张美晴担任主编，武汉铁路职业技术学院余莉担任副主编，武汉地铁运营有限公司姚婕参编，主编、副主编均为"双师型"教师，有多年轨道交通企业工作经历和丰富的教学经验，参编为武汉地铁姚婕（劳模）创新工作室带头人，扎根地铁车站工作近 20 年，是党的二十大代表、全国劳动模范、全国三八红旗手。本教材由广州地铁集团有限公司柯菲担任主审。具体编写分工如下：模块 1、模块 2 由余莉负责编写；模块 3、模块 6 由张美晴负责编写；模块 4、模块 5 由谢淑润负责编写；企业资源更新由姚婕负责。全书由谢淑润负责框架设计及统稿工作，由柯菲负责主审工作。

● **致谢**

书中参考引用了城市轨道交通运营管理专业专家、学者的著作和成果，在书末列出了主要参考文献目录，如有遗漏，恳请原谅并与我们联系，在此向相关作者表示衷心的感谢。

鉴于编者水平、经验有限，书中疏漏和不当之处在所难免，恳请读者予以指正，以便修订和完善。

编　者
2021 年 2 月

目录

配套资源使用说明

1. 教材动画资源索引列表如下，任课教师可引导学生利用优质课程资源进行自主学习。

序　号	资源名称	页　码
20	BOM 售卡售票示范	107
21	BOM 发售储值票	107
22	BOM 储值票充值	108
23	BOM 票卡异常处理的超时操作	108
24	BOM 票卡异常处理的出站次序错误操作	108
25	BOM 验票操作	109
26	BOM 办理单程票退票退款	109
27	TCM 验票操作	119
28	PCA 的操作	119
29	SC 票务管理界面及操作	127
30	行车值班员票务工作职责	160
31	票卡管理概述	166
32	票卡的发行、配转和处理	166
33	现金安全管理	178
34	现金清点中钱箱清点工作	179
35	现金清点中钱币清点工作	179
36	车站收益管理	184
37	票务备品及钥匙管理	191
38	储值票退票处理	227
39	降级运营模式的设置原则及方法	255
40	列车故障模式下的车票处理	257

2. 本教材配套资源丰富、呈现形式灵活。

配有单元测试题、任务工单、课件、教案、企业案例分析、课程标准、教学示范视频等电子版资源，便于教师根据课程需要灵活使用（如调换位置、变更内容、收交作业等）。有需要的任课老师可联系出版社获取。

自动售票机结构教学

3. 本教材配套虚拟仿真实训，学员可以开展线上实训，系统会根据学员实训结果自动评分，为教学提供新技术手段。见自动售票机结构教学二维码。

教材与"1+X"职业技能等级证书对应的知识点

本教材结合"1+X"证书制度，将职业技能等级证书标准有关内容要求有机融入教材。

城市轨道交通运营管理专业"1+X"证书中的"X"证书，目前可对应城市轨道交通站务职业技能等级证书。教材将"1+X"《城市轨道交通站务职业技能等级标准》（2020版）对应的"票务运作"工作领域内所有的职业技能要求涵盖在内，包含了城市轨道交通站务职业技能等级初级、中级、高级三个级别，依次递进，高级别涵盖低级别职业技能要求。任课教师可根据下表，因材施教，梯度教学。

序号	城市轨道交通站务职业技能要求	教材对应知识点	教材页码
		初级要求	
1	3.1.1 能掌握自动售检票设备功能和注意事项，识别故障	AFC 系统定义	7-8
		AFC 系统基本架构	9-10
		车站级售检票设备功能	17-19
		售检票终端设备的工作模式	19
		TVM 简单故障处理-故障现象-注意事项	72-75
		AGM 简单故障处理-故障现象-注意事项	96
2	3.1.2 能使用（半）自动售票机发售车票	BOM 的功能-售票-充值	101
		BOM 的业务操作说明 （一）系统登录 （二）按金额发售单程票 （三）按站点售单程票 （四）发售储值票 （五）储值票充值 （九）发售行李票 （十二）发售儿童票	107-110

序号	城市轨道交通站务职业技能要求	教材对应知识点	教材页码
3	3.1.3 能使用半自动售票机对乘客的车票进行分析、处理	BOM 的功能-验票-车票分析-异常车票处理-补票-退票退款-行政事务处理	101-105
		BOM 的业务操作说明 （六）异常处理 （七）验票 （八）单程票退票退款 （十）补收票款 （十一）乘客事务退款	108-110
4	3.1.4 能回收闸机的车票	车票回收模块	84
		AGM 的维护操作	93-95
5	3.1.5 能解答乘客多元化购票、进出闸出现的问题，并做好相关指引	TVM 购票操作	62
		AGM 的工作方式	90-92
		车站其他终端设备的操作-自动加值机-自动验票机-便携式验票机-自助售卡充值机-云购票机-云闸机-核准机-自助客服中心-自助票务处理机-智慧客服平台	118-124
6	3.2.1 能正确保管、交接现金、票据	票卡的安全管理	167-168
		票卡/票据的交接要求	169-170
		现金的安全管理	178-179
		现金的交接	180-183
7	3.2.2 假钞的辨别	辨别真假人民币的传统做法	180
8	3.2.3 能识别票务违章行为	票务违章的定义	276
		票务违章的划分	276-277
9	3.3.1 能判断乘客乘车凭证的有效性，并根据证件性质进行指引、处理	票卡的种类	36-40
		票务通用政策	47-51

序号	城市轨道交通站务职业技能要求	教材对应知识点	教材页码
10	3.3.2 能根据不同的情况（含应急）对持各类车票的乘客进行指引，并对票务事务进行处理	普通乘客票务事务处理	223-234
11	4.2.6 能按AFC设备大面积故障应急处理程序要求进行票务事务处理等应急处理	售票类设备能力不足的票务应急处置	241-244
		检票类设备故障时的票务应急处置-进站闸机故障-出站闸机故障	248-250
		AFC设备全部故障的处理	252-253
中级要求			
1	3.1.1 能对自动售票机进行补充单程票、找零现金、回收单程票、钱箱、结账列印的操作	TVM的结构及主要部件	59-62
		TVM后台维护操作	64-71
2	3.1.2 能使用车站计算机监控、查询自动售检票设备状态	SC设备概述	126-127
		监控管理功能	141-150
3	3.1.3 能通过自动售票机后台查询数据初步判断卡币、卡票等故障	TVM内部结构	60-62
		查询操作说明	71
		TVM简单故障处理-故障处理方法	72-74
4	3.1.4 能完成应急情况下的闸机紧急释放操作	AGM工作方式-降级运营-紧急放行模式	91
5	3.2.1 能组织开展票务工作	车站票务组织架构	156-157
		车站票务管理原则	158-159
		车站各岗位票务工作职责	159-160
6	3.2.2 能完成与银行现金交接的工作	票、款管理-银行配备用金-现金解行-上日实际解行	131-132
		票款解行	178
		车站与银行之间的现金交接	183

序号	城市轨道交通站务职业技能要求	教材对应知识点	教材页码
7	3.2.3 能正确保管、使用、交接票务钥匙	票务备品及钥匙管理	190-195
8	3.2.4 能完成长短款处理	假钞、错款的处理	180
9	3.3.1 能确认、指导处理乘客票务事务	普通乘客票务事务处理	223-234
10	3.3.2 能确认、指导应急情况下的票务处理	售票类设备故障时的票务应急处理	237-244
		检票类设备故障时的票务应急处理	247-252
		降级运营模式下的票务应急处理	254-263
高级要求			
1	3.1.1 能掌握票务安全关键点	票务差错的分类	270
		票务违章的划分	276-277
		票务事故的划分	281-285
1	3.2.1 能识别常见票务违规操作情况	票务自查制度	271-272
		票务事故的定性	286
3	3.2.2 了解各类常见账实不符的情况	车站收益管理	183-185
4	3.2.3 了解票务安全监督的关键点及防控措施	稽查管理职责	272-274
		票务稽查工作原则及内容	278-279
		票务事故的定性处理	286
5	4.2.6 能按AFC设备大面积故障应急处理程序要求进行资源协调，合理安排人员疏导客流、处理受影响乘客的票务事务等应急处理	降级运营模式下的票务应急处理	254-260
		特殊情况下车站票务应急处理程序	261-263

模块 1

城市轨道交通票务系统及自动售检票系统

模块描述

本模块主要是帮助学生认知与票务相关的两大系统——城市轨道交通票务系统和自动售检票（Automatic Fare Collection，缩写为 AFC）系统，熟悉两个系统的组成、功能和它们之间的关联，掌握车站 AFC 设备的配置与布局。

教学目标

1. 思政目标

通过本模块的学习，学生应了解到，无论是票务系统的管理规范，还是 AFC 系统的操作规则，都应该遵守职业规范、履行岗位职责、培养职业道德、提升职业素质。

2. 知识目标

学生应充分理解票务系统的架构、业务功能以及票务组织架构，掌握 AFC 系统的发展历程、层级结构和系统功能。

3. 能力目标

学生应能熟练掌握 AFC 系统中车站 AFC 设备的配备和布局，理解票务系统中的票务数据如何在相关 AFC 设备中生成、记录、传输。

4. 素质目标

通过本模块的学习，学生应能够有整体—局部的意识，明白每一个功能的实现都需要不同层级、不同系统之间的相互配合。

建议学时

8 学时，其中实训 4 学时。

课程思政案例

遵纪守法守底线，职业道德立心间

1. 案例名称

利用系统漏洞侵占票款事件。

2. 案例描述

某地铁公司担任站务员的侯某某，偶然发现地铁充值系统存在漏洞。此时，侯某某刚刚结婚，正发愁婚后收支严重不平衡的问题，便打起了非法占有充值款的主意。此后，侯某某利用系统漏洞，使电脑系统无法正确显示乘客的充值金额，同时保证乘客充值后卡内余额增加且正常使用。侯某某利用实收款与电脑系统显示款额存在差额这一情况，将差额部分据为己有。一开始，侯某某不敢侵占太多，每天几百块钱。时间越长，他的胆子越大，侵占数额也越来越大，至案发时已达29万余元。

此次案发是后台管理人员发现侯某某使用的充值账号出现异常充值数据，从而揭发了侯某某的行迹。案发后，侯某某非常懊悔，说就是想先挪用一下，以后有钱了再想办法把钱还给公司。他也知道迟早会被揭发，"可享受过这种不劳而获的快感，就无法收手了"。

案发后，侯某某的家人将账款全部退还，但侯某某的错已铸成，无法挽回。法院以职务侵占罪判处侯某某有期徒刑一年两个月，缓刑两年。

3. 案例分析

上述案例主要是侯某某法律意识淡薄、职业道德水平不高所致。侯某某在发现地铁充值系统漏洞时，若能够自觉主动向车站汇报，就能杜绝此次违法。可惜他并没有这样做，而是利用系统漏洞牟利，尝到了甜头便一发不可收拾，案发后再后悔也是徒劳。

4. 案例启示

遵纪守法是每个公民应尽的社会责任和义务，也是职业道德的基本要求。法律面前没有灰色地带，绝不能抱有侥幸心理。守住底线，抵住诱惑，严格遵守各项规章制度，按规办事，才能持续发展。

单元1.1 城市轨道交通票务系统

单元1.1知识树

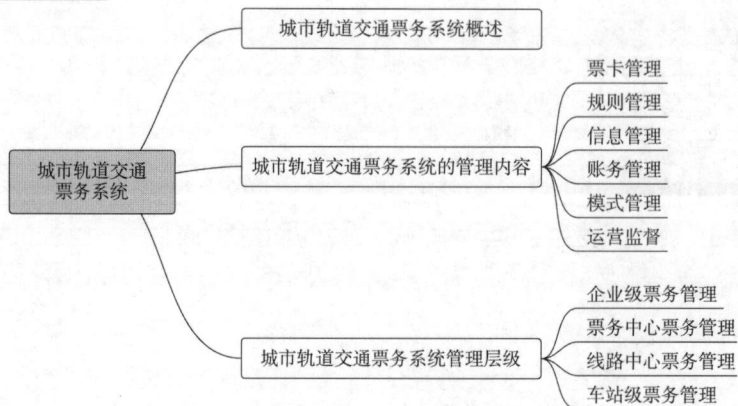

城市轨道交通票务系统
- 城市轨道交通票务系统概述
- 城市轨道交通票务系统的管理内容
  - 票卡管理
  - 规则管理
  - 信息管理
  - 账务管理
  - 模式管理
  - 运营监督
- 城市轨道交通票务系统管理层级
  - 企业级票务管理
  - 票务中心票务管理
  - 线路中心票务管理
  - 车站级票务管理

单元导入

每天运营结束后，值班站长（简称值站）可以通过各种报表了解车站运营的详细情况，包括车站当天的票款收入、备用金存量、各种车票存量、进出站乘客数量等，生成相关报表，只需要在计算机上进行操作，耗时仅几分钟。

排队给储值票/"一卡通"充值已经成为过去。以武汉为例，在支持近场通信（Near Field Communication，缩写为 NFC）功能的手机上使用"武汉通行"手机软件（Application，缩写为 App），即可随时随地完成"武汉通"的充值，还可查询票卡最近 10 笔交易记录，整个过程不到一分钟。

车站里，乘客可以用手机当车票，使用二维码进出闸机，通行只需两秒钟。

能实现如此快捷便利的操作，票务系统功不可没。那么，什么是票务系统呢？

理论知识

一　城市轨道交通票务系统概述

城市轨道交通票务系统是城市轨道交通运营方为乘客提供快捷、优惠的出行服务，有效进行票务收入管理，合理配置运营系统（运营设备、运营模式）资源而建立的一套满足城市轨道交通票务管理需求的系统。

城市轨道交通票务系统是城市轨道交通票务收入和结算的基础，通过安全、可靠和完备的 AFC 系统能有效地实施票务的结算和清分。线网内标准统一，是实现线路间换乘的基础条件，否则可能导致各条线路之间票务系统不兼容、车票介质不兼容，因而无法实现互联，不能实现信息共享，也无法进行交易数据的清分。

二　城市轨道交通票务系统的管理内容

城市轨道交通票务系统主要是依据票务政策和票务管理规章制定票价等运营策略，对车票种类、车票出售、入站检票、出站检票和补票、罚款等营收信息进行有效管理。随着系统功能外延的不断扩展，票务系统也承担起对营运状况进行监控管理的职责。

票务系统的业务管理主要包括票卡管理、规则管理、信息管理、账务管理、模式管理和运营监督等。

1. 票卡管理

票卡就是乘客使用的车票，用于记载乘客的出行和费用信息，是乘车的有效凭证。票卡管理就是对票卡的发行、使用、更新等全过程进行的有效管理。票卡发行及其使用主要包括车票编码定义、车票初始化、车票的赋值发售、车票的使用等。

2. 规则管理

为保证票务系统能够在多部门和多环节高效运行，必须制定一套科学、严密的规则、流程，包括票价策略、结算规则、权限管理和操作流程等。票价基本政策主要指城市轨道交通运营企业对计价方式、乘车时限、乘车限制等方面的规定。

3. 信息管理

信息化是 AFC 系统的一个基本特征。AFC 系统可根据交易信息，为决策或规划提供客流信息。为进行有效的管理和为决策提供可靠的信息，需对系统收集的基础数据进行深度挖掘、加工，开展统计分析并发布信息。通过票务系统的信息挖掘，可以进一步了解区域客流特征，为管理提供量化的决策依据。

4. 账务管理

账务管理是对系统的票务收入进行汇缴、结算、入账等过程的管理，包括账号设置、票款汇缴、登账稽核、收益结算、资金划拨和对凭证进行有效管理等。

5. 模式管理

模式管理就是针对不同的运营状况、条件所做出的相应操作行为的选择和实施，包括正常运营模式、降级运营模式以及相配套的运营管理。

6. 运营监督

运营监督就是通过系统设备及其所具有的完整、严密、及时的信息流对运营状况进行实时跟踪监督，以提高运营质量和服务水平。它包括信息传输状况监督、客流状况监督、调配监督、收款监督及收益监督等。

三 城市轨道交通票务系统管理层级

城市轨道交通票务系统由上而下分为 4 个管理层级，分别为企业级票务管理、票务中心票务管理、线路中心票务管理和车站级票务管理。

1. 企业级票务管理

（1）负责公司票务管理规章、管理制度及各岗位作业程序的拟定和修订。

（2）负责各项票务规章制度执行状况的检查、监督及指导工作。

（3）负责独立组织或协调相关部门有效开展票务稽查工作。

（4）对检查中发现的问题，负责根据规定要求及时处置、上报，并依据相关管理办法，对各项票务违章行为向公司绩效考核委员会提交考核处置建议。

（5）负责定期统计分析公司、站区及班组执行票务规章制度状况和票务稽查状况的各类数据，对重复发生、连续发生的行为及管理漏洞或薄弱环节，制订并组织落实各项防范措施。

（6）负责组织召开企业级票务工作例会及专题会议。

（7）负责定期收集并汇总乘客对城市轨道交通票务工作的意见及建议，积极妥善地进行相关处置。

（8）负责根据 AFC 系统的实际运行情况向上级主管部门反馈存在的问题，提出整改建议，并负责配合有关部门对整改情况进行检查。

（9）负责票款收缴的管理、监督及审核。

（10）负责票务有关数据的统计分析，并与城市轨道交通运营企业财务部进行运营收益核对。

（11）负责企业级票务培训，确保票务工作质量。

（12）负责制定回收类车票的调配制度与流程，确保运营需求。

（13）负责审核票务中心提交的车票及硬币的领用、配发和调拨计划。

（14）负责定期分析公司票务工作情况及票款指标任务完成情况，为领导决策提供科学依据。

（15）负责协助城市轨道交通运营企业调查处理 AFC 系统事故。

2. 票务中心票务管理

（1）票卡周转管理：对各城市轨道交通运营企业（运营分部）的票卡发放、回收、坏卡处理等过程进行管理，并且通过报表反映管理过程，包括整个路网管理过程中的票卡使用、调拨、库存等状况。

（2）发票管理：对各城市轨道交通运营企业（运营分部）进行的发票发放和缴销审核工作。

（3）票款收入资金管理：对各城市轨道交通运营企业（运营分部）进行的票款收入对账和审核工作。

（4）各类报表管理：对与车站票务相关的报表进行管理。这些报表包括票卡、票卡收入、发票、客流、车站运营等各类与票务相关的报表，能全面反映全路网以及各城市轨道交通运营企业的票务管理情况。

3. 线路中心票务管理

（1）银行资金接入与结算对账系统管理：按照银联机构的要求完成交易、清分、结算处理。

（2）票卡周转管理：对本线路中心管辖范围内票卡的发放、回收和调拨进行管理，同时向票务中心请领票卡。

（3）票款收入管理：包括银行回单的核对，车站填报内容的审核，配合公司财务做好资金账户的资金管理工作。

（4）日常对账：根据 AFC 系统接入的信息以及车站手工填报的信息核对应收和实收收入，再通过手工填报的信息和银行资金进行银行资金、发票领用信息的核对。

（5）负责车站票务报表、备用金、发票的申报、管理以及票款、车票管理工作。

（6）负责票务备品的定额管理工作，监控票务收益安全情况，监控系统的使用情况。

（7）负责车站票务收益的核对、结算及总部票务收益报表编制工作，定期向相关部门提交收益核对及结算中发现的设备问题和票务问题报告。

4. 车站级票务管理

（1）票款营收管理：主要是在每日工作结束后将当日的单程票、交通卡售卡、充值和半自动售票机、自动售票机的实际收入填写到台账中。

（2）票卡周转管理：包括车站内各类票卡的领取、发售和废卡处理等内容，每日统计这些卡的信息并填写在台账中。

（3）交接备注管理：主要是记录一些补、短款信息，登记交接班的信息。

（4）车站备用金管理：包括车站的备用金使用和归还以及变更情况管理。

（5）发票管理：包括车站级的发票的票种、领用、退还，这些信息也需要每日填写在台账中。

（6）银行票据管理：通过特制的带条形码的四联单和票据打印机实现银行票据管理电子化。

（7）落实线路中心票务管理、票务稽查工作，执行线路中心票务服务工作计划中的相关工作任务，完成各项票务指标。

（8）执行票务规则及上级各类票务规章制度，提出修改完善建议；负责编制 AFC 设备操作手册，并为上级编写票务规定提供技术支持。

📖 单元测试

请老师根据实际教学需要，组织学生完成"单元 1.1　城市轨道交通票务系统"的测试，相关试题见本书配套资源包。

职业能力训练

职业能力训练 1-1：撰写某城市轨道交通票务系统调研报告

1. 训练所需基础知识

城市轨道交通票务系统管理内容和管理层级。

2. 训练目的

通过调研不同的城市轨道交通票务系统，加强对票务系统的理解。同时，通过对比不同城市的轨道交通票务系统，掌握票务系统的核心内容及发展方向。

3. 训练要求

分学习小组完成城市轨道交通票务系统的调研，形成调研报告，并做成课件展示。

4. 评价方式

（1）以学习小组为单位，由专、兼职教师和学生代表共同完成评价。

（2）评价指标见表 1-1-1。

评 价 指 标   表 1-1-1

序号	评 价 标 准	权重（%）
1	小组成员分工明确、各司其职	5
2	调研报告内容完整，包括但不限于：调研城市名称、票务系统管理内容、票务系统层级、票务系统特色，调研小结与收获	75
3	调研报告文本排版清晰、结构明确、无错别字	10
4	展示课件制作精美，展示过程流畅	10
	总计	100

单元1.2　城市轨道交通 AFC 系统

单元1.2知识树

```
                                          AFC系统定义
                      AFC系统概述           AFC系统优势
                                          我国AFC系统的兴起与发展历程

                      AFC系统基本架构

                                          清分系统的功能
                                          清分结算原则
                      城市轨道交通清分系统    清分结算影响因素
                                          清分结算的主要方法
                                          清分结算流程

                                          车票调配管理
       城市轨道交通                          收益管理
       AFC系统                             设备管理
                                          监控管理
                      线路中央计算机系统       参数管理
                                          对外结算
                                          应用系统管理
                                          统计分析
                                          时钟同步
                                          权限管理

                      车站级售检票设备         车站级售检票设备功能
                                          售检票终端设备的工作模式

                      AFC系统名词术语中英文对照
```

单元导入

2008 年 6 月 9 日，新的 AFC 系统在北京地铁 1、2、5、13 号线和八通线正式启用。AFC 系统投入使用后，北京地铁原来使用的普通纸质车票停止使用，原来的人工检票方式也被自动检票机取代。什么是 AFC 系统呢？它的功能是什么呢？

理论知识

一　AFC 系统概述

（一）AFC 系统定义

AFC 系统是基于计算机、通信、自动控制等技术，实现城市轨道交通售票、检票、计费、收费、统计、清分、管理等全过程的自动化管理。

AFC 系统主要应用于城市轨道交通领域，并已扩展至快速公交系统（Bus Rapid Transit，缩写为 BRT）等其他公共交通、大型公共场馆、旅游景区、智能楼宇等更多领域。

（二）AFC 系统优势

AFC 系统是城市轨道交通中广泛采用的一种票务管理模式。它将采集到的信息和数据进行存储、计算和分析，达到随时查看数据、及时了解运营情况、妥善管理的目的。AFC 系统采用全封闭的运行方式，通过高度安全、可靠、保密性能良好的自动售检票计算机网络系统，完成城市轨道交通运营中的售票、检票、计费、收费、统计等票务运营的全过程、多任务、自动化管理。

自动售检票与人工售检票相比，具有以下优点：

（1）有利于提升城市轨道交通行业的社会形象和服务区域形象。

（2）有利于提高运营管理水平，保障票务收益。

（3）有利于管理责任落实，保证交易数据和票务信息的安全。

（4）有利于简化操作、方便出行，提高乘客的出行效率。

（5）有利于提供准确的客流及票务统计分析数据。

（6）有利于减少现金交易、人工记账及统计工作，提高准确率和效率。

（三）我国 AFC 系统的兴起与发展历程

1. 我国 AFC 系统的兴起

国外经济发达城市的轨道交通已普遍采用了 AFC 系统，并发展到相当高的技术水平。我国城市轨道交通 AFC 系统和设备最初是从美国引进的，近年来进行了大量的开发和研制工作，提供了多种形式的产品，技术水平也在不断提高。

最早引进 AFC 系统的国内城市是上海。在引进 AFC 系统之前，上海也曾采用人工售检票的形式。1999 年 3 月 1 日，上海首先在 1 号线启用了 AFC 系统，实现了城市轨道交通在售票、检票、计费、统计等方面的全过程、自动化管理。

2. 我国 AFC 系统的发展历程

三十几年来，我国 AFC 系统从无到有、从小到大，经历了萌芽、探索、实践、快速发展等阶段。

（1）萌芽阶段。20 世纪 80 年代末，上海开始对 AFC 系统及其设备进行研制。当时国内对城市轨道交通 AFC 系统了解甚少，主要以学习国外成功经验为主。当时国际上的磁卡 AFC 系统已相当成熟，集成电路卡（Integrated Circuit Card，缩写为 IC 卡）技术在交通收费方面的应用研究才刚刚开始，而且当时 IC 卡成本较高，所以，我国从国外引进的 AFC 设备在磁卡、IC 卡、条形码等多种媒介之间多倾向选择磁卡。

（2）探索阶段。1999 年开始，AFC 系统在我国城市轨道交通中投入使用，并逐步体现出良好的票务管理水平和高效的客流处理能力，使城市轨道交通运营企业票务收益管理实现了高效、低成本运作，很快获得了设计方、建设方和乘客的认可。

（3）实践阶段。21世纪初期，IC卡技术在城市轨道交通AFC系统中的应用由探索迅速发展到大规模实践应用。非接触式IC卡以其储存量较大、保密性较强、可实现一卡多用等特性，逐步取代了磁卡的地位，目前，非接触式IC卡已成为各城市轨道交通收费系统的首选票卡媒介。

（4）快速发展阶段。随着AFC系统的持续发展和应用，以及国家对AFC系统国产化率的较高要求，城市轨道交通运营企业对国产AFC系统终端设备的需求越来越大，从而推动了我国AFC系统行业技术水平、制造能力、产品质量的大幅提高，行业发展迅猛。目前，很多新线已开始使用国产AFC设备。

二　AFC系统基本架构

国内AFC系统一般具有五层架构，如图1-2-1所示。相关资源见二维码。

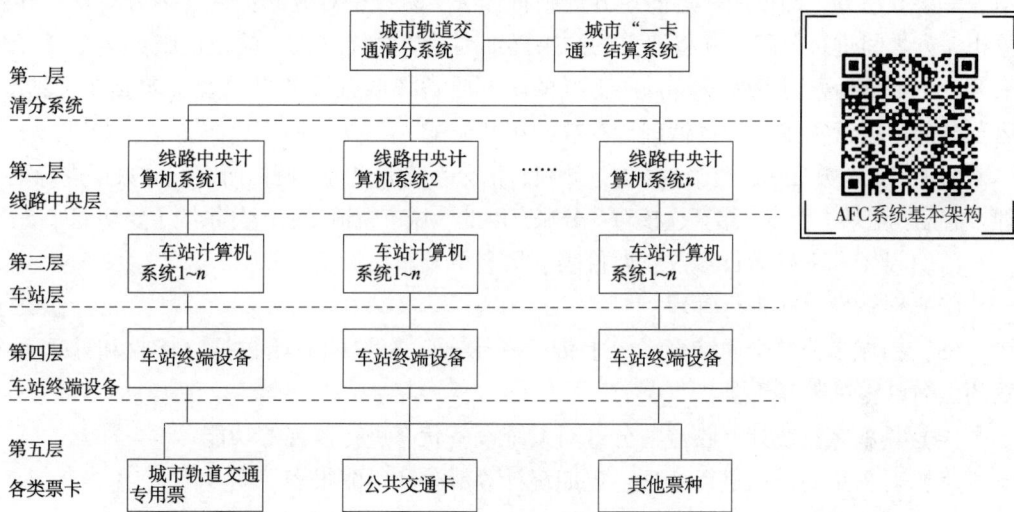

图1-2-1　AFC系统总体架构示意图

第一层是城市轨道交通清分系统，第二层是线路中央计算机系统组成的线路中央层，第三层是车站计算机系统组成的车站层，第四层为车站终端设备，第五层由各类票卡组成。

目前，层次结构是按照全封闭的运行方式，以计程、计时收费模式为基础，采用非接触式IC卡为车票介质的组成原则，根据各层次设备和子系统各自的功能、管理职能和所处的位置进行划分的。AFC系统采用城市轨道交通清分中心、线路中央计算机系统和车站三级管理模式。

需要注意的是，随着国内城市轨道交通的快速发展，智能化与网络化运营时代已经到来，传统的五层架构在不断地完善和改进。例如，北京、上海、广州、深圳、天津、武汉、南京等城市轨道交通逐步将第二层（线路中央层）由原来的每条线路一个线路中心改为多线路中心或者区域中心；部分城市轨道交通尝试采用整合第一层（清分系统）和第二层（线路中央层）的方式达到精简系统架构、高效利用资源的目的，取得了初步成效。

与此同时，随着互联网支付技术应用以及网络传输通道升级换代，新建城市轨道交通的城市已经将互联网票务平台以及官方 App 一并纳入 AFC 系统同步建设。互联网票务平台以及官方 App 在一定程度上已经成为 AFC 系统新架构的一部分。另外，随着云计算技术的快速发展，云计算技术应用于城市轨道交通系统中可以达到提高资源利用率和降低建设、运维成本的效果，因此，基于云计算的 AFC 系统架构也同样受到广泛关注。

三 城市轨道交通清分系统

（一）清分系统的功能

目前，国内大多数地铁都能实现站内换乘，即无须重复出站、进站就能从一条线路换乘到另一条线路。网络化条件下乘客出行路径选择的多重性、城市轨道交通运营主体的多元化以及网络客流分布的多样性等因素都可归结到城市轨道交通运营管理中的一个关键问题——票务清分，即按照一定的清分规则将合法交易数据对应的资金（清分对象）在各利益相关方之间进行分配，并将清分的结果详细列示。具体来说，就是把服务接受者（包括乘客、票卡等运营对象和收益）所上缴的全部收益按照各服务提供者（包括车、站、线、运营分部等运营实体）的贡献进行有效的利益分配。

为了保证清分公平、透明、安全、顺畅，清分系统需要对线网内所有交易数据进行统一管理、监控、记录、上传、结算、核对、分账，因此，城市轨道交通清分系统主要功能如下：

（1）设置和下发运行参数、票价表、黑名单及车票调配信息。

（2）对运营模式进行管理。

（3）向城市公共交通结算系统上传"一卡通"车票的原始数据，接收和处理系统下发的黑名单、对账等数据。

（4）具备客流统计、收益清分、对系统设备状态进行监视等功能。

（5）对采集的数据进行处理，定期统计、清分和对账报表。

（6）管理系统时钟同步和系统密钥。

（7）车票编码分拣设备对系统发行的车票进行初始化、编码、分拣、赋值、校验及注销等。

（8）接收和处理线路中央计算机系统上传的各种交易数据。

（9）灾备系统具备系统级或数据级的异地备份功能。

（二）清分结算原则

城市轨道交通清分系统最核心的任务是结算。城市轨道交通实现网络化运营后，乘客在不同车站之间的出行可能有多条路径可选择。在"一票无障碍换乘"条件下，乘客换乘的具体信息难以准确地获取，这使得对提供客运服务的各运营商做出的经济贡献不能明确地界定，而清分正是为了将运费收益按照各运营主体的贡献进行公平合理的分配。

选择清分方法时，要充分考虑线网结构、换乘模式、票价政策、客流特点、乘客心理等，具体的原则包括以下几个：

（1）着眼于整体网络，兼顾局部线路。清分方法应着眼于城市轨道交通整体路网，在保证清分方法对整体网络合理性的基础上，考虑局部线路的特殊性，可以进行局部调整。

（2）近期实际网络与远期规划相结合。清分方法应以近期实际运营网络为背景，同时需适用远期城市轨道交通线网发展趋势，满足线网规划要求。

（3）理论分析与实际调查相结合。清分方法、模型应在理论分析的基础上结合实际客流调查，考虑实际可操作性后确定。

（4）清分方法的先进性、科学性和实用性相结合。清分方法、模型的建立应具有先进性和科学性，更重要的是应具有实用性、可操作性和可调整性。

（5）影响清分的客观因素与乘客出行路径选择的主观因素相结合，以影响清分的客观因素为主、主观因素为辅进行清分方法的设计。影响清分的客观因素所涉及的相关参数为路网规模、结构、运营模式等，影响清分的主观因素所涉及的相关参数为换乘便利性、乘客偏好等。

（6）理论模型与运营经验相结合。清分方法建立理论上的清分模型及其算法，相关参数的确定可采用客流调查，并在各相关运营责任单位充分沟通交流的基础上协商确定。

（7）利益分配与经济贡献相匹配。体现路网中独立的经营核算实体（线路）的经济利益，同时应考虑各条线路运营效果的准确衡量，为运营计划的制订提供客流依据。

（8）清分结果的合理性与精确性的统一。清分方法应保证对整个路网清分结果的合理性和准确性，而不宜局限于单条线路清分结果的精确性。

（三）清分结算影响因素

根据影响因素的定性和定量性质，可以将影响票务清分结算的因素分成两种：确定性因素和不确定因素。确定性因素主要包括旅行时间、线网结构、换乘模式及出发地—目的地（Origin-Destination，缩写为OD）路径上的运营方式；不确定性因素主要包括路网上客流的拥挤程度、乘客社会经济特征的差异性和乘客出行特征的多样性。

1. 确定因素

（1）旅行时间。在乘客出行过程中，旅行时间的长短是影响乘客选择出行线路最主要的因素之一。旅行时间主要包括换乘时间和乘车时间，其中换乘时间包括换乘走行时间和换乘等待时间，乘车时间包括列车的区间运行时间和中间停站时间。当乘客面对出行的多条路径时，往往会选择旅行时间最短的线路。因此，旅行时间的多少往往会影响到清分方法的选择和确定。

（2）线网结构。城市轨道交通的快速发展，使得城市轨道交通网络不断完善，网络结构越来越复杂，线路之间的连接越来越多，任意节点之间的连通度不断提高。乘客在出行的OD之间，有多条路径可供选择。因此，线网的结构形式对乘客的出行选择有重要的影响。同样，线网的结构对票务的清分也有一定程度的影响。

（3）换乘模式。换乘模式是影响乘客出行路径选择的重要因素。换乘枢纽内换乘设施的布局、换乘设施服务的可获得性以及换乘标志的清晰程度会影响乘客的换乘时间和换乘走行距离。乘客在换乘过程中，同样会考虑选择换乘时间较短和换乘走行距离较短的线路，以大大节约换乘时间和旅行时间。OD路径上换乘枢纽的换乘模式同样会影响到城市轨道交通系统的票务清分。

（4）OD路径上的运营模式。根据运营主体不同，城市轨道交通网络OD路径上的运营模式包括以下四类：

①单路径单运营主体。单路径单运营主体是指 OD 之间有且仅有一条合理路径，而该路径的运营只属于一个运营主体。这种运营模式的清分方法最简单，只需要将该路径的运费收入全部划分给该路径上的运营主体。

②单路径多运营主体。单路径多运营主体是指 OD 之间仅有的一条合理路径由多个运营主体共同运营。这种运营模式下的票务清分，只需城市轨道交通清分中心（AFC Clearing Center，缩写为 ACC）按照各个运营主体负责的运距的比例将该路径上的运费收入按比例划分给各运营主体。

③多路径单运营主体。多路径单运营主体是指 OD 之间有多条连通路径，连通的所有路径的运营权属于同一运营主体。在这种模式下，ACC 先将运费按比例分配到各路径上，然后再将该 OD 之间所有路径上的运费收入划给运营主体。

④多路径多运营主体。多路径多运营主体是指 OD 之间有多条连通路径，且连通路径的运营权属于多个运营主体。这种运营模式下，清分的方法最为复杂。清分的过程主要有以下两步：a. ACC 将 OD 之间的运费收入按比例分配到所有连通路径；b. ACC 根据各运营主体在所有路径上所占的运距比例，将各路径上的运费分配给各运营主体。

2. 不确定因素

（1）路网上客流的拥挤程度。城市轨道交通路网上客流的拥挤程度随着时间变化，具有不确定性。在早、晚高峰时段，城市中心区的交通压力比较大，车辆内乘客人数过多，造成乘车不适。在这种情况下，乘客出行会趋向于选择拥挤度相对较低的线路。因此，路网拥挤程度的不确定性会影响乘客出行路径选择和清分的结果。

（2）乘客社会经济特征的差异性。由于城市轨道交通运输服务对象——乘客的社会经济特征差异性，时间价值和收入较高的乘客首要考虑的因素是出行时间，而时间价值和收入相对较低的乘客首要考虑的因素是出行的费用。同样，社会经济特征差异性会影响出行路径的选择和清分的结果。

（3）乘客出行特征的多样性。出行目的、出行距离和出行时间共同决定了乘客的出行特征。出行特征的多样性会影响到乘客在出行路径选择时首要考虑的因素。因此，不同的出行目的、出行距离和出行时间同样影响乘客选择出行路径和清分的结果。

（四）清分结算的主要方法

城市轨道交通的清分结算方法，一般包括基于路网规模的清分方法、基于最短路径法和多路径选择概率法的清分方法三种。

第一种方法是按照各个运营主体营运的线路里程的比例，对整个路网的票款进行清分。该方法简单易行，未考虑各个运营主体线路间客流量的分配，不能客观地反映各个运营主体应得的收益。

第二种方法是假定某两站之间的乘客全部选择最短路径，将运费收益分配给最短路径上做出贡献的运营主体。该方法不能充分体现乘客路径选择的多样性，特别是在连通度较高的城市轨道交通网络中不能反映客流分布的实际状况。

　　第三种方法考虑了乘客出行路径的多样性，确定几条乘客可能选择的路径，根据出行时间或距离阻抗确定每条路径的客流分配比例，进而将该路径的运费按照运营里程、运营站点或者运营里程和站点的加权平均等比例分配给各路径上的运营商。

　　多路径选择概率法与实际乘客的出行情况比较相符，能体现路网中各运营商对路网作出的贡献，是目前各轨道交通企业采用较多的一种方法。其方法的关键是按照一定的方法或模型将起始站和终到站间的客流分配至选择的各有效路径，在这个环节，不同的轨道交通企业采取的方法和模型不完全相同。

　　如北京轨道交通和深圳轨道交通，采用"两阶段，双比例"的多路径概率法。"两阶段"是指客流在 OD 间不同出行路径上分配比例的确定分成两个阶段完成。第一阶段，以有效路径的综合出行阻抗为基础，根据乘客出行路径选择的概率分布模型，计算 OD 间各有效路径分担 OD 客流的比例；第二阶段，考虑乘客出行路径选择中的不确定因素，包括换乘次数和线路拥挤程度，对上一阶段计算出的客流在路径上的分配比例进行修正。"双比例"是指分别按 OD 间多条有效路径之间的客流分配比例和每一路径中不同运营主体（线路）承担的运距比例进行最终的清分。即在"两阶段"路径客流分配比例的基础上，根据每条路径中各运营主体（线路）承担的运输里程比例计算出相关运营收益方的清分比例。

　　宁波轨道交通也采用多路径概率法，先确定几条可能的路径，在客流分配时，采用正态概率分布模型将客流分配到这几条路径中。

　　南京轨道交通部分线路采用了"基于高斯混合模型"的多路径概率法。该方法采用高斯分布来模拟轨道交通乘客旅行时间的分布规律。在选择出多条可达路径后，先用时间阻抗阀值筛选出有效路径，再利用高斯混合模型处理乘客旅行时间，得出每条路径的客流比例。

　　当然，目前每一种清分方法都不能考虑所有影响乘客出行路径的因素，如路径长度，出行时间，换乘方式，换乘次数，拥挤程度等，只能结合线网的实际情况，结合多种影响因素，完善算法和模型，尽量真实的反应乘客出行路径的真实情况，公平合理的清分。

（五）清分结算流程

　　清分结算一般包括清分、对账、划账三个步骤，是整个票务清分的核心业务。票务清分业务涉及清分中心、线路中央计算机系统、车站三级机构。

　　清分工作的前提是确保 AFC 系统收支平衡，其中收指系统收入，支指如何将系统收入按照清分规则结算给清分收益方。

　　一般而言，在整个票务清分体系中，资金的来源有三个部分：出售票卡收入、充值收入、相关票卡在出站闸机消费应收取的金额。资金的归属则是各相关收益方。

　　由于各车站和线路只能掌握通过本车站或本线路的资金收入，所以，整个城市轨道交通网络的资金清分由清分中心统一进行。清分中心根据既定的清分方式，本着公平合理的原则进行拆分，拆分后进行核对，并划账到相应收益方账户。

　　每个城市轨道交通运营企业采用的清分结算方法可能不同，因而具体的结算流程可能会有差异，如西安地铁的结算流程（图 1-2-2）。相关资源见二维码。

典型城市清分方案案例

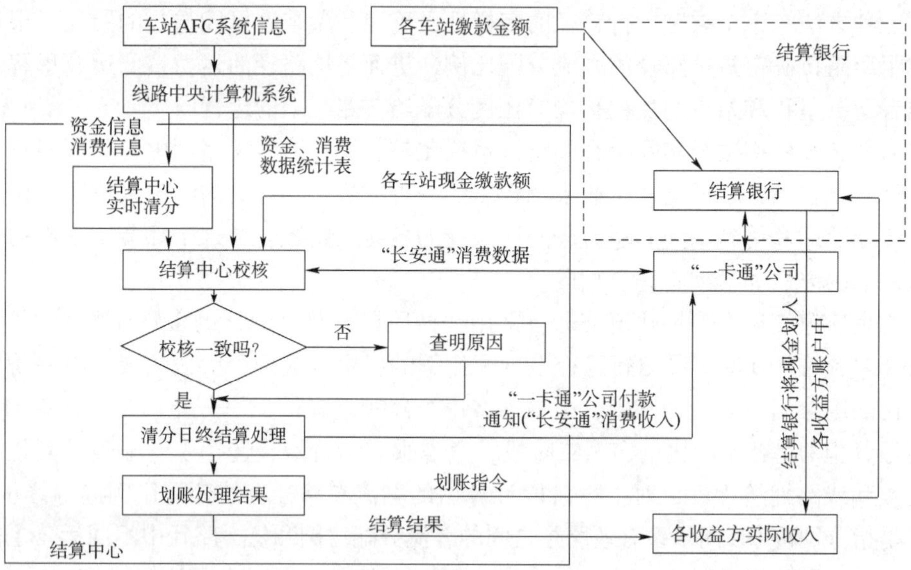

图 1-2-2　西安地铁的结算流程

四　线路中央计算机系统

线路中央计算机系统主要作用是收集某条线路车站计算机系统的交易数据、审计数据、收益数据等信息，将这些信息进行一定处理后，上传至清分系统，是数据处理和上传中非常重要的一环。具体来说，该系统有以下功能：下达系统参数、运营模式、安全认证数据及黑名单；接收车站计算机系统、车站终端设备的数据，并进行一定处理；接收、发送城市轨道交通清分中心的运行参数、票价表、交易结算数据、账务清分数据、黑名单及车票调配信息、管理运营模式等。下面对线路中央计算机系统的功能进行说明。

（一）车票调配管理

1. 车票领用及配发

线路中央计算机系统车票管理人员发现车站车票库存不足时，由车票监控人员下发车票配发通知，车票调配人员根据配发通知向库存管理人员领取车票并将车票配送至车站。

2. 预制票的生产及配发

线路中央计算机系统车票管理人员根据预制票使用情况预测预制票需求，向清分系统提出预制票生产申请，并根据清分系统的反馈制订预制票生产计划。车票生产人员根据生产计划向库存管理人员领料生产，生产完成后将预制票交由库存管理人员入库。车票管理人员根据需要向相关车站配送预制票。

3. 车票站间调票

线路中央计算机系统车票管理人员根据需要可以向相关车站下发车票调拨指令，由车票配送人员将车票从调出车站配送至调入车站。

4. 车票监控

线路中央计算机系统车票管理人员负责监控线路内各车站的车票库存情况。当车站库存高于上限时回收车站车票，当库存低于下限时向车站配送车票。

5. 员工票制作

人事部门将员工信息提交线路中央计算机系统票务室员工票制作人员。员工票制作人员向"一卡通"公司申请制作员工票所需的"一卡通"卡，完成员工票制作工作。

（二）收益管理

1. 交易及日志审核

线路中央计算机系统的收益核对人员对车站交易数据进行审核，审核对象包括票务报表和票款收益等。审核时根据长短款情况对售票员、设备进行稽核。根据日志记录对问题进行定位，最终确定差错原因。

2. 车站长短款台账

线路中央计算机系统收益核对人员根据核对结果录入差错台账，对于产生了短款的差异，记录相关责任人的短款补款记录。由收益核对人员定期下发差错台账给车站，由相关责任人进行补款。

3. 线路收益汇总统计

线路中央计算机系统对线路的收益进行汇总，汇总数据是与清分系统、"一卡通"结算的依据之一。

4. 线路差异汇总统计

线路中央对线路的差异情况进行汇总，可以按车站、设备、操作员进行分类统计。

（三）设备管理

1. 设备注册

线路新增设备时，系统在线路中央计算机系统完成设备登记，并将设备信息告知清分系统、"一卡通"结算系统，向清分系统及"一卡通"结算系统申请用于安全存储的卡（Secure Access Module，缩写为 SAM 卡）。清分系统、"一卡通"结算系统配备 SAM 卡后，在系统登记 SAM 卡与设备的对应关系。线路中央计算机系统登记的设备信息需下发至车站，并调整监控界面中设备的布局。

2. 设备注销

线路移除设备时，在线路中央计算机系统完成设备注销，并将设备所使用的 SAM 卡上交至清分系统、"一卡通"结算系统。线路中央计算机系统登记的设备信息需下发至车站，并调整监控界面中设备的布局。

3. 设备参数管理

设备参数统一在线路中央计算机系统进行管理。当设备参数需要变更时，由线路中央计算机系统完成参数修改，并生成新的参数版本下发至终端设备。

4. SAM 卡管理

AFC 系统的 SAM 卡包括清分系统发行的 SAM 卡与"一卡通" SAM 卡。SAM 卡由线路根据设备需要向清分系统及"一卡通"结算系统申请。

设备注销时需将 SAM 卡回收并交回清分系统及"一卡通"结算系统。对于"一卡通"SAM 卡，由"一卡通"中心设置 SAM 卡的额度参数。

（四）监控管理

1. 设备监控

线路中央计算机系统监控终端可以显示设备的运行状态，包括设备部件故障信息、设备票箱及钱箱状态、设备运行模式。线路中央计算机系统监控终端以颜色标示设备的状态。

在线路中央计算机系统监控终端上，操作人员在所选设备上点击鼠标右键可以查看设备的详细信息。线路中央计算机系统工作人员可以根据设备的状态信息进行相应的运营管理操作。

2. 客流监控

线路中央计算机系统监控终端提供客流监视功能，线路中央操作人员可以根据定制的监视策略进行客流监视，客流情况可以采用折线图等方式展示。

（五）参数管理

1. 参数录入

线路中央计算机系统统一管理线路内的所有参数，并提供各类参数的录入界面。

2. 参数定版

线路中央计算机系统完成参数录入后，需要对参数进行定版。定版后生成的参数文件可以下发至设备。

3. 参数下发

线路中央计算机系统提供参数下发界面，操作员选择需要下发的参数并指定需要下发的终端完成参数下发。参数下发界面可以监控参数下发及设备接收参数的情况。

4. 清分系统参数接收

线路中央计算机系统能够接收清分系统下发的线网参数。线路中央计算机系统接收清分系统下发的参数后，可以对清分系统下发的参数进行展示，由操作人员确定是否允许将相关的参数解析入库。相关参数解析入库后需要重新生成线路的参数版本。

5. "一卡通"参数接收

线路中央计算机系统能够接收"一卡通"结算系统下发的线网参数。线路中央计算机系统接收"一卡通"结算系统下发的参数后，可以对其下发的参数进行展示，由操作人员确定是否允许将相关的参数解析入库。解析入库后需要重新生成线路的参数版本。

（六）对外结算

1. 与"一卡通"结算系统的结算

线路中央计算机系统与"一卡通"结算系统的结算包括售卡数据、充值数据、消费数据等的结算。对于售卡、充值等数据，线路中央计算机系统提供统计报表，完成与"一卡通"结算系统的对账及结算。对于消费类数据，由清分系统清分后，将清分结果下发至线路，线路中央计算机系统根据清分系统下发的清分结果与"一卡通"结算系统结算。

2. 与清分系统的结算

清分系统清分后，将城市轨道交通专用票的清分结果下发至线路中央计算机系统。清分系统同时将划账建议下发至线路中央计算机系统。线路中央计算机系统根据清分结果及划账建议完成清分系统结算。

（七）应用系统管理

1. 日常管理

（1）账号管理。系统账号包括操作系统账号、数据库账号、AFC系统应用系统账号、网络设备账号、杀毒软件账号、安全管理软件账号等。系统账号由AFC系统管理人员统一管理。

（2）网络管理。网络管理由AFC系统管理人员中的网络管理工程师完成。网络管理工程师需通过网管软件监控网络流量、网络安全事件，处理网络故障。

（3）计算机病毒管理。计算机病毒管理由AFC系统管理人员中的病毒管理工程师完成。病毒管理工程师定期对病毒库进行升级，保证终端设备病毒库的有效性，并负责监控病毒查杀记录及告警。

2. 系统变更

系统软件、硬件升级时，由承包商提交系统变更申请，申请内容包括变更范围、操作补充、应急预案等。承包商将变更申请提交中心AFC系统管理人员及相关领导审核，审核通过后方可进行施工。施工过程由中心AFC系统管理人员陪同并监控。

3. 黑名单管理

黑名单由AFC系统管理人员每天在非高峰时段下发。为了尽量降低可能存在的风险，遵循单站单台设备下发、多站奇数编号设备下发、多站偶数编号设备下发的顺序进行参数下发。

（八）统计分析

线路中央计算机系统提供各类统计分析报表供相关人员使用。统计数据包括客流类统计、收益类统计、交易类统计、库存类统计数据。

（九）时钟同步

时钟同步采用分级同步策略，在线网中始终同步的分级为清分系统、线路中央计算机系统、数据管理中心车站计算机、车站终端设备。各级之间的时钟同步定时进行，当本级时钟与上级时钟相差超过10min时不进行时钟同步，只进行报警。

（十）权限管理

系统权限采用角色管理。权限管理由线路中心AFC系统管理人员完成。当操作人员需要变更权限时，由相关部门提交书面的权限变更申请，由AFC系统管理人员完成权限管理实施。用户修改密码、变更权限后，需要待AFC系统管理人员将相应的权限参数下发之后方可生效。

五 车站级售检票设备

车站级售检票设备包括车站计算机系统和售检票终端设备。

（一）车站级售检票设备功能

1. 设备监控

售检票终端设备在上级 AFC 系统监控下工作，并上传以下信息：设备工作方式，如正常/暂停服务、故障、维修等；设备操作方式，如双向闸机的进、出或双向方式等；操作员登录和退出信息；网络通信状态；报警信息；部件信息，包括闸门、车票读/写模块、硬币、纸币处理模块等各种设备关键部件的状态信息。如果设备发生连续的读/写/校验错误时，立即停止服务。所发生的单个及连续读/写/检验错误生成日志记录，连续出错的上限值应进行可用参数设置。

车站计算机系统可以根据上传的售检票设备状态信息，实时监控售检票设备的运行情况，在显示界面上对运行过程中出现的各种特殊情况做相应显示或发出报警提示，并做相应处理。

2. 设备维护

车站级售检票设备具有检测、自诊断功能。在开机运行、发生故障及维修操作时，可以通过专门的处理模块完成以下功能：设备通信状态检测；设备重要部件状态信息检测；设备工作方式切换；设备复位；功能测试（如通过测试票对设备进行测试）；通过专门的外部数据接口接收系统参数、软件更新，导出运营数据；显示故障信息代码。

部分售检票终端设备内置维修面板，维修面板的显示单元显示故障自诊断信息，设备维护管理人员可通过维修面板完成维护操作。

在测试模式下，任何操作不更改或删除售检票设备内部保存的数据。

3. 设备安全管理

（1）操作权限控制。操作人员必须经过安全验证，如输入员工编号、密码后，才能登录到车站级售检票设备上对售检票设备进行操作。每个操作人员有唯一编号和密码。操作人员的编号、密码、权限等级、允许操作的售检票设备类型、允许操作的功能由上级 AFC 系统统一设置。

车站级售检票设备能通过参数设置登录后无操作自动注销的时限，即在操作员登录后，如果在参数设定的时间内没有任何操作，则售检票设备自动注销该操作员的登录。登录和注销信息均上传至上级 AFC 系统。自动售票机、自动加（充/增）值机等自助设备自动注销后，本地设备报警并向上级 AFC 系统报警。

（2）操作记录。车站级售检票设备能记录所有登录及退出操作，并上传到上级 AFC 系统。

（3）密钥。售检票终端设备上的车票读/写器中具有存储密钥和确保密钥安全的单元，且必须通过密钥下载和安全授权后才能启用。

（4）安全锁。售检票终端设备维修门和钱箱配有安全锁。售检票终端设备上的安全锁及钥匙具有高安全性（能有效防止非法开锁尝试和非法入侵）、高可靠性和耐磨损的优势。

（5）报警。售检票终端设备配置扬声器和灯光报警设备用于报警。当对售检票设备进行非法操作时，售检票设备能发出声、光报警，同时将报警信息上传到上级 AFC 系统的设备监控子系统。

4. 提供人机界面

车站级售检票设备具有友好的人机界面，可为乘客、操作员和维修管理人员提供直观的操作指引、车票处理信息。

车站级售检票设备人机界面能根据需要显示中、英文以及数字信息。显示信息简洁、清晰，尽量避免多屏显示。

5. 数据处理

车站级售检票设备数据处理包括以下几个方面。

（1）上传信息。车站级售检票设备向上级 AFC 系统上传以下数据。

设备状态：设备综合运行状态、告警等级、部件状态等。

交易数据：各种车票处理数据、现金收支数据等。

命令请求：向上级 AFC 系统发出的退余额请求等要求上级 AFC 系统回应的信息。

命令应答：对上级 AFC 系统发出的访问请求的回应。

（2）接收信息。车站级售检票设备接收的信息包括以下内容。

控制命令：开机、停机、用途转换、模式执行、时钟同步等。

设置参数：票价表、设备在各种模式下的执行参数等。

授权信息：上级 AFC 系统的授权信息、黑名单票信息等。

访问请求：状态查询请求、票务系统认证请求等。

命令应答：对上级 AFC 系统发出的对售检票设备命令请求的回应。

（3）黑名单票处理。黑名单票是指车票的乘车功能被 AFC 系统禁止使用的记录。车站级售检票黑名单格式与"一卡通"系统的黑名单格式兼容。

当售检票终端设备检查到被列入黑名单的车票时，向上级 AFC 系统上传车票处理信息，如锁住车票、写黑名单标志等。黑名单参数被车站级售检票设备收到后，立即生效。售检票终端设备若检查到车票属于黑名单范围，会根据相应的处理方式对车票进行处理。

（4）数据存储要求。在与上级 AFC 系统通信中断的情况下，车站级售检票设备能在单机方式下工作，能存储不少于7个交易日的交易数据，应具备防止因设备或存储部件故障而发生丢失数据的功能，能防止同一种数据多重存储或发送的情况发生，能对保存的数据进行监测。

（二）售检票终端设备的工作模式

售检票终端设备能在以下几种工作模式下工作。

1. 正常服务模式

正常服务模式下，售检票终端设备能执行发售车票或处理现金等处理乘客车票的操作。各售检票终端设备的乘客显示器显示正常工作信息，如闸机方向指示器显示"通行"标志。

除半自动售票机外，所有售检票终端设备能通过上级 AFC 系统及售检票终端设备本地控制将售检票终端设备设置为正常服务模式。半自动售票机则在操作员登录后进入正常服务模式。相关资源见二维码。

售检票终端设备
正常工作模式

2. 暂停模式

可以通过上级 AFC 系统或本地控制的方式将售检票终端设备设置成暂停模式。半自动售票机在未登录前为暂停模式，相关显示屏显示暂停服务的提示信息。

售检票终端设备工作处于暂停方式时，不进行任何业务处理，不能接收现金或者处理车票。乘客显示器显示相应的暂停服务信息，如闸机方向指示器显示"禁止通行"标志。闸机扇门应关闭。

3. 维修模式

设备维护人员通过上级 AFC 系统或本地控制的方式将售检票终端设备置于维修模式，以便对售检票终端设备进行测试、维护操作。

在此模式下，售检票终端设备不接收乘客的车票和现金，但允许使用测试票，并显示暂停服务信息及相关的维修信息。维护人员对售检票终端设备进行维护前必须有效登录。

4. 故障模式

售检票终端设备发生故障时，设备可根据不同的故障等级自动决定是进入故障模式还是屏蔽部分功能。故障模式下，售检票终端设备暂停工作并上传相应故障信息。

售检票终端设备因故障而暂停服务时，设备的乘客显示器显示相应的暂停服务信息，闸机的方向显示器显示"禁止通行"标志，闸机扇门应处于关闭状态。

售检票终端设备能自动对发生的故障进行检测，在故障恢复后，自动退出故障模式。

六 AFC 系统名词术语中英文对照

1. AFC 系统常用缩略语（表 1-2-1）

AFC 系统常用缩略语   表 1-2-1

缩 略 语	英 文 解 释	中 文 解 释
AFC	Automatic Fare Collection System	自动售检票系统
ACC	AFC Clearing Center	城市轨道交通清分中心
AGM	Automatic Gate Machine	自动检票机/闸机
AVM	Automatic Value – adding Machine	自动加（充/增）值机
BOM	Booking Office Machine	半自动售票机/票房售票机
CSC	Contactless Smart Card	非接触式智能卡
E/S	Encoder/Sorter	编码/分拣机
LCC	Line Central Computer	线路中央计算机
PCA	Portable Card Analyzer	便携式验票机
SC	Station Computer	车站计算机
SLE	Station Level Equipment	车站终端设备
SJT	Single Journey Ticket	单程票
SVT	Store Value Ticket	储值票
TVM	Automatic Ticket Vending Machine	自动售票机
TCM	（Automatic）Ticket Checking Machine	（自动）验票机

2. 其他常见名词解释

（1）Gate：闸机。

（2）Entry Gate：进站闸机。

（3）Exit Gate：出站闸机。

（4）Token：代币式/筹码式单程票。

（5）UPS：Uninterruptible Power Supply，不间断电源。

（6）AC：Alternating current，交流电。

（7）DC：Direct current，直流电。

（8）SAM：Secure Access Module，安全存取模块。

单元测试

请老师根据实际教学需要，组织学生完成"单元1.2　城市轨道交通 AFC 系统"的测试，相关试题见本书配套资源包。

职业能力训练

职业能力训练 1-2：调研绘制某城市轨道交通运营企业 AFC 系统结构

1. 训练所需基础知识

AFC 系统的概念、组织和结构。

2. 训练目的

通过本次能力训练，促进学生进一步了解 AFC 系统的结构和功能。

3. 训练要求

分小组对某个城市轨道交通运营企业的 AFC 系统结构进行调研，绘制该公司的 AFC 系统结构图，并展示说明结构图中的层级构成及各层级功能。

4. 评价方式

（1）以学习小组为单位，由专、兼职教师和学生代表共同完成评价。

（2）评价指标见表1-2-2。

评价指标   表1-2-2

序号	评　价　标　准	权重（%）
1	小组成员分工明确、各司其职	10
2	AFC 系统结构图绘制清晰，并能简单说明层级构成及各层级功能	60
3	展示课件制作精美，展示过程流畅	30
	总计	100

单元 1.3　票务系统与 AFC 系统的关系

单元1.3知识树

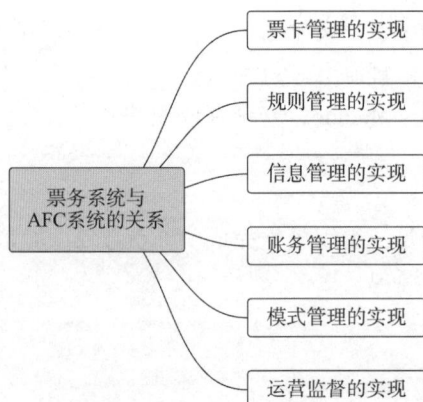

```
                          ┌─ 票卡管理的实现
                          │
                          ├─ 规则管理的实现
                          │
          票务系统与       ├─ 信息管理的实现
          AFC系统的关系 ───┤
                          ├─ 账务管理的实现
                          │
                          ├─ 模式管理的实现
                          │
                          └─ 运营监督的实现
```

单元导入

　　人工售检票时代，算清每天的票款收入是一份辛苦活：纸票一张一张地数，报表一笔一笔地手工填写，为了避免失误，反复核对；客流监控、分析也不容易，要通过每一张纸票上的进站、出站信息，手工登记、统计，耗时耗力，准确率也低。

　　自动售检票时代，每一张车票交易与记录同步，报表随时生成，营收一目了然。AFC系统在票务管理过程中起到了哪些作用呢？

理论知识

　　AFC系统是城市轨道交通票务管理系统的实现手段之一，能有效提高城市轨道交通票务管理系统的管理水平和效益。目前，我国城市轨道交通运营企业一般都采用 AFC系统作为票务管理的媒介，通过 AFC系统高效地实现票务结算和清分。票务系统的业务管理是借助 AFC系统来实现的。

一　票卡管理的实现

　　城市轨道交通清分中心设置票务总中心，对车票进行统一采购、统一编码、统一发行及统一密钥管理。

　　票务总中心与各线路中央计算机系统之间进行车票申请和调配、车票回收等作业流程，即各线路中央计算机系统上传本线路的票卡需求、票卡计划；城市轨道交通清分中心进行调配、发放，各线路中央计算机系统返回配票确认信息。

　　车站计算机记录、统计终端设备的票卡交易记录，生成本站票卡库存情况。

　　车站终端设备进行车票发售、进出站检票、充值、验票分析等车票交易处理，并记载、上传票卡交易数据。

二　规则管理的实现

城市轨道交通清分系统设置和下发运行参数、票价表、黑名单等，管理系统时钟，并下发系统密匙至线路中央计算机。

线路中央计算机对系统中运行参数的设置和更新进行管理，并向车站计算机系统下达相应信息。

车站计算机接收线路中央计算机下达的参数和命令，管理车站售检票终端设备。

车站售检票终端设备根据下传的系统参数、票价表等，按照规则进行车票的出售、检票、扣费等操作。

三　信息管理的实现

城市轨道交通清分系统接收和处理线路中央计算机系统上传的各种交易数据。

线路中央计算机系统接收车站计算机系统上传的车站终端设备的数据，包括设备状态数据、车票交易数据、设备维修数据等；对所采集数据的类型和用途进行批量处理，以满足系统监控、运营管理及运营部门决策分析的需要。

车站计算机采集车站终端设备的原始交易数据和设备状态数据。

车站终端设备存储所有的交易数据并上传到车站计算机系统。

四　账务管理的实现

根据票务管理的需求和规则，车站终端设备记录并上传半自动售票机收益（包括正、负差额，免费出站票的发售以及票务退款等）、自动售票机补币、自动售票机售票、钱箱清点、即时退款、非即时退款等相关账务信息。

车站计算机对终端设备上传的账务信息，以及必要的人工录入的相关账务信息进行统计、处理，生成相关财务报表。

线路中央计算机统计、整理各车站上传的账务统计报表，并将报表上传。

清分系统对采集的数据进行处理，并定期统计、清分和对账报表。

五　模式管理的实现

票务系统运营模式分为正常运营模式和降级运营模式（包含紧急模式，有些城市轨道交通运营企业将紧急模式单列，这并不影响对模式的管理）。

在每种模式下，AFC系统都能做出相应反应，如正常运营模式下AFC系统进行售补票、检票等业务正常处理工作。紧急模式时，AFC系统可以经事发车站的车站计算机系统设定或接收清分系统、线路中央计算机系统的控制命令，启用"紧急模式"，车站的售检票设备进入紧急放行模式。

六　运营监督的实现

清分系统具备客流统计、收益清分、对系统设备状态进行监视等功能，车站计算机系统监视和控制车站终端设备。

城市轨道交通票务管理系统是 AFC 系统的必要环境和基础，票务规章的制定决定了 AFC 系统功能框架的构建，使其成为各种收益流、车票流的运作载体，为收益流、车票流提供了标准、科学、安全的技术支持与保障，最终达到票务系统整体服务票务运作的目的。

AFC 系统是直接面向乘客的服务窗口，其智能化设计代替了人工售检票系统中售票员、检票员、会计、审计等角色，通过数据收集和系统控制实现了票务管理的高度自动化，同时为城市轨道交通运营企业的票务管理部门提供适应时代发展的辅助分析决策服务。AFC 系统可通过乘客进出站数据提供客流量、票务收入等综合业务信息的汇总分析，为客流分析和预测提供有效帮助，促进票务管理系统的更新和改进。

单元测试

请老师根据教学需要，组织学生完成"单元 1.3　票务系统与 AFC 系统的关系"的测试，相关试题见本书配套资源包。

单元 1.4　车站 AFC 设备配置与布局

单元1.4知识树

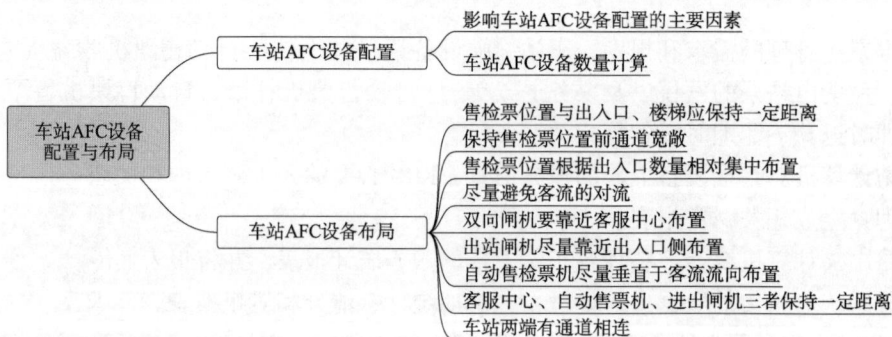

单元导入

所有的自动售票机一定是在车站站厅吗？不一定，武汉地铁光谷广场站 C 出口处设置有站外售票厅，里面有多台自动售票机。

每个车站的自动售票机数量一样吗？不一定，每个车站的自动售票机数量有差异，并且在不同时段处于"正常运营"模式的自动售票机数量也有变化。

那么，车站 AFC 设备配置数量上有什么规律呢？设备布局又有什么要求呢？

理论知识

车站 AFC 设备是直接面向乘客的重要服务设施，其中自动检票机（闸机）、自动售票机数量的配置、布局设计非常重要。

一　车站 AFC 设备配置

（一）影响车站 AFC 设备配置的主要因素

1. 高峰小时进出站客流

高峰小时进出站客流的数量是决定车站 AFC 设备配置的主要因素，高峰小时进出站客流的流向则是决定车站 AFC 设备布局的基本依据。

根据客流统计资料数据分析，车站客流的进出站高峰小时出现时间与断面客流的高峰小时出现时间通常不同，车站客流的进站高峰小时与出站高峰小时出现的时间通常不同，工作日高峰小时进出站客流通常大于双休日高峰小时进出站客流，因此，一般采用工作日高峰小时进出站客流作为计算车站 AFC 设备配置的依据。

2. 设计客流量

设计客流量 = 近（远）期高峰小时预测客流量 × 超高峰小时系数（一般取 1.1 ~ 1.4）

近、远期高峰小时预测客流量、超高峰小时系数都需要在现状客流调查的基础上确定。一般来说，交通枢纽型车站的日客流量大，短时间内受到集中客流到发冲击，极易形成较高客流尖峰，超高峰小时系数较大。

大型商业区和居住区日均客流量大，且短时间内客流量持续较大，相比高峰小时客流量无明显削减，超高峰小时系数较小。

对于位于大型居住区的车站，因客流潮汐现象明显，早晚高峰持续、集中，情形也较为类似。大型办公区域日均客流量往往不是最大，但由于上下班时间较为固定，短时间内客流集中到达比例高且衰减明显，超高峰小时系数应取中值或偏高值。

3. 闸机通行能力

《地铁设计规范》（GB 50157—2013）中扇门式非接触式 IC 卡闸机最大通过能力为单向 1800 人次/h、双向 1500 人次/h。但是在使用过程中，乘客对设备的熟悉程度不同、设备反应时间的延迟等都会造成实际通行能力的降低，如广州地铁实际通行能力为 1300 ~ 1400 人次（h·台），上海地铁实际通行能力为 1400 ~ 1500 人次（h·台）。

4. 自动售票机售票能力

自动售票机售票能力与设备本身性能有关，《地铁设计规范》（GB 50157—2013）中规定自动售票机的最大通过能力为 300 人次/h，实际使用过程中该值有所折减。

5. 近、远期自动售票机使用率

近、远期自动售票机使用率与所实行的票务政策有关，为了提高自动售票机使用率，各个城市轨道交通运营企业都积极鼓励使用自动售票机，新建城市轨道交通车站一般不设置人工售票，远期随着线网的完善，乘客习惯乘坐城市轨道交通后，储值票数量增多，自动售票机的使用率相对会有所下降。

另外，随着智能手机的普及以及生物识别技术的发展，车票不再是传统意义上的实体卡片，已演变为乘客乘坐城市轨道交通的虚拟凭证，如手机二维码、手机蓝牙、人体生物特征（如人脸、掌/指静脉、虹膜）等。票卡由实体卡片转变为虚拟凭证，极大地减少了

自动售票机的使用率，也将减少车站自动售票机的数量配备。根据 AFC 专委会 2020 年 3 月 2 日发布的《2019 年城市轨道交通 AFC 系统市场报告》显示，各城市地铁互联网支付过闸日均客运量占比达 30% 以上的有 17 个城市地铁。

6. 近、远期高峰小时列车运行交路

近、远期高峰小时列车运行交路主要是确定列车小时行车对数，从而确定疏散乘客出站最少时间。

7. 站台与站厅层设计布局

站台、站厅层设计布局主要涉及站台类型、车站控制室（简称车控室）的位置、升降设备的位置和车站出入口的布置等。

站台、站厅层设计布局对付费区及闸机的设计有较大影响，从而影响车站 AFC 设备的配置。例如，岛式站台车站，付费区的自动扶梯、步行楼梯设置在站厅的中央区域；客流量比较大的车站会增加闸机数量，在付费区两侧布局闸机。

（二）车站 AFC 设备数量计算

1. 进站闸机数量理论计算公式

$$N_1 = \frac{kQ_{上}}{N_{进}}$$

式中：N_1——进站闸机通道数（个）；

k——超高峰小时系数；

$Q_{上}$——远期车站高峰小时上车人数（人）；

$N_{进}$——进站闸机通道小时通过能力（人/h）。

2. 出站闸机数量理论计算公式

$$N_2 = 60 \times \frac{kQ_{下}}{\beta N_{出}}$$

式中：N_2——出站闸机通道数（个）；

k——超高峰小时系数；

β——列车小时行车列数；

$Q_{下}$——远期车站高峰小时下车人数（人）；

$N_{出}$——出站闸机通道小时通过能力（人/h）。

3. 自动售票机理论计算公式

$$N_3 = \frac{\alpha kQ_{上}}{N_{售}}$$

式中：N_3——自动售票机台数（台）；

α——单程票使用率；

k——超高峰小时系数；

$Q_{上}$——远期车站高峰小时上车人数（人）；

$N_{售}$——自动售票机售票能力（人/h）。

4. 其他售检票设备数量

一般来说，双向闸机、自动验票机、半自动售票机、便携式验票机数量无须通过复杂的计算公式计算，可根据每条线路的实际情况进行配置。

（1）在不同时间段，客流方向变化明显的车站，如郊区车站、客流方向潮汐变化明显的车站。如果站厅面积狭窄，可根据实际情况靠近客服中心设置双向闸机。

（2）自动验票机根据自动售票机现场安装组数确定，一组自动售票机设一台自动验票机。

（3）半自动售票机根据客服中心的多少设置，一般一个客服中心设一台半自动售票机。

（4）便携式验票机视情况配置。

5. 车站AFC设备实际配备

一般用上述公式计算出来的进出站闸机通道数、自动售票机台数并不是实际配置的数量，还要考虑将来一些无法预测的因素并进行一定的调整。即在理论计算的基础上预留10%～20%的富裕度，同时数量配备还应遵循以下原则。

（1）出站闸机通道应大于等于进站闸机通道数：出站客流是瞬时、集中的，而进站客流是零散、分散的。

（2）远期设备数量应不小于近期设备数量：现场设备的数量是按近期客流配置、按远期客流预留。

（3）对客流流向较为单一集中（自动售票机按一个群组布置）方向的车站，满足每站进站闸机不少于5通道，出站闸机不少于6通道。

（4）对于客流流向为多方向的车站，满足每组进出站闸机不小于3通道，同时闸机应尽量集中布设，减少群组数。

（5）结合车站建筑及周围环境，可根据实际情况设置标准通道的双向闸机，其数量可以客流预测早晚高峰差值的一半作为设计依据，有条件时可参照同类型车站统计数据比较分析确定。

（6）自动验票机、半自动售票机、便携式验票机理论数量一般即为最终的配置数量。

车站AFC系统现场设备数量的确定除了依据客流、列车行车对数、设备通过能力等客观因素外，还应根据实际运用的经验、车站建筑结构以及设备技术的发展对现场设备数量的确定做进一步完善，对车站AFC设备做出合理设置，使系统充分发挥自身功能和作用。例如，随着票种产品的逐步普及和拓展以及智慧车站概念的提出，乘车码、NFC云卡使用量的增多，乘客的票务异常处理将逐步由车站人工服务向手机App自助服务转变，如深圳地铁拟采用智慧无人客服中心的远程可视服务代替传统有人客服中心的服务，这也会影响半自动售票机的实际配备，一些传统的AFC现场设备可能逐渐被取代，如自动验票机、便携式验票机等。

二　车站AFC设备布局

车站AFC设备布局设计对合理布置非付费区、付费区以及客流组织起着非常重要的作用，在布置时一般要以符合运营时最大客流量、保持客流畅通为原则，一般应按以下要求布置（图1-4-1）。相关资源见二维码。

AFC设备布局

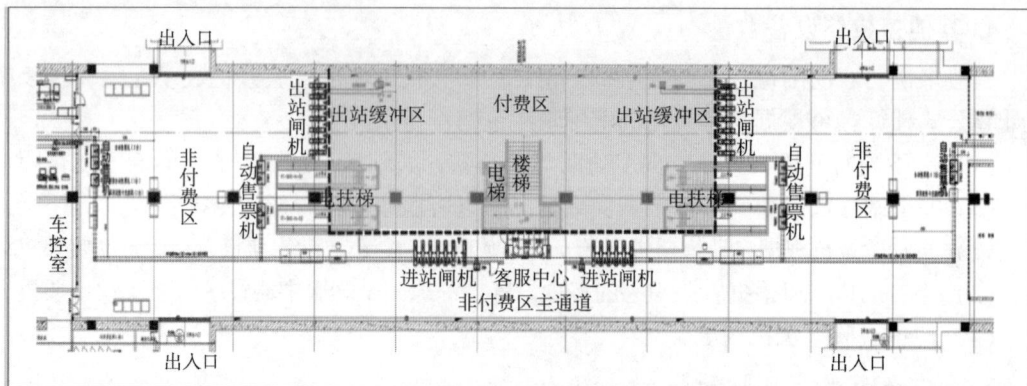

图 1-4-1 车站 AFC 设备平面布置图

1. 售检票位置与出入口、楼梯应保持一定距离

售检票位置一般不设置在出入口、通道内，并尽量与出入口、楼梯保持一定的距离，从而保证出入口和楼梯的畅通。

2. 保持售检票位置前通道宽敞

售检票位置一般选择在站厅内宽敞处设置，以便于售检票位置前客流的疏导。售检票位置应适当保持一定距离，避免排队拥挤。

3. 售检票位置根据出入口数量相对集中布置

由于城市轨道交通车站一般有多个出入口，为了减少乘客进入车站后的走行距离，一般设置多处售检票位置，但过多设置售检票位置容易造成设备使用的不平衡，降低设备使用效率，并不利于管理，因而售检票位置应根据车站客流的大小相对集中布置。其实大部分乘客都有从众心理，后续乘客一般都是跟着前面的乘客，以致某些设备群组很繁忙，有些设备群组闲置，浪费了设备的整体通过能力。较繁忙的设备群组只要有一台设备出故障，通过能力就将下降明显，若发生在高峰期则极易造成客流阻塞。总之，售检票设备的布置应以乘客能快速进出站为原则，尽量集中布置，发挥售检票设备的整体通过能力。

4. 尽量避免客流的对流

客流的对流会减缓乘客出行的速度，也不便于车站的管理。因此，车站一般对进出客流进行分流，进出车站检票位置分开设置，保证乘客通过出入口和售检票位置的线路不至于发生对流。

5. 双向闸机要靠近客服中心布置

双向闸机靠近客服中心布置能方便处理完车票票务事务的乘客进出站。

6. 出站闸机尽量靠近出入口侧布置

出站闸机尽量靠近出入口侧布置，可以使乘客尽快出站。在条件允许的情况下，应尽量拉大售票区和进闸口的距离，避免客流交叉。

7. 自动售检票机尽量垂直于客流流向布置

平峰时段，当售检票机与客流流向平行时，设备使用率差异较大，离乘客最近的第 1

台设备使用人数较多，为40%～50%，使用第2台设备的人数约为30%，其他设备使用率依次降低。售检票机与客流流向平行布置容易造成个别设备负荷重，而其他设备闲置，加大了部分设备的故障率，不利于设备的维护。当售检票机与客流流向垂直布置时，设备的使用率则相对比较均衡。因此，售检票机应尽量垂直于乘客流向布置。

8. 客服中心、自动售票机、进出闸机三者保持一定距离

客服中心、自动售票机、进出闸机距离较近，从表面看似乎合理：乘客在客服中心换零，走很短一段距离就可到自动售票机处购票，购票后很快就可到进闸口。实际情况不完全如此。由于速度问题，换零、购票、进站都有排队客流，尤其是运营初期的高峰期，很容易形成客流交叉。在有排队客流时，几乎形成垂直交叉。严重的时候，换零的乘客找不到自动售票机，购到票的乘客找不到进站闸机。在大客流车站，售票设备的布置往往较多。若大量乘客同时拥向进站闸机，必然造成瞬时拥堵。若能利用不同乘客的年龄、体力、行走速度等差别形成路途上的时间差，则有利于车站客流组织。因此，在设备布置时，应尽可能将设备拉远距离布置，把几种客流的距离拉开，减少客流交叉。

9. 车站两端有通道相连

由于地铁口外物业的发展很难预计，地铁每个出入口的客流不可能是均匀的，因此，车站两端必须有通道相连，以便引导客流在各售票点购票及进站，发挥每台设备的作用，平衡每台设备的使用率。如果车站两端无通道，将会给客运组织带来一定困难。

单元测试

请老师根据实际教学需要，组织学生完成"单元1.4　车站AFC设备配置与布局"的测试，相关试题见本书配套资源包。

模块工作任务

调研并绘制某城市轨道交通车站AFC设备布局示意图

1. 所需基础知识

车站AFC设备的种类、功能。

2. 任务目的

重点培养学生的个人表现能力。通过收集资料、绘图、课堂展示等，使学生进一步了解车站AFC设备数量与布局要求，培养学生信息处理、绘图表达、课件制作、口头表达等个人综合表现力。

3. 任务要求

（1）个人任务：学生个人通过调研收集资料，绘制某城市轨道交通车站AFC设备布局图，推荐绘制电子图，若手绘必须清晰，以利于制成幻灯片。

（2）小组任务：分学习小组完成车站AFC设备布局图展示，自由分组、自选组长，由组长安排好调研、收集资料、绘图、课堂展示等各项任务，小组成员各司其职。

（3）所需设备：多媒体教室、激光笔、扩音器、投影设备等。

（4）绘图要求。

①用图标和文字对站厅平面布置图内的车站 AFC 设备种类、位置、数量加以说明。

②用不同颜色的箭头标明车站客流在进站、通过进站闸机、上/下楼、通过出站闸机、出站时的方向。

③对客流交叉严重的区域加以改造，减少客流交叉。改造中可以增加或减少设备的种类和数量、可以移动设备位置，但不能改变车站建筑结构。

（5）展示要求。每组应在规定时间内完成全部展示内容，课堂展示内容包括但不限于：

①车站所在线路名、站名。

②车站站厅平面布置图绘制清晰完整。

③车站布置图内车站 AFC 设备的布局、数量和作用。

④小组成员分工。

⑤本次任务的收获及疑问。

4. 评价方式

（1）以学习小组为单位，由教师和学生代表共同完成评价，教师评价占 60%、学生评价占 40%。

（2）教师、学生评价采用模块工作任务单，见"附录1-1　车站 AFC 设备布局图展示评价表"。

思考题

1. 城市轨道交通票务系统的概念是什么？
2. 城市轨道交通票务系统的业务管理分别有哪些？
3. 城市轨道交通票务系统管理分为哪四个管理层级？
4. AFC 系统的定义是什么？与人工售检票相比，该系统有哪些优势？
5. AFC 系统经历过哪几个阶段？
6. AFC 系统基本架构是怎样的？
7. AFC 系统有哪三级管理模式？
8. 城市轨道交通清分系统的功能有哪些？
9. 影响清分结算的因素有哪些？
10. 线路中央计算机系统的功能有哪些？
11. 车站售检票设备的功能有哪些？工作方式有哪几种？
12. 票务系统与 AFC 系统之间是什么关系？
13. 影响自动售检票机数量配备的主要因素有哪些？
14. AFC 设备实际配备时应该遵循哪些原则？
15. 车站 AFC 设备布局有哪些要求？

模块2

城市轨道交通票卡与票务政策

本模块主要是帮助学生熟悉票卡的作用、票卡的发展历程和发展趋势及票卡的种类，熟悉票务基本政策，如地铁票制，不同的起步价和起步距离，票价的影响因素和确定方法、流程，使学生掌握一些通用的票务政策，并理解不同地区票务政策的差异。

教学目标

1. 思政目标

通过本模块的学习，帮助学生树立科学发展观的理念，融入"要在增长知识见识上下功夫"的思政元素，引导学生用发展的眼光看待事物的变化，培养学生科学的处事方法和处事态度。

2. 知识目标

使学生充分理解票卡的发展历程和车票的种类，掌握基本票务政策；理解影响票价的因素，确定方法、流程。

3. 能力目标

培养学生"照章办事"的能力，使学生根据票务政策处理票务事务。

4. 素质目标

通过本模块的学习，学生应理解票务政策的共通性和差异性，树立严格按照规章制度办事的职业理念和习惯。

建议学时

4 学时，其中实训 2 学时。

课程思政案例

树立全局意识，贯彻科学发展观

1. 案例名称

地铁的成本与效益。

2. 案例描述

2014 年北京首次公开地铁年运营成本，2013 年运营成本为 147.26 亿元，如果由乘客完全承担，平均每次乘坐需支付 8.56 元，而当时北京地铁实行票价 2 元的一票制（不含机场线）。2017 年深圳市轨道交通全线网运营成本 4.22 元/人次，实际票价（税后）3.80 元/人次，票价与成本相差 0.42 元/人次。

地铁作为一个公益性质的城市交通基础设施，票价不足以弥补成本是绝大多数城市轨道交通运营企业的情况。不仅如此，城市轨道交通运营企业还为很多特定人群，如军人、残疾人、老年人、学生等提供免费或者优惠乘车服务。武汉地铁还规定武汉市见义勇为人员及其直系亲属凭本人武汉市见义勇为人员优惠卡免费乘车。

在上述情况下为什么城市轨道交通运营企业还能长久生存下来呢？国家的补贴是一方面，更重要的原因在于它所带来的社会效益和（间接）经济效益。

虽然地铁投入大、亏本运行，但其产生的社会效益和（间接）经济效益不可估量。在社会效益方面，地铁除了极大地改善了城市交通拥堵问题外，还能增加社会就业、促进区域经济发展、节约能源、降低环境污染等。中国土木工程学会原秘书长张雁曾做过经济效益测算："地铁项目每投资 1 亿元，将带动 GDP（国内生产总值）增长 2.63 亿元。"地铁成为大城市幸福指数标配，为大城市发展提供了重要推动力。

3. 案例分析

分析上述案例可知，地铁的票价虽然不足以弥补其成本，但其背后的社会效益和（间接）经济效益巨大。地铁的建设、票价的制定都应从大局出发，考虑长远收益，这样才能做出科学决策。

4. 案例启示

要学会用发展的眼光看待事物，不要只在意眼前的利益得失。不论是在工作中还是在人生发展的道路上，都应用发展的眼光看待事物的变化，培养科学的处事方法和处事态度。

单元 2.1　城市轨道交通票卡

单元2.1知识树

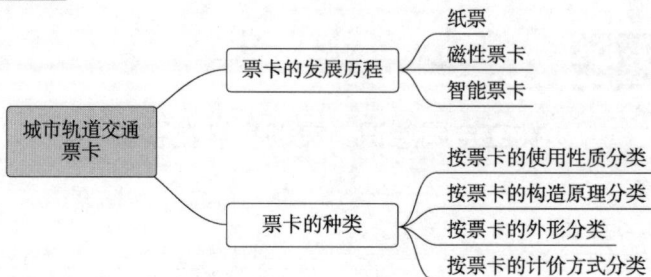

单元导入

表 2-1-1 是 2019 年南京地铁南京南站日均刷卡情况统计,由其可见使用单程票的乘客居多。

南京地铁南京南站日均刷卡情况统计表　　　　　　　　　　　　表 2-1-1

指　　标	进　　站			出　　站		
	单程票	IC 卡	纸票	单程票	IC 卡	纸票
均值	29554	24154	383	31892	18557	219
占比（%）	54.64	44.65	0.71	62.94	36.63	0.43

据统计,北京市轨道交通单程票进站量为 50 万～80 万张,日流失量为 6000～10000 张。国内主要大城市如上海、广州等地,单程票日流失量为 500～10000 张。

不同的地铁站,使用单程票和储值票的乘客比例有区别吗?单程票的流失率比较高,有什么办法缓解吗?

理论知识

票卡作为乘客凭证,记载了乘客从购票开始至完成一次完整行程所发生的费用、时间、乘车区间等信息。

票卡是赋值后的车票媒介,能在城市轨道交通售检票系统中流通使用。不同车票媒介记载信息的方式和数量是不同的。信息记载方式不同又会造成识别方式不同。因此,不同的车票媒介对应着不同的识别系统。

票卡按其信息记录介质不同,可分为印刷记录、磁记录、数字记录三种;按信息读写方式不同,又可分为视读和机读两种。售检票方式有人工方式、半自动方式和自动方式。

一　票卡的发展历程

我国城市轨道交通的票卡（不包括我国台湾、香港、澳门地区的票卡）大致经历了纸票、磁性票卡、智能票卡三个发展阶段。不同的票卡在材料介质、读写方式、使用寿命等方面均有不同。相关资源见二维码。

票卡的发展历程

（一）纸票

1971 年 1 月 15 日,北京地铁一期工程线路试运营,我国地铁纸票开始投入使用。

纸票一般由存根、主券、进站副券、出站副券四部分组成(图 2-1-1)。

乘客在购票过程中,票务人员撕下存根,将其余部分交给乘客。存根是地铁车站内部进行收益稽核时使用的;进出站副券分别是乘客在进

票卡的结构认知

出站检票时提供给检票人员检查的;主券是留给乘客,供乘客收藏或作为报销凭证使用的。

纸票只能一次性使用。纸票所有信息印制在票面上,保密性不好,容易伪造,需要增加

一些防伪措施。可在票面上印刷加密图形等安全信息，同时也会给识读带来较大的困难。

图 2-1-1 普通纸票

（二）磁性票卡（图2-1-2）

1999 年 3 月 1 日起，上海地铁 1 号线全面启用 AFC 系统，我国聚酯材料制造的地铁磁卡车票开始投入使用。

图 2-1-2 磁性票卡式单程票

磁卡车票是一种利用磁记录特性对有关信息进行记录交换的卡片。由高强度、耐高温的塑料或纸质涂覆塑料制成，能防潮、耐磨，且有一定的柔韧性，携带方便，使用较为稳定可靠。通常，磁卡的一面有磁涂层，另一面则印刷有插入方向等提示信息。为简化设备结构，大部分系统的磁卡上有定位孔槽等标志。

磁卡车票实现了可机读识别和反复使用，一般复用磁卡的设计寿命为 200～300 次，但储存内容易受磁场干扰发生变化，还必须与设备直接接触才能进行读写，随着时代发展和技术进步，已逐渐被淘汰。

（三）智能票卡

智能票卡利用集成电路的原理来处理及传递信息，它将集成电路芯片镶嵌于塑料基片上，利用集成电路的可存储性，保存、读取和修改芯片上的信息。

智能卡又名 IC 卡，按照 IC 卡与读写设备通信方式划分，可分为接触式和非接触式两种。

1. 接触式 IC 卡

接触式 IC 卡（图2-1-3）与读写设备的连接是通过卡片正面的触点来进行的，一般由基片、接触面、集成电路芯片组成。

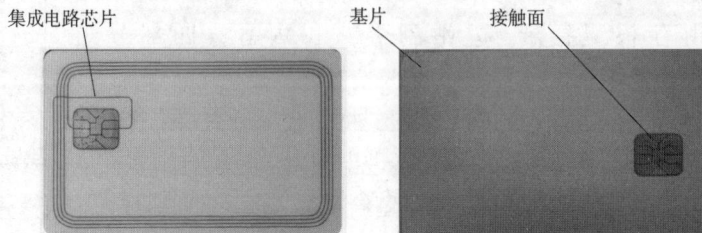

图 2-1-3 接触式 IC 卡

接触式 IC 卡相对磁卡而言有更大的存储容量，抗干扰和安全保密性也更好，但是依然需要通过直接接触读写数据，卡和读写器间的磨损大大缩短了其使用寿命，同时每笔交易的等待时间较长，严重影响在需要快速响应的场合的应用。

2. 非接触式 IC 卡

非接触式 IC 卡通过无线电波完成与读写设备之间的连通，是一种将相关电路封装在智能卡里，采用射频原理，通过收发天线与读写设备进行信息交换的智能卡。由于与读写设备不需直接接触，故称为非接触式智能卡。

2002 年 4 月 24 日，广州地铁 1 号线磁卡 AFC 系统替换为非接触 IC 卡 AFC 系统的改造工程全面启动，使 1 号线成为国内外率先使用非接触 IC 卡的地铁线路，同时也是我国内地第一个车票全为 IC 卡的地铁线路。

非接触式 IC 卡由集成电路、天线和封装材料组成。

（1）薄卡型非接触式 IC 卡（图 2-1-4）。

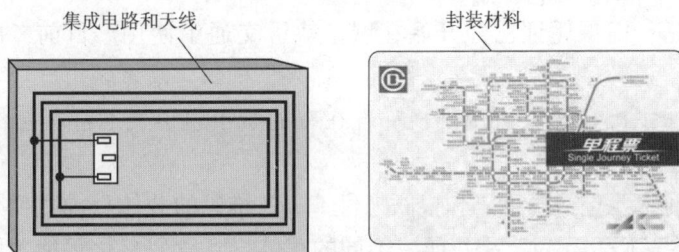

图 2-1-4　薄卡型非接触式 IC 卡

（2）筹码型 IC 卡（图 2-1-5）。

图 2-1-5　筹码型 IC 卡

筹码型 IC 卡常用尺寸：直径为 25 ~ 30mm，厚度为 2.0 ~ 3.5mm。

薄卡型 IC 卡与筹码型 IC 卡的差异：

①两种票卡在终端设备、系统结构、应用软件等方面基本一致。

②筹码型 IC 卡的传送可依靠重力和滚动，处理装置结构最为简单，维护工作量小，但由于筹码型 IC 卡尺寸太小，容易丢失，在运营初期，筹码的大量流失会给企业经济带来一定的影响。

③薄卡型 IC 卡依靠专门的传输装置，因此终端设备的结构及维护等比较复杂，但薄卡型 IC 卡容易携带，比较符合一般乘客的使用习惯。

（3）异形 IC 卡（图 2-1-6）。异形 IC 卡并不指某种类型的卡，通俗地说，形状上非规则的 IC 卡都可以称为异形 IC 卡。

图 2-1-6 异形 IC 卡

标准的非接触式 IC 卡，设计使用寿命可达数万次。

以上类型的票卡中，非接触式 IC 卡车票应用范围最广，技术和设备的发展日趋成熟，在交通行业中的自动收费系统中有一定的代表性。如不特别说明，教材中所讨论的城市轨道交通票卡均指非接触式 IC 卡车票。

值得注意的是，虚拟凭证已经开始在城市轨道交通中使用。目前，杭州、上海、北京、广州、深圳、武汉、合肥、天津、青岛、嘉兴、抚州等诸多城市已经实现虚拟凭证通行，乘客可实现"手机扫码"进出闸机。现在有的城市轨道交通甚至已经开通刷脸过闸功能。

电子车票目前主要包括二维码和银联闪付卡。二维码的载体目前主要有 3 种，分别是手机 App、微信乘车码和支付宝乘车码，不同的载体导致发码单位可能不同。银联闪付卡的载体就是由各商业银行发行的有支付闪付功能的银行卡。

电子车票减少了实体车票采购、编码、发行、出售、回收、清洗等各个环节，极大地方便了城市轨道交通运营企业和乘客，还能够实现实名制等需求，同时能有效减少车票流失，是票卡发展的新趋势。

二 票卡的种类

为了满足不同乘客的需求，城市轨道交通运营企业提供了多种形式的票卡供乘客自由选择。但是由于不同城市采取的补贴政策不同，各个城市轨道交通运营企业的票卡种类存在很大的差异。

1. 按票卡的使用性质分类

按使用性质分类，票卡可分为单程票、储值票、"一卡通"、许可票、其他票。

（1）单程票。单程票是指乘客以一定金额购得一次出行服务，只可以在本城市轨道交通网络内使用一次，出站时被出站闸机回收的车票。单程票通常可分为普通单程票和预制单程票两种。

①普通单程票。普通单程票通过自动售票机、半自动售票机或云购票机售出。普通单程票只在当天运营时间内有效，只能在购票车站进站，只能乘坐车票金额以内的车程，出站时由出站闸机回收。

②预制单程票。预制单程票是指提前赋值的单程票，是一种有价证券，具有较长的使

用期限，由站务人员人工发售。在节假日、车站周边组织活动、恶劣天气等情况下，车站客流增加，超出车站售票设备发售能力或售票设备发生故障导致车站发售能力下降时，车站需要发售预制单程票。

从使用范围来看，单程票一般限制在城市轨道交通内部循环使用。单程票采购回来后，在制票中心经过初始化后，进入线网使用，通过自动售票机或半自动售票机发售，乘客乘坐城市轨道交通出站后由出站闸机回收。回收后的车票可在车站循环使用，异常车票交回制票中心。

(2)　储值票。储值票（图2-1-7）一般指由城市轨道交通运营企业发行的城市轨道交通储值票。这类车票内预存一定资金，在金额足够的情况下可多次使用，每次使用时根据费率扣除乘车费用，且出站时不回收，可反复充值，长期循环使用。

乘客持储值票可以在城市轨道交通网络内乘坐地铁，直接在进站闸机上刷卡进站，在出站闸机上刷卡扣费出站。储值票的余额有一定上限，由不同城市轨道交通系统设定。

除了普通储值票外，部分城市轨道交通运营企业还会发行纪念储值票。纪念储值票票面一般是具有纪念价值的图案，既可以收藏，也可以使用，使用要求和普通储值票一致，不记名，不挂失，不退款，出站时不回收，可充值。

图2-1-7　储值票

(3)　"一卡通"。"一卡通"是由"一卡通"公司发行的公共交通卡（图2-1-8、图2-1-9），乘客持该卡可乘坐地铁、公交、出租车等多种交通工具。乘客乘坐城市轨道交通工具时，直接在进站闸机上刷卡进站，由出站闸机对"一卡通"扣费后出站。"一卡通"一般包括"一卡通"普通票、"一卡通"优惠票。其中，"一卡通"优惠票又分为"一卡通"老人卡、"一卡通"学生卡、"一卡通"残疾人卡以及其他指定人群的"一卡通"等，如北京、武汉等地发放了"一卡通"见义勇为卡。不同的"一卡通"享受不同的优惠政策。"一卡通"优惠票在通过闸机检票时，有特殊的声、光提示。"一卡通"优惠票通常采用实名制，需要按照相应规定办理。"一卡通"普通票在城市轨道交通中使用时，进出站、充值等规定与普通储值票一致，押金、退卡等规定则遵循"一卡通"公司的要求。

图2-1-8　武汉"一卡通"

图 2-1-9　北京市政交通"一卡通"

（4）许可票。许可票是一种不同于单程票和储值票的特殊票种，由城市轨道交通运营企业根据特殊需要，赋予特定使用许可的一种车票。许可票包括员工票、测试票、出站票和车站工作票。

①员工票。员工票是供城市轨道交通运营企业内部员工记名使用的票卡，仅限本人乘车使用。员工票与储值票类似，只是在进出城市轨道交通检票设备时具有更多的选择，即可通过 AFC 中心系统设置为采取扣钱方式，或采取计次方式，或采取不做任何交易记录的方式等。员工票具有一定的权限及相应的内部管理功能。

当员工离开城市轨道交通运营企业时，员工票一般收回销毁。

图 2-1-10　测试票

②测试票。测试票（图 2-1-10）是一种对 AFC 设备进行维护诊断用的特殊车票，只能在设备处于维护模式，由维修人员测试设备时使用。测试票的作用是模拟相应车票的操作，因此不同的测试票与其相应的车票的使用方法完全相同，只是所形成的交易记录与其他票卡所形成的交易记录有别。

单程测试票由闸机自动回收，并清除标志。

③出站票。出站票是一种专用于出站、站务人员在半自动售票机上发售的车票。当乘客的车票被损坏、丢失或发生乘客事务无法正常出闸时，乘客将无法通过出站闸机，在此情况下乘客必须到半自动售票机领取或购买一张出站票出站。出站票内含有车站信息，只能在本站使用。出站票在乘客出站后回收，并清除标志。

④车站工作票。车站工作票由车站工作人员（如保洁人员等）持有，仅限指定车站使用，不检查进出站次序。

（5）其他票。

①计次票。计次票（图 2-1-11）是指在有效期内，限单人计次使用，每次乘车不计里程。

②纪念票。纪念票（图 2-1-12、图 2-1-13）是指城市轨道交通运营企业在特定时期内发行的具有纪念意义的车票。不同城市轨道交通运营企业纪念票种类可能不同，如深圳地铁发行计次纪念票，武汉地铁有纪念单程票、纪念储值票等。

纪念储值票使用方法与储值票一致。乘客持纪念单程票乘车时，只能在车费以内的车程乘车，出站时车票不回收，由乘客保留收藏。计次纪念票与计次票乘车使用方法一致。

图 2-1-11　计次票

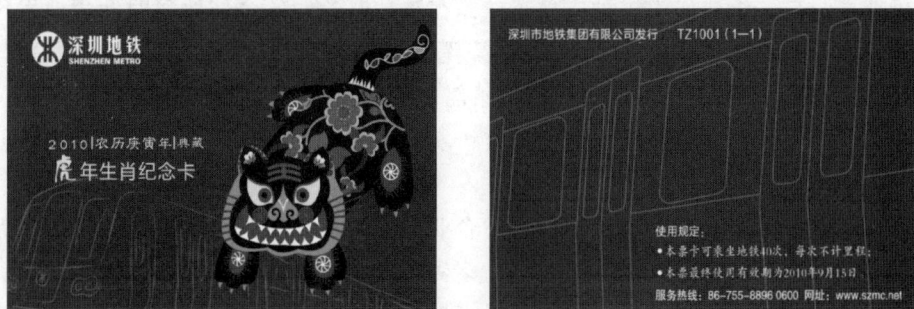

图 2-1-12　计次纪念票

图 2-1-13　纪念单程票

③团体票。团体票是一种为了节约购票时间、提高出行效率，对于同时进、出相同车站的乘车团体且乘车人数超过规定时（如 30 人以上）办理的车票种类。一般团体票单次使用，可从专门通道快速进站乘车。

④日票。日票是城市轨道交通运营企业为方便旅游、出差人士推出的票种，有一日票、三日票（图 2-1-14）、五日票、七日票等。乘客自购票之日（或持日票首次进闸时）起，在车票有效时间内可不限里程、不限次数使用，使用时检查进出站次序。日票不记名、不挂失，无余额、不可充值。有些城市轨道交通运营企业日票不设押金，卡的

成本计入票价，乘客使用完后无须退回；有些城市轨道交通运营企业日票设有押金，可凭完好车票退押金。

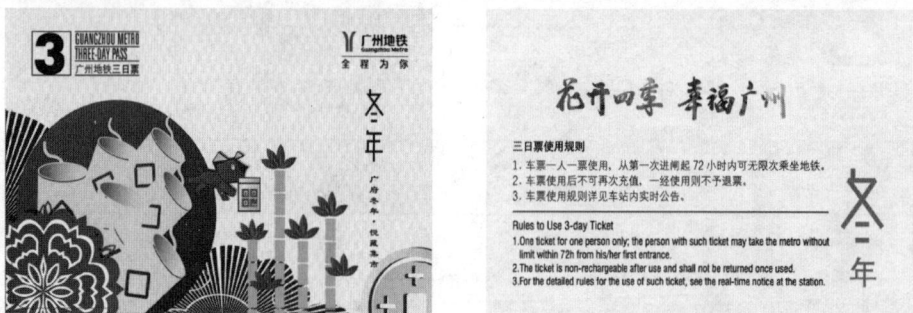

图 2-1-14 三日票

⑤纸票。目前，纸票作为一种应急车票，在车站票务设备全部故障时使用，发售对象为非持卡乘客，限单程使用。由于 AFC 系统无法识别纸票，故纸票的售检票方式与使用 IC 卡车票时的售检票方式不同。纸票售卖站需向控制中心行车调度员（简称行调）通报售卖纸票的开始时间和停止时间，由行调将售卖纸票的相关信息通知其他车站，以便提前做好开始或结束人工检票的准备。

非应急情况下，也有城市轨道交通运营企业出售纸票，如在"一卡通"优惠车票票卡故障情况下，对这部分指定人群（残疾人、老人、学生等）出售纸票。

⑥赠票。城市轨道交通车站发生列车晚点、运营故障需清客、紧急疏散（如火灾、毒气）等应急情况可发放赠票。持赠票乘客从专用通道进出站，限单程乘车。

2. 按票卡的构造原理分类

按构造原理分类，票卡可分为纸质车票、磁卡车票、智能卡车票及电子车票。

3. 按票卡的外形分类

按外形分类，票卡可分为薄卡型车票、筹码型车票、异形车票。

4. 按票卡的计价方式分类

按计价方式分类，票卡可分为计次票、计时票、计程票、计时计程票、计时计次票和许可票等。

需要注意的是，目前国内不同城市轨道交通运营企业，为了便于乘客乘车、员工工作和票卡管理，会分别对车票进行不同的分类，并对车票使用做出相应规定，赋予车票不同的权限。以上分类不能覆盖我国所有城市轨道交通运营企业包含的票种（如部分企业含有行李票、商务舱单程票等），而只是一种相对通用的分类方式。

单元测试

请老师根据实际教学需要，组织学生完成"单元 2.1 城市轨道交通票卡"的测试，相关试题见本书配套资源包。

单元2.2 城市轨道交通票务政策

单元2.2知识树

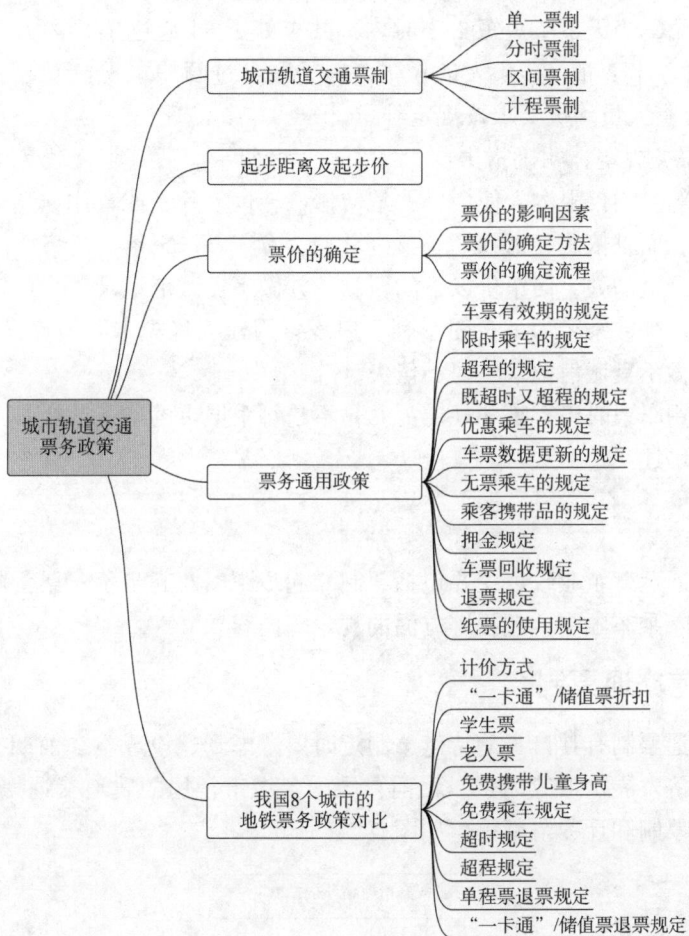

城市轨道交通票务政策

- 城市轨道交通票制
  - 单一票制
  - 分时票制
  - 区间票制
  - 计程票制
- 起步距离及起步价
- 票价的确定
  - 票价的影响因素
  - 票价的确定方法
  - 票价的确定流程
- 票务通用政策
  - 车票有效期的规定
  - 限时乘车的规定
  - 超程的规定
  - 既超时又超程的规定
  - 优惠乘车的规定
  - 车票数据更新的规定
  - 无票乘车的规定
  - 乘客携带品的规定
  - 押金规定
  - 车票回收规定
  - 退票规定
  - 纸票的使用规定
- 我国8个城市的地铁票务政策对比
  - 计价方式
  - "一卡通"/储值票折扣
  - 学生票
  - 老人票
  - 免费携带儿童身高
  - 免费乘车规定
  - 超时规定
  - 超程规定
  - 单程票退票规定
  - "一卡通"/储值票退票规定

单元导入

随着武汉地铁的客流逐步攀升，逃票者也在增多。2019年2月某日，武汉地铁运营公司联合武汉市公安局轨道分局，在武汉六渡桥站开展了一次票务稽查专项行动。

下午3时，一名冒用老年证（老年人优待证）进站的中年女乘客被工作人员拦下，但她快速将老年证放到包内，拿出"武汉通"储值卡："你看看这个，我明明刷的是这张'武汉通'卡！"

见她不承认逃票行为，工作人员现场调取了她手中"武汉通"储值卡的交易记录：最近一次刷卡时间为一个星期以前。在证据面前，这名女乘客哑口无言，交出了自己父亲的老年证。

10min 后，另一名女乘客刷老年证进站。工作人员拦住她后，她声称家里老人病了，当天刚刚把卡放在她那里。值班站长调出这张老年证的通行记录，发现这名"病着的老人"近期频繁乘坐地铁。

当班值班站长介绍，冒用老年证乘坐地铁的人中，不少也都带了"武汉通"储值卡来防止被查。还有人故意选择客服中心背面的闸机进站，以躲避工作人员的视线。

除了冒用老年证、学生卡，还有部分乘客玩起贴身过闸，即两人乘车只有一人刷卡。被稽查人员拦住时，乘客却辩称两人都刷了卡。

稽查人员介绍，当天下午短短 2 小时内，共查处了 34 起逃票行为，查获并依法没收老年证 11 张、学生卡 2 张、残疾人证 6 张，查处贴身过闸违规现象 5 起、超高儿童未购票现象 10 起，被查人员均被要求按规定补票。

《武汉地铁票务规定》明确指出："武汉通"老年卡、残盲卡、残免卡、学生卡及武汉市见义勇为卡等，均仅限本人使用，严禁转借、转售、赠予或冒用。违规用卡者不但要停用并没收该卡，而且依照《武汉轨道交通管理条例》第 65 条，还将按照单程最高票价补收票款，情节严重的处 5 倍票价以下的罚款，并做不良诚信记录。

上述案例中，少数乘客为了贪图小利，违规冒用他人优惠卡，最终还是要补收票款，还可能被罚款，做不良诚信记录，得不偿失。

那么，在使用车票时还有哪些规定呢？是不是每个城市的票务政策都一样？本单元将以地铁为例加以讲述。

理论知识

城市轨道交通运营企业政策主要包括票制、起步距离及起步价、票价的确定以及运营企业对乘车时限、乘车限制、超程等方面的规定等内容。

一 城市轨道交通票制

城市轨道交通票制有其自身的特点，制定时要考虑到建设成本、前期投入、市民承受能力及地区的经济发展水平等因素。目前，国内各城市常用的轨道交通票制有单一票制、分时票制、区间票制和计程票制等，如图 2-2-1 所示。

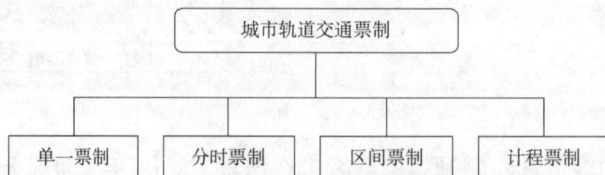

图 2-2-1 城市轨道交通票制

（一）单一票制

单一票制以乘客乘坐城市轨道交通的次数计费，从乘客进站检票到出站检票为一次，无论行程长短，统一收取固定金额的费用。

北京地铁 2007 年开始实行单一票制，除机场线以外全路网 2 元/人次的票价一直延续到 2014 年。这种纯福利方式的地铁低票价政策是一种"普惠"政策，并非最明智的选择，不利于城市轨道交通的可持续发展。

也有这样一种情况，在整个城市轨道交通中，部分线路单独计费，如广州珠江新城旅客自动输送系统实行票价 2 元的单一票制。

从 2014 年 12 月 28 日起，北京地铁线路不再实行票价 2 元的单一票制，但首都机场线实行 25 元单一票制。

（二）分时票制

分时票制是根据高峰和非高峰时段划定票价，非高峰时段的票价较低，以分散高峰时段客流，鼓励乘客错峰出行。这种票制通常和分段或计程票制结合应用。

（三）区间票制

区间票制按区间、车站数计价，在设定起价区间基础上每增加若干区间递增票价。

一些城市在运营初期采取区间票制。如 2014 年以前，南京地铁实行的是区间票制，起步价 2 元，可坐 1～8 站，3 元可坐 9～12 站，4 元可坐 13 站以上，现在已经不再实行。

目前，哈尔滨地铁采用区间票制：其中 1 号线 1～8 个区间票价 2 元，9～12 个区间 3 元，13～17 区间 4 元，18～22 区间 5 元。

（四）计程票制

按乘客乘坐的里程数计价，采用这种计价方式时，基本都是按照"递远递减"模式收费，即乘坐的距离越远，每千米所需要的费用越少。

例如，武汉地铁规定：4km 以内（含 4km）2 元；4～12km（含 12km），1 元/4km；12～24km（含 24km），1 元/6km；24～40km（含 40km），1 元/8km；40～50km（含 50km），1 元/10km；50km 以上，1 元/20km。

据统计，已开通地铁或轻轨的数十个城市中，大多数采用了计程票制。

值得注意的是，一个城市的轨道交通线网中的不同线路，可能采取不同的票制。以天津地铁为例，天津地铁 9 号线分为市区段和郊区段，以中山门站为界。其市区段票价政策为：起步票价为乘坐 5 站 4 区间以内（含 5 站）每人次 2 元，乘坐 5 站 4 区间以上 10 站 9 区间以下（含 10 站）每人次 3 元，乘坐 10 站 9 区间以上 16 站 15 区间以下（含 16 站）每人次 4 元，乘坐 16 站 15 区间以上每人次 5 元。这种票制属于区间票制。天津地铁 9 号线的郊区段则按照里程计费，属于计程票制。

二　起步距离及起步价

在确定某城市轨道交通起步距离和起步价时，会根据各个城市的居民收入和消费水平，结合城市轨道交通定位等因素考虑确定。我国部分城市轨道交通的起步距离和起步价见表 2-2-1。

我国部分城市轨道交通起步距离和起步价　　　　表 2-2-1

城　市	起步距离（km）	起步价（元）	城　市	起步距离（km）	起步价（元）
武汉	4	2	北京	6	3
昆明	4	2	上海	6	3
南京	4	2	重庆	6	2

城　　市	起步距离（km）	起步价（元）	城　　市	起步距离（km）	起步价（元）
广州	4	2	长沙	6	2
厦门	4	2	南昌	6	2
杭州	4	2	苏州	6	2
深圳	4	2	西安	6	2
佛山	4	2	石家庄	6	2
成都	4	2	大连	6	2
东莞	4	2	长春	7	2
青岛	5	2	合肥	8	2

三　票价的确定

（一）票价的影响因素

1. 城市扩张距离因素

城市对外扩张距离关系到中心城市对外扩张的广度和深度，主要受到城市总体规划布局、城市发展政策、城市政府财力、城市沿线土地开发强度、居民城市化需求以及客流量等因素的影响。

一般来说，在满足城市总体布局的前提下，城市政府财政收入越高，沿线土地开发力度越大，未来预期客流负荷越大，则城市对外扩张距离越大，城市化程度也越高。在国家城镇化政策引导下，从政府角度来看，往往希望加快城市化进程，增加城市对外扩张距离。

2. 成本因素

工程建设成本和运营成本是城市轨道交通成本的主要组成部分。

（1）建设成本。建设成本是指工程从规划开始直到完工的建造费用，包括工程建设的拆迁成本，设施设备购置、建设成本等。建设成本主要受到工程沿线地质、设施设备型号和功能要求、资金情况等的影响。例如，工程建设、区间、车辆购置费、车站等相关项目建设费用较高。当前，国家要求城市轨道交通建设资金在30%以上，其他资金主要通过银行贷款、发行债券等方式融资得到，为此需要付出的建设融资利息均纳入建设成本。

（2）运营成本。运营成本通常指城市轨道交通系统完成乘客运输所消耗的以货币形式表现的费用支出，主要包含需要支付的职工工资及福利费、材料费、资本成本及其他费用。这项支出主要受到运营管理水平、人力工资水平、电力费率、折旧维护费用等因素的影响。随着运营管理水平的提高，城市轨道交通运营成本将呈现下降趋势。但是，在城市轨道交通运营后期，随着设施设备老化，维护成本将呈上升趋势，将直接影响运营成本。

通常，政府希望尽可能降低城市轨道交通建设成本和运营成本，而运营企业希望减少运营成本，提高运营收益。

3. 票价因素

城市轨道交通票价主要受到政府财力、居民收入水平、乘客心理定价、其他交通运输方式可替代性及其票价、客流量等因素的影响。

（1）政府财力：政府财政收入越高，用于发展城市轨道的建设和运营资金将越多，那么城市轨道交通票价越低，对乘客出行的吸引力也将越大。

（2）居民收入水平：居民收入水平与乘客对价格的敏感度密切相关。一般来说，居民收入水平越高，票价承受能力越强。

（3）乘客心理定价：指乘客对城市轨道交通票价的心理预期。乘客会权衡支出与所接受的服务，如果乘客认为物超所值，能承受的价格较高。

（4）其他交通运输方式可替代性及其票价状况：城市公共交通系统中，城市轨道交通通常会面临其他公共交通运输方式的竞争，这会在一定程度上影响城市轨道交通的价格上限。

（5）客流量：客流量作为影响票价的重要因素，根据供需理论，其随着价格的增高递减。反之，票价降低也会刺激客流量。

（二）票价的确定方法

1. 国外城市地铁票价确定方法

国外城市轨道交通的发展历程较长，票价的制定过程和方法各有特点。

巴黎市政府控制地铁票价，给予60%的差额补贴。巴黎市政府通过对票价的管制来确保社会效益得到有效的发挥，与此同时，承担相应的补贴责任。

东京市政府也对地铁票价进行严格的控制，运营线路通过考虑企业高效经营、向用户提供优质服务来制定统一标准，即采取所谓"合理报酬"原则。利润水平主要依据企业资本回报率来确定。此外，日本政府严格控制价格，因亏损调价，也要以社会物价增长指数为标准，并以增幅20%为限。政府也会对地铁企业实行政策性补贴。

新加坡地铁票价调整以乘客出行承担费用与运营者之间的责任和利益为基本出发点。不同于国外许多城市，新加坡对于城市轨道交通的管控更加倾向责任和利益的对等性。

总的来说，目前世界各国主要还是通过财政补贴，以社会效益最大化为目标提供城市轨道交通客运服务，兼顾企业经济效益。值得指出的是，欧洲部分国家的大城市采取以公共援助为主、利用者（乘客）负担为辅的政策；日本大城市与欧洲部分国家的大城市不同，以利用者（乘客）负担为主。

2. 国内地铁票价确定方法

目前，我国的定价方法主要为两大类：成本型定价和社会效益定价。

香港地铁公司采用成本型定价方法，这是一种完全经营性的定价方式。香港地铁公司对于票价的制定主要考虑建设投资、固定资产折旧、运营成本等因素，并在此基础上考虑一定的合理利润。原因为：一方面，由于香港人口密度大，流动人口多，城市轨道交通有充足的客源，票款收入可观；另一方面，由于每一条城市轨道交通线路在建设前沿线未开发的土地按当时的地价划归香港地铁公司所有，香港地铁公司向政府偿还地价款，城市轨道交通建成后土地升值的全部收入归香港地铁公司所有。此外，运营过程中，香港地铁公司积极开发广告、商铺、电信服务、地下空间等城市轨道交通资源开发项目，形成了多种收入来源，确保了香港城市轨道交通经营的利润。

北京地铁票价早期主要采取基于社会效益的福利性质定价方法确定。从增强社会效益的角度出发，北京市主要采用低票价政策，严格控制城市轨道交通票价，2007年10月7

日起为全程 2 元/人次（机场线除外）。这种低票价政策，促使城市轨道交通发挥了城市交通骨干作用，在减少城市交通拥堵方面成效显著。但据北京市地铁运营有限公司的数据统计，从 2007—2013 年 7 年间，北京地铁年度基本运营成本从 13.4 亿元增至 53.3 亿元，增加了 3 倍。"2 元时代"的 7 年间，北京市政府补贴财政资金达到 221 亿元，政府的财政压力也越来越大。

2014 年 12 月 28 日起，北京市轨道交通在依靠政府适当补贴的基础上，实行"距离-成本"定价法、里程分段计费制。这种定价方式，是在社会效益和运营成本之间寻求的一种平衡，利于城市轨道交通的长远发展。"距离-成本"定价法是目前我国使用的比较多的一种定价方式，这种定价方式容易被乘客接受，同时符合多乘坐、多付费的原则，也有利于城市轨道交通运营企业可持续经营。

（三）票价的确定流程

城市轨道交通与大众的日常生活是密不可分的，政府对于城市轨道交通的票价进行有效监管是必要的。根据《中华人民共和国价格法》等相关法律法规的规定，城市轨道交通的票价应当在合理范围之内，并且要实施"企业报价、政府核价、公众议价"的票价制定和调整听证制度。目前，我国城市轨道交通票价制定和听证程序如下：

（1）城市轨道交通运营企业需要根据自己的需求以及各方面的规定制定票制票价，并向有关部门提交定价书面申请报告等相关材料。

（2）参照相关法律法规，城市价格主管部门需要对提交的申请报告进行审核，并实施相应听证。

（3）政府在决定定价决策时还要协调被审查单位按照一定的需要调整票价，在必要时可以重新组织听证。

（4）城市价格主管部门公布并实时监测票价的执行情况，除此之外还要保持跟踪调查。

城市轨道交通票价制定流程如图 2-2-2 所示。

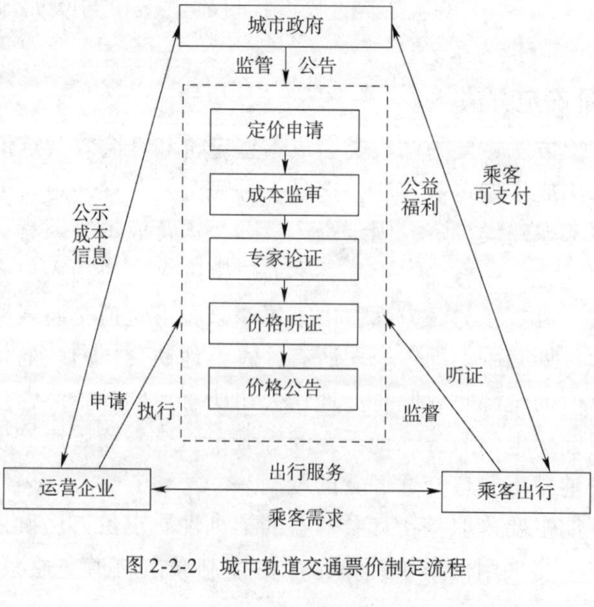

图 2-2-2 城市轨道交通票价制定流程

四　票务通用政策

城市轨道交通运营企业对车票有效期、乘车时限、乘车限制、超程等方面的规定不完全一致，但也有其通用性。

乘客凭有效车票通过闸机进入付费区，乘客应使用同一张车票进、出闸，实行一人一票，一张车票不可多人同时使用。需报销凭证的乘客，可凭所购付费车票到车站客服中心（票亭）索取。

（一）车票有效期的规定

（1）普通单程票、团体票、纸票发售通常限当站、当日使用，过期视为无效票回收。

（2）储值票、许可票等有效期通常为若干年，到期后须按规定办理延期后方能继续使用。

（3）日票有效期以发行公布的有效期为准，车票到期后不可延期。武汉地铁规定一日票有效期为发售时间起至当日运营时间结束，三日票有效期为当日发售时间起至第三日运营时间结束，七日票有效期为当日发售时间起至第七日运营时间结束。广州地铁根据首次进闸时间开始计算时间，如一日票从第一次进闸起24小时内可无限次乘坐地铁。

（4）赠票须在有效期（如7日）内使用，逾期作废，且不办理退票。

（5）"一卡通"车票的有效期由"一卡通"公司确定，到期后须到"一卡通"公司指定机构办理延期手续方可继续使用。

（二）限时乘车的规定

为避免乘客在列车或站内付费区长时间逗留，造成拥堵或安全隐患，城市轨道交通运营企业通常会对乘客购票入闸至检票出闸的时间进行限制。当乘客在付费区逗留的时间超过城市轨道交通运营企业规定的乘车时限，称为滞留超时，简称超时。对滞留超时的乘客，企业会收取一定金额的超时车费。

各城市轨道交通运营企业会根据当前线网允许的最远乘车里程、列车的速度及乘客候车、换乘所需的合理时间确定乘车时限。例如，武汉地铁在2号线开通之前规定的乘车时限是120min，线网扩张后的乘车时限为240min；沈阳地铁也因线路延长，将原有的120min乘车时限调整至210min；北京地铁目前的乘车时限为240min。

也有部分城市采用分段限时制，如大连地铁规定：乘客本站进出时在付费区内停留时限为30min，非本站进出采用分段限时，具体为2元票价限时80min、3元票价限时90min、4元票价限时100min、5元票价限时110min、6元票价限时120min。

对超时产生的超时车费规定，各城市轨道交通运营企业也不尽相同。例如，武汉和深圳地铁规定超时乘客须按线网最高单程票价补交超时车费；长沙和杭州地铁都规定超时乘客按本站最高单程票价补交超时车费；北京和上海地铁目前规定的超时车费为全程最低票价3元。

（三）超程的规定

当乘客所使用的车票不足以支付所到达车站的实际费用时，视为该车票超程。城市轨道交通运营企业通常规定乘客须补足实际车程费用后，对车票做更新处理，方能持票出站。

（四）既超时又超程的规定

当乘客既超时又超程时，各城市轨道交通运营企业的处理规定也有区别。例如，武汉地铁按两者中较高费用收取，北京、广州和深圳地铁则是按两者费用之和收取。

（五）优惠乘车的规定

1. 指定人群

军人、残疾人：现役军人须凭《中国人民解放军军官证》《中国人民解放军士官证》《军校学员证》，革命伤残军人须凭《革命伤残军人证》，伤残警察须凭《中华人民共和国伤残人民警察证》，残疾人凭《中华人民共和国残疾人证》申请免费乘车。

老年人：不同城市对于老年人的优惠不同。例如，武汉地铁规定65岁及以上老年人持"武汉通"老年卡免费乘车。合肥地铁规定70岁（含）以上老年人凭有效证件免费乘车。杭州地铁规定60岁至70岁（不含70岁）的老年人，凭有效证件享受单程票票价的5折优惠；70岁及以上老年人，凭有效证件在法定工作日高峰时段（7：00—8：30，17：00—18：30，以进入地铁付费区时间为准）须购买半价单程票乘车，其余时间免费乘车。

学生：不同城市对于学生优惠不同。武汉地铁规定中小学生享受7折优惠，长沙、重庆、青岛、深圳等城市学生可享受地铁票价5折优惠。

儿童：乘客可以免费带领一名身高1.3m（有的城市轨道交通运营企业规定是1.2m）及其以下的儿童乘车，超过一名的按超过人数购票。无成年人带领的学龄前儿童不得单独乘车。

其他：如武汉市见义勇为人员及其直系亲属凭本人武汉市见义勇为人员优惠卡免费乘车。

2. 普通"一卡通"

部分城市使用普通"一卡通"可享受一定折扣。例如，武汉地铁、重庆地铁目前是9折优惠，广州地铁是9.5折优惠，西安地铁是7折优惠。

3. 累计优惠

一些城市制定了多次乘坐优惠政策，在累计消费到一定程度后有优惠。例如，广州地铁单月坐地铁和公交消费累计15次以内9.5折优惠，从第16次开始乘坐地铁和公交均享受6折优惠；北京地铁单月消费100元以后，再次乘坐可享受8折优惠，当月消费总额满150元后，超出部分给予5折优惠，一直到支出累计达到400元后，不再享受打折优惠；武汉地铁规定，单卡月消费金额200（含）~300（不含）元可奖励10元。

4. 联乘优惠

一些城市制定公交与地铁联乘优惠政策。例如，深圳地铁规定：持"深圳通"卡、本市发行的全国交通"一卡通"搭乘公交的乘客，在公交刷卡90min内换乘城市轨道交通普通车厢，享受城市轨道交通票价折扣优惠的同时，再优惠0.4元/人次。上海地铁规定：持公共交通卡的乘客，地铁进站时间距离前次公交乘坐POS机刷卡时间在120min内，本次出站时享受公交轨道联乘优惠，联乘优惠金额为定值1元，出站计费时享受1元的优惠。杭州地铁规定：在90min内乘客由公交换乘地铁，在享受储值卡原有优惠的基础上，可再享受 1 次换乘优惠，其中优惠储值卡最高优惠 1 元，普通储值卡最高优惠 2 元。

（六）车票数据更新的规定

1. 进站次序错误（乘客在非付费区）

若乘客所持车票在车站进闸机刷卡后未及时进闸：20min 以内则免费对乘客车票进行数据更新，20min 以上则须交付费用。例如，武汉地铁规定超过 20min 后的储值票、"一卡通"须付 2 元费用更新；合肥地铁规定超过 20min 后的单程票作废，须重新购票。

2. 出站次序错误（乘客在付费区）

若乘客持车票未通过进站闸机刷卡就进入付费区，车票在出闸时会显示出站次序错误，根据乘客反映的进站车站免费对车票进行数据更新。

3. 过期车票的数据更新

过期地铁储值票、免费票须到车站客服中心或票亭免费进行数据更新，免费票更新时须出示持卡人有效证件。

（七）无票乘车的规定

乘客在付费区内遗失车票、无票或持无效票，通常须按线网（或本站）最高单程票价补交车费后出闸。例如，武汉地铁规定，乘客在付费区内遗失车票或无票，须按最高单程票价补交车费后出闸。

有些城市轨道交通运营企业还会加收罚款。如上海地铁规定乘客无车票或者持无效车票乘车的，须按照城市轨道交通线网单程最高票价补收票款，并可加收 5 倍票款。厦门地铁对无票、使用无效车票乘车的乘客，按线网最高单程票价补收票款，并可按线网最高单程票价的 3 倍加收票款。

（八）乘客携带品的规定

各城市轨道交通运营企业对乘客的携带品范围都有各自的规定，大部分城市轨道交通运营企业对乘客免费携带的物品重量和体积都有明确要求，超过规定的物品须加购行李票一张；若乘客所携带的物品重量过重、体积过大，则不得进站乘车；若被携带进站乘车的物品会对城市轨道交通安全、设备或其他乘客产生不良影响的，也不得携带进站乘车。

武汉地铁规定，乘客携带的物品，总重量、长度、体积分别不得超过 20kg、1.6m 和 0.15m³。严禁携带易燃、易爆、有毒、有放射性、腐蚀性等危险品和可能危及行车、人身安全的其他物品进站乘车，不得携带禽畜、宠物或易污损、无包装、易碎、尖锐的物品进站乘车。

西安地铁规定，乘客进站乘车时携带的行李重量不得超过 30kg，长度（长、宽、高之和）不得超过 1.8m，体积不得超过 0.15m³，如超过上述标准，行李不能带进车站付费区。严禁携带枪支弹药类、爆炸物品类、管制器具类、易燃易爆品类、毒害性物品类、腐蚀性物品类、放射性物品类、传染病病原体及医疗废物类，以及其他危害列车运行安全的物品和国家法律、法规、规章等规定的其他禁止持有、携带、运输的物品进站。

天津地铁规定，乘客携带重量 20～30kg 或体积 0.06～0.15m³ 的物品时，须购买 2 倍于该段票价的车票。凡携带重量超过 30kg 或长、宽、高之和超过 1.8m 或体积大于

$0.15 m^3$ 的物品，未经城市轨道交通运营企业同意禁止进站乘车。严禁携带枪支弹药、管制器具以及爆炸性、易燃性、放射性、毒害性、腐蚀性等可能影响公共安全的物品进站。

深圳地铁规定，乘客携带重量 $20\sim30 kg$ 或体积 $0.06\sim0.1 m^3$ 的行李需购买与单程票车费等额的行李票（享受免费乘车优惠政策的乘客无须购买行李票），乘客携带重量超过 $30 kg$、长度超过 $1.6 m$ 或体积超过 $0.1 m^3$ 的超标准行李不得进站乘车。乘客不得携带以下动物、物品进站乘车：

（1）除盲人乘车时携带的导盲犬及执行任务的军警犬外的其他活体动物。

（2）爆炸性、易燃易爆性、毒害性、腐蚀性、放射性物品及传染病病原体。

（3）除执行公务外的枪械弹药、管制刀具及各类攻击性武器。

（4）易污损、有严重异味或者无包装、易碎的物品，未能妥善包装的肉制品及其他妨碍公共卫生、容易污损城市轨道交通设备和车站及列车环境的物品。

（5）充气气球、风筝、自行车（已折叠且符合行李规范的折叠自行车除外）、尖锐物品等有安全隐患或者影响应急逃生的物品。

（6）重量超过 $30 kg$ 或者外部尺寸长、宽、高之和超过 $1.6 m$ 的物品。

（7）其他影响公共安全、运营安全或者乘客人身、财产安全的物品。

（九）押金规定

每张地铁储值票、免费票收取车票租卡押金通常为 20 元。

（十）车票回收规定

（1）单程票在出站时由出站闸机回收，地铁储值票、地铁免费票、纪念票等不回收。

（2）过期单程票、无效票等须由客服中心工作人员回收，地铁普通储值票、单程票的所有权属于城市轨道交通运营企业。

（十一）退票规定

（1）各种地铁纪念票售出（赠出）后，概不办理退票、不退余值。

（2）单程票的退票规定大致有两种：有些城市轨道交通运营企业规定单程票一经售出，概不退票（城市轨道交通运营企业设备故障等方面的原因除外）；大部分城市轨道交通运营企业规定符合一定条件可以退票。例如，杭州、长沙、青岛地铁规定，单程票没有进闸记录且票内信息可以读取的，须当日内在购票车站办理退票；广州地铁规定，已购买的单程票没有进闸记录且票内信息能被读取，自购买之时起不超过 $30 min$ 的，乘客可以在发售站办理退票，单程票在售出 $30 min$ 后一律不办理退票；厦门地铁规定，未使用的网络电子票，可通过移动手机客户端退票。

（3）地铁普通储值票、免费票的退票规定：未损坏的票卡，全额或收取一定折旧费后押金退还乘客；已损坏的票卡押金不予退还。各城市轨道交通运营企业关于票卡损坏的标准不尽相同。

例如，武汉地铁规定，有下列情形之一的，视为票面损坏：

（1）由于摩擦导致票面刮花、保护膜脱落、表面图案磨损面积达到票面总面积的 $1/3$。

（2）票面有明显的折叠痕迹、刻画痕迹。

（3）票面有明显无法清除的污渍。

（4）票面涂改或张贴异物。

（5）票面保护膜与卡片脱离，脱离面积达到票面总面积的1/5。

（6）票面有高温、火烧留下的烙印。

（7）票面有明显的受腐蚀痕迹。

（8）车票有裂痕。

（9）车票已扭曲，不在同一平面。

（10）车票缺边、缺角、有孔。

（十二）纸票的使用规定

因纸票无法通过闸机自助检票，目前作为一种应急车票使用。纸票的配发、出售、使用、回收、保管都应该遵循相应的程序。下面以某些城市轨道交通运营企业纸票发售和使用的规定为例进行说明。

1. 纸票的发售

（1）车站设备全部故障或停电导致车站无法出售单程票，可由站长决定发售纸票。

（2）在运营中心对所管辖线路预制票进行调配后，且预制票将售完的情况下，乘客经车站员工引导后，自动售票机能力仍不足时，可由站长根据客流情况决定发售纸票。

（3）大客流情况下AFC系统无法应付或其他特殊情况下，站长或以上级别人员可决定发售纸票。

（4）以上特殊情况下发售的纸票为一票制两元，发售时需车站人员盖上站名章和日期章。特殊情况下纸票发售站值班站长需向控制中心行调通报发售纸票的开始时间和停止时间，由行调将发售纸票的相关信息通知其他车站。

（5）非应急情况下，也有部分企业可出售纸票。例如，广州地铁规定：持三、四级《中华人民共和国残疾人证》的乘客要求搭乘地铁时或者地铁学生储值票、残疾人优惠证、未过期"一卡通"学生票、老年人优待卡半价票因故障、未激活等情况无法进站乘车时也可以发售纸票。这类人群依政策享受半价优惠，车站需发售半价票时，使用五角、一元及两元纸票按最少张数进行组合发售。

2. 纸票的使用

乘客进站时，需检查纸票在允许期限内，主券、副券完好。检票人员撕下乘客纸票的副券1，引导乘客从边门进站。乘客出站时，检票人员撕下纸票的副券2，引导乘客从边门出站。

纸票仅在日期章当日及发售站进站。应急情况下的纸票不涉及上述票务政策中的超程、超时、数据更新等政策。部分企业发售非应急情况下的半价优惠纸票时，若乘客要求退票，经确认为当天本站售出且券面完整无缺的车站可按票面面值办理退票。

需要注意的是，票务政策并不是一成不变的，其会随着城市轨道交通的发展日趋完善。

五　我国8个城市的地铁票务政策对比

各城市地铁票务政策因地制宜，现列举8个城市的票务政策对比情况，见表2-2-2。

表2-2-2

我国8个城市的地铁票务政策比对情况

城市	计价方式	"一卡通"储值票折扣	学生票	老年票	免费携带儿童身高	免费乘车规定	超时规定	超程规定	单程票退票规定	"一卡通"储值票退票规定
武汉	0~4km,2元 4~8km,3元 8~12km,4元 12~18km,5元 18~24km,6元 24~32km,7元 32~40km,8元 40~50km,9元 50~70km,10元	9折	7折	65岁以上，持"武汉通"老年卡免费，限730次/年	≤1.2m	现役军人、消防救援人员，革命伤残军人、伤残警察、军队离休退休干部、退休士官，伤残人民兵民工免费乘车；下肢残疾人、重度听力/言语残疾人持"武汉通"或"武汉通"残疾人卡免费乘车。武汉市见义勇为人员及其直系亲属凭本人武汉市见义勇为人员优惠卡免费乘车	4h，补全程最高票价；老年卡扣1次；残盲、残免卡见义勇为卡免费更新	补超程费用	未使用日可读取票内信息，可退	武汉地铁卡型票票面损坏的10条标准。未损坏，收2元折旧费，退押金；人为损坏，不退押金
长沙	0~6km,2元 6~11km,3元 11~16km,4元 16~23km,5元 23~30km,6元 30~39km,7元	9折	5折	65岁以上免费	≤1.3m	中国人民解放军、中国人民武装警察部队现役军官（警官）、文职人员（仅限军改期间由现役军官转改人员）、士兵（义务兵和士官）、军队院校有军籍的学员和残疾军人、残疾人凭有效证件免费乘车	3h，补本站最高票价	补超程费用	当日发售，无进、出站信息，当站可退	老年卡不退，普通储值票客服中心退，学生储值票申办地点退。损坏标准3条。有效：完好退押金和余额，损坏只退余额。无效：普通储值票，编号无，不退，完好退押金和余额；学生储值票，损坏退余额，完好退押金和余额

续上表

城市	计价方式	"一卡通"储值票折扣	学生票	老年票	免费携带儿童身高	免费乘车规定	超时规定	超程规定	单程票退票规定	"一卡通"储值票退票规定
广州	0~4km,2元 4~8km,3元 8~12km,4元 12~18km,5元 18~24km,6元 24~32km,7元	单月坐地铁和公交消费累计超15元,6折;少于15次,9.5折	5折	60~65岁,5折;65岁以上,免费	≤1.3m	残疾人凭广州市残疾人乘车优惠证5折;重度残疾人凭广州市重度残疾人乘车优惠证免费	4.5h,缴纳当次乘车费用,补本站最高票价	补超程费用	发售站无进站码,30min内可退	广州地铁规定的储值票损坏按标准5条。未损坏,退押金;损坏,不退押金。地铁不退"羊城通"
杭州	0~4km,2元 4~8km,3元 8~12km,4元 12~18km,5元 18~24km,6元 24~32km,7元	9.1折	5折	60~70岁,5折;70岁以上,高峰5折,非高峰免费	≤1.3m	离休干部、军人、残疾人、残废军人、因公致残的人民警察、烈士遗属、因公牺牲军人遗属、病故军人遗属,荣获国家无偿献血奖的献血者、杭州市户籍持证残疾人及非杭州市户籍重度残疾人凭有效证件免费乘车	3h,补本站最高票价	补超程费用,储值充值用现金按实际车程支付	当日发售,进站码,地铁原因7日内可退	"杭州通"通用卡退卡到指定网点办理"杭州通"
成都	0~4km,2元 4~8km,3元 8~12km,4元 12~18km,5元 18~24km,6元 24~32km,7元	非高峰时间,扣3次免费次数;高峰时,9折	5折		≤1.3m	义务兵、革命伤残军人、伤残人民警察、盲人(一、二级),特级教师(校长)荣誉证等特定人群可按相关规定免费乘坐地铁,其中一级、二级盲人及重度残疾人凭有效证件免费乘车,陪同的残疾客人员也可享受乘车优惠	3h,补本站最高票价	补超程费用,储值充值或发售站原卡免费更新	当日未使用且票面完整的车票,售出站可退	无(指城市轨道交通公司不办理"一卡通"退票,按照"一卡通"公司要求办理,下同)

续上表

城市	计价方式	"一卡通"储值票折扣	学生票	老年票	免费携带儿童身高	免费乘车规定	超时规定	超程规定	单程票退票规定	"一卡通"储值票退票规定
深圳	0~4km,2元 4~8km,3元 8~12km,4元 12~18km,5元 18~24km,6元 24~32km,7元	9.5折,在公交刷卡90min内换乘,9.5折后再优惠0.4元/次	5折	60岁以上老年人,免费	≤1.2m	残疾军人、伤残人民警察、伤残公务员,因战因公伤残人员,现役军人,本市户籍享受抚恤补助待遇的复员军人,带病回乡退伍军人,参战涉核退役人员,烈士遗属,因公牺牲军人遗属、病故军人遗属,本市户籍的军队离退休干部、残疾人,消防救援人员免费乘车	210min,补全程最高票价	补超程费用	在非付费区,本站当日发售且无进站信息,或者当日进站信息未超过20min的单程票,可退	车站客服中心不办理"深圳通"卡和全国交通"一卡通"(本市发行)的退、换卡业务。"深圳通"有限公司在宝安中心站、会展中心站、老街站设置了"深圳通"客户服务网点,可办理深圳通卡退、换卡业务
厦门	0~4km,2元 4~8km,3元 8~12km,4元 12~18km,5元 18~28km,6元 28~43km,7元 43~63km,8元	9折	5折	本市65岁以上、本省70岁以上老年人,每日高峰时段5折优惠,其余时段免费	≤1.2m	本市的劳模、烈属、离休人员,重点优抚对象免费乘车;现役军人、离退休伤残军人免费乘车	2h,补全程最高票价	补超程费用	当天未使用、当日发售可退	无
合肥	0~8km,2元 8~14km,3元 14~21km,4元 21~29km,5元 29~38km,6元	9折,公交换乘机道交通,两次刷卡时间在3~90min之内,可享受一次0.5元定额优惠	5折	70岁(含)以上老年人凭有效证件免费乘车	≤1.3m	残疾军人、伤残人民警察,现役军人、军队离退休人员、残疾人,三级以上肢体残疾人、盲人,二级以上聋哑人,农村五保供养的残疾人及60周岁以上残疾人)免费乘车	2h,补本站最高票价	补超程费用	本站当日发售且无进、出站信息,可退	无

📖 单元测试

请老师根据实际教学需要，组织学生完成"单元2.2　城市轨道交通票务政策"的测试，相关试题见本书配套资源包。

📊 模块工作任务

撰写若干城市轨道交通运营企业票务政策对比分析报告

1. 所需基础知识

城市轨道交通票制、起步距离和起步价、通用票务政策等。

2. 任务目的

重点培养学生的分析归纳、书面表达能力。通过查阅资料、独立思考、撰写分析报告、课堂展示、课堂讨论等，帮助学生掌握城市轨道交通票务管理的相关政策，明了票务政策的导向作用。进一步培养学生信息处理、书面表达、课件制作等个人综合表现力。

3. 任务要求

（1）个人任务：学生个人通过调研、收集资料，撰写某城市轨道交通运营企业票务政策对比分析报告，通过查阅资料，详细了解某几个城市的票务政策，试分析该城市轨道交通票务政策特点，思考现行的票务政策是否有利于该城市轨道交通发展，学生在现行票务政策的基础上给出意见或建议。

（2）小组任务：分学习小组完成城市轨道交通运营企业票务政策对比分析报告展示，自由分组、自选组长，由组长安排好调研、收集资料、分析报告汇总、课堂展示等各项任务，小组成员各司其职。

（3）展示所需设备：多媒体教室、激光笔、扩音器、投影设备等。

（4）撰写分析报告要求。

①撰写若干个城市轨道交通运营企业票务政策对比分析报告，其中票务政策内容包括但不限于：票制、车票有效期、时限、超程规定、超时规定、优惠乘车规定、数据更新规定、无票乘车规定、携带行李物品规定、押金规定、车票回收规定、退票规定。

②报告中能体现对票务政策是否有利于该城市轨道交通发展的思考，能给出一定的意见或建议。

（5）展示要求。每组应在规定时间内完成全部展示内容，课堂展示内容包括但不限于：

①城市轨道交通运营企业名称、该城市轨道交通基本情况。

②不同城市轨道交通票务政策的对比。

③对票务政策是否有利该城市轨道交通发展的思考，能给出一定的意见或建议。

④小组成员分工。

⑤本次任务的收获及疑问。

4. 评价方式

（1）以学习小组为单位，由教师和学生代表共同完成评价，教师评价占60%，学生评价占40%。

（2）教师、学生评价采用"附录2-1 城市轨道交通运营企业票务政策对比分析报告展示评价表"。

思考题

1. 票卡发展的阶段有哪些？各阶段票卡的优缺点如何？

2. 票卡有哪些种类？

3. 城市轨道交通票制有哪些？

4. 票价的影响因素有哪些？

5. 我国票价确定方法有哪些？

6. 票价确定的流程有哪些？

7. 票务政策一般包括哪些内容？

8. 一般来说，哪些人群能享受优惠（或免费）乘车？

9. 乘客携带行李物品有哪些规定？请就某一个具体城市的城市轨道交通政策加以说明。

10. 城市轨道交通车票退票规定有哪些？

模块 3

AFC系统车站设备操作

模块描述

本模块主要是帮助学生熟悉 AFC 系统的操作，需要在全面掌握系统内相关设备的结构、用途、操作方法等内容的基础之上，重点学习 TVM、AGM、BOM、SC 等设备的操作与维护方法，为票务管理工作的学习奠定基础。

教学目标

1. 思政目标

通过本模块的学习，帮助学生树立"紧跟社会步伐，学好业务技能"的理念，融入"要在增长知识见识上下功夫"的思政元素，引导学生尽快接受新事物、新方法，时刻保持学习的姿态，为乘客提供更高质量、更便捷的服务。

2. 知识目标

学生应充分理解 AFC 系统车站各设备的定义、运行模式及结构；熟练掌握 SC 及 SLE 的操作程序和相关规定。

3. 能力目标

学生应能熟练掌握 AFC 系统中 SLE（车站终端设备）的设置位置、作用及使用方法并能在实训室内模拟车站售票员进行 BOM 操作；能模拟进行以客运值班员（简称客值）为主的日常补币补票、清空清点、日常维护等作业的操作；能熟练运用 SC 进行车票、现金的记账、核算，车站收益、差异报表的查询，客流、车站 AFC 设备的监控，不同运营模式的下达等操作。

4. 素质目标

通过本模块的学习，学生应具有车站 AFC 设备日常操作和维护能力。

建议学时

24 学时，其中实训 16 学时。

课程思政案例

紧跟社会步伐，学好业务技能

1. 案例名称

售票员不熟悉业务导致有责投诉事件。

2. 案例描述

某日 22：04，D 站一名乘客无法用苹果手机 Apple pay 扫码出站，售票员 A 某通过 BOM 分析了乘客手机信息，但不清楚 Apple pay 故障处理方法，建议乘客充值，但乘客充值后仍无法扫码出闸。A 某先后通过对讲机、电话向车控室咨询业务，未能解决问题。22：13，A 某一边翻看票务事务处理指引，一边与和乘客同行的男乘客沟通，未能解决问题，A 某再次致电车控室求助。22：20，值站 B 某到达现场协助处理，发售免费出站票给乘客出站。后乘客致电服务热线投诉 A 某业务能力不足导致其错过公交末班车，要求地铁支付其打车费用。

3. 案例分析

售票员对 Apple pay 故障业务办理不熟悉，办理时间过长，在乘客事务处理过程中未能有效关注乘客出站需求，未及时通知值站到现场协助，引发乘客不满。

4. 案例启示

这个案例启发学生紧跟社会步伐，不断提升业务技能，地铁车站出现新事物、新操作方法时要尽快学会处理。只有在不断变化的工作环境中时刻保持学习的姿态，才能为乘客提供更高质量、更便捷的服务。

单元 3.1 自动售票机（TVM）的操作

单元3.1知识树

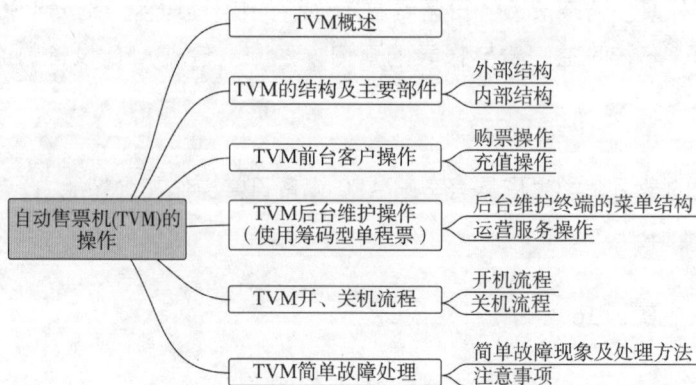

```
                              ┌ TVM概述
                              │
                              │ TVM的结构及主要部件 ─┬ 外部结构
                              │                      └ 内部结构
                              │
                              │ TVM前台客户操作 ─┬ 购票操作
                              │                  └ 充值操作
                              │
自动售票机(TVM)的 ─────────────┤ TVM后台维护操作 ─┬ 后台维护终端的菜单结构
操作                          │ （使用筹码型单程票）└ 运营服务操作
                              │
                              │ TVM开、关机流程 ─┬ 开机流程
                              │                  └ 关机流程
                              │
                              └ TVM简单故障处理 ─┬ 简单故障现象及处理方法
                                                 └ 注意事项
```

某日，某车站白班客运值班员与站务员回收钱箱时，客运值班员负责抄写机读数，站务员将另一台回收的钱箱（内有票款）装进 TVM 02。因钱箱已使用过了，机器不予接收，站务员用钱箱钥匙将钱箱盖板打开，在未确认箱中是否有钱的情况下将钱箱直接装进 TVM 02。客运值班员抄完全部机读数发现多了一个未使用过的钱箱，便从 TVM 01 开始排查哪台 TVM 装错钱箱。在更换 TVM 02 钱箱时发现机读数 35 元，现场开箱发现钱箱中纸币数量较多，通过核对钱箱号码，发现该钱箱为 TVM 01 刚才收回的，于是客运值班员将 35 元当作 TVM01 的票款，错误地将 35 元加到纸币更换记录表 TVM 01 一栏，在现场就更改了 TVM 01 报表机读数，将机读数 935 元改为 970 元，导致次日票款差异中 TVM 01 与 TVM 02 票款互为异常。

案例中，客运值班员对票务操作各方面都不熟悉，站务员回收钱箱时不认真仔细，未认真核对钱箱号是否为已更换的钱箱。两人在收机时未做到双人确认，导致出现钱箱混淆的情况。车站工作人员应严格按要求进行 TVM 补币补票、回收钱箱票箱、简单故障维修等操作。那么，车站工作人员究竟应该怎样操作才是规范准确的呢？

理论知识

一　TVM 概述

自动售票机［（Automatic）Ticket Vending Machine，缩写为 TVM］设置在非付费区，用于乘客自助购买地铁单程票、自助充值储值票/"一卡通"，有的 TVM 还具有自助扫码取票功能。

TVM 是人工售票的代替和补充，减少了城市轨道交通运营企业的人力成本，方便乘客快速购票，是现代城市轨道交通 AFC 系统的重要组成部分之一。TVM 可进行硬币、纸币识别和储存，硬币、纸币找零，乘客可使用硬币、纸币、银行卡、支付宝、微信、地铁官方 App、商业银行 App 等多种方式进行支付。

TVM 对将要发售的单程票进行检测，符合发售条件的单程票赋值发售，对系统设定需回收的单程票进行分拣并回收到废票箱。

TVM 具有自检功能，若发现影响售票或充值的部件故障则进入相应的运营模式，并在维护单元报告故障原因。TVM 将操作的售票、充值、维护等主要操作过程记录到日志中，并具备上传到车站计算机（Station Computer，缩写为 SC）后传至线路中央计算机（Line Central Computer，缩写为 LCC）的功能。当与 SC 通信中断时，TVM 具有孤岛工作和数据保存能力。TVM 配备大容量存储设备，因此，设备能至少保存最近 7 日的交易数据。在通信恢复时，能将保存的交易数据及时上传至 SC。

二　TVM 的结构及主要部件

如图 3-1-1 所示，TVM 具备乘客操作显示屏，用于显示地铁线路及票价、操作提示等信息。乘客操作面板标有操作流程，在纸币投币口、硬币投币口、取票/找零口有明显提示。TVM 暂停使用时也有明确的提示。

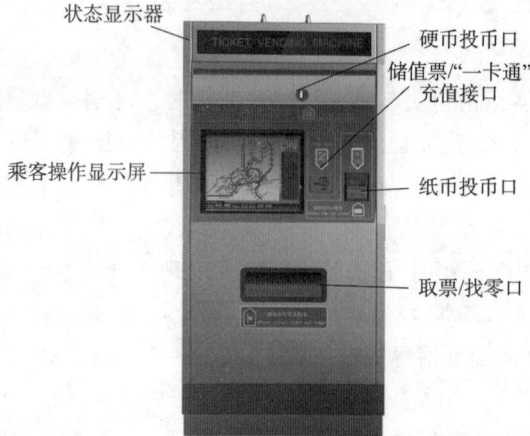

图 3-1-1　TVM 外部结构

（一）外部结构

TVM 外部各部件功能见表 3-1-1。

TVM 外部各部件功能　　　　　　　　　　　表 3-1-1

部　件	功　能
状态显示器	显示 TVM 的状态
乘客操作显示屏	显示地铁线路、票价等信息，乘客可通过手指触摸进行购票/充值等操作
硬币投币口	用于接收乘客购单程票所用硬币
储值票/"一卡通"充值接口	供储值票/"一卡通"充值和购买单程票
纸币投币口	用于接收乘客购单程票或充值的纸钞
取票/找零口	领取车票及零钱的位置

（二）内部结构

（1）售卖筹码型单程票的 TVM 内部结构如图 3-1-2 所示。

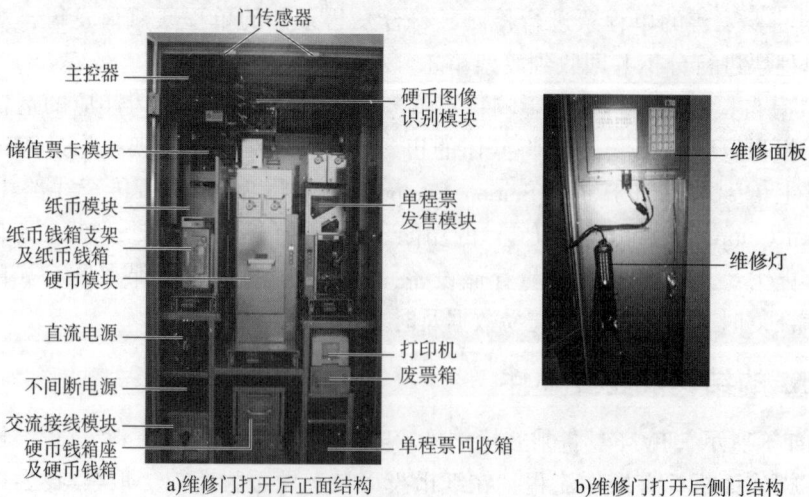

图 3-1-2　TVM 内部结构（售卖筹码型单程票）

TVM（售卖筹码型单程票）内部结构部分模块功能见表 3-1-2。

TVM（售卖筹码型单程票）内部结构部分模块功能　　　　表 3-1-2

产 品 名 称	功　　能
主控器	对设备中各模块的运行进行控制，保存各种数据，并通过与 SC 之间的通信负责处理数据
纸币模块	接收纸币，鉴别假币，将通过鉴别的纸币进行临时保存、退币或者保存到纸币箱内
纸币钱箱支架及纸币钱箱	用于回收纸币并将其堆叠
硬币模块	具有接收硬币、鉴别假币、临时保存硬币、用硬币找零等功能
单程票发售模块	具有在单程票中记录发行信息，将单程票排放到取票口的功能
储值票卡模块	接收和处理地铁储值类票卡充值
打印机	可以输出和打印清算之后的、与发售业务相关的资料
硬币钱箱座及硬币钱箱	乘客为了购买车票而使用硬币时，在正常发行车票之后，对硬币模块接收的硬币进行安全保管
废票箱	对因发行错误而产生的车票进行保管
单程票回收箱	保管操作清空后的单程票
不间断电源	考虑无法预测的停电、不稳定电源供应，而起到预备电源的作用
直流电源	供应 TVM 所需的稳定直流电
交流接线模块	与外部交流电源直接连接，为 TVM 安全供应交流电
维修面板	执行各模块的维修相关业务
维修灯	在维修操作时提供照明

（2）售卖薄卡型单程票的 TVM 内部结构如图 3-1-3 所示。

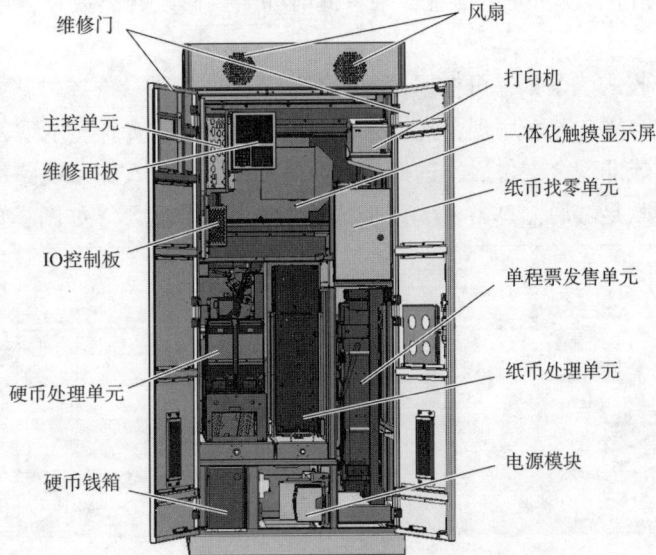

图 3-1-3　TVM 内部结构（售卖薄卡型单程票）

TVM（售卖薄卡型单程票）内部结构部分模块功能见表 3-1-3。

TVM（售卖薄卡型单程票）内部结构部分模块功能   表 3-1-3

模 块 名 称	功 能
主控单元	负责运行控制软件，实现车票处理、乘客通行控制、数据通信、状态监控等
单程票发售单元	完成供票、赋值及出票的处理过程
硬币处理单元	主要实现硬币的识别、接收、返还、循环找零、清币、模块故障自诊断等功能
纸币处理单元	主要实现纸币的识别、接收、返还、模块故障自诊断等功能
纸币找零单元	主要实现纸币的找零、模块故障自诊断等功能
打印机	主要打印日结、账单等

三 TVM 前台客户操作

（一）购票操作

乘客可在 TVM 上购买单程票，TVM 通过触摸屏接收乘客的输入信息，采用形象化的地图模式、线路模式、语音提示引导乘客购票。同时给乘客提供中文/英文界面切换功能（默认中文方式）。

TVM 为乘客提供 3 种购票方式，所有的操作方式在风格上和操作细节上保持最大的一致性，避免因方式不同而让乘客产生使用障碍。

1. 浏览地图购票

浏览地图购票分为 4 步，用户屏幕点击次数可小于 3 次，下面是详细购票步骤：

第一步，乘客在主界面点击 TVM 的地图区域，地图区域放大，此时乘客可以点击站点或通过位移按钮调整显示区域并选择站点。如图 3-1-4 所示。

第二步，选择目的地站点后，购票信息窗口将显示所到目的站点的名称、票价、数量（默认为一张）、应付金额和提示信息，乘客此时如需要修改购票数量，可直接点击购买票数量按钮。

第三步，用户投入购票款，可根据设备状态显示器的提示，选择付款方式，如硬币、纸币、硬币和纸币组合等。若采用现金支付方式，购票信息窗口实时显示乘客投入的购票款金额。当有现金投入或非现金支付后，选择车票数量按钮、票价按钮、线路按钮和地图按钮均无效；当确认购票款足够后，TVM 将自动完成出票，并计算找零。如图 3-1-5 所示。

图 3-1-4   浏览线路图购票操作界面   图 3-1-5   浏览线路图购票出票界面

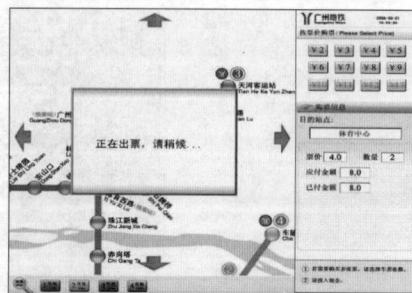

第四步，出票完成之后，TVM 弹出提示框，提醒乘客取票和取找零，并结束购票流

程，操作面板显示待购票界面，系统等待下一个乘客的操作。如图 3-1-6 所示。

若乘客在未投足购票款时要取消购票，则可在购票信息窗点击取消按钮，TVM 返还乘客投入的所有购票款。如图 3-1-7 所示。

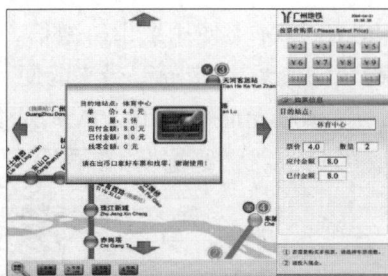

图 3-1-6　浏览线路图购票完成界面　　　图 3-1-7　浏览线路图购票取消购票界面

2. 按线路购票

对于熟悉地铁线路的乘客，TVM 设计了按线路购票的方式，向乘客显示独立的线路供其选择，使得乘客能够快速选择目的站点，这种方式除在乘客选择站点界面上不同外，其他操作步骤均与按线路图购票方式保持一致。

购票步骤：首先乘客在操作面板上选择所要乘坐的线路按钮，地图区域将显示该线路地图。如果此时乘客希望采用浏览地图购票方式，可以点击地图按钮进行切换。如图 3-1-8 所示。

之后的操作步骤与浏览地图购票方式完全一致。相关资源见二维码。

TVM按线路购单程票

3. 按票价购票

TVM 为乘坐地铁的庞大的固定群体（如上班族、学生等通勤乘客）设计了一种按票价购票的方式，这种方式适用于乘坐固定区域的乘客，他们已经熟悉每日所乘坐的地铁票价，并有相对固定的目的站点，这种购票方式能使乘客对操作面板的点击次数下降一次，从而为他们提供更为快速的购票服务。

具体操作步骤如下：

第一步，在待购票界面直接选择单程票票价，TVM 直接显示票价所对应的站点列表。如图 3-1-9 所示。

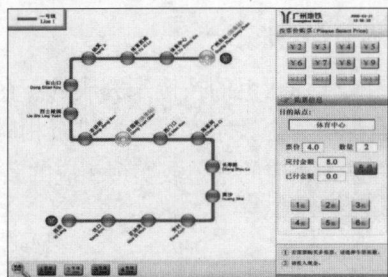

图 3-1-8　按线路购票界面　　　图 3-1-9　按票价购票界面

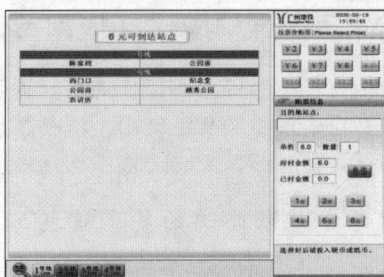

之后，依然是确认或修改购票数量，投入足额购票款，出票找零，完成购票操作，与之前的两种购票方式无异。

（二）充值操作

TVM 有"储值票/一卡通"充值接口，乘客能在 TVM 上使用纸币、微信、支付宝等方式对所持的"储值票/一卡通"进行充值，享受"储值票/一卡通"带来的便利服务。

乘客使用纸币充值时，TVM 通常仅接收 50 元、100 元面额纸币。TVM 对操作超时、储值票单次最大充值金额等参数，可由 SC 下达或在 TVM 维护终端设置。相关资源见二维码。

使用现金充值操作步骤如下：

第一步，乘客在主界面选择充值按钮，TVM 将切换到充值界面。此时选择车票数量按钮、票价按钮、线路按钮和地图按钮均无效。

第二步，乘客根据界面提示，输入充值金额，TVM 提示投入充值现金，乘客通过纸币接收器支付充值款，如图 3-1-10 所示。当乘客未投足充值款时，可选择取消按钮取消交易，TVM 将返还乘客投入的所有现金，如图 3-1-11 所示。

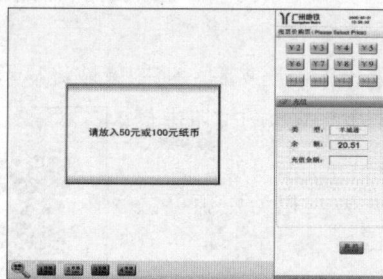

图 3-1-10 插入卡后界面　　图 3-1-11 充值取消界面

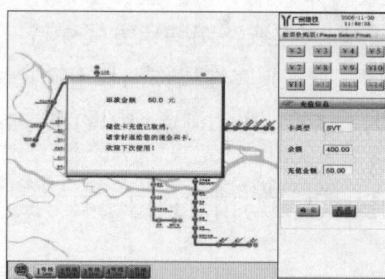

第三步，当乘客投入纸币后，TVM 对面额进行识别。如果乘客放入其他面额的纸币（如 5 元、10 元、20 元等）或其他不可识别的货币，TVM 将拒绝接收。

如果 TVM 由于产生错误而无法完成充值，将返还乘客投入的所有现金。TVM 根据错误类型进行自动恢复或进入相应的功能受限制模式。

需要注意的是，下列任一情况发生时可终止当前交易，并返还乘客投入的钱币：在未支付足够金额前，乘客可按取消按钮终止；操作超时，即乘客任何一步操作完成超过 15s（可参数设置）后，下一步操作还未开始，则自动终止当前交易。

四　TVM 后台维护操作（使用筹码型单程票）

维修面板（图 3-1-12）的操作通常是通过终端操作面板上的按键来完成的。在终端显示屏上，系统会显示相应的菜单结构，每个菜单前面都有一个数字序号。要进行相应操作，只需在后台维护终端的键盘上按下相应的数字键即可进入相应的菜单或实现相应的菜单功能。

（一）后台维护终端的菜单结构

以某城市轨道交通运营企业 TVM 为例（使用筹码型单程票），其后台维护终端的菜单结构见表 3-1-4。

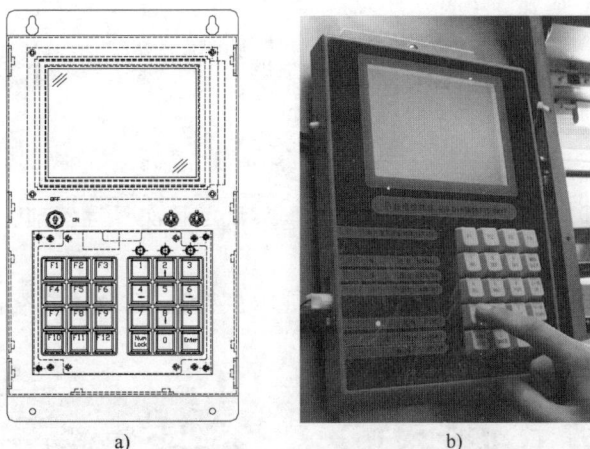

a)　　　　　　b)

图 3-1-12　维修面板

注：当一屏显示不下菜单结构或信息时，按"UP"和"DOWN"键可进行翻页显示。

后台维护终端的菜单结构　　　　　　　　　　　表 3-1-4

	1. 结账	
运营操作	2. 补充硬币	(1) 储币箱1；(2) 储币箱2
	3. 补充车票	(1) 储票箱1；(2) 储票箱2
	4. 更换钱箱	(1) 硬币钱箱；(2) 纸币钱箱；(3) 所有钱箱
	5. 更换票箱	(1) 回收箱；(2) 废票箱；(3) 所有票箱
	6. 清空硬币	(1) 储币箱1；(2) 储币箱2；(3) 所有储币箱
	7. 清空车票	(1) 储票箱1 (2) 储票箱2；(3) 所有储票箱
	8. 查询	(1) 交易记录；(2) 操作记录；(3) 异常记录；(4) 当前现金；(5) 当前车票；(6) 寄存器计数；(7) 当前运营状态
维护操作	1. 纸币接收器	(1) 开始接收；(2) 停止接收；(3) 退币；(4) 复位
	2. 硬币处理模块	(1) 开始接收；(2) 停止接收；(3) 退币；(4) 传感器检测；(5) 马达测试；(6) 图像识别模块检测；(7) 复位
	3. 车票处理模块	(1) 出票测试；(2) 电磁阀测试；(3) 传感器测试；(4) 复位
	4. 车票读写器	(1) 读票测试；(2) SAM 状态；(3) 复位
	5. 打印机	打印测试
	6. 所有模块	(1) 自检；(2) 复位
	7. 故障码查询	(1) 故障码描述信息查询；(2) 当前模块故障码查询
管理操作	1. 设置	(1) 设备编号；(2) IP 设置；(3) 功能设置；(4) 服务设置；(5) 恢复出厂设置
	2. 查询	(1) 本机设置；(2) 软件版本；(3) 当前参数版本；(4) 将来参数版本
	3. 程序	(1) 重启系统；(2) 关闭系统；(3) 软件导入
	4. 数据	(1) 导入参数；(2) 导出交易

（二）运营服务操作

运营服务主要是对 TVM 进行单程票与现金的管理和操作。以下为车站工作人员的日常操作。

1. 补充车票

补充车票的作业时机：TVM 车票不足，车票盘点日次日运营前，站务人员进行补充车票的操作。

补充车票的具体操作流程如图 3-1-13 所示，补充完成后系统自动打印补充车票单据。

a)把加票箱对准孔位插入，放好（注：加票箱一旦插入，禁止将加票箱拉出，直到加票完成）

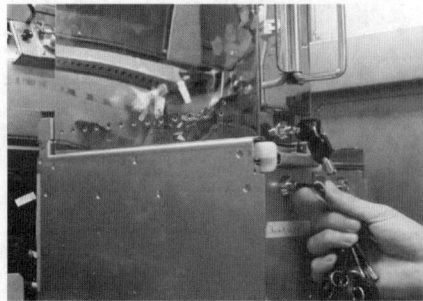

b)打开加票箱和挡板上的锁

c)将挡片抽出，会听到单程票掉入出票器中的声音，直到声音停止再把挡片复位

d)锁上挡板和票箱，取出加票箱

图 3-1-13 补充车票操作过程

注：车票补充完毕后，请取走加票箱。

首先进入后台维护模式，再按后台维护终端的菜单路径操作：

"1 运营操作" → "3 补充车票" → "1 储票箱 1" 或 "2 储票箱 2"。

2. 补充硬币

补充硬币的作业时机：TVM 找零硬币不足，现金盘点日次日运营前，站务人员进行补充硬币的操作。

补充硬币具体操作流程如图 3-1-14 所示，补充完成后系统自动打印补充硬币单据。

a)把加币箱对准孔位插入，放好（注：加币箱一
旦插入，禁止将加币箱拉出，直到加币完成）

b)打开硬币处理模块门，将挡片抽出，会听到硬币掉入
硬币出币器中的声音，直到声音停止再把挡片复位

c)锁上硬币处理模块门，并取出加币箱

图3-1-14　补充硬币操作过程

注：补币完毕后，请取走加币箱。

首先进入后台维护模式，再按后台维护终端的菜单路径操作：

"1 运营操作"→"2 补充硬币"→"1 储币箱1"或"2 储币箱2"。

TVM需要补币时，应先在票务室清点硬币，再将装好硬币的加币箱带到现场进行补
币作业。对加币箱进行补充硬币的操作过程如图3-1-15所示。

a)插入钥匙

b)往里压，并旋转钥匙，打开加币箱的盖子

c)把硬币加入加币箱

d)锁好加币箱

图3-1-15　加币箱补充硬币操作过程

3. 更换硬币钱箱

当 TVM 内的硬币钱箱将满时，维护人员可通过该功能来更换硬币钱箱，以避免由于硬币超出硬币钱箱所能容纳的数量而进入限制服务模式。

更换硬币钱箱的作业时机：TVM 硬币钱箱将满/已满，现金盘点日当日运营结束后，站务人员进行更换硬币钱箱的操作。相关资源见二维码。

更换硬币钱箱具体操作流程如图 3-1-16 所示，系统自动打印更换硬币钱箱的单据。

a)插入并旋转钥匙

b)双手握住硬币钱箱的把手，并向上提出钱箱，放入手推车中

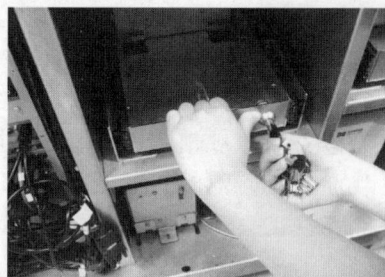

c)从手推车中拿出一个空硬币钱箱，将该硬币钱箱放好，并将托架往里推，同时旋转钥匙，锁好

图 3-1-16　更换硬币钱箱操作过程

首先进入后台维护模式。根据需要选择结账或清空硬币，将硬币全部清到硬币钱箱。

再按后台维护终端的菜单路径操作：

"1 运营操作"→"4 更换钱箱"→"1 硬币钱箱"。

4. 更换纸币钱箱

当 TVM 内的纸币钱箱将满时，维护人员可通过该功能来更换纸币钱箱，以避免由于纸币超出纸币钱箱所能容纳的数量而进入限制服务模式。

更换纸币钱箱的作业时机：TVM 纸币钱箱将满/已满，现金盘点日当日运营结束后，站务人员进行更换纸币钱箱的操作。相关资源见二维码。

更换纸币钱箱具体操作流程如图 3-1-17 所示，系统自动打印更换纸币钱箱的单据。

首先进入后台维护模式。

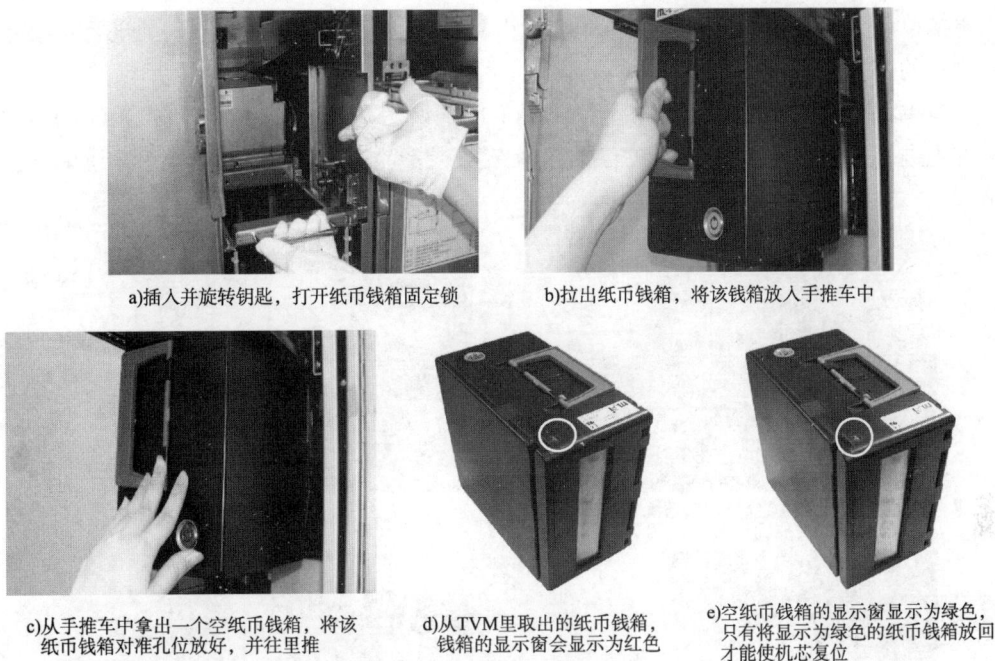

a)插入并旋转钥匙，打开纸币钱箱固定锁　　　b)拉出纸币钱箱，将该钱箱放入手推车中

c)从手推车中拿出一个空纸币钱箱，将该
纸币钱箱对准孔位放好，并往里推

d)从TVM里取出的纸币钱箱，
钱箱的显示窗会显示为红色

e)空纸币钱箱的显示窗显示为绿色，
只有将显示为绿色的纸币钱箱放回
才能使机芯复位

图3-1-17　更换纸币钱箱操作过程

注：1. 正常更换纸币钱箱后，退出后台时会自动复位模块。
　　2. 非法取出钱箱后，必须通知AFC系统维修人员处理。
　　3. 关注最后两图圆圈内的颜色变化。

再按后台维护终端的菜单路径操作：

"1 运营操作" → "4 更换钱箱" → "2 纸币钱箱"。

从TVM中回收的纸币钱箱，应带回票务室再进行清点。从纸币钱箱中取出纸币的操
作流程如图3-1-18所示。

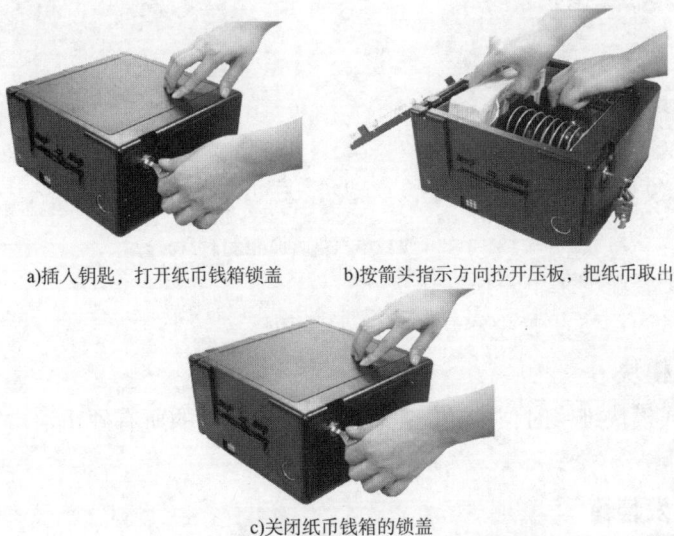

a)插入钥匙，打开纸币钱箱锁盖　　　b)按箭头指示方向拉开压板，把纸币取出

c)关闭纸币钱箱的锁盖

图3-1-18　从纸币钱箱中取出纸币的操作流程

5. 更换单程票回收箱

更换单程票回收箱的作业时机：车票盘点日当日运营结束后，站务人员进行更换单程票回收箱的操作。

更换单程票回收箱的具体操作流程如图 3-1-19 所示，系统自动打印更换票箱的单据。

首先进入后台维护模式。根据需要选择结账或清空车票，将车票全部清到单程票回收箱。

a)点击操作后台维护终端，单程票模块便会自动清票，清票完成后车票掉入单程票回收箱

b)插入并旋转钥匙，拉出托架

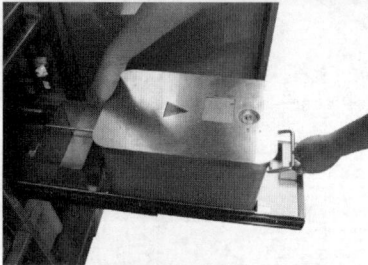

c)双手握住单程票回收箱的把手，并向上提出票箱，放入手推车中

d)从手推车中拿出空单程票回收箱，放好该单程票回收箱，并将托架往里推，同时旋转钥匙，锁好

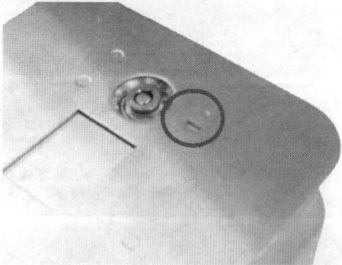

e)从TVM中取出的单程票回收箱，显示窗会显示为黄色

f)空单程票回收箱的显示窗显示为绿色，只有将显示为绿色的空单程票回收箱放回才能使机芯复位

图 3-1-19　更换单程票回收箱操作过程

再按后台维护终端的菜单路径操作：

"1 运营操作" → "5 更换票箱" → "1 回收箱"。

6. 清空硬币模块

在设备维护或模块维修时，本功能把硬币发售模块内的所有硬币清空到硬币钱箱，并打印清空单据。

7. 清空车票发售箱

在设备维护或模块维修时，本功能把车票发售模块内的所有车票清空到单程票回收

箱，并打印清空单据。

8. 废票箱数据清零

TVM 在发售车票时，把读写错误或无法读写的车票放入废票箱，废票数量打印在运营日结束后的结账单据上，并由车站维护人员清空回收。该功能可以清除 TVM 内废票箱的计数器。

9. 结账

TVM 在运营日结束后，需要对当日售票和充值的各项数据进行统计，形成并打印结账单据。

10. 查询操作说明

查询操作用于维护人员查询 TVM 当前设备的状态和数据，包含以下功能选项。

（1）运营状态。本功能提供查询当前设备的运行状态，如联网状态、支付模式、各模块状态、最近发生的故障代码等。

（2）交易查询。通过本功能可以逐条查询 TVM 当前营运日的交易明细。

（3）审计数据。提供 TVM 审计数据的查询，包含以下数据项：发售车票数量、接收硬币总数、接收纸币总数、发售车票总票值、找出硬币总数、废票总数。

（4）当前数据。当前数据是指目前 TVM 设备内各出币器、出票器和钱箱内的数据。

（5）故障查询。

①故障清单：提供给维护人员查询 TVM 设备运营日内发生的故障信息。

②故障代码：提供给维护人员根据故障代码查询故障详细内容。

五　TVM 开、关机流程

（一）开机流程

打开维修门，首先开启漏电保护开关，再开启 UPS（不间断电源）开关，然后打开电源开关，此时电源接通，最后打开主控器上的开关，操作完后 TVM 进入开机启动程序。如图 3-1-20 所示。

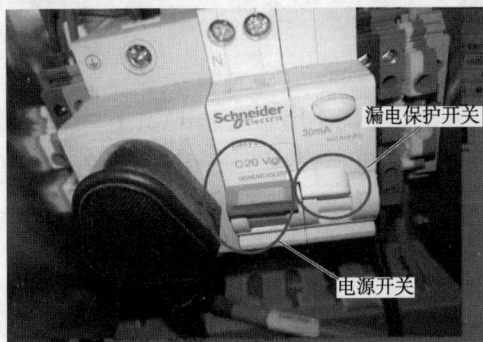

a）将右边白色漏电保护开关向上扳，开启漏电保护开关　　　b）按压蓝色 UPS 开关，开关下绿灯点亮

图　3-1-20

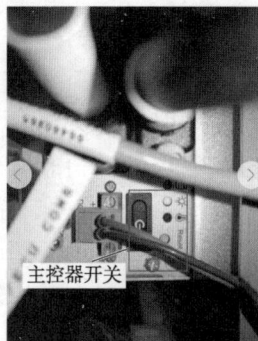

c)将左边橙色电源开关向上扳，开启电源开关　d)若主控器黑色开关旁绿色灯未亮，则按压
　　　　　　　　　　　　　　　　　　　主控器开关（若已亮，则无须按压），此时
　　　　　　　　　　　　　　　　　　　绿灯点亮，进入开机启动程序

图 3-1-20　TVM 开机程序

在启动过程中会对每个模块进行自检，如某一模块有故障，在自检完后会在后台维护终端上显示出来，此时可对故障模块进行维护或下一步操作。

（二）关机流程

TVM 关机通常有两种操作方式：

（1）在维修面板上选择程序关机（某城市轨道交通运营企业关机操作如图 3-1-21 所示，选择"7 系统管理"，再选择"1 关机"可以进行程序关机），待维修面板显示屏息屏后，进行断电操作：先关闭电源开关，再关闭 UPS 开关，最后关闭漏电保护开关，再锁上维修门。

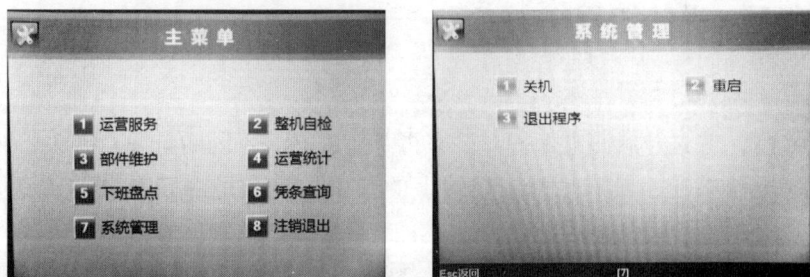

图 3-1-21　维修面板程序关机界面

（2）直接按压主控器上的按钮关机（一般不建议使用，除非 TVM 程序未启动或故障需要时使用），待维修面板显示屏息屏后，进行断电操作：先关闭电源开关，再关闭 UPS 开关，最后关闭漏电保护开关，再锁上维修门。

六　TVM 简单故障处理

（一）简单故障现象及处理方法

1. 主控单元故障

故障现象：死机、蓝屏（可能原因——硬件故障、软件故障）。

简单处理方法：

（1）重启 TVM。

（2）若仍不正常，报修。

2. 乘客操作显示屏故障

（1）显示屏故障。

故障现象：黑屏［可能原因——供电故障，视频图形阵列（Video Graphics Array，缩写为 VGA）信号无，显示屏损坏］。

简单处理方法：

①检查供电插头是否松动。

②检查 VGA 线缆（图 3-1-22）插头是否松动（主显示屏端和工控机端）。

图 3-1-22　VGA 线缆

③若仍不正常，报修。

（2）触摸屏故障。

故障现象一：触摸无反应（可能原因——供电故障、通信故障、触摸屏损坏）。

简单处理方法：

①检查触摸屏 USB 线缆插头是否松动（屏端和工控机端）。

②若仍不正常，报修。

故障现象二：触摸点漂移（可能原因——触摸屏校正坐标参数丢失）。

简单处理方法：

①重新校正触摸屏。

②若仍不正常，报修。

3. 维修面板显示屏故障

故障现象：黑屏（可能原因——供电故障、显示屏损坏）。

简单处理方法：

（1）检查维修面板显示屏供电插头是否松动。

（2）若仍不正常，报修。

4. 票卡发售单元故障

故障现象：卡票（可能原因：单程票边缘变形、变厚，票卡发售控制板故障等）（图 3-1-23）。

简单处理方法：

（1）查看单程票供票处或传输通道，将卡住的单程票取出。

（2）若仍不正常，报修。

5. 纸币处理单元故障(相关资源见二维码)

故障现象一：纸币接收指示灯不亮（可能原因：供电故障、通信故障）。

简单处理方法：

TVM显示"只收硬币"
故障处理

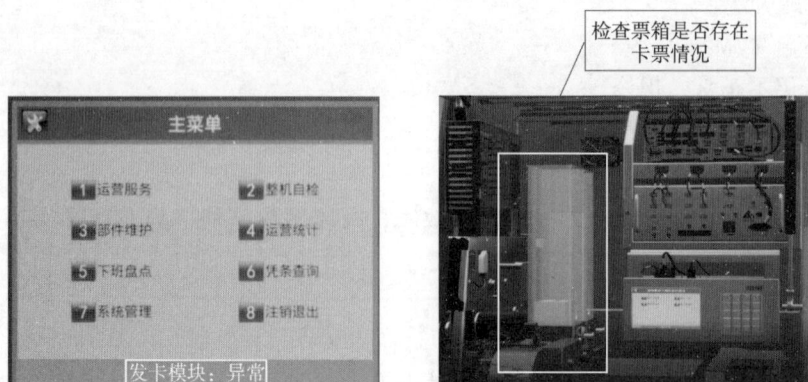

检查票箱是否存在卡票情况

图 3-1-23　票卡发售单元卡票故障

（1）检查供电插头是否松动。

（2）检查串口通信线缆是否连接正常。

（3）若仍不正常，报修。

故障现象二：卡纸币（可能原因：纸币变形、粘有胶带等物）（图 3-1-24）。

简单处理方法：

（1）检查传输带，将卡住的纸币取出。

（2）若压入钞箱口卡钞，则需取下纸币钞箱后取出卡钞。

（3）若仍不正常或卡钞无法取出，报修。

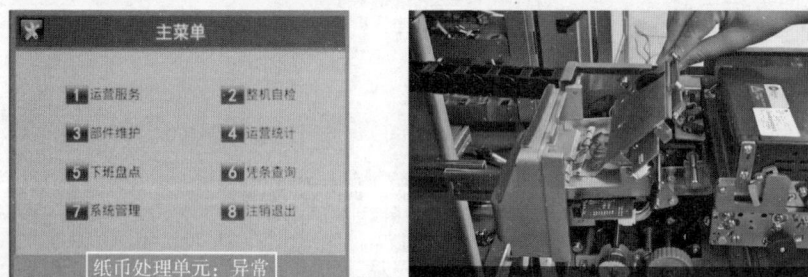

图 3-1-24　纸币处理单元卡纸币故障

6. 纸币找零单元故障

故障现象一：无法纸币找零（可能原因：供电故障，通信故障）。

简单处理方法：

（1）检查供电插头是否松动。

（2）检查串口通信线缆是否连接正常。

（3）若仍不正常，报修。

故障现象二：找零卡钞（可能原因：找零出口被堵、找零纸币变形）。

简单处理方法：

（1）检查出钞口和找零内通道，将异物或被卡纸币取出。

（2）若仍不正常，报修。

7. 硬币处理单元故障（相关资源见二维码）

故障现象一：所有投入硬币均退出（可能原因：硬币识别器供电故障或通信故障）。

简单处理方法：

（1）检查硬币识别器指示灯是否正常（比如绿色）。

（2）检查通信线缆是否连接正常。

（3）若仍不正常，报修。

TVM显示"只收纸币"故障处理

故障现象二：找零失败（可能原因：硬币边缘变形、粘有胶带等物）。

简单处理方法：

（1）检查硬币通道（卡硬币的三个主要位置见图3-1-25），将卡住的硬币取出。

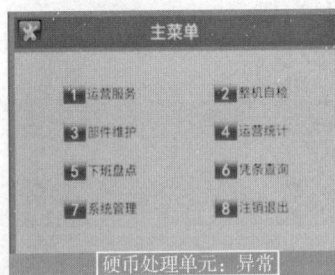

（2）若仍不正常，报修。

TVM乘客购买单程票不找零故障处理

图3-1-25　硬币处理单元卡硬币故障

8. 打印机故障

故障现象一：无法打印（可能原因——供电故障、通信故障）。

简单处理方法：

（1）检查供电插头是否松动。

（2）检查并口线缆插头是否松动（打印机端和主控单元端）。

（3）若仍不正常，报修。

故障现象二：卡纸（可能原因——打印纸卡在出纸口）。

简单处理方法：

打开打印机上盖，取出卡住的打印纸，重新装好打印纸后合上打印机上盖。

（二）注意事项

1. 避免触电

处理故障时，关/送电必须按照规范进行操作。

无法排除的故障需及时上报相应负责人，尽快安排专业维修人员进行处理。

2. 防水

保洁人员做清洁工作时，若用湿毛巾擦拭，必须保证不会有水流入售票机内部。

◆ 拓展知识 ◆

发售薄卡型单程票的 TVM 结构

某城市轨道交通运营企业使用薄卡型单程票，TVM 内部结构与发售筹码型单程票 TVM 的内部结构有所区别，如图 3-1-23 所示。

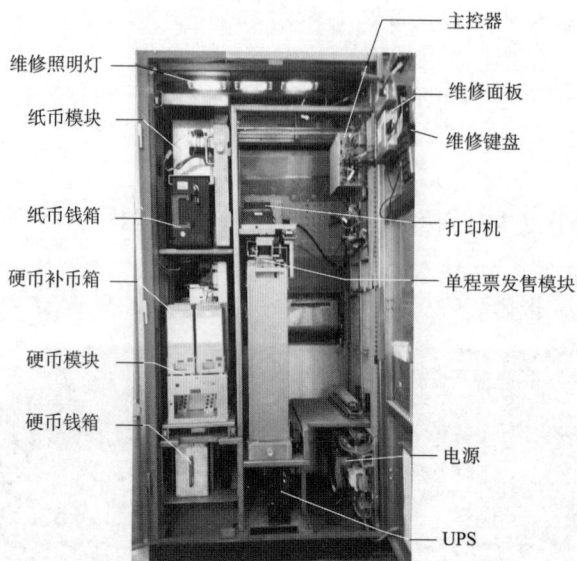

图 3-1-26　TVM 内部结构（发售薄卡型单程票）

📖 单元测试

请老师根据实际教学需要，组织学生完成"单元 3.1　自动售票机（TVM）的操作"的测试，相关试题见本书配套资源包。

职业能力训练

职业能力训练 3-1：TVM 基础知识训练与问答

1. 训练所需基础知识

TVM 的基本功能、设置位置、外部结构、内部结构（使用筹码型单程票及薄卡型单程票）、前台购票方式、开关机作业流程、简单故障处理方法。

2. 训练目的

通过教师讲解及学生分组学习，使学生掌握 TVM 的基础知识及基本操作方法。

3. 训练要求

分学习小组完成车站 TVM 基础知识训练与问答。

（1）具体要求：应清楚说出 TVM 的功能及设置位置，指认 TVM 的外部结构及内部结构，通过三种方式操作购票流程，对着 TVM 实物说出开关机流程及简单故障处理方法。

（2）考核要求：每位学生应在规定时间内完成所有内容的考核。

（3）考核地点：实训室。

4. 评价方式

（1）以学习小组为单位，由专、兼职教师和学生代表共同完成评价。

（2）评价指标见"附录3-1　TVM基础训练与问答评价表"。

单元3.2　自动检票机（AGM）的操作

单元3.2知识树

AGM概述
- AGM的基本认知
- AGM的主要功能

AGM的分类
- 按功能不同划分
- 按阻挡装置类型不同划分
- 按通道宽度不同划分

扇门式检票机的结构及主要部件
- 扇门式检票机的外部结构
- 扇门式检票机的内部结构
- 扇门式检票机的主要部件
- 案例链接

AGM的工作方式
- 运行状态
- 关闭状态
- 故障状态
- 维护状态
- 案例链接

AGM的维护操作
- 服务模式设置
- 闸门模式设置
- 通道类型设置
- 票箱更换

AGM简单故障处理
- 简单故障现象及处理方法
- 注意事项

自动检票机(AGM)的操作

单元导入

20××年6月底的一天下午，何老先生带着孩子从南京市新街口地铁站乘坐地铁。因为孩子身高未达到买票要求，可随何老先生免费进站，老先生就让孩子在自己前面，打算刷卡一起通过。后来调出来的一段监控录像还原了当时的情形：老先生在进站检票机口刷卡后，孩子率先跑步通过自动检票机，老人紧跟在孩子身后要通过自动检票机，但就在这时自动检票机扇门关闭，碰到了老人的身体，他也随即被阻挡后退，未能通过自动检票机。老人说，就是因为当时自动检票机突然关闭，夹住了自己腹部。受伤后，他赶紧到医院就诊。医院诊断的结果是，何老先生的腹部严重受伤。

分析案例可知，孩子和老人一起过闸时，孩子率先跑步通过，老人紧跟其后导致被自动检票机扇门夹伤。

自动检票机是如何识别行人的呢？为什么老人紧跟其后扇门会关闭呢？孩子和老人一起过闸时正确的过闸方法是怎样的呢？

理论知识

一　AGM 概述

（一）AGM 的基本认知

自动检票机（Automatic Gate Machine，缩写为 AGM）俗称闸机，安装于车站付费区与非付费区的交界处，是 AFC 系统中实现乘客自助进出站检票交易（在非付费区和付费区之间通行）的设备。AGM 检验到有效车票，通道阻挡装置释放，允许乘客进出站。

传统的 AGM 可以供乘客使用实体车票进出闸，不少城市轨道交通运营企业的传统 AGM 经改造后不仅可以供乘客使用实体车票进出闸，还可以供乘客使用二维码车票、云卡、银联手机闪付、"一卡通"手机票等虚拟车票进出闸（图 3-2-1）。部分新型的 AGM 还可以直接通过低功耗蓝牙技术、面部识别、掌静脉识别等方式过闸。

图 3-2-1　改造后的 AGM

（二）AGM 的主要功能

AGM 能对乘客所持的车票进行检验，给持有效车票的乘客放行，指示持有问题车票的乘客到客服中心。进入付费区时检查车票的合法性，并记录进入时的地点和时间；离开付费区时检查车票的合法性、进站信息的合法性及付费区内的停留时间；并根据进入位置和离开位置计算本次旅程的费用，完成车票扣款操作。

AGM 的基本功能如下：

（1）自动对车票进行有效性检验，对有效车票进行相应处理后放行乘客，对无效车票拒绝放行。

①进闸时，AGM 对车票的处理内容为：

a. 密钥合法性检查；

b. 票种合法性检查；

c. 有效期检查；

d. 黑名单检查；

e. 票状态检查，包括未初始化、已初始化、正常使用、已退款、已回收、已注销、已列入名单等状态；

f. 余额或乘次检查；

g. 写入起始站地址、时间、AGM 编码等；

h. 置（写）反退回标志。

②出闸时，AGM 对车票的处理内容为：

a. 密钥合法性检查；

b. 票种合法性检查；

c. 有效期检查；

d. 黑名单检查；

e. 票状态检查，包括未初始化、已初始化、正常使用、已退款、已回收、已注销、已列入名单等状态；

f. 起始站地址检查；

g. 超时检查；

h. 对储值票，扣除车费，并清除反退回标志；对单程票，则清除车票内的所有信息，并回收。

（2）对车票处理结果给出明确的提示信息。

（3）对通道的通行状态给出明确的指示。

（4）对特殊车票的使用给出明确的提示。

（5）对需要回收的车票执行回收操作。

（6）对各部件的工作状态进行自动监测，并向车站计算机系统上报工作状态。

（7）接收车站计算机系统下发的参数和控制命令，并执行相应的操作。

（8）存储并上传交易信息。

（9）具有进出站客流记录、扣除车费记录、黑名单使用记录以及信息输出功能。

（10）接收紧急按钮信号并控制设备的操作。

二　AGM 的分类

1. 按功能不同划分

按功能不同，AGM 可分为进站检票机、出站检票机及双向检票机（图3-2-2）。

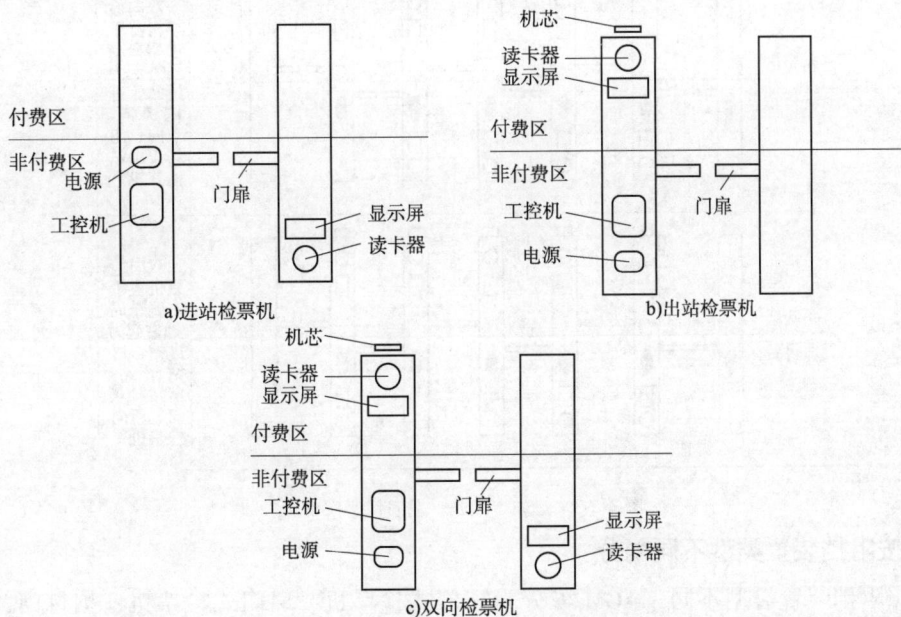

图 3-2-2　进站、出站、双向检票机

进站检票机具有对乘客进行进站检票的功能，出站检票机具有对乘客进行出站检票的功能，双向检票机具有对乘客进行进站及出站检票的功能。双向检票机在被用作进站或出站检票机时，在检票机入口端显示允许通过标志，检票机出口端显示禁止通行标志；在被用作双向检票机时，当一端有乘客使用时，在乘客未通过前，另一端拒收车票并显示禁止使用标志，直至乘客通过。

当需要将以上三种检票机并排成一组布置时，可根据站厅其他设备布局和客流特点，将双向检票机置于进出站检票机的一侧或者中间，具体组合布局如图 3-2-3 所示。

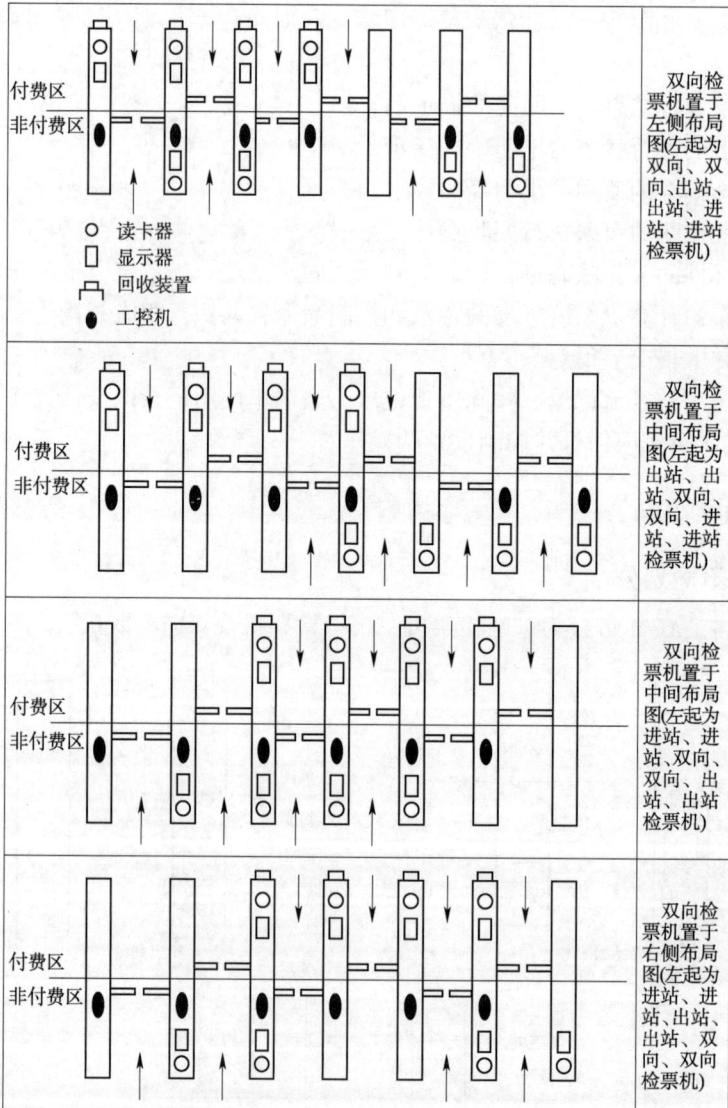

图 3-2-3　进站、出站、双向检票机布局

2. 按阻挡装置类型不同划分

按照阻挡装置类型不同，AGM 可分为三杆式检票机、扇门式检票机、拍打门式检票机（图 3-2-4）。其中三杆式检票机对携带免费儿童的乘客、携带大件行李的乘客不够友

好，应用数量日趋减少。目前使用最广泛的是扇门式检票机，拍打门式检票机也正被更多的城市轨道交通运营企业所接受。

a)三杆式检票机　　　b)扇门式检票机　　　c)拍打门式检票机

图 3-2-4　三杆式、扇门式、拍打门式检票机

3. 按通道宽度不同划分

按照通道宽度不同，AGM 可分为普通检票机（或标准通道检票机）和宽通道检票机两种类型（图 3-2-5）。某城市轨道交通运营企业普通检票机通道净宽度为 550mm，宽通道检票机净宽度为 900mm。

图 3-2-5　普通检票机和宽通道检票机（最右侧）

三　扇门式检票机的结构及主要部件

（一）扇门式检票机的外部结构

扇门式检票机因其面对乘客的友好性和舒适性，在城市轨道交通车站应用非常广泛。扇门式检票机的大部分区域均采用对称设计形式。主要人机界面位于斜面上，可适应大多数乘客的需要，使用简单、便于查看。扇门式检票机两端采用斜角设计，自然形成引导通道。外壳的乘客接近端部位不存在任何凸出角，在发生事故时可最大限度地降低伤害。

以某城市轨道交通运营企业为例，一个扇门式检票机外部结构包括以下部分：扇门、票卡读写器、乘客显示器、警示灯、方向指示器、投票口、退票口和通道传感器（图 3-2-6）。

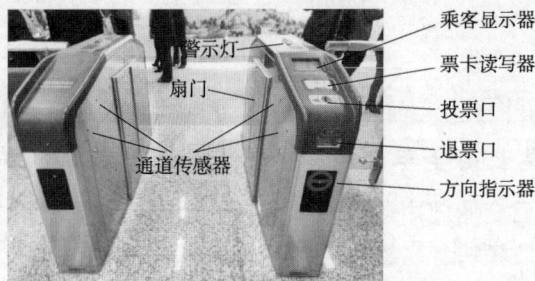

图 3-2-6　扇门式检票机的外部结构

（二）扇门式检票机的内部结构（图 3-2-7）

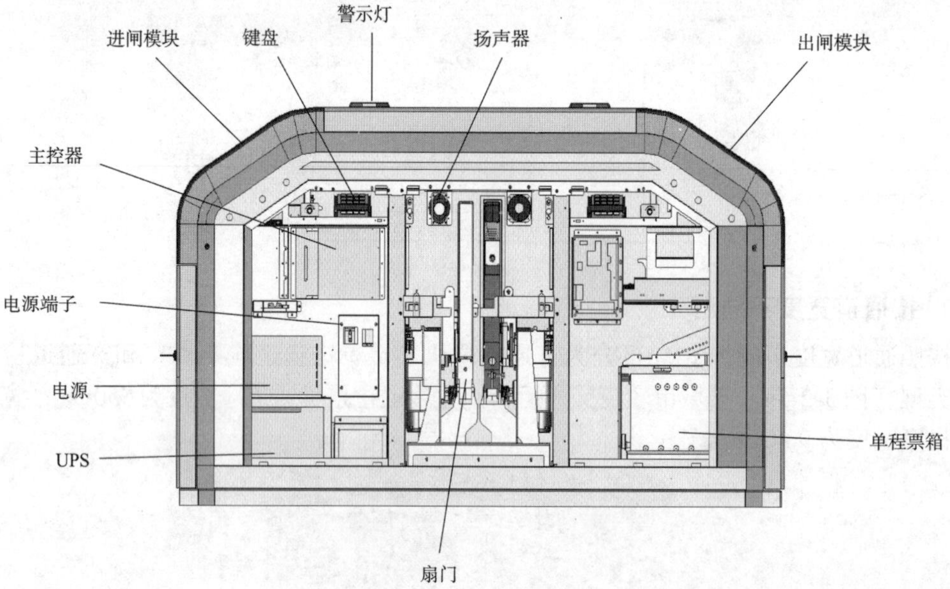

图 3-2-7 扇门式检票机的内部结构

扇门式检票机主要模块的功能见表 3-2-1。

扇门式检票机主要模块的功能   表 3-2-1

模　块　名　称	功　　能
主控器	控制设备模块的动作，保存产生的数据并与 SC 进行通信
维修键盘	提供运营和维护相关的功能
进闸模块	储值票和单程票的处理模块
出闸模块	读写储值票并回收单程票
扇门	根据电子控制装置的信号打开或关闭扇门，控制乘客进出闸
电源	提供 AGM 内部所需的 AC 及 DC 电流
UPS	考虑无法预测的停电、不稳定电源供应，起到预备电源的作用
警示灯、扬声器	通过警示灯的不同颜色或闪烁方式、扬声器的不同警示声音，可向乘客和管理人员提示当前发生的不同情况
单程票箱	存放乘客出闸时回收的单程票

（三）扇门式检票机的主要部件

　　某城市轨道交通运营企业使用薄卡型单程票，扇门式检票机的主要部件门阻挡单元、通道传感器、单程票回收模块、主控器、乘客显示器、方向指示器、警示灯、扬声器、维修面板、维修照明灯等介绍如下。

1. 门阻挡单元（图3-2-8）

两个扇门位于通道的中间，以限制人员进出。一个扇门由一个能够自由伸缩的三角形门和一个固定门共同组成，每一个扇门都包含内层金属芯和外面的柔软塑料，当碰到物体时能够吸收能量。两个扇门的运动是同步的，以确保运动平滑、无振动。当两个扇门打开时，扇门能够完全收缩到箱体内以便乘客快速通行，同时两个扇门受同一个控制模块控制。

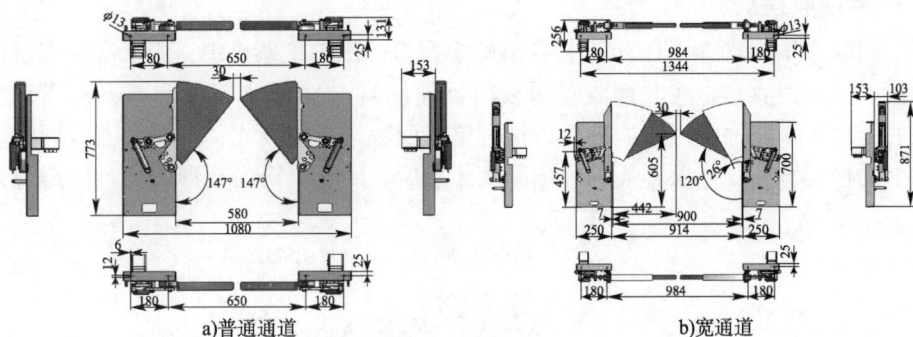

a)普通通道　　　　　　　　　b)宽通道

图3-2-8　门阻挡单元（尺寸单位：mm）

2. 通道传感器

AGM安装18组对射传感器和4个反射传感器对乘客的通行进行监控，能监控乘客通过闸机的整个过程以及准确监测通过AGM的人数。

AGM能监测出乘客的反向闯入行为，并及时做出有效动作阻止乘客反向闯闸。当AGM监测到乘客有非法行为（如尾随、反向闯闸等）时，及时以声光报警通知乘客以及站务人员。在扇门开关区域内，能够保证通过乘客的人身安全。

（1）对射型传感器：18组对射型传感器由红外线发射端和接收端成对构成(图3-2-9)。当乘客进入通道，阻断红外线的传播时，传感器向控制板发送信号。对射型传感器工作原理是通过一组传感器返回信号进行分析，即可准确判断乘客的通行情况。

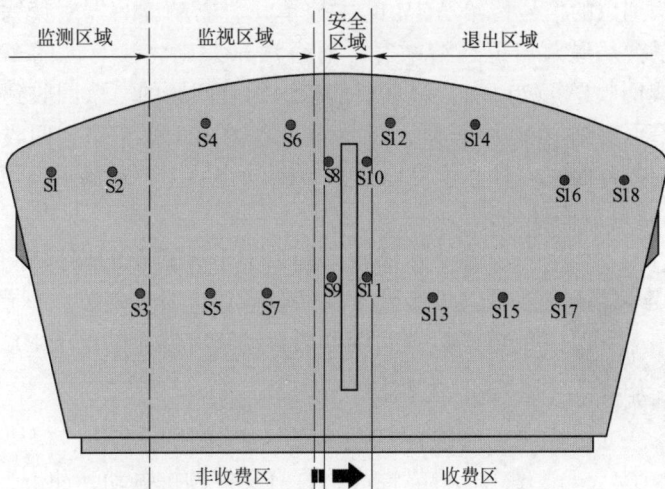

图3-2-9　对射型传感器（S1～S18）分布

（2）反射型传感器：传感器同时具有发射端和接收端，发射的射线遇到物体反射回来，接收端接收到反射信号，向控制单元发送监测到的物体信息状态。反射型传感器的使用，可以实现对通行乘客人体和身高的检测。在 AGM 上安装 4 个反射型传感器，能检测出乘客的身高是否高于指定要求（如 1.3m）。软件通过判断前方或后方有成人插入票卡，可保证儿童在成人陪同下通过 AGM。

3. 车票回收模块

车票回收模块（图 3-2-10）安装在出站检票机、双向检票机中，用于实现车票出站回收的功能。当需回收车票在非回收车票读写器使用时，AGM 乘客显示屏会提醒乘客将车票放入回收口。车票回收模块的进票口符合单张回收车票的尺寸，进票口不能同时插入两张及以上的单程车票；当乘客插入一张回收车票后，回收口快门立即关闭，以避免乘客连续插入回收票。

图 3-2-10　车票回收模块部件

出站检票机及双向检票机上，乘客插入的合法车票会停在车票回收模块的读写区域，传感器将检测车票到位的信号传给 AGM 的主控单元，驱动读写器对读写区的车票进行读写。对不合法车票会从退票口退还给乘客，对合法车票则将读写区的车票回收到回收票箱（回收票箱 1 或回收票箱 2）内，对车票信息识别有问题的车票回收到废票箱内。

每个回收票箱可容纳 1000 张车票，废票箱可容纳 300 张车票。回收票箱可以根据后台定义分别设置装各种回收票种，也可以依次装满（当一个票箱满后，可以回收到另一个票箱中），回收的票可以循环使用。

图 3-2-11　主控器

在 2 个回收票箱和 1 个废票箱的底部都有一个电子标签，当票盒安装到车票回收模块上时，安装在车票回收模块支架上的电子标签阅读器会自动读取票箱的电子 ID，并上传至 SC。

4. 主控器

主控器（图 3-2-11）采用标准化、模块化、系列化设计理念，可靠性高，具有良好的抗振动、冲击、电磁兼容和防尘能力，可保证整机 24h 不间断稳定运行，并具备足够的能力提供所指定功能。

5. 乘客显示器

AGM 应能依据其所处的模式及状态在乘客显示器（图 3-2-12）动态显示相应的、可编程的信息。在正常模式下，给乘客显示有关使用车票的信息。乘客显示器能显示中英文文字、数字、特殊字符和图像，相关信息同时以中英文显示，且以彩色显示。

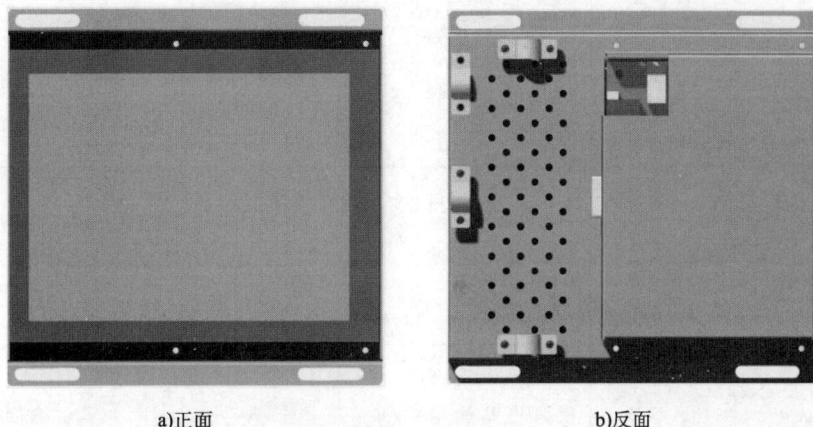

a)正面　　　　　　　　　b)反面

图 3-2-12　乘客显示器

对于有效的车票，显示车票有效允许进站或出站的指示信息。同时，在出闸端显示车票的余值、剩余乘次、有效期及优惠积分、允许通过等信息。对于无效的车票，显示车票无效及需要查询、需补票、需充值等指示信息。在 AGM 处于故障状态或暂停服务模式时，在乘客显示器显示相应的状态或模式信息。

在维护模式下，该显示器可作为维护用显示器。具有相应权限的人员合法登录后，可进入维护或维修模式，通过简单操作命令，可监测所有部件的工作状态和性能，检查参数信息、版本信息、审计信息和交易信息。

AGM 的乘客显示屏采用 5mm 防暴玻璃进行保护，其表面硬度可防止一般的磨损和划伤（图 3-2-13）。同时防暴玻璃和显示屏间具有 4～5mm 间隙，以防止外力对屏幕的挤压。

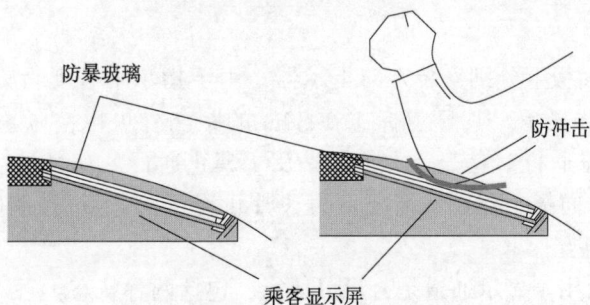

防暴玻璃　防冲击　乘客显示屏

图 3-2-13　显示器表面防暴处理

AGM 的乘客显示器显示界面如图 3-2-14 所示。

序号	屏 幕 显 示	屏幕显示条件	序号	屏 幕 显 示	屏幕显示条件
1	 请使用车票 Please use ticket	正常进站通道提示可以使用检票机	7	 余额 Remaining value 2.00元	当有乘客刷卡进站时，乘客显示器显示画面
2	 剩余次数 Remaining value 456 次	当有乘客持计次票进站刷卡时，乘客显示器显示画面	8	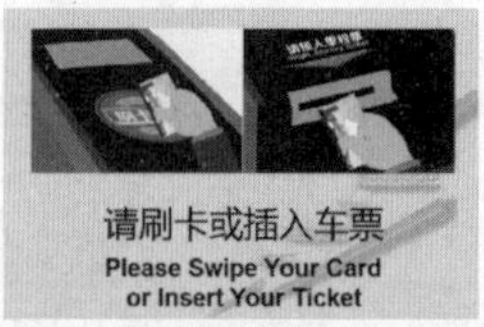 请刷卡或插入车票 Please Swipe Your Card or Insert Your Ticket	正常出站通道提示可以使用检票机
3	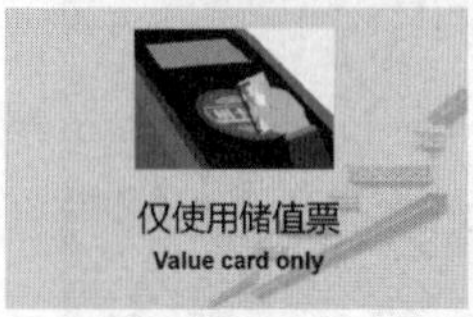 仅使用储值票 Value card only	出站通道仅可以刷储值票通过检票机	9	 扣除额 余额 Fare deducted Remaining value 2.00元 0.00元	当有乘客刷卡出站时，乘客显示器显示画面
4	 扣除次数 剩余次数 Fare deducted Remaining value 1 次 454 次	当有乘客持计次票出站刷卡时，乘客显示器显示画面	10	 车票无效 请通知工作人员 Please contact our staff	当乘客车票出现问题时，屏幕显示画面，乘客需联系站务人员
5	 暂停服务 Out of Service	当设备暂停服务时，乘客显示器显示画面	11	 请使用车票 Please use ticket	当乘客未使用车票进入检票通道时，乘客显示器显示画面
6	 对方通行请稍侯 Opposite side first please wait	双向自动检票机在对面通道有人先行通行时，本方显示器显示画面			

图 3-2-14　AGM 的乘客显示器显示界面

6. 方向指示器

AGM 两端的前面板上分别安装方向指示器，用于指示乘客通行方向。方向指示器采用高亮度 LED 显示器显示。其显示标志在 30m 的距离外可以清晰辨别。方向指示器显示"通行"及"禁止通行"信息。"通行"及"禁止通行"信息是互斥的，两种信息标志不会同时显示。方向指示器默认情况下为"禁止通行"。通过控制电路，保证"通行"及"禁止通行"信息互斥。

方向指示器界面用于显示通道是否可以通行，包括两种状态：

（1）当方向指示器所在的通道可以刷卡通行时显示为绿色箭头。

（2）当方向指示器所在的通道不可以刷卡通行或乘客闯入、票卡无效、余额不足等时，LED 界面显示红叉。详细显示方式如图 3-2-15 所示。

序　号	显　示	显 示 条 件
1	显示"通行" 	当检票机在下列状态下时显示该图形： （1）正常服务中 （2）紧急状态下的付费区显示
2	显示"禁止通行" 	当检票机在下列状态下时显示该图形： （1）当检测到无效票时 （2）当有乘客无票进入通道时 （3）当双向通道另外一侧有人通过时 （4）暂停服务时 （5）在紧急状态时的非付费区显示

图 3-2-15　方向指示器显示方式说明

7. 警示灯

AGM 的顶部安有一个可显示 6 种颜色的警示灯，包括红色、绿色、黄色、橘黄色、蓝色、紫色。可以通过 6 色、闪烁及非闪烁等显示方式单独或组合使用。

📖 案例链接

某城市轨道交通运营企业 AGM 方向指示器及警示灯的显示含义

AGM 处理所有车票后，方向指示器根据处理结果显示相应图标，并且特殊类型车票有对应的警示灯及方向指示器的显示方式。通过警示灯的不同颜色或闪烁方式、蜂鸣器的不同警示声音，可向乘客和管理人员提示当前发生的不同情况，如使用票种、车票无效或无票通过等。某城市轨道交通运营企业 AGM 方向指示器及警示灯的显示含义见表 3-2-2。

方向指示器及警示灯的显示含义　　　　　　　　　　　　表 3-2-2

车票类型	警示灯（Alarm Lamp）（顶部）			方向指示器（通道近端）		方向指示器（通道远端）	
	绿灯	黄灯	红灯	黄条	蓝条	黄条	蓝条
成人储值票（SVT）	亮	—	—	—	—	—	—
学生储值票（SVT）	—	亮	—	—	—	—	—
老人储值票（SVT）	—	亮	—	—	—	—	—
老人免费票（SVT）	—	亮	—	—	—	—	—

车票类型	警示灯（Alarm Lamp）（顶部）			方向指示器（通道近端）		方向指示器（通道远端）	
	绿灯	黄灯	红灯	黄条	蓝条	黄条	蓝条
纪念票	—	亮	—	—	—	—	—
单程票（SJT）	亮	—	—	—	—	—	—
员工票（EP）		亮	—	亮		亮	
"一卡通"	亮	—	—	—	—	—	—
黑名单	—	—	亮	亮	—		亮
无效票	—	亮	—	—	—	—	—
紧急情况	亮	—	—	—	—	—	—

　　警示灯根据车票类别亮起不同的颜色，如图 3-2-16 所示。

　　方向指示器如显示黄色线或蓝色线表示"不同的车票类别"（图 3-2-17）。乘客显示器上显示请进出站、票卡类型、余额，出闸端还显示扣除值，此时闸门自动打开，乘客可以在给定的时间通过，然后闸门自动闭合，如果乘客没有在固定的时间内通过闸机，30s 后闸门会自动闭合。

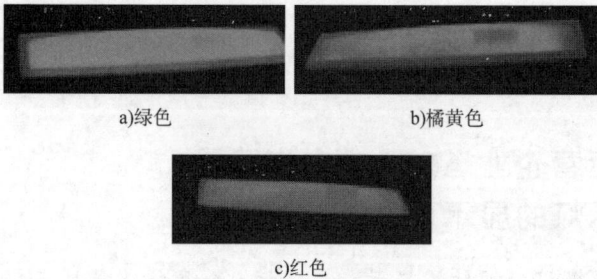

a)绿色　　　　　　　　　b)橘黄色

c)红色

图 3-2-16　警示灯根据车票类别亮起不同的颜色

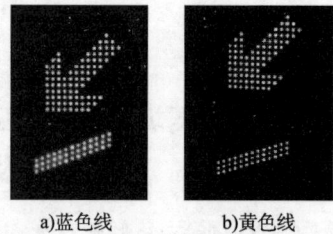

a)蓝色线　　　　　　b)黄色线

图 3-2-17　方向指示器显示蓝色线或黄色线
表示"不同的车票类别"

8. 扬声器

　　AGM 扬声器采用压电有源型，以实现发出各种警示声音和语音功能（是否开通可通过参数设置）。扬声器声强在 0 ~ 80dB 范围内可调；扬声器发出的提示声响能在 2m 范围内清晰可辨，报警声响能在 10m 范围内清晰可辨，语音能在 5m 范围内清晰可辨。警示声音可根据应用需求，通过软件分别进行控制。

案例链接

某城市轨道交通运营企业 AGM 声光提示种类

　　车站人员和票务稽查人员可根据车票通过 AGM 时的声光提示辨识票卡类型，具体见表 3-2-3。

车票闪灯种类和声音种类参数 表3-2-3

票　　　种	闪 灯 类 型	声 音 类 型	备　　注
0100 普通单程票	闪灯0（绿灯闪1次）	声音0（短嘟1声）	无折扣
0103 纪念单程票			
0201 地铁新时代			
0200 普通储值票			9折
0203 纪念储值票			
1101 "一卡通"租用版			
1103 "一卡通"团购票			
1107 "一卡通"联名卡			
1108 "一卡通"纪念卡			
1109 "一卡通"工作票			
0400 一日票			定期票
0401 三日票			
0402 七日票			
0300 普通乘次票	闪灯0（绿灯闪1次）	声音5（长嘟1声）	乘次票
0305 限次乘车票			
0500 免费票	闪灯1（黄灯闪1次）	声音1（短嘟2声）	典藏卡
0501 地铁免费票			达人卡、2049免费卡
0202 老人储值票			65岁以上老人
1106 "一卡通"老年票	闪灯1（黄灯闪1次）	声音10（语音提示）	65岁以上老人
1104 "一卡通"残盲卡/"一卡通"残免卡/"一卡通"见义勇为人员优惠卡			下肢残疾人、盲人、本市重度听力/言语残疾人及低保残疾人、本市见义勇为人员及其直系亲属
1112 "一卡通"学生票			中小学生7折
0700 员工票类型1	闪灯3（绿灯闪2次）	声音1（短嘟2声）	员工卡
0701 员工票类型2			乘车证
0702 员工票类型3			本站进出卡
0703 员工票类型4			员工卡

9. 维修面板

AGM 设备内安装有维修面板，可帮助维修人员进行设备维护、故障诊断及模式设置等操作。通过维修面板应能实现检票机自诊断的各种功能，维修面板包括显示器（与乘客显示器合二为一）及输入设备（维修键盘）（图 3-2-18），输入和显示部件间距不超过 20cm，方便维护人员操作使用。

维修面板采用电容式机械键盘，与 AGM 设备主机连线，方便维修人员的操作。采用 AGM 的乘客显示器作为维修面板显示器。

维修面板的功能显示通过菜单化帮助操作员快速操作。维修面板具有 0～9 个数字输入键及至少 10 个功能键，各功能键应能通过软件定义其含义。检票机维修面板能在打开维修门后取出，方便维修人员操作。

图 3-2-18　维修键盘

10. 维修照明灯

在 AGM 内部安装有维修照明灯，维修照明灯采用 LED 发光源，当设备的维修门打开后，维修照明灯会自动点亮。结束维修关上维修门后，维修照明灯会自动关闭以节省能源。

四　AGM 的工作方式

AGM 的工作方式主要有运行状态、关闭状态、故障状态和维护状态 4 种。

(一) 运行状态

运行状态存在联网运行和单机独立运行两种通信连接运行模式及正常运营、降级运营两种运行模式。

1. 通信连接运行模式

(1) 联网运行。联网运行是正常的系统工作状态。在这种状态下，AGM 与 SC 联网正常运行，AGM 能完成设备的所有功能，支持 10 种以上运行模式，能向 SC 发送 AGM 工作状态及交易数据，SC 可向 AGM 发送指令及系统参数。

(2) 单机独立运行。单机独立运行是属于 AGM 与 SC 发生通信故障时而采用的降级运营状态。在这种状态下，AGM 除不能与 SC 交换数据、接收系统参数及 SC 不能监控 AGM 的工作状态外，其他功能均正常执行。

2. 运营模式

(1) 正常运营。正常运营模式下，AGM 显示允许使用的提示信息，在读/写车票的位置有明显的指示，以提示乘客检票。车票有效性检查以车票上的数据及当前系统参数为依据，系统参数可通过上级 AFC 系统设置。AGM 不能同时处理两张及以上的车票。

AGM 允许持有效车票的乘客在规定时间内通过，打开闸门（出站 AGM 包括回收单程票）。若超过规定时间乘客仍不通过 AGM，则取消其通过合法性。

持无效车票的乘客通过 AGM 时，闸门关闭（出闸端持单程票通行的乘客，其无效的单程票将被退出），并提示乘客到客服中心处理。对非法通过行为将予以声光报警。相关资源见二维码。

AGM正常运营模式进站

（2）降级运营。

①列车故障模式。当城市轨道交通列车出现运营故障，使部分车站暂时中止运营服务时，暂停服务的车站需要将 AFC 设备设置到列车故障模式。在列车故障模式下，暂停服务的车站进站检票机不允许乘客再进站，进入付费区的乘客必须全部终止乘行，离开暂停服务的车站。

AGM正常运营模式出站

②时间免检模式。由于特殊原因，如列车延误、时钟错误导致大量持票乘客超时无法出站，可根据相关规定的要求将系统设置为时间免检模式。在时间免检模式下，出站检票机将不检查车票上的进站时间，但是仍然检查车票的票值、进站码、日期等，所有的车票按正常方式进行扣费处理。

③日期免检模式。由于特殊原因，导致部分车票过期，根据运行工作的需要及相关规定，要求将系统设置为日期免检模式。在日期免检模式下，AGM 不进行日期判断，允许过期的车票继续使用，其余处理同正常方式。

④进出站次序免检模式。乘客进站检票时，进站检票机认为车票信息都是有效的，都放行，以便让乘客迅速进站。乘客出站检票时，若无进站信息及购票站点的车票，默认进站地点是指定进站车站，并按该免检模式进出扣费；若大于两个车站设置为该模式，出站检票机对单程票以外的其他车票按最低票价或次数计费。

⑤车费免检模式。如果某个车站因特殊情况而临时关闭，导致列车只能越过该车站后才能停车。在这种情况下，根据相关规定，可将故障站的前方站设置为车费免检模式。

在设置了车费免检模式的情况下，出站检票机不检查单程票的票值，储值类车票扣最短车程费。

⑥紧急放行模式。当车站发生火灾等紧急情况时，将系统设置为紧急放行模式。此状态下 AGM 不检查车票，乘客不使用车票就可通过 AGM 迅速离开车站。紧急放行时，三杆式检票机中间挡杆掉下，扇门式检票机和拍打门式检票机闸门打开。同时乘客显示器显示紧急放行信息，所有在付费区的 AGM 通行状态指示器闪烁显示允许通行标志，所有在非付费区的 AGM 通行状态指示器闪烁显示禁止通行标志。

（二）关闭状态

当天运营结束后，可在 SC 上直接下达命令，将 AGM 设置为关闭状态。

在关闭状态下，AGM 退出运行状态，禁止检票处理，乘客显示器显示"关闭服务"信息，通道阻挡装置关闭，方向指示器显示"禁止通行"标志。但 AGM 仍保持与 SC 通信连接状态，SC 仍可监控处于关闭状态的 AGM。此时禁止乘客进出站，三杆式检票机的转杆被锁定（处于阻挡状态），门式检票机关闭闸门。同时，AGM 拒绝读写和回收车票，单程票投入进票口后直接从退票口掉出。

（三）故障状态

AGM 设备出现故障，并且不能自动排除故障，无法进行检票时，将进入故障模式。AGM 各模块具备在运行过程中自动探测自身故障并报告给设备主控计算机的功能。当 AGM 检测到故障发生时，向 SC 报告故障信息，同时根据故障等级将设备关闭或限制服务。直到对 AGM 进行故障排除、异常恢复后，AGM 才能再次进入正常工作模式。

（四）维护状态

AGM 可通过维修键盘进入维护模式，此时禁止乘客正常检票，乘客显示器显示"暂停服务"等信息，通道阻挡装置关闭，方向指示器显示"禁止通行"标志。通过维修键盘或移动维护终端可对 AGM 进行故障检测、寄存器查询、模块动作测试、参数配置等操作。

案例链接

某城市轨道交通运营企业 AGM 不同工作方式下的显示

某城市轨道交通运营企业降级运营模式包含列车故障模式、进站免检模式、出站免检模式、时间免检模式、日期免检模式、车费免检模式。在出站免检模式下，乘客出站不须检票，直接出站。持非回收类车票的乘客在规定日期内再次进站时，进站检票机依据车票内进站信息和模式履历信息扣除上次乘车费用后按照正常检票进站。回收类车票作废，不可再次使用。不同工作方式下的进出站屏幕显示如图 3-2-19 所示。

序号	进站屏幕显示	出站屏幕显示	屏幕显示条件
1	无显示	无显示	关机状态
2	请使用车票 Please use ticket	请刷卡或插入车票 Please Swipe Your Card or Insert Your Ticket	正常通道模式
3	请通过 Please Entry	请刷卡或插入车票 Please Swipe Your Card or Insert Your Ticket	进站免检模式

图 3-2-19

序号	进站屏幕显示	出站屏幕显示	屏幕显示条件
4	 请使用车票 Please use ticket	 请通过 Please Entry	出站免检模式
5	 请使用车票 Please use ticket	 请刷卡或插入车票 Please Swipe Your Card or Insert Your Ticket	车费免检模式
6	 暂停服务 Out of Service	 请刷卡或插入车票 Please Swipe Your Card or Insert Your Ticket	列车故障模式
7	 禁止通过 No entry	 请迅速出站 Emergency, please leave by the nearest exit	紧急模式
8	 暂停服务 Out of Service	 暂停服务 Out of Service	关闭状态
9	 暂停服务 Out of Service	 暂停服务 Out of Service	维护状态

图 3-2-19　不同工作方式下的进、出站屏幕显示

五　AGM 的维护操作

某城市轨道交通运营企业 AGM 的维护操作服务模式设置、闸门模式设置、通道类型设置、票箱更换如下。

(一)　服务模式设置

AGM 在离线情况下可通过"服务模式设置"菜单手动设置设备的当前服务模式（图 3-2-20）。

(1) 选择"正常服务"，按相应数字键，退出登录后设备进入正常服务模式。

(2) 选择"暂停服务"，按相应数字键，退出登录后设备进入暂停服务模式，禁止乘客正常检票，乘客显示器显示"暂停服务"等信息，通道阻挡装置关闭，方向指示器显示

"禁止通行"标志。

（3）选择"关闭设备"，按相应数字键，设备执行关机操作。

（4）选择"设备重启"，按相应数字键，设备先执行关机操作，退出系统，然后重新启动系统。

（5）选择"软件重启"，按相应数字键，设备应用程序将退出，然后重新启动应用程序。

（6）选择"退出程序"，按相应数字键，设备应用程序将退出。

（二）闸门模式设置

AGM在离线情况下可通过"闸门模式设置"菜单手动设置闸门的模式状态（图3-2-21）。

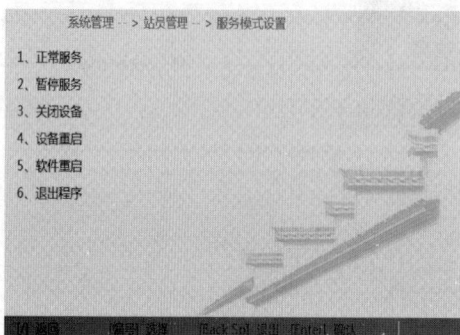

图 3-2-20　服务模式设置界面　　　　图 3-2-21　闸门模式设置界面

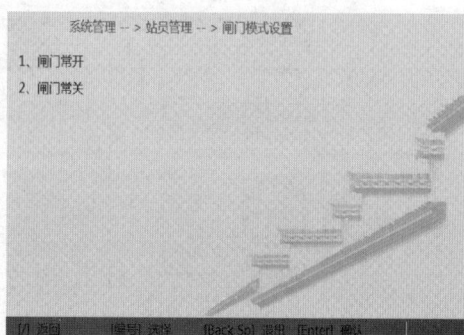

（1）选择"闸门常开"，按相应数字键，退出登录后检票机闸门处于常开状态。

（2）选择"闸门常闭"，按相应数字键，退出登录后检票机闸门处于常闭状态。

（三）通道类型设置

双向检票机在离线情况下可通过"通道类型设置"菜单手动设置通道的检票模式（图3-2-22）。进站检票机与出站检票机无此功能。

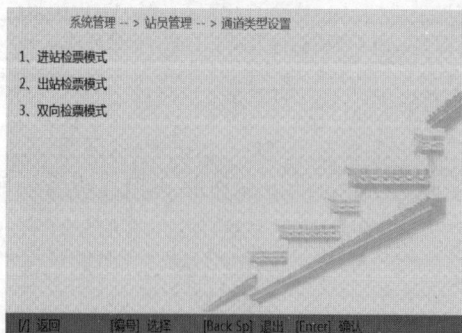

图 3-2-22　通道类型设置界面

（四）票箱更换

站务人员可通过"票箱更换"菜单进行票箱更换。票箱更换界面如图3-2-23所示。相关资源见二维码。

AGM票箱更换

1. 票箱信息查询

站务人员可通过"票箱信息查询"菜单查看当前的票箱相关信息（图3-2-24）。

图3-2-23　票箱更换界面

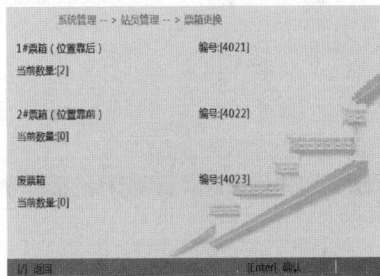

图3-2-24　票箱信息查询界面

2. 卸下票箱（图3-2-25）

序号	屏 幕 显 示	屏幕显示说明
1		进入"卸下票箱"菜单后，首先选定需要卸下票箱的票箱编号，按"Enter"键确定
2		当出现"卸下票箱操作完成"的提示信息后，可以从检票机上取下票箱

图3-2-25　卸下票箱

3. 装上票箱（图3-2-26）

序号	屏 幕 显 示	屏幕显示说明
1		进入"装上票箱"菜单后，将所需安装的票箱更换到设备上，选定需要装上票箱的票箱编号，按"Enter"键确定

图　3-2-26

2	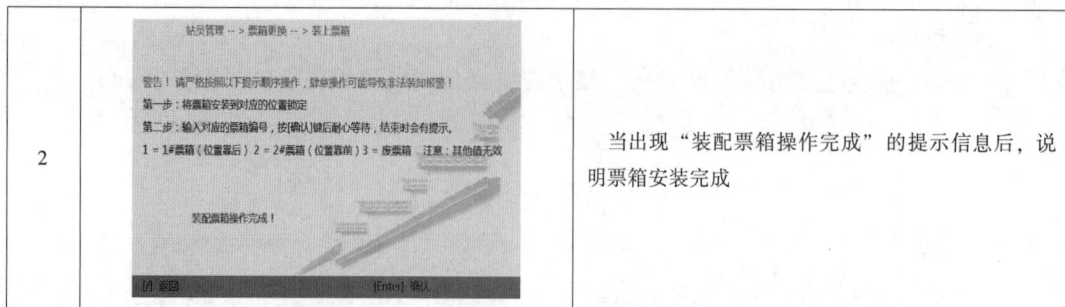	当出现"装配票箱操作完成"的提示信息后，说明票箱安装完成

图 3-2-26 装上票箱

六 AGM 简单故障处理

（一）简单故障现象及处理方法

1. 卡票

故障现象：AGM 不接收单程票（卡票的原因多是单程票边缘变形、变厚）。

处理方法：查看投票口及单程票通道，将卡住的单程票取出，并用维修面板重置出闸模块，若无效则需重启 AGM。若仍不正常，请与维修人员联系。相关资源见二维码。

2. 进出闸模块异常

故障现象：有两种情况——可以验票，显示异常，不能显示票价、余额等信息；不能验票。

处理方法：用维修面板重置出闸模块，若无效，重启 AGM。若仍不正常，请与维修人员联系。

AGM卡票故障处理

3. 死机

故障现象：不能分析任何车票。

处理方法：重置所有模块，若无效，重启 AGM。若仍不正常，请与维修人员联系。

4. 暂停服务

故障现象：乘客显示器提示"暂停服务"。

处理方法：用维修面板检查当前服务模式，若为停止状态，则将其设置为开始。若仍不正常，请与维修人员联系。

（二）注意事项

（1）处理故障关/送电时，必须按照规范进行操作。无法排除的故障需及时上报 AFC 系统轮值，尽快安排专业维修人员进行处理。

（2）防水：应提醒保洁人员，做设备表面清洁工作时，避免使用过湿毛巾擦拭，必须保证不会有水流入 AGM 内部。

单元测试

请老师根据实际教学需要，组织学生完成"单元 3.2 自动检票机（AGM）的操作"的测试，相关试题见本书配套资源包。

职业能力训练

职业能力训练3-2：AGM更换票箱实操

1. 训练所需基础知识

AGM更换票箱的操作方法，AGM相关报表的填写方法。表3-2-4为某城市轨道交通运营企业AGM更换票箱作业标准。表3-2-5为其作业步骤。

AGM更换票箱作业标准　　　　　　　　　　　　　　表3-2-4

AGM更换票箱作业标准	
作业条件	（1）在车站车票盘点日运营结束后
	（2）在运营过程中，在SC上查询到AGM"票箱将满"或"票箱已满"的信息时
	（3）该项作业须不少于2人，其中一人必须是车站客运值班员岗位及以上，另一人必须是站务员岗位及以上
作业工器具	（1）票箱装载车1部
	（2）AFC钥匙1套
	（3）单程票票箱
	（4）车站闸机回收车票记录表
安全要点	（1）确保在回收车票过程中车票的安全
	（2）防止填写报表或输入SC时填（输）错、填（输）漏

AGM更换作业步骤　　　　　　　　　　　　　　表3-2-5

作业项目	作业步骤及标准
1. 系统登录	（1）作业准备。标准：准备好足够数量的票箱；准备好相关的回收票箱台账；到达需要回收的AGM设备前，运营期间需设置暂停服务牌
	（2）开门操作。标准：用闸机钥匙打开出站方向的维修门
	（3）系统登录。标准：闸机30s内输入用户名和密码，并按"确定"键，系统登录成功
2. 闸机单程票箱回收	（1）查询、记录数据。标准：选择"票箱""票箱1ID"查询票箱电子ID，返回票箱界面，选择"票箱1数量"查询票箱1数量，并记录在车站闸机回收车票记录表上；选择"票箱2ID"查询票箱电子ID，返回票箱界面，选择"票箱2数量"查询票箱2数量，并记录在车站闸机回收车票记录表中
	（2）更换票箱。标准：返回"票箱"界面，选择"更换票箱""解锁票箱1""解锁票箱2"，取出票箱放入空票箱，按"装回票箱"锁定票箱后再按回车键

续上表

作 业 项 目	作业步骤及标准
3. 系统退出	系统退出，标准：闸机票箱更换后，关上维修门，离开通道，确认闸机正常工作后，撤除暂停服务牌

2. 训练目的

通过分组分角色模拟演练，帮助学生进一步掌握 AGM 更换票箱作业的基本技术要求，学生通过教师点评和观察其他组的展示得到提高，掌握 AGM 的日常运营操作方法。

3. 训练要求

分学习小组完成车站 AGM 更换票箱作业的作业流程。

（1）具体要求：应清晰展现 AGM 更换票箱作业的完整流程。

（2）参与岗位：包括一名客运值班员、一名站务员。

（3）所需备品：各岗位工种胸牌、场景标志牌。

（4）考核要求：每组应在规定时间内完成考核。

（5）考核地点：实训室。

4. 评价方式

（1）以学习小组为单位，由专兼职教师和学生代表共同完成评价，专、兼职教师评价占70%，学生评价占30%。

（2）评价指标（表3-2-6）。

评价指标 表 3-2-6

序号	评价标准	权重（%）
1	胸牌佩戴规范	5
2	角色分工明确，配合协调，各司其职	5
3	作业条件满足	5
4	作业工器具齐全完备	5
5	作业准备完整	10
6	开门操作正确	5
7	系统登录正确	5
8	查询、记录数据正确	20
9	更换票箱过程正确	20
10	按规定退出系统	10
11	模拟演练表现力强，按时完成所有程序，整体效果好	10
总计		100

单元3.3 半自动售票机（BOM）的操作

单元3.3知识树

```
                              ┌─ BOM的设置位置
                  BOM概述 ─────┤
                              └─ BOM的构成

                              ┌─ 售票
                              ├─ 充值
                              ├─ 验票
                              ├─ 车票分析
                              ├─ 异常车票处理
                              ├─ 补票
                              ├─ 退票退款
半自动售票机(BOM)的             ├─ 行政事务处理
操作 ──────────── BOM的功能 ───┤─ 交易记录打印
                              ├─ 冲正
                              ├─ 激活
                              ├─ 其他业务功能
                              ├─ 操作员间休
                              ├─ 安全管理
                              ├─ 设备维护
                              └─ 与SC的通信

                  BOM的业务操作说明
```

单元导入

案例1：某站某日在给新员工培训时，未配票的某员工给新员工讲解BOM操作。该名员工登录BOM后，以员工卡和单程票的进出站更新为例进行培训，并打开补收票款凭证窗口给新员工讲解。其间，该员工站到旁边让新员工自己查看，新员工不小心点到确认键，但现场无人发现。两天后，该员工配票结算后短款120元，SC统计有一笔行政收入120元。经票务稽查调查，该笔行政收入正是该员工给新员工做培训时产生的。

案例2：20××年3月至4月，某车站员工在处理"'一卡通'余额不足且不充值"的乘客事务时，违章占有票款，即收取乘客补票票款，本应发售付费出站票，却发售免费出站票，造成公司票务收益流失。最终，公司与该售票员直接解除劳动合同。

案例1中售票员违反公司规定，在未配票的情况下，登录BOM并进行操作，且没有认真看护，导致新员工误操作。案例2中售票员缺乏职业道德，熟知BOM操作流程及票务政策，却违章占有公司票款。

BOM究竟是什么？它有哪些功能？如何正确操作BOM呢？

理论知识

一 BOM 概述

（一）BOM 的设置位置

半自动售票机（Booking office Machine，缩写为 BOM）也称票房售票机，它设于地铁车站客服中心，其安装位置一般可兼顾服务付费区和非付费区的乘客，如图 3-3-1 所示。售票员使用 BOM 处理各类实体车票及虚拟车票。

图 3-3-1　BOM

（二）BOM 的构成

BOM 的构成如图 3-3-2 所示，可以同时发售多张单程票，通常普通单程票及出站票由单程票发售装置发售，其他车票则放在桌面读卡器上读写、发售。相关资源见二维码。

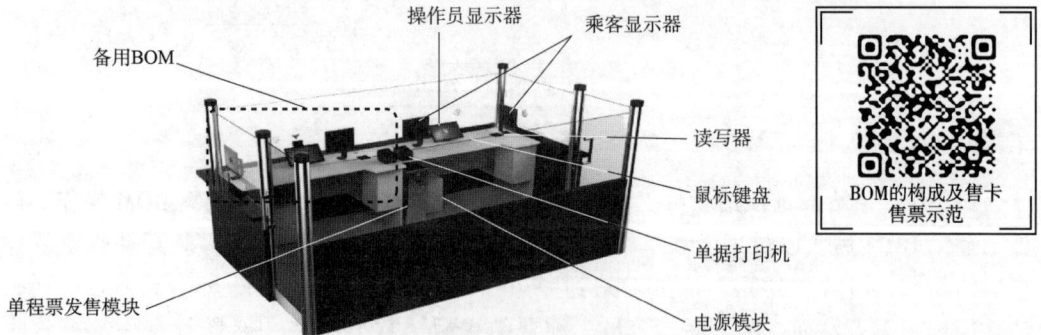

图 3-3-2　BOM 的构成

二 BOM 的功能

售票员通过 BOM 进行车票发售，为车站运营部门提供相关信息，BOM 可自动按照系统设置要求定时将相关资料上传到 SC，以供管理部门进行分析、统计。

BOM 通常由售票员及其以上级别的员工操作，其主要功能有：

（1）对票卡进行分析、发售、充值、更新、激活、延期、退款、交易查询、解锁等处理。

（2）处理车站乘客事务，记录票务行政处理。

（3）所有操作员的班次信息和收益信息都会即时上传到SC，这些数据文件都会入库和生成报表，SC同样会把需要更新的参数下传到本站所有BOM。

（4）为车站运营部门提供相关信息服务，BOM将自动按照系统设置要求定时将相关资料上传到SC，以便车站管理部门进行分析、统计，提高城市轨道交通运营的整体服务品质和效率。

（一）售票

（1）BOM能按系统设置的票价表、购票限额、优惠制度、押金等系统参数出售乘客使用的车票，所能出售的车票种类由系统参数设置。

（2）BOM在对车票发售前，会对车票进行有效性检查，同时检查车票的类型是否为可进行发售的车票类型。在对车票进行赋值时，将有关的赋值编码信息写入车票，但不能修改车票的初始化数据。在赋值后对写入数据进行校验，如果连续出现编码校验错误的次数达到参数设置的次数，则最终提示售票失败。

（3）BOM在整个售票过程中都能给乘客、操作员以明确的信息提示。赋值前，在乘客显示器显示需赋值的车票类型，在操作员显示器显示需赋值的车票类型、将赋值金额。车票被成功赋值后，在操作员显示器及乘客显示器上显示车票的实际赋值金额。若车票未能成功赋值，在操作员显示器上明确显示相应信息。赋值过程中，在操作员显示器及乘客显示器上显示各应收单项、押金以及合计金额等信息。

（4）售票信息均进行记录，并上传至SC后传至LCC。

（二）充值

（1）BOM能对符合条件的车票进行充值，对"一卡通"的充值需获取"一卡通"系统的授权认证和充值密钥。

（2）在对车票进行充值前，BOM对车票进行分析。对车票有效性进行检查后，若为系统设定的无效车票（黑名单、有效期超限和非本系统票等），能在操作员显示器显示失败信息。如符合以下条件则可充值：

①车票分析正常，余值未达到参数设置的上限。

②车票为参数设置的允许充值类型。

（3）对于储值类车票，操作员选择由系统参数设置的金额或手工输入需充值的金额。BOM在进行充值处理时，在车票上写入相应的充值编码信息，但不能修改车票的其他信息。车票余额为车票内原有余额与充值金额的代数累加值。

（4）充值前在操作员显示器及乘客显示器上显示票种、余值及即将充值金额，充值后在操作员显示器及乘客显示器上显示车票的新余值。

（5）若充值处理失败，能在操作员显示器上显示失败信息。充值信息均进行交易记录，并上传至SC后传至LCC。

（三）验票

（1）BOM能根据权限进行车票交易记录查询，通常可以查询最近10笔交易记录，以供操作员了解车票交易情况，并可解决乘客对车票的疑问。

（2）在操作员显示器上显示车票的分析结果、历史交易数据及车票状态（图3-3-3）。所显示的历史交易数据的条数通过参数设置，在乘客显示器上显示车票的部分信息。BOM能根据需要打印车票历史交易记录清单。

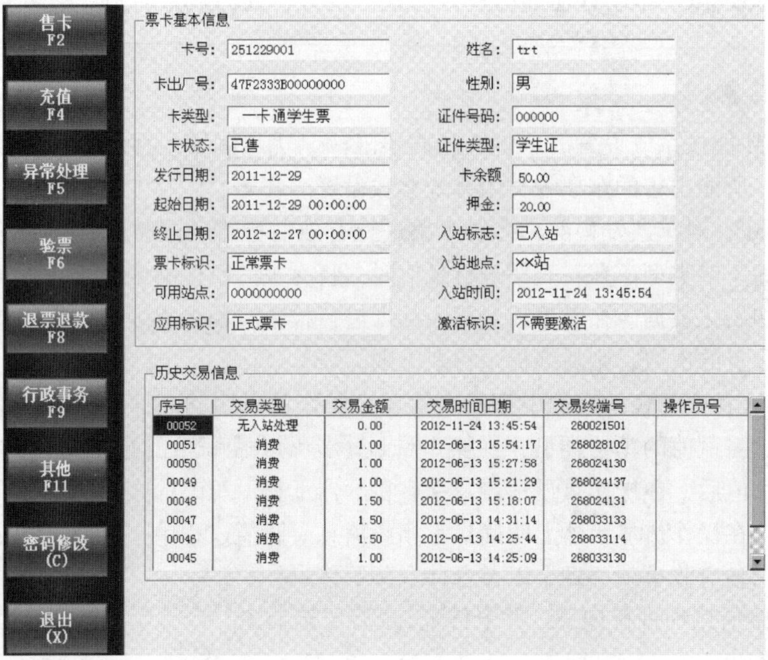

图3-3-3　验票

（四）车票分析

（1）BOM能根据操作员选择票卡所在区域（付费区/非付费区）对车票进行基本票卡有效性检查，不同的票种按照不同的使用范围及用途检查不同的项目，并能通过上级AFC系统进行参数设置。同时，在检查中所涉及的各种参数都能通过上级AFC系统设置。

①如果乘客在非付费区，车票有效性检查包含以下几个方面：密钥合法性、票种合法性、有效期、黑名单（售票时不检查此项）、车票状态（如是否初始化、是否未售、正常使用、是否注销、已退款、已回收、已列入黑名单等）、余额或乘次、起始站地址等。

②如果乘客在付费区，车票有效性检查包含以下几个方面：密钥合法性、票种合法性、有效期、黑名单、车票状态（如是否初始化、是否未售、正常使用、是否注销、已退款、已回收、已列入名单等）、起始站地址、目的站、余额检查（单程票），以及超时检查等。

（2）BOM能对车票交易记录进行查询，车票分析完成以下功能：

①显示相关车票数据，如余额、历史交易记录及车票状态等。

②确认车票是不是黑名单票。

③超时检查，付费区超时的车票，操作员检查车票进出状态及票值、起始站点等后，根据规定收取超时收费金额，并更新车票。

④超程检查，付费区超程的车票，操作员检查车票进出状态及票值、起始站点等信息后，收取欠费部分，并更新车票。

⑤有效期检查，检查车票的可使用有效日期是否早于当前日期。

⑥操作员显示器上能显示车票的分析结果、历史交易数据和车票状态（图3-3-4），并在乘客显示器上显示车票分析结果和余额等。

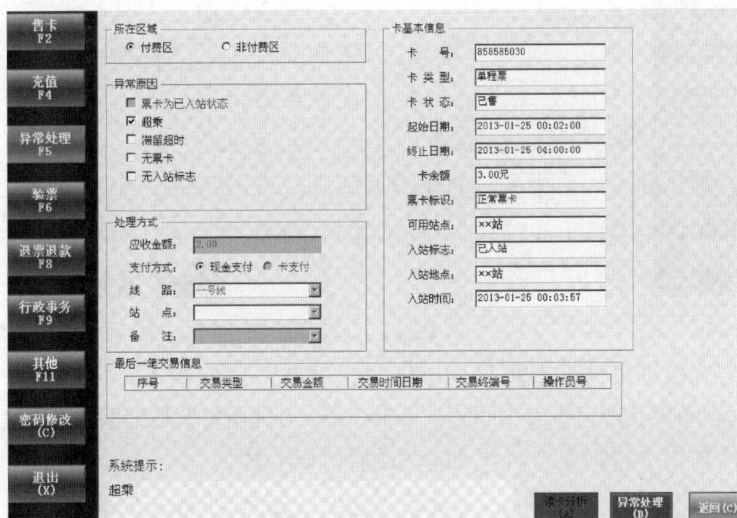

图3-3-4　车票分析

（五）异常车票处理

（1）BOM能对部分情况的异常车票进行更新，更新前对车票的有效性进行异常处理分析。有效性分析的内容主要包括安全性检查、合法性检查、状态检查、黑名单检查、使用地点检查、余值/乘次检查、有效期检查、进出次序检查、超程检查、超时检查、更新信息检查等。车票分析的项目根据乘客所在的位置不同采用不同的分析流程。

（2）操作员显示器能显示车票的主要编码信息，至少包括票种及编号、车票入站地点及时间、车票押金、车票余值或乘次、车票优惠信息、车票过期日期、车票在地铁的最近使用车站/设备及日期、车票的状态标志、车票分析结果等。乘客显示器上所显示的车票信息应至少包括车票分析结果以及处理结果。

（3）在完成对车票的分析后，BOM能根据分析结果对车票做进一步处理，如更新、充值、退款等。对于超时、超程、进出站次序错误等异常车票的更新方法，按照城市轨道交通运营企业票务政策执行。

（4）在需要收费的情况下，储值类票卡所收费用可以从储值票/"一卡通"上直接扣除，如果余额不足则提示票卡进行充值处理。

（5）车票处理信息均进行交易记录，并上传至SC后传至LCC。

（六）补票（乘客无有效车票出闸）

（1）BOM能在乘客遗失车票、无票乘车、车票损坏、儿童超高等情况下实现补票功能，如图3-3-5所示。

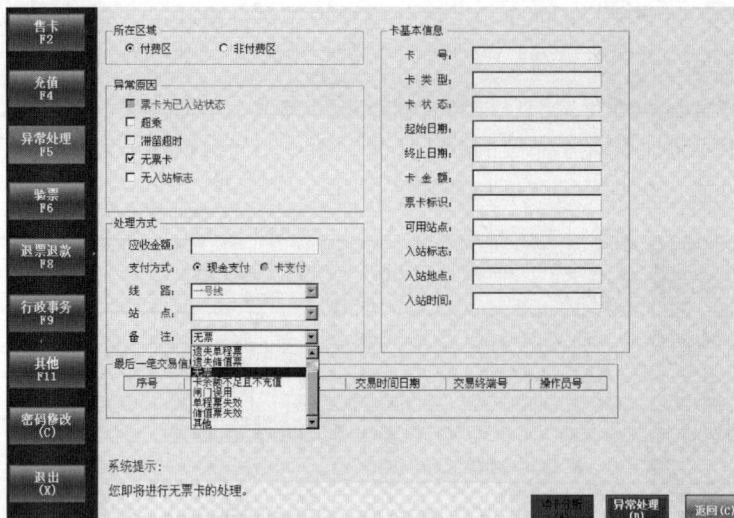

图 3-3-5　补票界面

（2）补票方式根据具体情况可采用出售"出站票"的方式。

（3）对不同的补票情况可设置不同的补票手续费，并能由售票员根据情况修改收取的金额。

（4）补票信息均进行记录，并上传至 SC 后传至 LCC。

（七）退票退款

单程票/地铁储值票的退票退款按照城市轨道交通运营企业票务政策相关内容进行设计，"一卡通"的退票退款按照"一卡通"公司的规定进行。储值票/"一卡通"退款金额通常包括车票余值及押金部分。

在进行退款处理时，操作员显示器显示车票的分析数据或显示车票退款确认金额，如图 3-3-6 所示，必要时应可以显示车票使用历史记录。在乘客显示器上显示车票余值及退款金额。

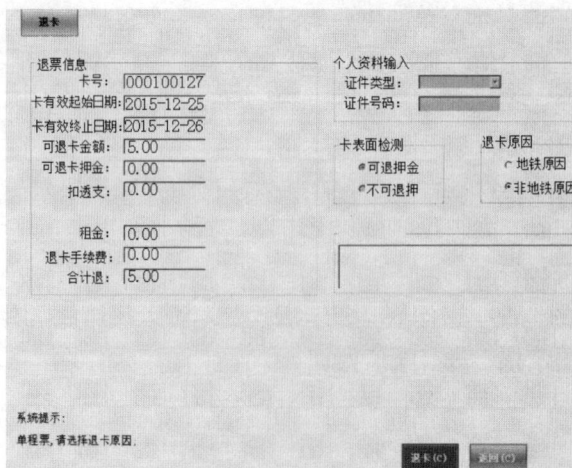

图 3-3-6　退票退款

退票退款信息均进行交易记录，并上传至 SC 后传至 LCC。

（八）行政事务处理

（1）BOM能对城市轨道交通内的以下行政收费项进行处理，并且记录乘客的姓名、证件号码、备注具体情况经过等（处理情况不同，记录的信息不同），如图3-3-7所示。以某城市轨道交通运营企业为例，具体处理情况包含以下几个方面：

①收取乘客行李票的费用。

②对乘客的违规行为进行处罚收取的费用。

③TVM卡币、卡票、充值失败等退款给乘客。

④收取乘客儿童票的费用。

⑤其他。

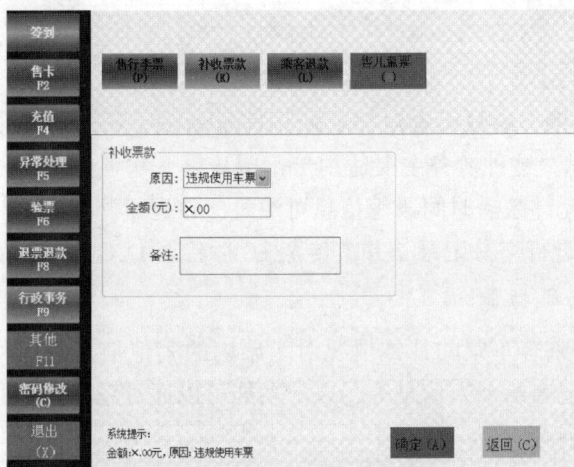

图3-3-7　行政事务处理

（2）行政事务处理信息均进行交易记录，并上传至SC后传至LCC。

（九）交易记录打印

售票员在BOM上操作后，每笔交易记录都会通过票据打印机打印出来，打印出的票据一部分交给乘客，一部分车站留存。如果由于某些原因，需要补打某条交易记录，BOM能通过权限级别对于已经进行过的充值、退款等所有交易记录进行选择性打印，如图3-3-8所示。

图3-3-8　补打交易

（十）冲正（误充值情况下）

（1）BOM能对上次充值的储值票进行直接扣除上次充值业务相同金额的操作（在误充值情况下），但是必须保证以下条件成立（或可通过参数设置实现组合条件成立）：

①该车票没有进行过任何消费（如出入站、其他充值操作、公交消费等，验票操作不属于消费的范围）。

②操作员必须是同一人。

③使用同一台BOM，并且此设备在进行过上笔充值后没有任何交易记录（如其他充值操作等）。

（2）点击"其他""冲正"进行处理（图3-3-8），上述冲正信息均进行交易记录，并上传至SC后传至LCC。

（十一）激活

（1）BOM能根据票卡参数设置对需要使用前重新赋予新的有效期限的票卡进行激活操作，如图3-3-8所示。这种业务主要适用于希望从第一次使用开始算有效期的票卡。激活后的有效期天数、允许激活时间段等信息可通过参数进行配置。

（2）激活信息均进行交易记录，并上传至SC后传至LCC。

（十二）其他业务功能

（1）BOM能根据乘客车票的具体情况对车票内的其他信息进行修改，如更改车票有效期、黑名单解锁、记名票个人信息等，以上功能可以通过系统参数按城市轨道交通运营企业需要进行设置或屏蔽。

（2）以上业务均进行交易记录，并上传至SC后传至LCC。

（十三）操作员间休

BOM具有操作员暂时离开锁定设备的功能，以满足当班操作员的间休需要。

（十四）安全管理

BOM具有以下安全管理功能：

（1）权限控制。设备操作员由上级AFC系统分配唯一编号和密码，操作员必须输入正确的编号和密码才能登录到初始化程序界面。上级AFC系统根据需要为操作员设置不同的操作权限，以控制操作员允许操作的设备类型、允许执行的操作功能等。

（2）操作记录。系统自动记录操作员登录、退出系统信息以及全部操作信息形成全日制记录，上传至上级AFC系统用于稽查。

（十五）设备维护

设备维护具有设备自检、系统备份、软件更新、数据离线导入/导出、用户权限及密码管理、系统日志管理、部件测试、SAM卡管理等功能。

（十六）与SC的通信

BOM通过车站局域网连接到SC，进行上传车票处理交易、寄存器及设备运行状态日志等数据的操作；BOM接收SC或LCC下传的命令、票价表、黑名单及其他参数等数据，并能对版本控制参数执行自动生效处理；BOM 具有与时钟服务器同步时钟的功能。

三 BOM 的业务操作说明

（一）系统登录

（1）开机进入系统主界面，然后点击"登录"按钮，显示登录界面。

（2）在登录界面，输入用户名和密码，然后点击"确认"按钮，系统会对用户名和密码有效性进行验证，如果验证失败，会给出错误提示信息，并提示再次输入用户名和密码。系统对登录密码和用户名有效性次数进行限制，但错误检验次数达到 3 次，系统会记录系统日志。

（3）系统登录时不仅会验证用户的合法性，还会根据注册的用户进行功能授权和权限控制，使得用户只能合法地操作已授权的功能。

（4）当用户输入正确的用户名和密码，并点击"确认"登录成功后，进入系统操作主界面。相关资源见二维码。

（二）按金额发售单程票

（1）进入售卡界面，选择售卡类型为"单程票"。

（2）选择"金额售票"。

（3）选择相应的金额。

（4）选择相应的数量，这时在操作员界面会显示售票信息、售票单价、数量及合计金额等。

BOM发售单程票

（5）点击"确定"按钮，然后将相应票卡放置在外读写器上进行赋值，读写器会对卡片有效性进行验证，并会在操作员界面显示详细的售卡信息，包括售卡成功与否以及被赋值的票卡信息等。

（三）按站点售单程票

（1）进入售卡界面，选择售卡类型为"单程票"。

（2）选择相应的线路号，可以通过下翻按钮来显示不同的线路号。

BOM售卡售票示范

（3）选择相应的站点。

（4）选择相应的数量，这时在操作员界面会根据选择的站点计算出相应的票价并会在操作员显示器上显示售票信息、售票单价、数量及合计金额等。

（5）点击"确定"按钮，然后将相应票卡放置在外读写器上进行赋值，读写器会对卡片有效性进行验证，并会在操作员界面显示详细的售卡信息，包括售卡成功与否以及被赋值的票卡信息等。相关资源见二维码。

（四）发售储值票（相关资源见二维码）

（1）进入售卡界面，选择售卡类型为"储值票"，进入储值票售卡界面。

BOM发售储值票

（2）选择相应的售卡金额。

（3）点击"确定"按钮，然后将相应票卡放置在外读写器上进

行赋值，读写器会对卡片有效性进行验证，并会在操作员界面显示详细的售卡信息，包括售卡成功与否以及被赋值的票卡信息等。

（五）储值票充值（相关资源见二维码）

（1）点击左侧菜单"充值"按钮，显示充值列表界面。

（2）将储值卡放置于读卡器感应区，并根据乘客要求选择对应的充值金额，充值金额可从充值金额列表中选择。

（3）在弹出的提示信息框中选择"确定"按钮。

（4）点击"确定"按钮，完成充值功能。

BOM储值票充值

（六）异常处理（相关资源见二维码）

当乘客的车票出现超时、超程、超时又超程、进出站次序错误等情况时，都可以在异常处理中对车票进行相关处理；当乘客出现无票乘车、遗失车票、车票损坏等情况时，也可以在异常处理中进行补票操作，发售出站票给乘客。

BOM票卡异常处理的
超时操作

下面以某公司为例，说明乘客在非付费区，但是车票为"已入站"状态时，车票在 BOM 上的异常处理方式。

（1）在非付费区（进闸时）单程票、储值票为"已入站"状态，进闸地点为本站，进站时间小于规定时间（如 20min），票卡免费更新，更新后的票卡可以正常进闸使用。

BOM票卡异常处理的
出站次序错误操作

BOM 上处理流程：点击"异常处理"，选择"非付费区"，进行"读卡分析"，系统提示有入站标志，查看进闸地点为本站，进闸时间为 20min 以内，勾选票卡为"已入站状态"，输入金额"0"，点击"异常处理"即可，此时再进行"读卡分析"，系统会显示"票卡正常"。

（2）储值票为"已入站"状态，进闸地点非本站或进站时间大于规定时间（如 20min），更新费用为该种票卡的最小票价，更新后的票卡可以正常进闸使用。

BOM 上的处理流程：点击"异常处理"，选择"非付费区"，进行"读卡分析"，系统提示有入站标志，查看进闸地点为本站，进闸时间为 20min 以上；或者进闸地点非本站，勾选"票卡为已入站状态"，输入金额"2"（有的城市轨道交通运营企业按折扣后的价格输入，如"1.9"），点击"异常处理"即可，此时再进行"读卡分析"，系统会显示"票卡正常"。

（3）单程票为"已入站"状态，进闸地点为本站，进站时间大于规定时间（20min），不更新，回收该单程票，乘客须重新买票。

BOM 上的处理流程：点击"异常处理"，选择"非付费区"，进行"读卡分析"，系统提示"有入站标志"，查看进闸地点为本站，进闸时间大于 20min，由于票务政策规定需要回收，所以回收该单程票。

（4）单程票为"已入站"状态，车票过期，或进闸地点非本站，车票回收。

BOM 上的处理流程：点击"验票"，系统提示"过期票"，或者点击"异常处理"，选择"非付费区"进行"读卡分析"，查看进闸地点非本站，由于票务政策规定需要回收，所以回收该单程票。

（七）验票（图3-3-3）

（1）在业务面板上，点击"验票"，系统弹出"请将卡片置于读卡器上"的窗口。相关资源见二维码。

（2）将单程票或储值票放在外置读卡器上。

（3）读卡，对卡数据进行校验，对于非系统卡，系统给出错误提示信息；对于本系统卡，可以读出卡内信息。如果卡内数据有异常，在数据显示时会对异常数据做出标记。

（4）如果要继续验卡，则换另一张卡，系统会自动继续检验该卡，不需关闭验卡界面。

（5）按"返回"后窗口关闭。

BOM验票操作

（八）单程票退票退款（图3-3-6）

（1）将票卡放置于读卡器感应区。

（2）点击左侧菜单"退票退款"按钮，系统会自动读取票卡信息，进行数据校验，验证卡片是否可退。如果可退，则将票卡信息显示于处理界面；如果不可退，则显示不可退的原因。

（3）选择退卡原因。

（4）点击"确定"按钮，系统会自动判断票卡是否允许退还，并予以信息提示。相关资源见二维码。

（九）发售行李票（图3-3-9）

（1）进入行政事务主界面。

（2）点击"售行李票"按钮，显示操作界面。

（3）选择目的站点，系统会自动计算对应的金额。

（4）点击"确定"按钮。

BOM办理单程票退票退款

（十）补收票款（图3-3-10）

（1）进入行政事务主界面。

（2）点击"补收票款"，进入补收票款界面。

（3）根据乘客的说明，选择对应的原因，系统自动计算出相应的金额。

（4）点击"确定"按钮。

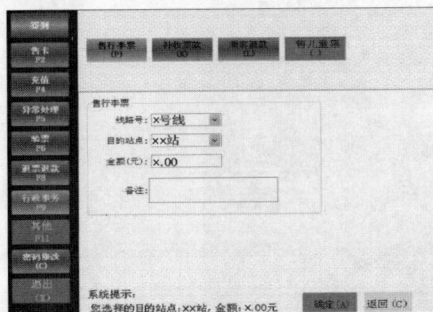
图3-3-9　发售行李票

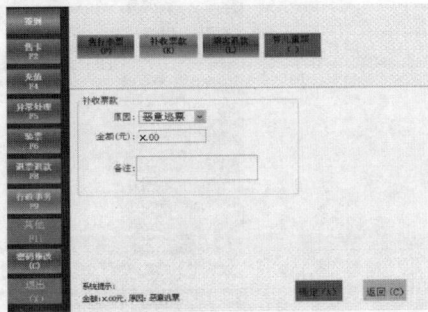
图3-3-10　补收票款

（十一）乘客事务退款（图3-3-11）

（1）进入行政事务主界面。

（2）点击"乘客退款"，进入乘客退款界面。

（3）根据乘客的说明，选择对应的原因，手动输入金额。

（4）点击"确定"按钮。

（十二）发售儿童票（图3-3-12）

（1）进入行政事务主界面。

（2）点击"售儿童票"，进入售儿童票界面。

（3）根据乘客的说明，选择线路、目的站点，系统自动计算出相应的金额。

（4）点击"确定"按钮。

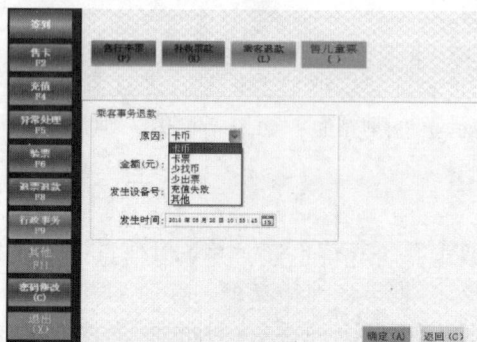

图 3-3-11　乘客事务退款

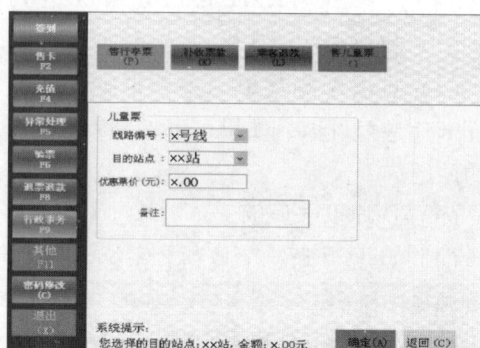

图 3-3-12　售儿童票

─◦ 拓展知识 ◦─

广州地铁云 BOM 简介

云 BOM（图3-3-13）是一种移动设备，既可以对先付后享二维码订单进行查询和更新，也可以对先享后付二维码订单进行查询、更新。区别于传统BOM，云BOM为二维码更新收取费用一般采用在线非现金支付模式。

图 3-3-13　云 BOM

一 电子单程票订单管理（先付后享二维码）

（一）查询

（1）点击订单管理模块下"电子单程票"。

（2）云BOM的订单管理可以通过输入"订单号"、扫描二维码或者在"订单所属"栏输入手机号查询相应订单信息（图3-3-14）。

图3-3-14 查询电子单程票订单信息

（3）点击账户信息列表上"详情"按钮能够看见乘客的手机号码以及账号状态。

（二）更新

查询出订单信息后，在订单信息下面选择所需要处理的订单，点击进去后（图3-3-15），可以看到乘客的购票信息。若乘客在非付费区则选择"非付费区"选项，若乘客在付费区则选择"付费区"选项。先付后享的超时与超程可直接通过扫码过闸时，后台自动判断并发起扣费请求。

图3-3-15 查看订单详情

1. 非付费区情境模拟

（1）情境模拟：乘客在非付费区。

操作步骤：选择"非付费区"选项，点击"分析"，若弹出提示"票卡正常，无须更新"。则无须处理，车票可进站。

（2）情境模拟：乘客在非付费区，已刷二维码进站，但人未进去，20min 内本站更新。

操作步骤：选择"非付费区"选项，点击"分析"后，出现订单车票状态，该订单已进站，且小于 20min，点击"更新"。

（3）情境模拟：乘客在非付费区，已刷二维码进站，但人未进去，20min 后更新。

操作步骤：选择"非付费区"选项，点击"分析"后，出现订单车票状态，该订单已进站，且大于 20min；点击"更新"后，该笔订单失效。如图 3-3-16 所示。

图 3-3-16　显示订单失效

2. 付费区情境模拟

情境模拟：乘客已进站，但由于网络问题，乘车码的状态没有改变，仍是进站码。

操作步骤：选择"付费区"选项，点击"分析"后，出现订单车票状态，该订单未进站；点击"更新"后，车票变为出站码。

二　后付费单程票（先享后付二维码，包括广州地铁官方 App 乘车码和微信乘车码）

（一）查询

（1）点击订单管理模块下"后付费单程票"，跳转到相应页面。

（2）云 BOM 可以通过以下几种方式查询乘车码：

①通过直接扫描乘车码即可查询到该乘车码信息（备注：建议使用该种查询方式，此方式不需要选择对应的发码方）。

②输入手机号到"手机号"框里面，"发码方"必须选择乘车码对应的 App，其中腾讯乘车码在"发码方"处选择"微信"，广州地铁 App 在"发码方"处选择"广州地铁"，最后选择"搜索"按钮（备注：发码方必须选择正确，否则会更新错误，默认选项是广州地铁）（图 3-3-17）。

（二）更新

先享后付不存在超程的现象，超时则是直接扫码出站时，后台发起自动扣费。

图 3-3-17　查询搜索乘车码

1. 非付费区情境模拟

（1）乘客在非付费区，乘车码状态为进站码，非付费区分析时提示"票卡状态正常，请刷码进站"（图 3-3-18）。

图 3-3-18　分析提示票卡状态正常

（2）乘客在非付费区，乘车码状态为出站码，但人未进，在20min内。

20min 内非付费区免费更新，乘车码状态变为进站码，BOM 上显示的票卡状态为 20min 内免费更新（图 3-3-19）。

（3）乘客在非付费区，乘车码状态变为出站码，但人未进，进站时间超过20min后更新。

超过 20min 后进行非付费区更新，更新后乘车码状态变为进站码，BOM 上显示的票卡状态为超过20min后付费更新，结算周期过后进行扣费，车站无须现场收现金（图 3-3-20）。

（4）乘客上次乘车刷码进站但未刷码出站，导致本次乘车码无法使用，乘客无法进站。

可由乘客自行在手机上结束订单（图 3-3-21），也可在云 BOM 上结束订单（图 3-3-22），即非付费区更新，选择上次出站站点（由乘客提供），更新后乘车码状态变为进站码，BOM 上显示的票卡状态为订单无效，结算周期过后扣乘客上次进站和出站之间的票价。

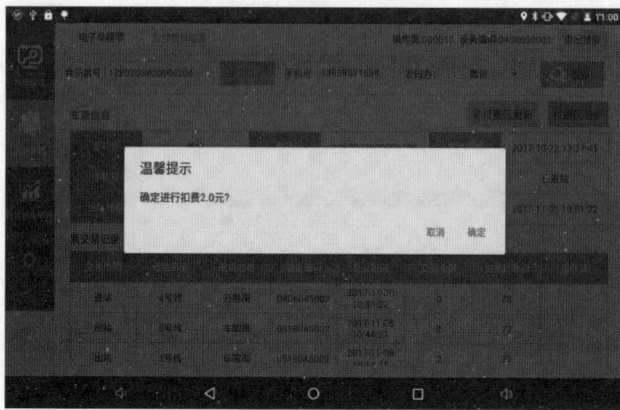

图 3-3-19　20min 内非付费区免费更新后的界面

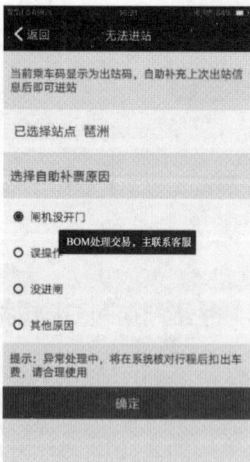

图 3-3-20　超过 20min 后非付费区付费更新界面

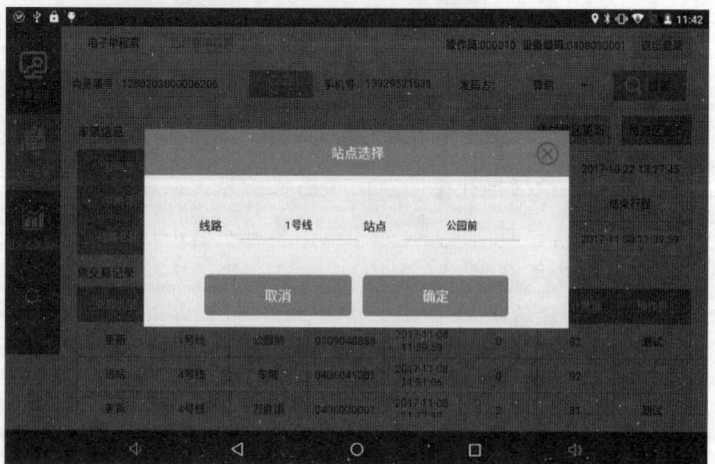

图 3-3-21　手机处理无法进站问题

图 3-3-22　云 BOM 处理无法进站问题

2. 付费区情境模拟

（1）乘客在付费区，乘车码状态为出站码，付费区分析时提示"订单正常，请刷码出站"（图3-3-23）。若仍无法通过云 BOM 刷码出站，可使乘客可在非付费区结束订单，并发售免费出站票。

图3-3-23　付费区分析显示订单正常

（2）乘客在付费区，但乘车码状态仍为进站码。

查询订单时需要先查看乘客是否已经做了自助更新，避免在已经自助更新后又进行云 BOM 更新，那样会导致乘客扣两次费用，引起不必要的乘客投诉。

若确定为乘客自助使用手机输入了当天当次车程的出站码，导致本次订单已结束，无法使用时，发售免费出站票。否则，可由乘客自行在手机上输入进站车站，也可做付费区更新，需选择本次进站站点（由乘客提供），更新后乘车码状态变为出站码，BOM 上显示的票卡状态为入站码更新（图3-3-24），乘客可刷码出站。

图3-3-24　付费区进行入站码更新后的界面

◎ 单元测试

请老师根据实际教学需要，组织学生完成"单元3.3　半自动售票机（BOM）的操作"的测试，相关试题见本书配套资源包。

职业能力训练

职业能力训练3-3：BOM基础票务处理实操

1. 训练所需基础知识

BOM的功能、BOM基础业务操作方法。

2. 训练目的

通过本实践训练，使学生在理论教学的基础上，综合运用专业理论知识，掌握BOM的应用，能熟练运用BOM处理票务事务，提高动手能力和解决实际问题的能力，以便更好地适应城市轨道交通车站售票员岗位的需要。

3. 训练要求

独立练习完成BOM基础票务处理实操。

（1）具体要求：应清晰展现抽选题目的完整流程。

（2）所需备品：单程票、储值票、BOM整套设备。

（3）考核要求：每位学生应在规定时间内完成随机抽取题目的考核。

（4）考核地点：实训室。

4. 评价方式

由教师从实操项目中抽选若干题现场限时考核，根据准确率评分。训练题如下所示。

（1）系统登录。

（2）发售一张金额为5元的单程票。

（3）发售一张到××站的单程票。

（4）发售一张押金20元、余额为50元、共收取乘客70元的储值票。

（5）给乘客的储值票充值50元，将余额告知乘客。

（6）付费区乘客持单程票不能进闸，分析单程票有什么问题。

（7）付费区乘客持储值票不能出闸，分析储值票有什么问题。

（8）非付费区乘客持单程票不能进闸，分析单程票有什么问题。

（9）非付费区乘客持储值票不能进闸，分析储值票有什么问题。

（10）帮乘客查询储值票某个时段的交易记录。

（11）补打某一次交易凭证。

（12）给乘客的单程票进行退款操作。

（13）发售一张到××站的行李票给乘客。

（14）发售一张到××站的儿童票给乘客。

（15）TVM卡币5元，BOM上操作退钱给乘客。

（16）乘客恶意逃票，BOM上操作并收取罚金。

（17）乘客违规使用学生票，BOM上操作并收取罚金。

（18）系统退出。

单元 3.4 车站其他终端设备的操作

单元3.4知识树

```
                              ┌─────────────────┐
                           ┌──│ 自动加（充/增）值机 │
                           │  └─────────────────┘
                           │  ┌─────────────────┐
                           ├──│   自动验票机     │
                           │  └─────────────────┘
                           │  ┌─────────────────┐
                           ├──│   便携式验票机    │
                           │  └─────────────────┘
                           │  ┌─────────────────┐
                           ├──│   自助售卡充值机   │
                           │  └─────────────────┘
┌─────────────────┐        │  ┌─────────────────┐
│ 车站其他终端设备的 │────────┼──│    云购票机      │
│      操作        │        │  └─────────────────┘
└─────────────────┘        │  ┌─────────────────┐
                           ├──│     云闸机       │
                           │  └─────────────────┘
                           │  ┌─────────────────┐
                           ├──│     核准机       │
                           │  └─────────────────┘
                           │  ┌─────────────────┐
                           ├──│   自助客服中心    │
                           │  └─────────────────┘
                           │  ┌─────────────────┐
                           ├──│   自助票务处理机   │
                           │  └─────────────────┘
                           │  ┌─────────────────┐
                           └──│   智慧客服平台    │
                              └─────────────────┘
```

单元导入

2020年6月29日，广电运通智慧客服解决方案在青岛地铁2号线辽阳东路站正式上线。该方案由广州广电运通金融电子股份有限公司研发，打造基于人工智能（AI）知识图谱的智慧交互系统和自助票务服务系统，提供票务服务处理、乘客信息查询、智能音频交互、琴岛通充值等服务，助力青岛地铁从以"票"为核心转向以"人"为核心的场景升级，推动传统客服服务向信息化、数字化、智能化的管理模式转变，实现客户价值挖掘与终端互联、数据互通具有重要意义。

该智慧客服解决方案搭载了智能语音识别系统、自助票务系统，可支持人脸识别、指静脉、电子发票等功能的接入。智能客服中心自助设备初期主要为乘客提供票卡信息查询、异常票卡处理、智能问询及琴岛通充值（支付宝、微信）四大功能。二期将实现单程票发售与回收、琴岛通现金充值等功能，打造一站式解决购票、取票、查询、异常处理、智能问询及充值的综合性服务平台。

随着科技的进步，地铁车站的AFC终端设备也在不断地发生变化。目前地铁车站除了TVM、AGM、BOM外，还有哪些AFC终端设备呢？它们设置在什么位置？又有什么功能呢？

理论知识

一 自动加（充/增）值机

图 3-4-1　AVM

（一）设置位置及作用

自动加（充/增）值机（Automatic Value-adding Machine，缩写为 AVM）通常安装在非付费区内，用于对"一卡通"或储值票进行充值和查验。AVM 通常支持现金、银行卡、微信、支付宝等多种支付方式。

AVM 将充值、维护等主要操作过程记录到日志中，并具备上传到 SC 后传至 LCC 的功能。

AVM 具有自检功能，若发现影响充值的部件故障时进入暂停服务状态，并在维护单元报告故障原因。

AVM 具有与 TVM 相似的乘客用户界面，如使用乘客显示屏，设有插卡口、入钞口，并有详细的用户操作指引等。如图 3-4-1 所示。

（二）充值操作

现金/银行卡充值操作流程：放入储值票卡→放入纸币或银行卡→加值→取储值卡/银行卡。

下列任一情况发生时可终止当前的交易，并返还乘客投入的钱币：

（1）在未支付足够的金额前，乘客可按"取消"按钮终止。

（2）操作超时。操作超时即乘客任何一步操作完成超过 15s（参数可设置）后，下一步操作还未开始，则自动终止当前交易。

充值时，AVM 能对储值票卡进行有效性检查，内容包括密钥合法性、票种合法性、黑名单、有效期、余额。储值票卡经过验证为有效后，乘客显示器显示车票余额。在乘客取消或完成增值交易前，所插入的储值卡不能退回或取出。

二 自动验票机

（一）自动验票机的设置位置及作用

自动验票机（Ticket Checking Machine，缩写为 TCM）安装在地铁车站非付费区，用于乘客自助查询车票。

TCM 能读出各类车票的数据内容，并显示出车票的内容，通常可以显示储值票卡最近 10 次交易记录。对无效车票，指示乘客到客服中心处理。所有显示的信息可用中英文双语显示。TCM 可独立运行。

TCM 能够对车票进行有效性分析，对有效车票按种类所规定的规则，将车票的数据显示在乘客显示器中。如图 3-4-2 所示。

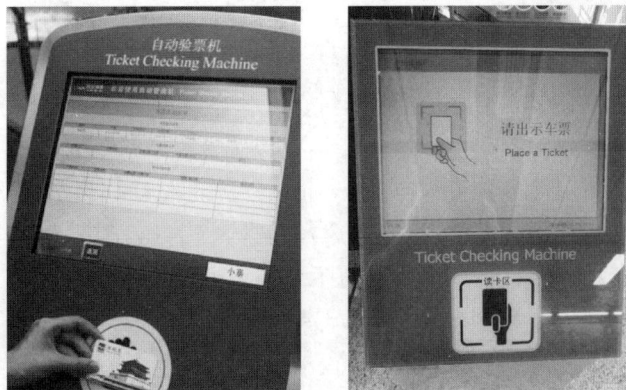

图 3-4-2　TCM

（二）TCM 的操作

乘客将车票在读写器上出示后 1s 内，读写器能显示车票保存的历史交易数据（包括车票类型、交易记录、剩余票额等信息），并保持至少 10s，并可以立即处理新的车票。相邻的验票操作界面颜色可以不同，TCM 不修改车票的任何数据。

TCM 能够区分不同票种，并根据票种自动选择与之匹配的使用范围和检查项目并显示。有效性检查中发现票卡有问题时，相应票卡将被分类为无效票卡。对无效票卡不再进行后续检查。相关资源见二维码。

TCM验票操作

三　便携式验票机

便携式验票机（Portable Card Analyzer，缩写为 PCA）是一种移动设备，如图 3-4-3 所示，主要具有进站检票、出站检票、验票、附加扣费、查看交易记录等功能。由车站工作人员随身携带，用来对乘客所持车票进行核查，方便车站工作人员对有关票卡的有效性进行检验并显示检验结果，为及时解决票务纠纷提供帮助。相关资源见二维码。

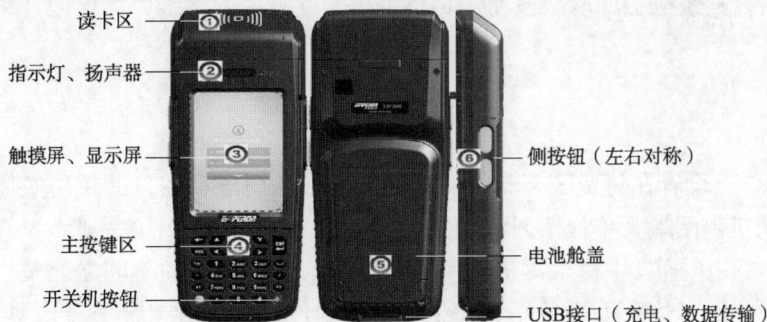

读卡区　指示灯、扬声器　触摸屏、显示屏　主按键区　开关机按钮　侧按钮（左右对称）　电池舱盖　USB接口（充电、数据传输）

PCA的操作

图 3-4-3　PCA

设备操作时能显示相关的交易信息，如票种、票值、历史数据、有效期、无效原因和应收票价等。PCA 能通过显示屏显示车票的检票和查询结果，方便乘客识别检票操作是否成功，并能显示车票上记录的所有交易信息。

四 自助售卡充值机

自助售卡充值机（图3-4-4）设置在非付费区，具有售纪念票、日票、互通卡等车票，充值储值类票卡查询车票，扫码取票，"拍卡"以及"实名制"等功能。自助售卡充值机支持现金、微信、支付宝等多种支付方式。"拍卡"指的是在相应 App 完成"一卡通"的自助充值后，可以在自助售卡充值机上进行写卡确认。"实名制"指的是乘客已在网上办理过城市卡实名的登记操作，可以在自助售卡充值机上进行实名制的读卡确认。自助售卡充值机的乘客操作显示屏（广州地铁）如图3-4-5所示。

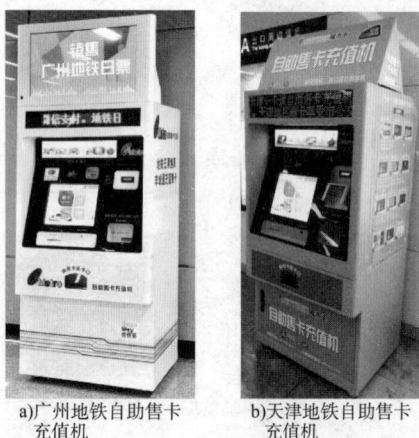

a)广州地铁自助售卡充值机   b)天津地铁自助售卡充值机

图 3-4-4 自助售卡充值机

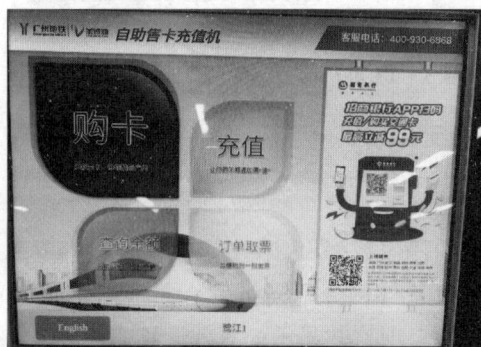

图 3-4-5 自助售卡充值机的乘客操作显示屏（广州地铁）

五 云购票机

云购票机（图3-4-6）设置在非付费区，用于乘客自助扫码购票或取票，不能使用现金支付。扫码购票的操作方法为点击云购票机上的购票按钮，选择车站、购票张数，确认后扫码支付，支付成功后取票即可。互联网订票扫码取票的操作方法为手机支付完成购票后生成二维码，点击云购票机上的取票按钮，再将手机二维码靠近二维码读票区，最后取票即可。

六 云闸机

云闸机（图3-4-7）设置在付费区与非付费区的交界处，用于乘客自助使用实体车票进出闸机（由于云闸机出闸端无单程票回收装置，所以出闸端不能使用单程票），并拓展了使用二维码车票、"一卡通"手机票等进出闸的功能。与传统闸机的不同之处是，云闸机通过内嵌二维码识读器，整合手机条码自动识别、数据传输特性对接电子售检票系统，拓展"扫码检票"增值服务，乘客进出地铁闸机完全可以省去购取票环节，手机扫码即可过闸，非常方便。云闸机区别于传统闸机，实时在线连接后台验证乘客凭证有效性，提示乘客是进站、出站还是去更新。某城市轨道交通运营企业乘客使用地铁 App 二维码扫码过云闸机时进站规则业务验证流程及出站规则业务验证流程，如图3-4-8所示。

图 3-4-6 云购票机

图 3-4-7 云闸机

a)进站

b)出站

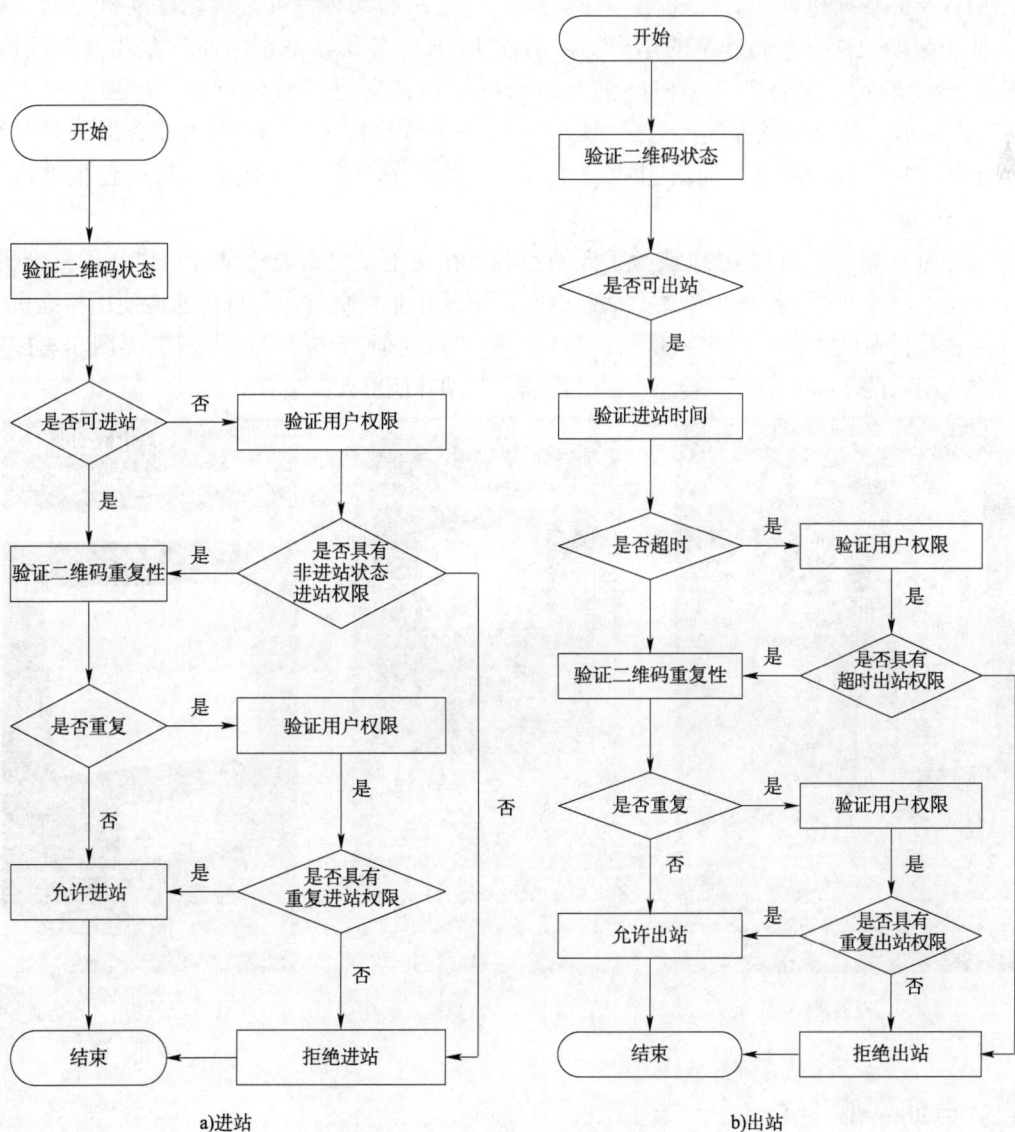

图 3-4-8 进出站规则业务验证流程

七　核准机

核准机通常设置在付费区，一般用于负责地铁车站商务车厢的车票审核（图 3-4-9），或用于有两个或以上并非完全贯通的非付费区车站，让行人可于 20min 内免费使用车站付费通道往来车站各个出入口，免除行人为了避开付费通道而需环绕车站前往另一个出口/目的地的时间（图 3-4-10）。

深圳地铁 11 号线设 18 座车站，采用 8 节编组 A 型列车，其中 6 节编组为普通车厢，2 节编组为商务车厢。11 号线商务车厢支持 3 种支付方式：商务车厢单程票、"深圳通"卡（含手机"深圳通"）、乘车码。若使用商务车厢单程票，乘客需前往 11 号线各车站站厅的商务车厢售票机购买。而使用"深圳通"卡进站的乘客，可直接在核准机处刷卡核准。使用深圳地铁乘车码进站的用户，需前往 11 号线各车站站台的商务车厢候车区域，再次打开乘车码，在商务车厢核准机上的二维码扫描区进行刷码核准。待核准机发出"嘀"声提示，显示"核准成功"后，即可直接上车乘坐商务车厢。乘客出站时，打开乘车码刷码出闸，完成扣费。地铁 11 号线各站点的商务车厢候车区域至少有两台核准机支持乘车码刷码。

2017 年 1 月 18 日，香港地铁为了方便乘客，在美孚站付费通道试行运作使用核准机。美孚站是荃湾线及西铁线的换乘站，两线的非付费区并非完全贯通。付费通道使用核准机安装于西铁线付费区大堂近 G 出入口，乘客只需用"八达通"在核准机上刷卡（图 3-4-11），便可在入闸后的 20min 内，免费经车站付费区由车站其他出入口离开。

图 3-4-9　深圳地铁核准机　　　图 3-4-10　香港地铁核准机　　　图 3-4-11　乘客使用"八达通"在核准机上刷卡

八　自助客服中心

自助客服中心（图 3-4-12）设置在车站付费区及非付费区，可处理单程票、日票、地铁储值票、纪念票、"一卡通"的票务事务，并提供单程票电子发票开票业务。

图 3-4-12　自助客服中心

自助客服中心可处理的事务主要有：

（1）可分析车票，并处理超时、超程及进出站码更新业务，乘客可根据设备的提示指引操作处理，涉及车票更新收费只能通过支付宝或微信支付。

（2）对于付费区非当天超时的车票及本站发售的单程票，自助客服中心会指引乘客到客服中心处理。

九　自助票务处理机

自助票务处理机（图 3-4-13）设置于车站付费区及非付费区，可供享受优惠乘车政策的 60 岁及以上老人进行注册，注册成功后可通过边门检票机（图 3-4-14）"刷脸"进出站。此外，自助票务处理机还可供乘客快速查询"一卡通"、单程票等票卡余额和交易记录，以及进行票卡超时、超程等异常情况处理。

图 3-4-13　自助票务处理机

图 3-4-14　边门检票机

十 智慧客服平台

不同于传统的"小房间"客服中心，智慧客服中心是一个 360°的开放柜台，在 1.3m 高的柜体内，分别在非付费区和付费区集成自助客服设备，乘客可以在设备上自助办理智能问询、车票查询、票务异常处理、电子发票开具及人脸实名注册等各项业务，具体界面如图 3-4-15 所示。

图 3-4-15 智慧客服平台

2019 年 9 月 9 日，智慧地铁示范车站在广州地铁 3 号线、APM 线广州塔站和 21 号线天河智慧城站正式上线。广州地铁在广州塔站为乘客提供了智慧安检系统、智能语音服务系统、智能售票机、人脸识别闸机、智能客服中心等。非付费区智慧客服平台包含自助更新票卡、人脸注册、优惠票发售、团体票发售、票卡查询功能；付费区智慧客服平台包含自助更新票卡，付费区车票无效、无票的办理，人脸注册，票卡查询功能。智慧客服平台检验为不符合自助办理，且指引乘客联系车站工作人员的情形，车站仍按原规定执行。

━━━━━━━ 拓展知识 ━━━━━━━

APM 线广州塔站人脸识别闸机、安检票务一体机的应用

一 人脸识别闸机（图 3-4-16）

乘客在广州地铁 App 完成"智慧安检"注册后，可在 APM 线已改造闸机通道刷脸过闸，扣费规则、乘客事务办理与乘车码一致。对扣费有异议的，车站指引乘客咨询地铁服务热线。

二 安检票务一体机（图 3-4-17）

（1）乘客在广州地铁 App 完成"智慧安检"注册后，可在 APM 线安检票务一体机刷脸过闸，扣费规则、乘客事务办理与乘车码一致。对扣费有异议的，车站指引乘客咨询地铁服务热线。

图 3-4-16 人脸识别闸机

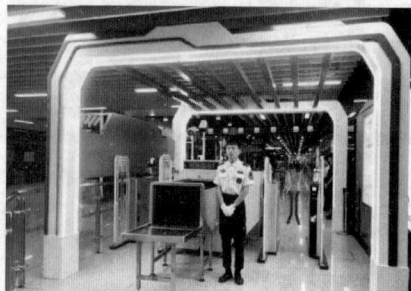

图 3-4-17 安检票务一体机

（2）乘客因安检不符合要求不能搭乘地铁时，车站为乘客办理即时退款2元，BOM小单需备注设备类型、设备号、人脸注册绑定的手机号及事件详情。

（3）安检票务一体机无法进行单程票检票（其他车票、乘车码、信用卡等均可使用），车站需引导持单程票乘客由传统闸机过闸。

单元测试

请老师根据实际教学需要，组织学生完成"单元3.4 车站其他终端设备的操作"的测试，相关试题见本书配套资源包。

职业能力训练

职业能力训练3-4：车站其他终端设备基础知识训练与问答

1. 训练所需基础知识
车站其他终端设备的设置位置、功能。

2. 训练目的
通过本次能力训练，促进学生对车站其他AFC终端设备有更清晰的认知。

3. 训练要求
分学习小组完成车站其他终端设备的设置位置及功能的复述。

4. 评价方式

（1）课堂训练时间结束后，由教师随机抽查各小组成员，按答题情况给予平时成绩加分。

（2）评价指标见表3-4-1。

评价指标 　　　　　　　　　　　　表3-4-1

序号	设备	评价内容1	评价内容2	权重（%）
1	自动加（充/增）值机	设置位置	功能	10
2	自动验票机			10
3	便携式验票机			10
4	自助售卡充值机			10
5	云购票机			10
6	云闸机			10
7	核准机			10
8	自助客服中心			10
9	自助票务处理机			10
10	智慧客服平台			10
总计				100

单元 3.5 车站计算机（SC）的操作

单元3.5知识树

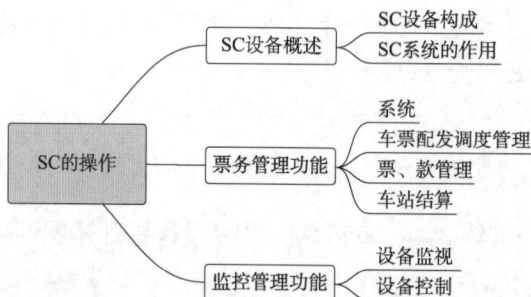

单元导入

案例1：20××年4月15日，某地铁站晚班客值给售票员进行结算时，SC显示"无此配票记录，无法进行结算"字样。经查发现是白班客值为售票员配票时，误将售票员的工号输入自己的工号，而售票员也没有认真核对，未发现该问题，以致售票员未配票。夜班客值发现错误后将白班客值错误输入的配票单作废，并重新给售票员配票，再进行结算。

案例2：20××年12月12日10：15—10：45，××站客值曹某和站务员宋某清点钱箱，当清点到V09钱箱（ID：335）时，实点数为1181元，而机器数为1180元，于是进行第二次清点，结果仍为1181元，比机器数多1元，于是两人按"读数"确认，并在钱箱差额台账上记录，客值曹某按机器数1180录入系统，站务员宋某确认系统时未发现该问题。曹某与夜班客值交接时无长短款。

案例1中白班客值与售票员配票时双人未认真核对输入数据，对配票单中存在的错误未及时发现并予以纠正。

案例2中客值曹某票务安全意识薄弱，清点钱箱时发现实点数与机器数不符，未按实点数录入报表，同时由于报表录入错误应产生长款1元，但交班时没有长短款，实际有不明短款1元，对此事件负主要责任。站务员宋某工作责任心不强，核对票务系统数据时流于形式，未做好互控，未及时发现实点数录入错误，对此事件负次要责任。

以上两个案例都是使用SC处理票务相关事务时出现的问题。SC可以处理哪些票务事务呢？应该如何操作呢？

理论知识

一 SC设备概述

（一）SC设备构成

SC通常设置在车控室及票务室。SC系统由SC服务器、SC工作站、SC激光打印机及UPS

等构成（图3-5-1），用于完成监控客流、设备管理、设备控制及车票管理、收益管理等工作。

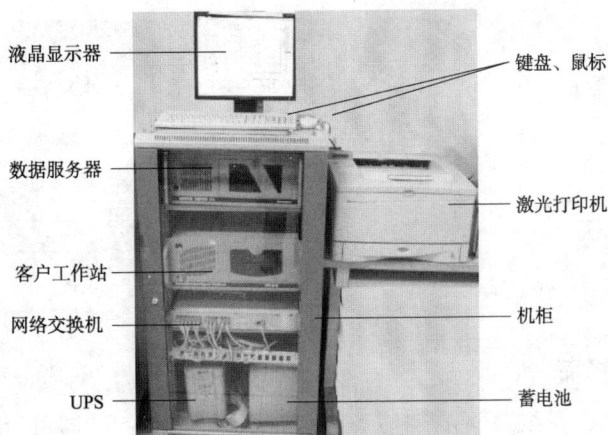

图3-5-1　SC系统

（二）SC系统的作用

SC主要负责以下工作：

（1）采集和储存SLE的车票交易数据、寄存器数据、状态数据、收益管理数据及维护管理数据等，并上传给LCC。

（2）接收和储存LCC下达的系统运行参数和控制指令，并下传至SLE。

（3）实时监控SLE和网络运行情况，具有系统自诊断、设备控制和故障告警等功能。

（4）对本车站的客流、车票和现金收益进行统一管理，具有报表统计分析、相关业务查询和报表打印等功能。

（5）负责车站级系统参数的维护和系统运作模式的控制。

（6）紧急情况下，可按下紧急按钮或通过操作SC启动紧急运行模式，控制车站所有进、出检票机的扇门打开、三杆落下、拍打门打开，便于乘客快速疏散。

二　票务管理功能

某城市轨道交通运营企业SC票务管理系统的功能主要体现在：配置票务系统的系统参数；完成车站车票、现金的管理，完成和LCC车票、现金管理的接口；完成对售票员结算、设备收益统计、车站收益统计的管理；定时生成车站收益报表，能查询车站报表。相关资源见二维码。

车站人员使用票务管理终端完成每日车站票务运作过程中票卡、现金等变化情况的记账和核算工作，包括车站票卡和现金库存管理、车站营收日报编制、售票员结算单编制、设备票款差异统计等。其具体功能如下。

SC票务管理界面及操作

（一）系统

1. 修改密码

单击"系统"下的"密码修改"［图3-5-2a)］；弹出"修改密码"对话框［图3-5-2b)］，输入旧密码、新密码并且重复确认新密码。点击"确定"，弹出"修改成功"，提示密码

修改完毕［图3-5-2c)］。当退出系统后新密码生效。

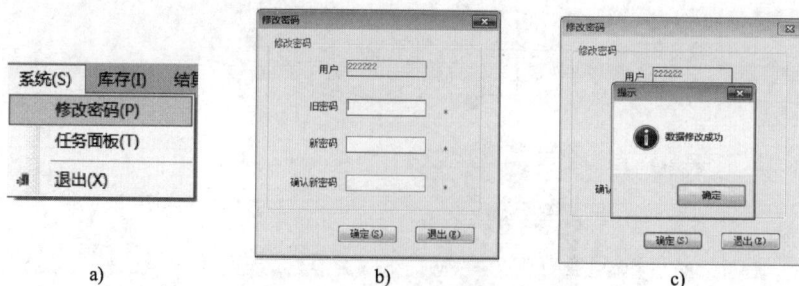

图 3-5-2　修改密码过程

2. 返回系统主界面

点击系统主菜单"系统"下的"任务面板"［图3-5-2a)］即可返回系统主界面。系统主界面如图3-5-3所示。

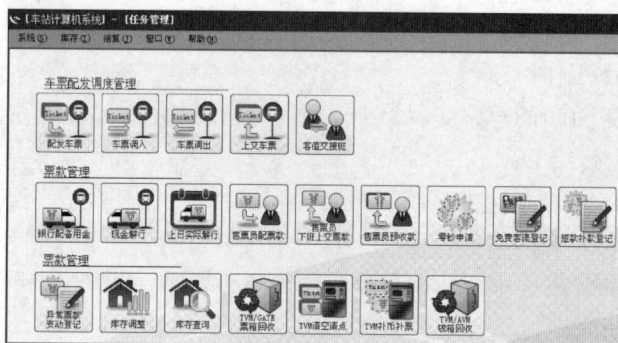

图 3-5-3　系统主界面

3. 退出系统

点击系统主菜单"系统"下的"退出"［图3-5-2a)］即可退出系统。

（二）车票配发调度管理

本模块的主要功能是对某车站车票配发、调度进行管理，包括配发车票、上交车票、车票调出、车票调入、客值交接班。

1. 配发车票

某城市轨道交通运营企业规定如下：车站接收票务中心车票配送人员配发的车票，或到指定配发车站领取的车票，双方当面交接后，客值将车票存放在票柜，在车站票务交接班记录表上登记，现场录入SC"配发车票"。

（1）功能。记录某车站接收由上级配发车票的数据，并能够对数据进行增加、修改、审核、作废等维护操作。

（2）新增数据的操作步骤。

步骤1：点击"库存"下"配发车票"菜单，或者直接点击面板上的"配发车票"图标，点击"增加"按钮，系统自动弹出配发车票编辑界面。

步骤2：在此界面，第一步，编辑窗体上方内容，选择中心配票单号，输入配票员工号，姓名自动显示。第二步，编辑窗体下方内容，选择车票类型，输入配发数量等内容，若配发车票不止一种则可选择"插行"，增加一行输入内容（插行点多了可点击"删行"进行删除）。第三步，在确认无误后，点击"保存"按钮进行保存。第四步，点击"退出"。配发车票编辑界面及操作步骤第一步～第四步，如图3-5-4中方框1～4所示。

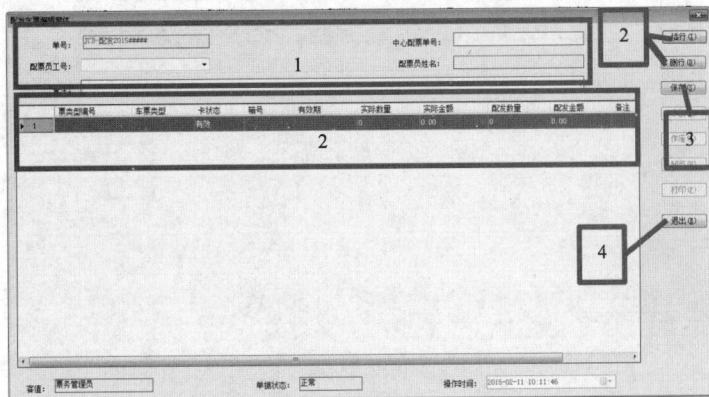

图 3-5-4　配发车票编辑界面及操作步骤

2. 上交车票

某城市轨道交通运营企业规定如下：客值对车站内的车票进行清点、分拣后，可用单程票放入循环区，不可用单程票放入上交区（如车站单程票清分机不具备分拣条件或清分机故障，单程票回收箱收回的单程票不需分拣，清点数量后全部作为失效票放入上交区，在SC上做好登记）。客值在车站票务交接班记录表上登记，录入SC"上交车票"，打印车站上交车票清单，票务中心车票配送人员签名确认。车站每月最后一天运营结束之后，及时清点及封装上月失效单程票，票务中心下月初将安排工作人员进行回收。上交车票编辑界面及操作步骤，如图3-5-5中方框1～4所示。

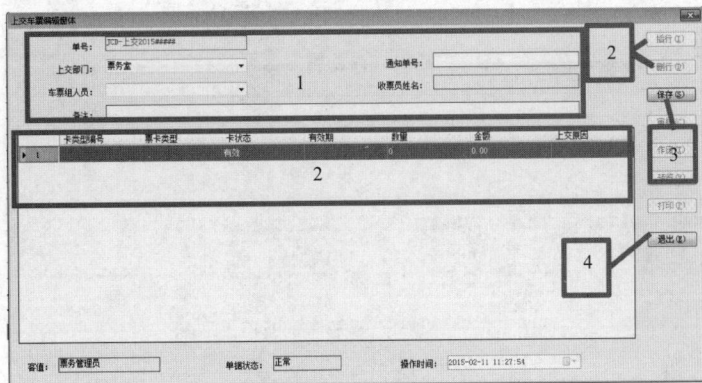

图 3-5-5　上交车票编辑界面及操作步骤

3. 车票调出

某城市轨道交通运营企业规定如下：车站站间调配车票时，调出站客值依据车票调配单据标明的调出票种、调出数量上交车票。票务中心车票配送人员到调出站，与客值在车票调配单据上签名确认，单据第二联由车票调出站留存。客值在车站票务交接班记录表上登记，现场录入 SC "车票调出"。车票调出编辑界面及操作步骤，如图 3-5-6 中方框 1~4 所示。

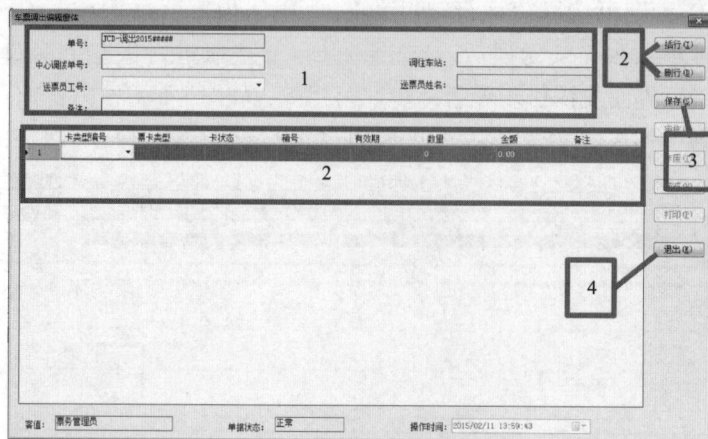

图 3-5-6　车票调出编辑界面及操作步骤

4. 车票调入

某城市轨道交通运营企业规定如下：车站站间调配车票时，票务中心车票配送人员从调出车站取得车票后，到调入站，客值依据车票调配单据当面检查单程票包装及封条是否完好，与车票调配单据核对无误后在单据上签名确认，单据第三联由车票调入站留存。客值将车票存放在票柜，在车站票务交接班记录表上登记，现场录入 SC "车票调入"。车票调入编辑界面及操作步骤，如图 3-5-7 中方框 1~4 所示。

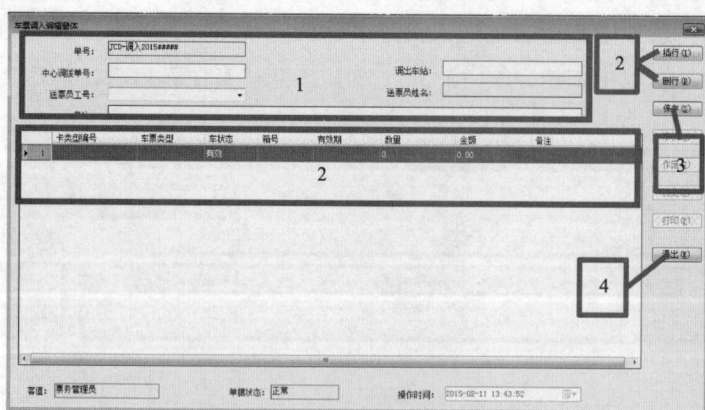

图 3-5-7　车票调入编辑界面及操作步骤

5. 客值交接班

某城市轨道交通运营企业规定如下：客值进行交接时，交接班客值根据库存实际车票数量、备用金金额、票款收入、备品及工器具、AFC 系统票务钥匙等进行交接，填写车站票务交接班记录表，库存实际车票数量、备用金金额、票款收入，在 SC "客值交接班"中确认。确认无误后在 SC "客值交接班"中完成交接。客值交接班编辑界面及操作步骤，如图 3-5-8 中方框 1~4 所示。

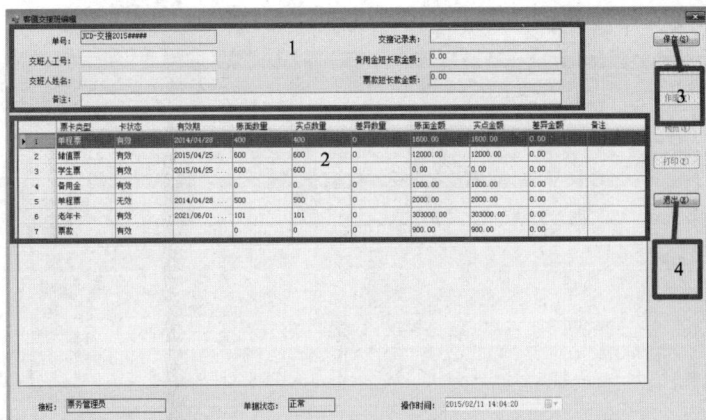

图 3-5-8 客值交接班编辑界面及操作步骤

（三）票、款管理

本模块的主要功能是对票、款进行管理，包括银行配备用金、现金解行、上日实际解行、售票员配票款、售票员预收款、售票员下班上交票款、短款补款登记、TVM 补币补票、TVM/AVM 钱箱回收、TVM 清空清点、TVM/GATE 票箱回收、库存查询、库存调整、异常票款变动登记、零钞申请、免费客流登记。

1. 银行配备用金

银行配备用金编辑窗体用于完成银行配发备用金的录入。银行配备用金编辑界面及操作步骤，如图 3-5-9 中方框 1~4 所示。

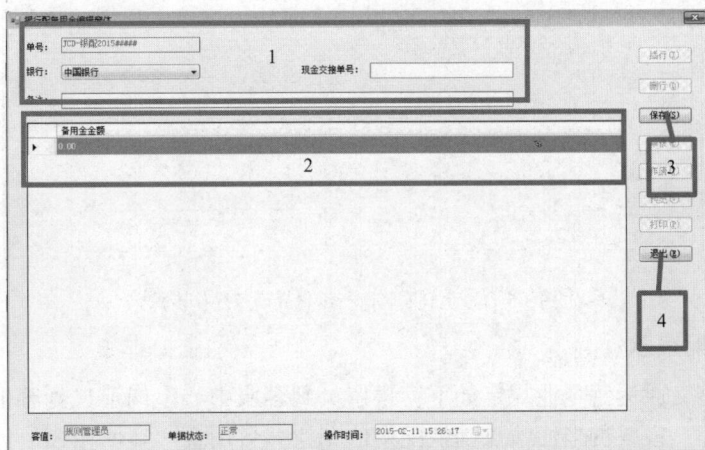

图 3-5-9 银行配备用金编辑界面及操作步骤

2. 现金解行

某城市轨道交通运营企业规定如下：客值与值班站长或厅巡双人在监控摄像有效范围内清点票款并将票款按银行要求打包。客值填写现金缴款单及现金缴款明细单，一并放入银行提供的专用现金解行箱内，加封后存放车站 AFC 系统票务室现金安全区域。客值必须在系统报表生成后凌晨 4 点前将当天解行金额录入 SC "现金解行"，双人核对确认。现金解行编辑界面及操作步骤，如图 3-5-10 中方框 1~4 所示。

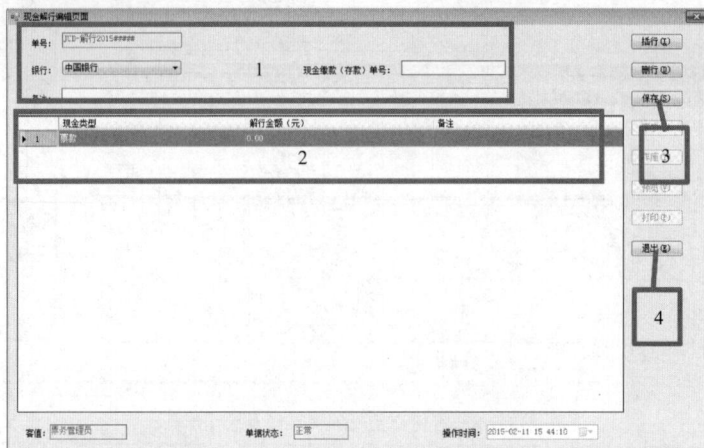

图 3-5-10　现金解行编辑界面及操作步骤

3. 上日实际解行

上日实际解行编辑窗体用于完成上日实际解行数据的录入。上日实际解行编辑界面及操作步骤，如图 3-5-11 中方框 1~4 所示。

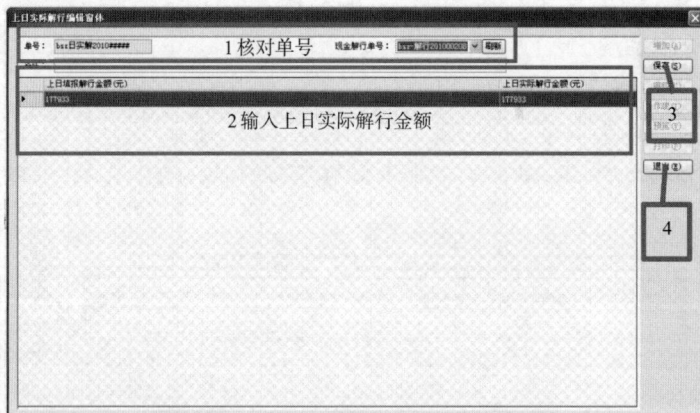

图 3-5-11　上日实际解行编辑界面及操作步骤

4. 售票员配票款

某城市轨道交通运营企业规定如下：售票员到客服中心上岗前，到客值处报到，领取备用金、车票等。售票员当面清点确认配发的车票、备用金，客值在 SC "售票员配票款"中录入配发车票及备用金数据，打印售票员配票款清单（车站留存，以备查验），售票员签名确认。

如操作过程中，需要给售票员增加车票或备用金，客值在 SC "售票员配票款"中录入增加的车票及备用金数据，打印售票员配票款清单（车站留存，以备查验），售票员签名确认。

如需配发预制单程票，客值在 SC "售票员配票款"中录入预制单程票数据，打印售票员配票款清单（车站留存，以备查验），售票员签名确认。售票员配票款编辑界面及操作步骤，如图 3-5-12 中方框 1~4 所示。

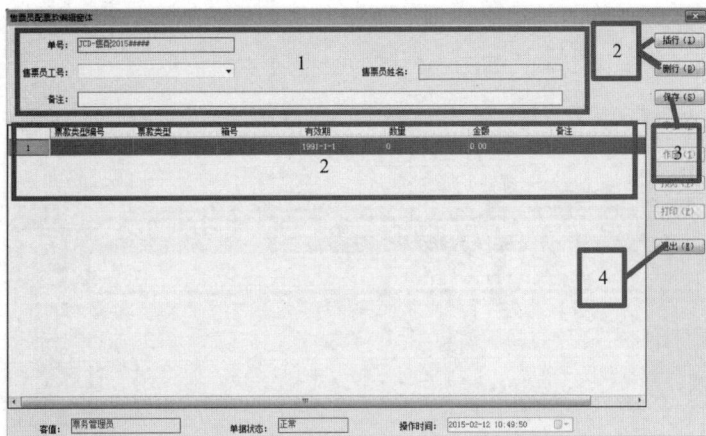

图 3-5-12　售票员配票款编辑界面及操作步骤

5. 售票员预收款

售票员预收款编辑窗体用于完成售票员预收款数据录入。如果售票员未被配票款，则不能预收票款。售票员预收款编辑界面及操作步骤，如图 3-5-13 中方框 1~4 所示。

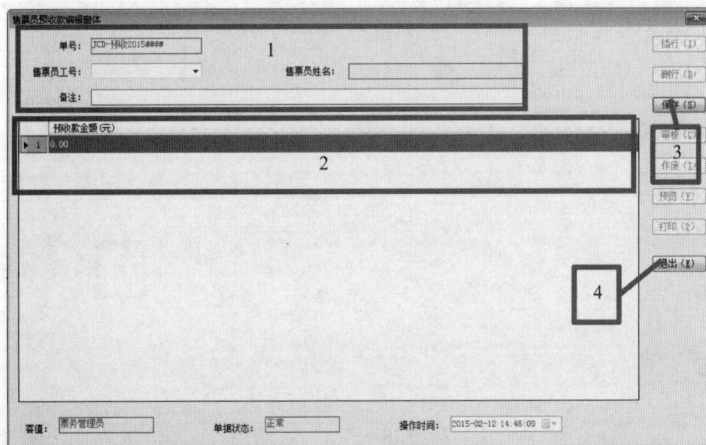

图 3-5-13　售票员预收款编辑界面及操作步骤

6. 售票员下班上交票款

某城市轨道交通运营企业规定如下：售票员下班前，在 BOM 上退出登录（临时离岗或他人顶班时也要执行该操作）。收齐自己的钱、票、物品，交接客服中心内的票务工器具，并登记车站客服中心交接班记录表。售票员到车站 AFC 系统票务室与客值结算，双人清点完车票、现金，核对报表后，客值将售票员上交备用金、票款金额及车票数量等录入 SC "售票员下班上交票款"。如果售票员未被配票款，则不能录入 "售票员下班上交票款"。售票员下班上交票款编辑界面及操作步骤，如图 3-5-14 中方框 1~4 所示。

7. 短款补款登记

某城市轨道交通运营企业规定如下：站务人员产生的票务短款，由票务中心核定，相关人员按规定的日期补款并解行。如对短款补款金额有疑义,应及时与票务中心进行复核,待票务中心复核后再予以相应处理。短款补款在 SC "短款补款登记"中录入。短款补款登记编辑界面及操作步骤,如图 3-5-15 中方框 1~4 所示。

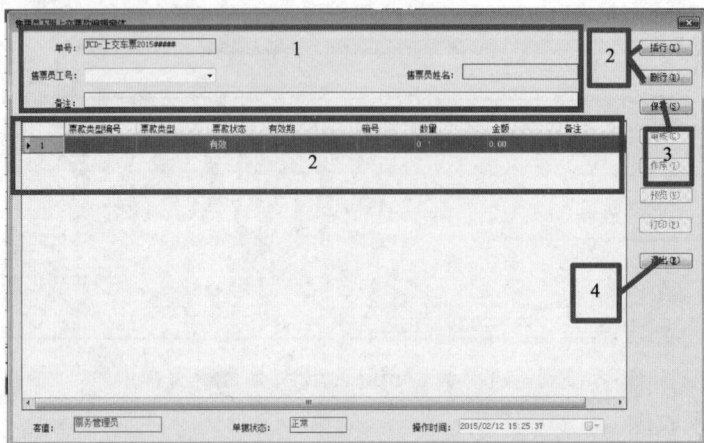

图 3-5-14　售票员下班上交票款编辑界面及操作步骤

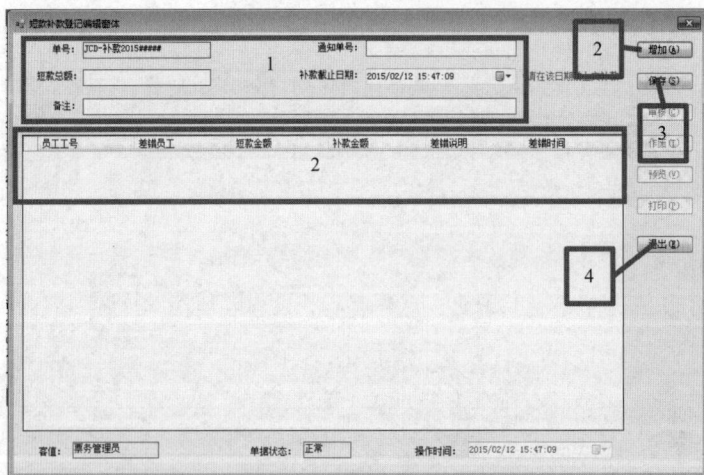

图 3-5-15　短款补款登记编辑界面及操作步骤

8. TVM 补币补票

某城市轨道交通运营企业规定如下:TVM 补币作业时,根据现场补币数据填写 TVM 补币记录表,并在 TVM 上录入补币金额,在 SC 上录入 "TVM 补币补票",严禁虚录。TVM 补票作业时,根据现场补票的数据填写车站 TVM 加票/回收记录表,并在 TVM 上录入机器读数,在 SC 上录入 "TVM 补币补票",严禁虚录。TVM 补币补票编辑界面及操作步骤,如图 3-5-16 中方框 1~4 所示。

9. TVM/AVM 钱箱回收

某城市轨道交通运营企业规定如下:每日运营结束,必须回收所有投入服务的 TVM

钱箱及补币钱箱、AVM钱箱。回收完毕后，锁闭TVM/AVM后门。在车站AFC票务室内，必须双人按每台设备清点钱箱，严禁混点。在TVM（AVM）钱箱更换/清点记录表中记录"实点数"，并填写"差异额"。回收纸币补币钱箱、纸币钱箱，客运值班员在SC上录入"TVM/AVM钱箱回收"。

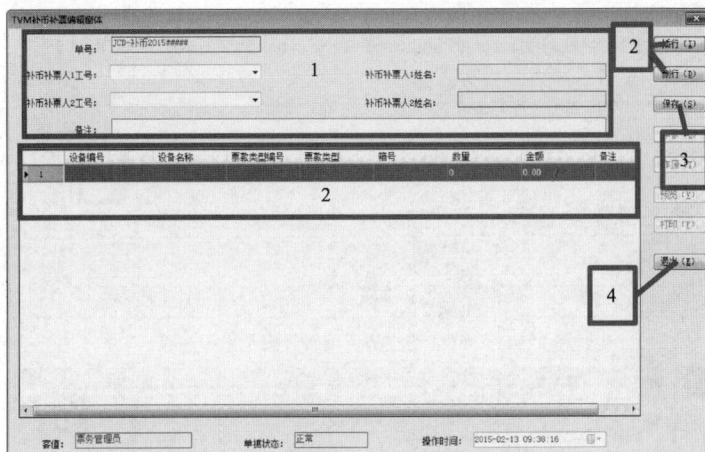

图 3-5-16　TVM补币补票编辑界面及操作步骤

　　在TVM、AVM找零出票口、纸币退币口或在TVM、AVM设备内部发现的现金均为TVM、AVM拾币。当班客值对本班次拾币必须实时填写TVM（AVM）钱箱更换/清点记录表，TVM、AVM拾币按现金类型填写TVM（AVM）钱箱更换/清点记录表，只抄"钱箱号码"栏，"机器读数"栏填写"￥0.00"。TVM、AVM拾币在SC录入"TVM/AVM钱箱回收"，其中"机器读数"栏录入"0"。TVM/AVM钱箱回收编辑界面及操作步骤，如图3-5-17中方框1~4所示。

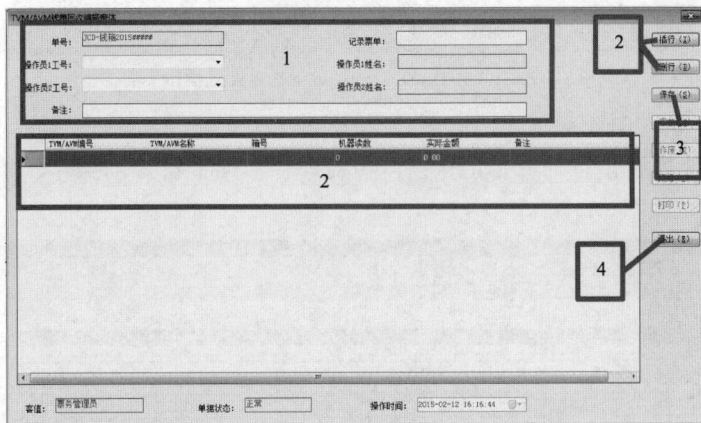

图 3-5-17　TVM/AVM钱箱回收编辑界面及操作步骤

10. TVM 清空清点

　　某城市轨道交通运营企业规定如下：回收硬币钱箱，客值在SC上录入"TVM清空清点"。TVM清空清点编辑界面及操作步骤，如图3-5-18中方框1~4所示。

11. TVM/GATE 票箱回收

　　某城市轨道交通运营企业规定如下：TVM/GATE回收车票，录入"TVM/GATE票箱回收"。从 TVM 废票箱中取出的单程票在录入系统时，将卡状态改为"无效"。TVM/GATE 票箱回收编辑界面及操作步骤，如图 3-5-19 中方框 1~4 所示。

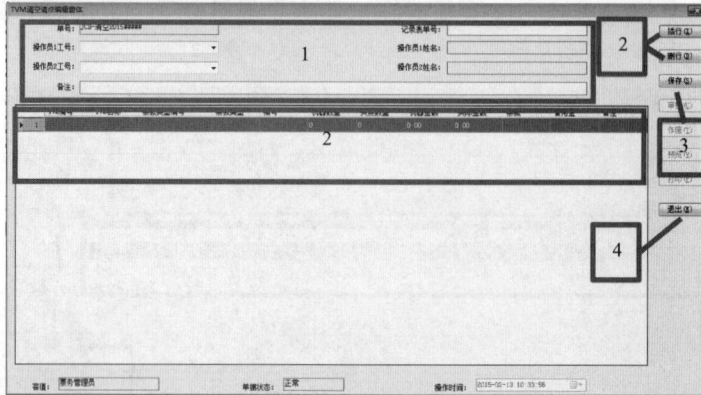

图 3-5-18　TVM 清空清点编辑界面及操作步骤

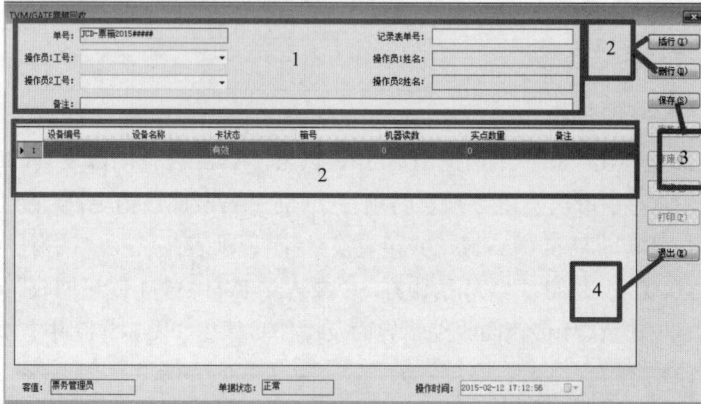

图 3-5-19　TVM/GATE 票箱回收编辑界面及操作步骤

12. 库存查询

库存查询用于库存信息的数据记录，只可对库存数据进行查询操作，不能修改。库存查询界面如图 3-5-20 所示。

图 3-5-20　库存查询界面

13. 库存调整

库存调整用于记录本车站库存调整的数据。库存调整编辑界面及操作步骤，如图 3-5-21

中方框 1～3 所示。

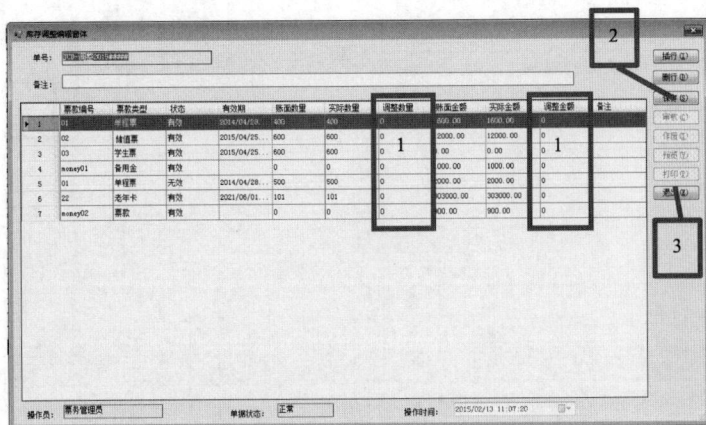

图 3-5-21　库存调整编辑界面及操作步骤

14. 异常票款变动登记

某城市轨道交通运营企业规定如下：站厅拾币、其他异常票款的情况，当班客值分别录入 SC 系统"异常票款变动登记"，并在车站营收日报备注栏备注站厅拾币总金额、其他异常票款总金额。异常票款变动登记编辑界面及操作步骤，如图 3-5-22 中方框 1～4 所示。

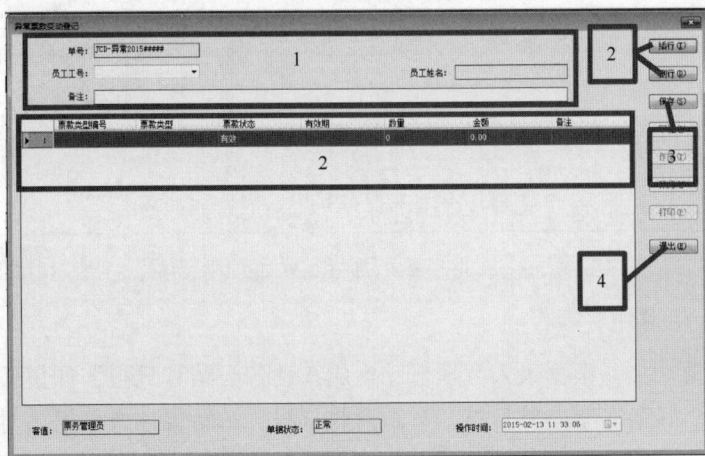

图 3-5-22　异常票款变动登记界面及操作步骤

15. 零钞申请

零钞申请用于完成零钞申请记录的录入。零钞申请编辑界面及操作步骤，如图 3-5-23 所示。

16. 免费客流登记

免费客流登记用于完成免费客流数据登记。免费客流登记编辑界面及操作步骤，如图 3-5-24 所示。

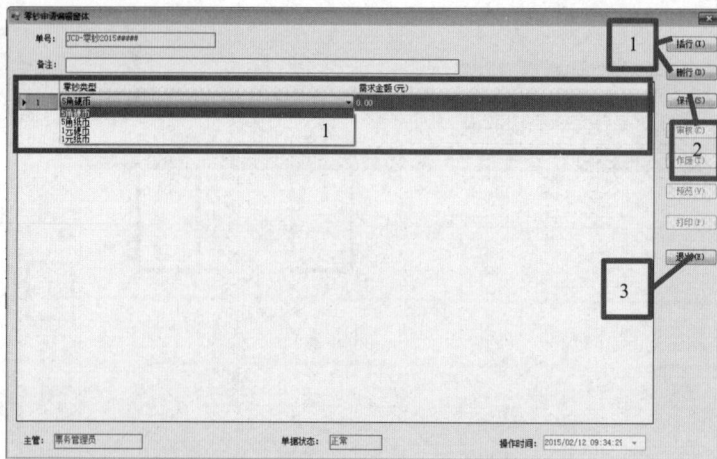

图 3-5-23　零钞申请编辑界面及操作步骤

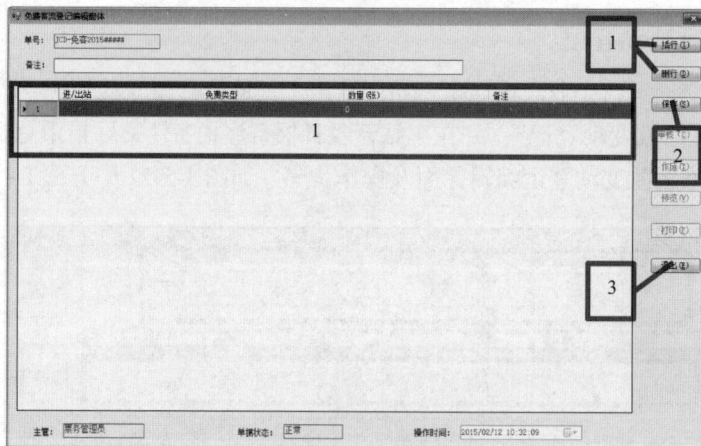

图 3-5-24　免费客流登记编辑界面及操作步骤

（四）车站结算

本模块的主要功能是根据录入数据自动生成车站各类结算日报，如售票员结算单、设备票款差异日报、设备车票差异日报、车站营收日报、车站售存票日报，对相关报表数据只能查询，不能直接修改。

1. 售票员结算单

售票员结算单用于系统记录车站售票人员结算单的相关数据，供车站工作人员查询报表信息。售票员结算单界面如图 3-5-25 所示。单击"打印"按钮，即打印该售票员结算单。

2. 设备票款差异日报

设备票款差异日报用于系统记录车站设备票款的差异，供车站工作人员查询报表信息。设备票款差异日报界面如图 3-5-26 所示。

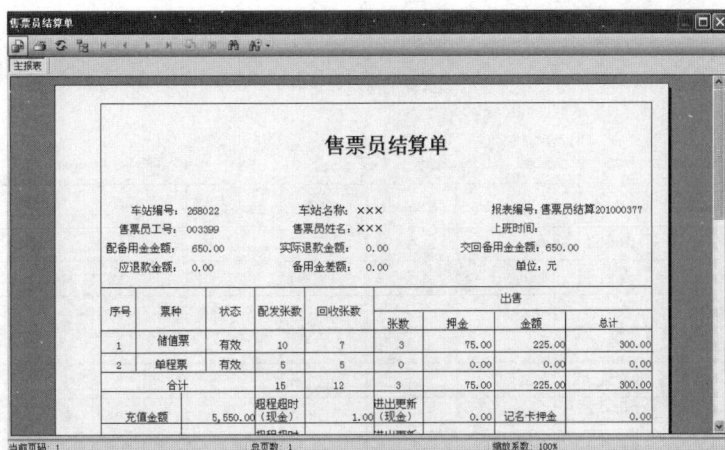

图 3-5-25　售票员结算单界面

图 3-5-26　设备票款差异日报界面

3. 设备车票差异日报

设备车票差异日报用于系统记录车站设备车票的差异，供车站工作人员查询报表信息。设备车票差异日报界面如图 3-5-27 所示。

4. 车站营收日报

车站营收日报用于系统记录车站营收日报的相关数据，供车站工作人员查询报表信息。车站营收日报界面如图 3-5-28 所示。

5. 车站售存票日报

车站售存票日报用于系统记录车站售存票的相关数据，供车站工作人员查询报表信息。车站售存票日报界面如图 3-5-29 所示。

1 / 1+ Main Report

设备车票差异报表

车站 ××站　　报表日期 2010-02-22　　编号 票/款差异201000152

设备种类	设备编号	设备名称	配发车票	出售数量	应回收数量	回收数量	差额
出站闸机	268022101	AGM-101	0	0	396	396	0
出站闸机	268022102	AGM-102	0	0	531	531	0
出站闸机	268022103	AGM-103	0	0	518	518	0
出站闸机	268022104	AGM-104	0	0	366	366	0
出站闸机	268022105	AGM-105	0	0	247	247	0
出站闸机	268022106	AGM-106	0	0	98	98	0
出站闸机	268022107	AGM-107	0	0	31	31	0
出站闸机	268022108	AGM-108	0	0	69	69	0
出站闸机	268022109	AGM-109	0	0	126	126	0
出站闸机	268022110	AGM-110	0	0	209	210	1
出站闸机	268022111	AGM-111	0	0	147	147	0
出站闸机	268022112	AGM-112	0	0	74	74	0
双向闸机	268022116	AGM-116	0	0	17	17	0
双向闸机	268022117	AGM-117	0	0	376	376	0
双向闸机	268022118	AGM-118	0	0	153	153	0
双向闸机	268022119	AGM-119	0	0	0	0	0

图 3-5-27　设备车票差异日报界面

1 / 1 Main Report

车站营收日报

日报编号　营收日报201000151

车站 ××站　　单位：元　　统计日期　2/22/2010　12:00:00AM

<table>
<tr><td>票款结存</td><td colspan="2">隔夜票款</td><td colspan="2">已送行金额</td><td>合计</td></tr>
<tr><td>上日</td><td colspan="2">0.00</td><td colspan="2">209,680.50</td><td>209,680.50</td></tr>
<tr><td>本日</td><td colspan="2">158,515.50</td><td colspan="2">0.00</td><td>158,515.50</td></tr>
<tr><td colspan="3">票款收入</td><td colspan="3">其他</td></tr>
<tr><td>TVM收入</td><td>AVM收入</td><td>BOM收入</td><td>短款补款</td><td>异常票款</td><td></td></tr>
<tr><td>13,569.00</td><td>8,000.00</td><td>120,447.00</td><td>0.00</td><td>5.00</td><td></td></tr>
<tr><td>应收总金额</td><td>142,021.00</td><td>实收总金额</td><td>158,515.50</td><td>差额</td><td>16,494.50</td></tr>
<tr><td>差异原因</td><td colspan="5"></td></tr>
<tr><td>本日解行金额</td><td colspan="2">0.00</td><td>上日实际解行金额</td><td colspan="2">0.00</td></tr>
<tr><td>客值签名</td><td>管理员</td><td>客值工号</td><td>000000</td><td colspan="2"></td></tr>
<tr><td>复核人签名</td><td></td><td>复核人员工号</td><td></td><td colspan="2"></td></tr>
</table>

统计时段　2/21/2010　4:00:00AM 至　2/22/2010　4:00:00AM

图 3-5-28　车站营收日报界面

图 3-5-29 车站售存票日报界面

三 监控管理功能

某城市轨道交通运营企业 SC 监控管理主界面如图 3-5-30 所示。SC 监控界面程序监视 SLE 的状态、交易数据、审计数据、LCC 参数。注意该企业闸机缩略语使用了 GATE（具体说明可见 20 页"其他常见名词解释"）。

某城市轨道交通运营企业 SC 监控管理主界面如图 3-5-30 所示。SC 监控界面程序监视 SLE 的状态、交易数据、审计数据、LCC 参数。

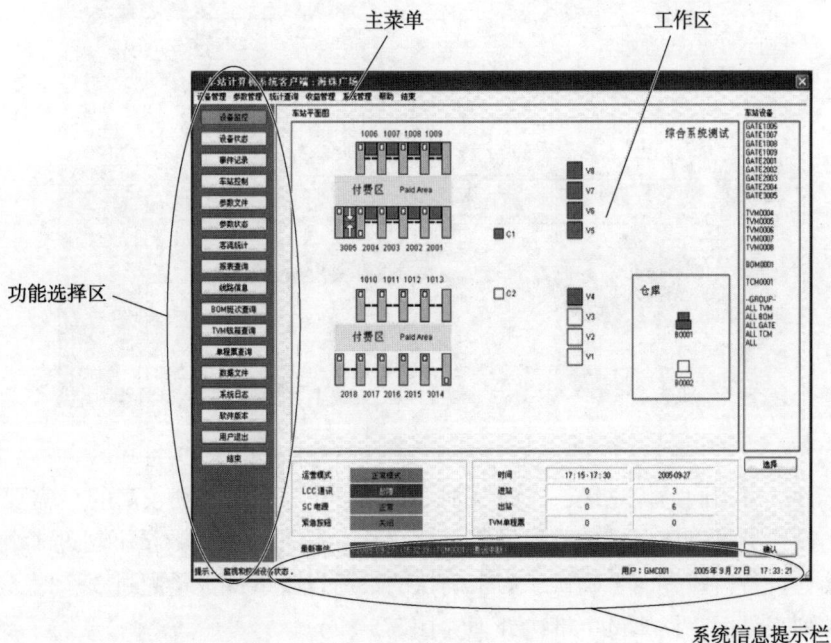

图 3-5-30 SC 监控管理主界面

SC 监控管理主界面的组成部分及功能见表 3-5-1。

SC 监控管理主界面组成部分及功能 表 3-5-1

序　号	组成部分	功　能
1	工作窗口	包含了整个 SC 客户端软件界面，窗口标题显示本站的中文名称
2	主菜单	提供分类的系统功能选项，包括设备管理、参数管理、统计查询、收益管理、系统管理、结束（退出）等
3	功能选择区	位于工作窗口的左侧，提供系统各项功能的快捷键
4	工作区	工作区为工作窗口的主要部分，显示本站各类 AFC 设备的布局和列表
5	系统信息提示栏	位于工作窗口的底部，实时显示系统的工作状态和事件

（一）设备监视

SC 具有监视及查询 SLE 状态、事件记录、交易数据、审计资料、LCC 参数、车站客流情况等功能。

1. 主界面监视车站设备、SC 服务器状态、车站客流和设备最新事件（图 3-5-31）

主界面监视车站设备、模式、车站客流和设备最新事件（图 3-5-31）。

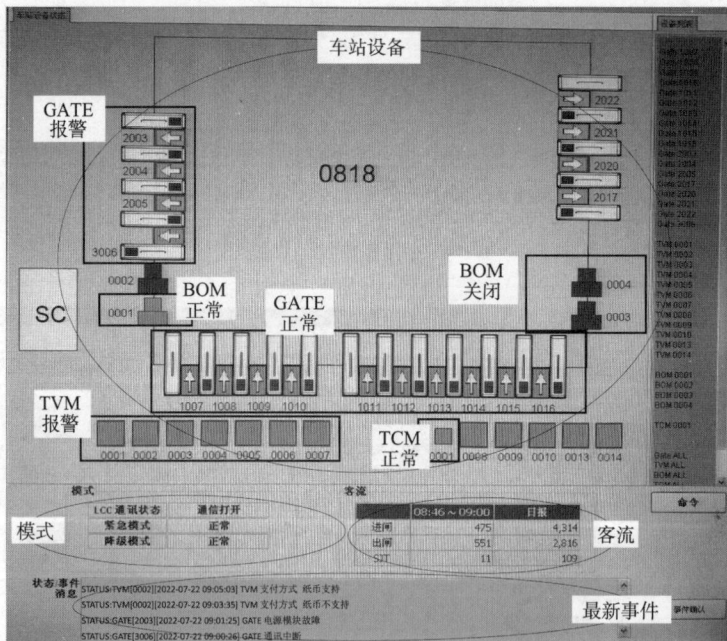

图 3-5-31　主界面车站设备监视示意图

最新事件具有不同的优先级，有些级别（如 A、B 等优先级别较高的）需要操作员确认，这时，操作员可以选择设备监控界面里"确认"按钮，事件数量不超过 3 个时，操作员可以直接在设备监控界面上确认，当未确认的最新设备事件数量超过 3 个时，则弹出设备最新事件列表界面，操作员可批次处理（图 3-5-32）。

为了明确区分设备种类和设备状态，SC 客户端软件定义了设备图标和设备状态的颜色标志，各类设备图标和状态颜色标志的组合反映了当前设备的状态（表 3-5-2、

表 3-5-3）。

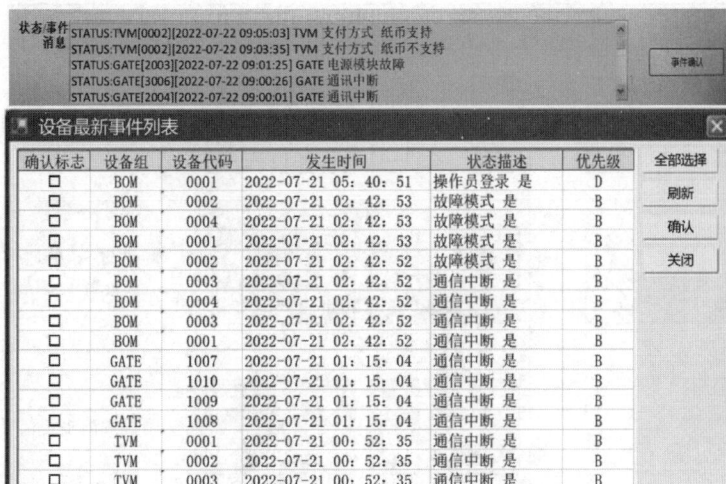

图 3-5-32 最新事件及设备最新事件列表

（1）AGM。

AGM 图标和状态的颜色标志 表 3-5-2

状态	单向闸机	双向闸机	说 明
正常			闸机正常运行
关闭			停止服务（通常表示当日运营结束后的状态）
维护			闸机处于维护状态，停止服务
故障			闸机出现故障，停止服务
紧急			车站发生紧急事件，闸机开放，乘客可以自由通行

续上表

状态	单向闸机	双向闸机	说　明
降级模式			本站处于降级运营模式
通信中断			闸机与 SC 的通信中断，SC 无法获取闸机的状态
报警			闸机发出报警信号
非法操作			停止服务，发生在维修人员没有合法登录闸机时
无票通行			在服务模式中，如果乘客无票或持非法票卡进站，闸机报告该状态

（2）TVM、BOM 和 TCM。

TVM、BOM 和 TCM 图标及状态的颜色标志　　　　表 3-5-3

状态	TVM	TCM	BOM	说　明
正常				设备正常运行。对于 BOM 来说，只有当票务员登录成功后，才出现该状态
关闭				停止服务（通常表示当日运营结束后的状态）。对于 BOM 来说，当票务员退出后，即出现该状态
维护				设备处于维护状态，停止服务
故障				设备出现故障，停止服务
紧急				车站发生紧急事件，设备关闭，停止服务

续上表

状态	TVM	TCM	BOM	说　明
降级模式			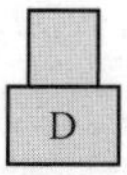 D	本站处于降级运营模式时，TVM和TCM关闭，只有BOM处于降级工作模式
通信中断				设备与SC的通信中断，SC无法获取设备的状态
报警			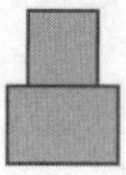	设备发出报警信号
非法操作			不适用	停止服务，发生在维修人员没有合法登录设备时
无票通行	 BL	不适用	不适用	只有TVM在检测到黑名单卡时，才会通知SC

2. 设备交易

交易窗口记录了最近的 N 条记录（N 由服务器配置文件定义），操作员可以选择设备组、设备代码或者交易类型，以浏览各类设备的各种类型的交易，同时，这些交易也可以打印输出，以便存档，如图3-5-33所示。

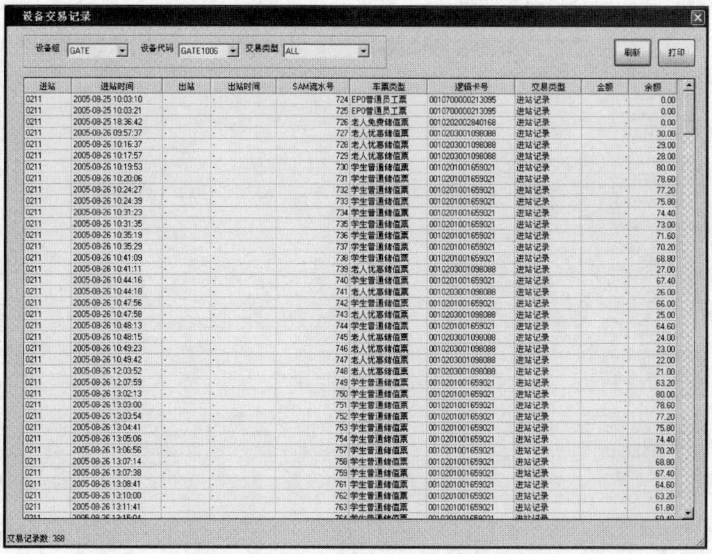

图3-5-33　设备交易记录窗口

在浏览交易时，操作员可以点击列表表头，表中的数据将按照该列重新排序。

3. 设备状态

设备状态对设备当前服务模式、运营模式及主要模块状态提供列表显示，按设备类型及设备代码更新设备状态信息，如图 3-5-34 所示。

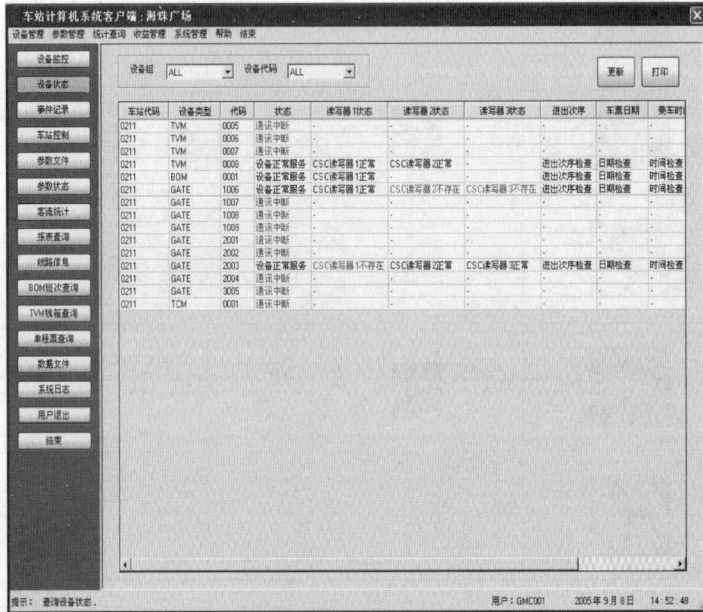

图 3-5-34　设备状态界面

4. 事件记录

事件记录用于查阅设备状态/事件，设备模块状态/事件历史记录，可按日期、设备类型及设备代码查询，如图 3-5-35 所示。

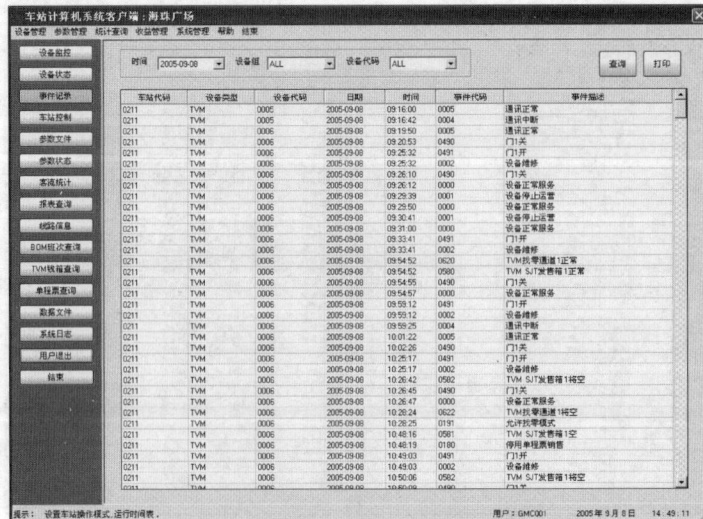

图 3-5-35　事件记录界面

在浏览交易时，操作员可以点击列表表头，表中的数据将按照该列重新排序。

5. 统计查询

（1）客流统计。客流统计中可以查看每15min闸机进站、出站及TVM单程票发售统计数据及每小时客流图示，便于车站人员分析不同时段客流量，如图3-5-36所示。

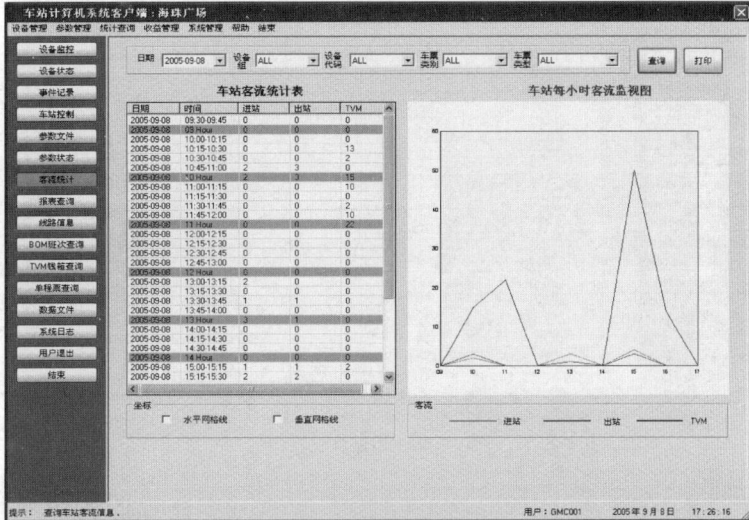

图3-5-36　客流统计界面

（2）报表查询。报表查询用于查询每日统计报表，日报表在每运营日（如2:30a.m.）结束后自动生成。当天报表只能在下一运营日查看。报表查询软件独立运行，如图3-5-37所示。

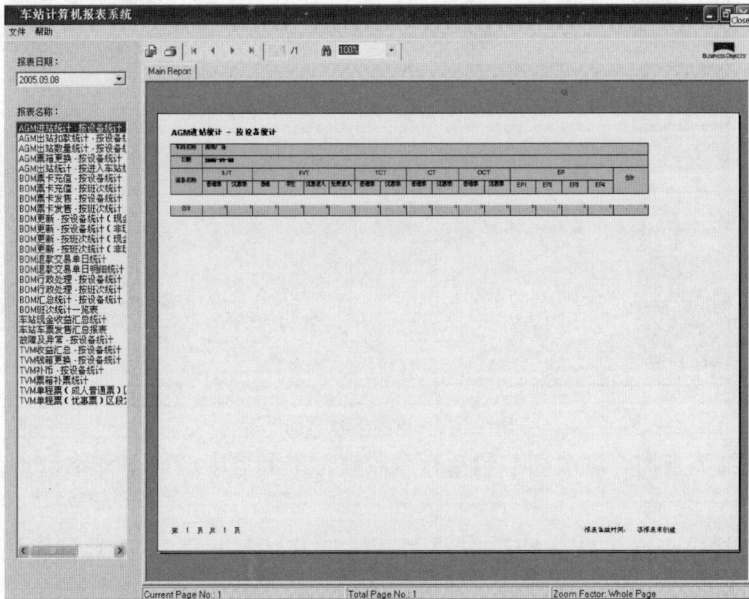

图3-5-37　车站计算机报表系统

（3）打印报表。每日生成报表后，打开所需打印的报表，按右上角的打印按钮。

（4）线路信息。通过线路信息可查看本线路及其他线路车站的运营模式，如图3-5-38所示。

图 3-5-38　线路信息界面

6. 收益查询

（1）BOM 班次查询。操作员在结束本次班次时，班次数据生成并上传到 SC，班次报告记录了本班次所有类型交易数量及金额统计数据，如图3-5-39所示。

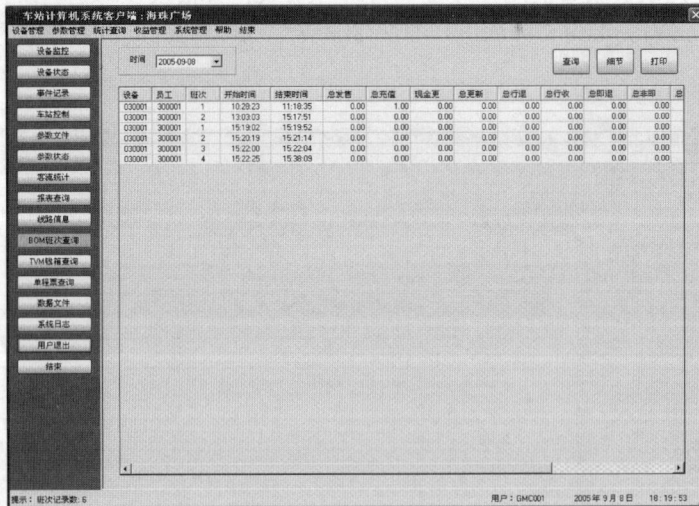

图 3-5-39　BOM 班次查询界面

（2）班次细节查询。班次细节包括行政收费标准和票卡金额等详细信息，如图 3-5-40 所示。

（3）TVM 钱箱查询。TVM 钱箱查询主要有 TVM 钱箱数据和 TVM 钱箱快照。

①TVM 钱箱数据：纸币箱取出，硬币箱取出，找零箱存入，找零箱清空。

②TVM 钱箱快照：显示某一时刻钱箱现金存量信息，TVM 每小时上传该数据，操作员可随时请求快照数据。TVM 钱箱查询界面如图 3-5-41 所示。

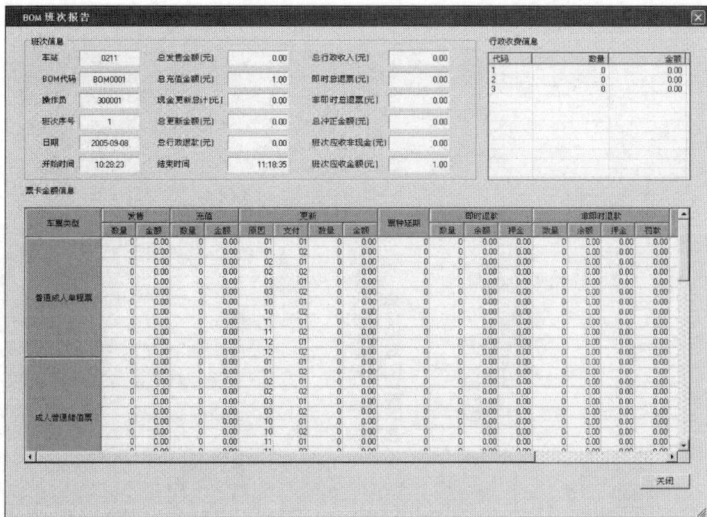

图 3-5-40 班次细节查询界面

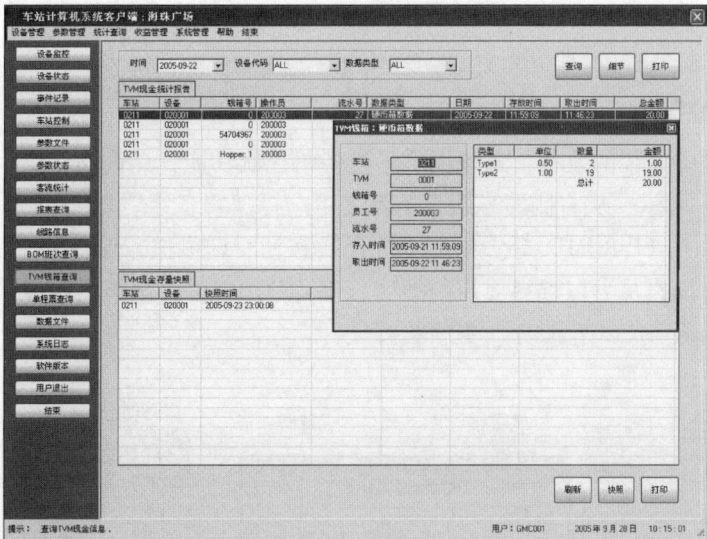

图 3-5-41 TVM 钱箱查询界面

（二）设备控制

1. 监控某一车站设备（图 3-5-42）

（1）AGM 监控（细节）。AGM 监控功能主要有浏览 AGM 的详细信息、查看交易、启动 AGM 服务、停止 AGM 服务、设置 AGM 通道方向、更新状态等。

（2）TVM 监控（细节）。TVM 的监控功能主要有浏览 TVM 的详细信息、查看交易、启动 TVM 服务、停止 TVM 服务、设置 TVM 模块功能、更新状态等。

（3）BOM 监控（细节）。BOM 监控功能主要有浏览 BOM 的详细信息、查看交易、启动 BOM 服务、停止 BOM 服务、更新状态等。

（4）TCM 监控（细节）。TCM 监控功能主要有浏览 TCM 的详细信息、启动 TCM 服务、停止 TCM 服务、更新状态等。

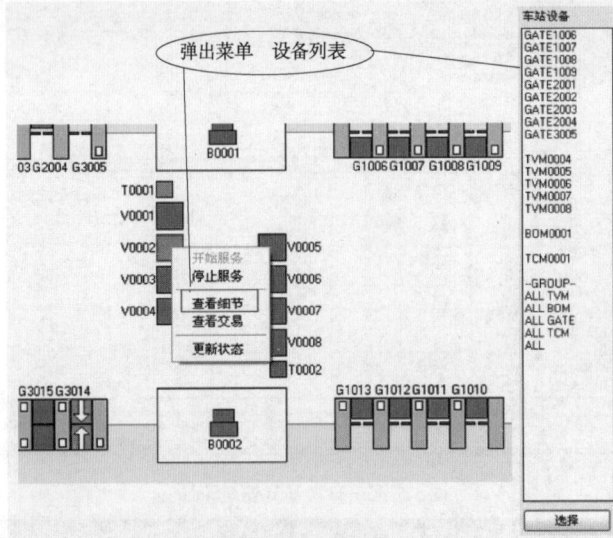

图 3-5-42　某一车站设备监控示意图

2. 设备组控制

为了提高设备监控的效率，系统提供了设备组控制功能，允许操作员控制整组设备。

如图 3-5-43 所示，从右侧的车站设备列表中选择"设备组"（－－Group－－）选项，如"ALL TVM""ALL BOM"等。单击"选择"按钮，即可进入设备组控制界面。在设备组控制界面中，操作员可以选择要控制的"设备组"，然后向该类设备发送控制命令。控制命令包括开始服务、终止服务、更新状态。

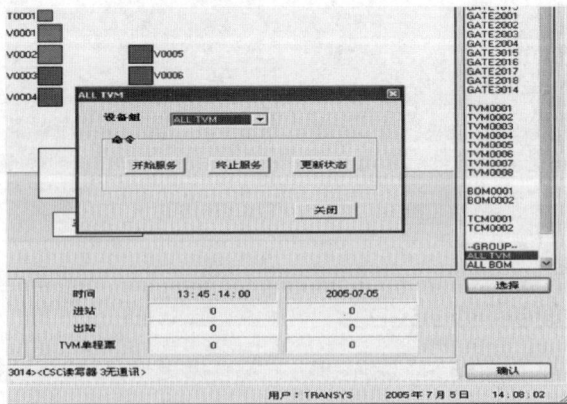

图 3-5-43　设备组控制界面

3. 车站控制

"车站控制"用于对站内所有终端设备进行控制，可设置多套设备控制时间表，实现设备自动开始服务、停止服务、闸机通道方向转换。"车站控制"中还可设置运营模式。如图 3-5-44 所示。

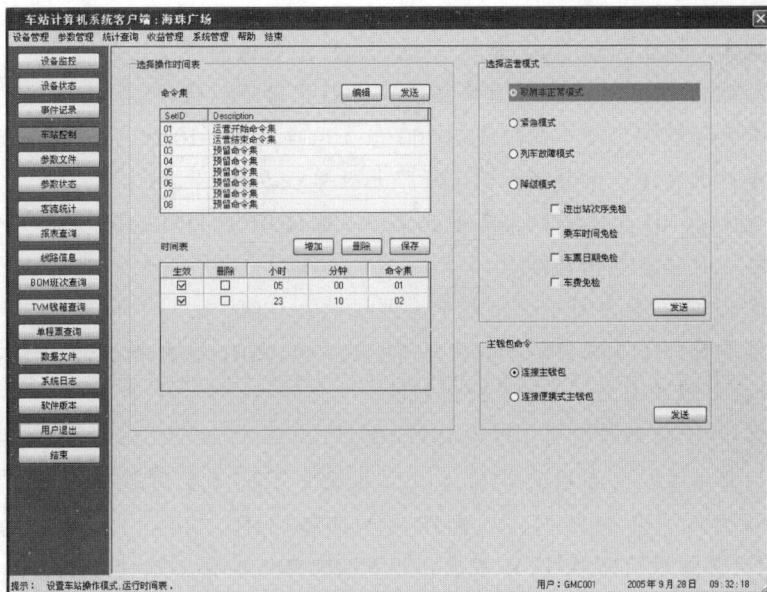

图 3-5-44　车站控制界面

单元测试

请老师根据实际教学需要，组织学生完成"单元3.5　SC的操作"的测试，相关试题见本书配套资源包。

职业能力训练

职业能力训练3-5：SC票务管理软件实操

1. 训练所需基础知识
SC票务管理软件的操作方法。

2. 训练目的
通过本实践训练，使学生在理论教学的基础上，综合运用专业理论知识，掌握SC的应用，提高动手能力和解决实际问题的能力，以便更好地适应城市轨道交通车站客值岗位的需要。

3. 训练要求
独立练习完成SC票务管理软件实操。

（1）具体要求：应清晰展现抽选题目的完整流程。

（2）所需备品：SC票务管理系统。

（3）考核要求：每位学生应在规定时间内完成随机抽取题目的考核。

（4）考核地点：实训室。

4. 评价方式
由教师从实操项目中抽选若干题，现场限时考核，根据准确率评分。训练题如下。

（1）从本站调出 5000 张普通单程票、2000 张普通储值票给邻站。

（2）从邻站调入 4000 张普通单程票、3000 张普通储值票。

（3）车票管理部门给车站配发 20000 张普通单程票、10000 张普通储值票。

（4）车站上交给车票管理部门 120 张无效单程票。

（5）售票员 101 上票前到票务室配票，从客值 01 处领取 2100 元备用金，20 张普通单程票，30 张普通储值票。

（6）客值 01 在售票员 101 上票中途预收票款 10000 元。

（7）售票员 101 下班前到票务室结算，交给客值 01 备用金 2095 元，票款 8145 元 5 角，3 张普通单程票，2 张普通储值票。

（8）客值 01 收取售票员 102 补短款 102 元。

（9）运营结束后，专用通道（边门）处保安汇报从专用通道处进站乘车的人数：残疾人 15 人、老人 22 人、儿童 18 人、其他 13 人。

（10）运营结束后回收 TVM 票箱：TVM020 回收单程票机读数 102 张，实点数 102 张，废票机读数 2 张，实点数 2 张；TVM021 回收单程票机读数 33 张，实点数 32 张，废票机读数 0 张，实点数 0 张。

（11）运营结束后回收 AGM 票箱：AGM050 回收单程票机读数 1583 张，实点数 1582 张；AGM051 回收单程票机读数 1201 张，实点数 1201 张。

（12）运营结束后回收 TVM 纸币钱箱：TVM020 回收纸币机读数 405 元，实点数 405 元；TVM021 回收纸币机读数 310 元，实点数 310 元。

（13）运营结束后回收 TVM 硬币钱箱：TVM020 回收硬币机读数 32 元，实点数 31 元；TVM021 回收硬币机读数 26 元，实点数 26 元。

（14）运营开始前补币补票：TVM020 补币 300 元，单程票 500 张；TVM021 补币 500 元，单程票 800 张。

（15）客值 01 在站厅拾币 10 元。

模块工作任务

TVM 后台维护实操

1. 所需基础知识

TVM 补充硬币操作方法，TVM 更换纸币钱箱操作方法，TVM 更换硬币钱箱操作方法，TVM 更换单程票箱操作方法，TVM 相关报表的填写方法。

2. 实操目的

重点培养学生的设备实操能力。通过分组分角色实操，帮助学生进一步掌握 TVM 补币作业及更换钱、票箱作业的基本技术要求，学生通过专、兼职教师点评和观察其他组的操作得到提高，熟练掌握 TVM 的日常运营后台维护操作方法。

3. 任务要求

双人分组，配合完成车站 TVM 补币及更换钱、票箱作业实操训练及考核。

（1）具体要求：应清晰展现 TVM 补币作业及 TVM 更换钱、票箱作业的完整流程。

（2）参与岗位：包括客值一名、站务员一名。

（3）所需备品：各岗位工种胸牌、场景（票务室、TVM 设备等）标志牌。

（4）考核要求：每组应在规定时间内完成随机抽取场景的考核，具体场景包括：TVM 补充硬币作业、TVM 更换纸币钱箱作业、TVM 更换硬币钱箱作业、TVM 更换票箱作业。

（5）训练及考核地点：实训室。

4. 评价方式

（1）以学习小组为单位，由专、兼职教师和学生代表共同完成评价，教师评价占 70%，学生评价占 30%。

（2）教师、学生评价用模块工作任务单，见"附录 3-2　TVM 补充硬币作业评价表""附录 3-3　TVM 更换纸币钱箱作业评价表""附录 3-4　TVM 更换硬币钱箱作业评价表""附录 3-5　TVM 更换票箱作业评价表"。

思考题

1. 不同城市轨道交通运营企业 AGM 的外部结构是否相同？其共通之处在哪？

2. TVM 有哪几种购票方式？

3. TVM 补币、补票、更换纸币钱箱、更换硬币钱箱、回收车票的作业时机是什么？

4. AGM 如何分类？

5. AGM 的工作方式有哪几种？

6. 车站 AFC 终端设备通常包含哪些设备？设置位置在哪？有什么功能？

7. SC 设置位置有哪些？SC 有什么功能？

8. 地铁车站可用于售票的设备有哪些？

9. 地铁车站可用于充值储值类票卡的设备有哪些？

10. 地铁车站可用于检票的设备有哪些？

11. 地铁车站可用于对乘客的车票进行异常处理的设备有哪些？

模块 4

车站票务管理

模块描述

本模块主要是帮助学生全面掌握城市轨道交通车站票务管理的知识与技能，学生需要了解城市轨道交通车站各岗位的票务工作职责以及票务备品和钥匙的管理规定，重点学习票卡管理、现金管理、报表管理的方法。本模块所涉及的是课程学习的核心内容，也是客值岗位工作的核心技能。

教学目标

1. 思政目标

通过本模块的学习，帮助学生树立"法治意识、以德立人"的理念，融入"要在加强品德修养上下功夫"的思政元素，引导学生爱岗敬业，明辨是非善恶，形成强烈的岗位安全意识，培养正确观念和道德评价能力。

2. 知识目标

学生应充分理解城市轨道交通车站各岗位票务工作规范要求，系统掌握票卡管理、现金管理、票务备品和钥匙管理、票务报表管理的知识。

3. 能力目标

学生应能了解车站各岗位的票务工作职责和作业标准；能在充分理解票卡管理、现金管理、票务报表管理、票务备品和钥匙管理规定的前提下，分岗位合作，按规范完成票务相关工作。

4. 素质目标

学生通过本模块的训练，应具有严谨的工作作风，诚实守信的职业操守，规范填写票务报表等实践能力。

建议学时

16 学时，其中实训 8 学时。

课程思政案例

"诚实守信、作风严谨"，职业发展之必备

1. 案例名称

售票员短款事件。

2. 案例描述

20××年 1 月 24 日 14：56，某城市轨道交通运营企业某站值站到客服中心对售票员进行封窗查账。双方多次清点复核，确认封窗时的实点金额比配发的备用金少。售票员意识到自己短款，于是询问值站，值站没有回答，提醒售票员认真做好本职工作，随后离开客服中心。

值站回到车控室后，通过 SC 数据算出售票员封窗短款 20 元，如实记录在车站封窗检查记录表内。

15：50，值站到客服中心更换和测试抽屉备用钥匙，看到售票员神情恍惚，再次安慰他不要有太多顾虑，认真工作。值站离开客服中心后，认为售票员的表现有异常，于是指示客值给售票员结账时，将清点的实收总金额和车票出售情况向其汇报。

18：48，客值给售票员结账，并将结果向值站汇报。值站随后核算，发现售票员只短款 6 元，与封窗时的短款 20 元有明显变化，于是立即询问售票员是否有私自补款的情况。经多次询问，售票员反映了自己在班中的违规操作、用私款及违规办理业务中截留的票款抵减自己的短款的行为。为了填平短款，将随身携带的 3 元私款放入票款中。考虑到放入 3 元仍不能补平短款金额，随后用收取单程票超程费但不进行更新操作、开边门放行乘客的方法增加补款金额。

3. 案例分析

分析上述案例可知，售票员和值站的行为分别表现出不同的岗位安全意识。

售票员违规携带私款上岗，在值站进行封窗检查后，臆测短款，为隐瞒事实，用私款及违规办理业务中截留的票款抵减自己的短款。明显缺乏诚实守信、遵纪守法的职业素质，工作中缺乏责任意识，违规操作，试图隐瞒因自身疏忽造成的短款事实。

值站票务安全意识强、敏感度高，切实履行了班中票务审核职责，发现问题后能持续跟进并及时调查，按规定如实向上级汇报，确保了公司票务收益。

4. 案例启示

诚实守信、遵纪守法、作风严谨是职业发展必备的素质，在工作中应有强烈的责任意识，具备"责任重于泰山"的职业操守。无论身处哪个岗位，都应立足本岗，不能存侥幸心理。只有守住底线，才能在职业发展的路上越走越好。

单元 4.1　车站各岗位票务工作

单元4.1知识树

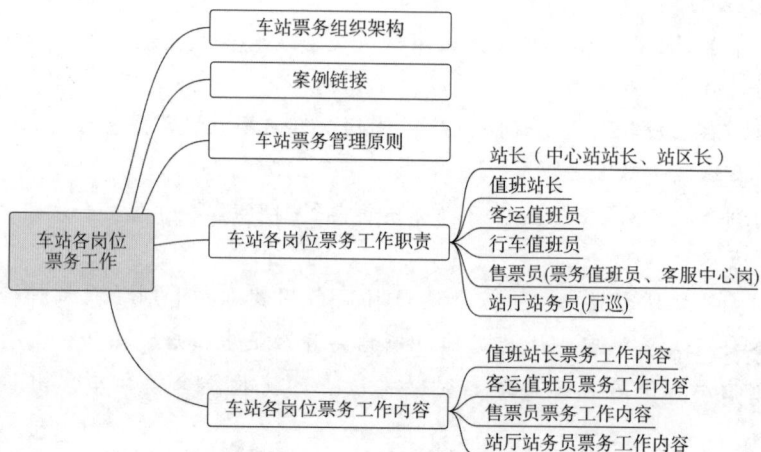

车站各岗位票务工作
- 车站票务组织架构
- 案例链接
- 车站票务管理原则
- 车站各岗位票务工作职责
  - 站长（中心站站长、站区长）
  - 值班站长
  - 客运值班员
  - 行车值班员
  - 售票员(票务值班员、客服中心岗)
  - 站厅站务员(厅巡)
- 车站各岗位票务工作内容
  - 值班站长票务工作内容
  - 客运值班员票务工作内容
  - 售票员票务工作内容
  - 站厅站务员票务工作内容

单元导入

　　20××年5月28日13∶40，某地铁甲站付费区有两位同行的老年乘客向售票员A君反映：遗失了两张储值车票，无法出闸。A君向乘客解释，按规定需补本站的线网全程最高单程票价10元。乘客不接受，强烈表示在乙站（距离甲站两站路程）是验票进站的，只是因为装票的裤袋破了一个洞，遗失了车票和部分现金，不属于无票乘车，且因丢钱身上的现金已不足20元，故只愿补充乙站至甲站的车程费3元。在乘客的解释和请求下，A君最终同意乘客只补本次车程费。A君收取乘客6元硬币，到TVM05购买了两张3元单程票，并将车票拿到BOM进行付费区无进站码的更新处理，将车票交给乘客出闸。

　　分析以上事件可知，售票员A君票务安全意识薄弱，不熟悉票务规章，不清楚本站TVM、BOM发售的单程票在BOM付费区模式下进行进出站码更新操作的相关规定；在班中出现乘客遗失车票不愿按规定补款的异常事务时，没有通知值站到现场处理，违规自行处理乘客补票业务，损害了公司利益，应对本次事件负主要责任。值站B君未能监控好班中员工工作，未能及时发现并制止员工的违章行为，对本次事件应负当班管理责任。那么，城市轨道交通车站各岗位票务工作人员的职责范围究竟是什么？各岗位的工作内容具体有哪些？

理论知识

一　车站票务组织架构

　　在正常情况下，车站实行层级负责制，由上至下依次为：站长（中心站站长、站区长)、值班站长、值班员、站务员与保安员。信息汇报实行逐级汇报，由下至上依次为：站务员与保安员、值班员、值站、站长。在非正常情况下可越级管理、越级汇报。

城市轨道交通票务部门的管理组织架构如图4-1-1所示。

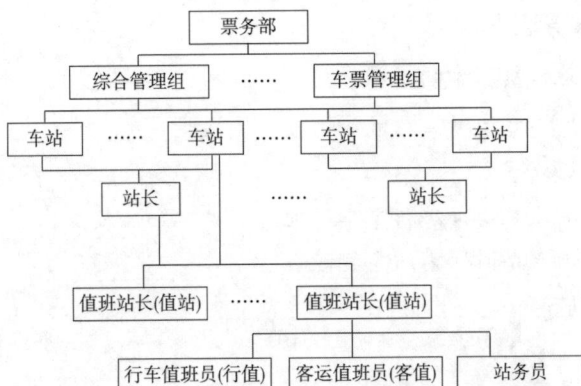

图4-1-1　城市轨道交通票务部门的管理组织架构

票务部对中央清分系统、票卡生产系统的系统安全，日常管理和运营维护负总责，下设管理组负责各自业务归口的相关管理工作。各企业票务部门管理体系也不完全相同。

案例链接

某城市轨道交通运营企业票务管理体系及相关部门职责

（一）票务管理体系（图4-1-2）

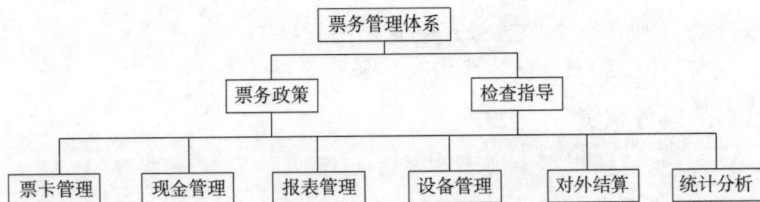

图4-1-2　票务管理体系

（二）相关部门职责

1. 派驻财务部票务职责

（1）负责票款收入及各类手续费的对外结算。

（2）负责票务备用金、零币的配备和补充，并监督票务备用金使用情况。

（3）负责收取员工补办车票或违规用票的制作工本费和罚款。

（4）负责发票的管理。

（5）负责牵头组织各类对外结算工作。

2. 计划经营部票务职责

（1）负责与政府物价管理部门沟通，拟定宏观票务政策。

（2）负责根据市场需求提出修订票价政策建议。

（3）负责票务市场推广营销策划、组织及实施。

（4）负责和制订计次票和日票的发行计划。

（5）负责计次票和日票的采购。

3. 人力资源部票务职责

（1）审核、确认地铁员工卡的发放资格。

（2）负责员工卡的回收工作。

4. 办公室票务职责

（1）负责派出保安人员协助进行车票的配送、调配和回收工作。

（2）负责提供配送车票时所需的车辆。

5. 票务部票务职责

（1）负责执行宏观票务政策。

（2）制定车站票务运作的各项规章制度、作业程序。

（3）监督、核对、检查、指导车站的票务运作。

（4）监控各线车票的流向和使用情况，及时向 ACC 提交车票的需求计划，跟进计划执行情况。

（5）及时向城市"一卡通"公司提交储值卡的需求计划，跟进计划执行情况。

（6）定期提交关于客流分析、AFC 系统运作、车票的售卖、消耗情况等分析报告。

（7）参与调查车站的票务违章并进行相应分析。

（8）负责员工卡的制作、挂失、补办、年审及异常卡处理。

（9）负责 AFC 系统及 AFC 终端设备的维护、检修和技术改造工作。

（10）维保期内，负责对承包商的考核管理工作。

（11）负责制订 AFC 系统安全防范措施，保证系统安全。

6. 安全监察部票务职责

（1）负责城市轨道交通运营企业票务稽查工作。

（2）负责监督检查票卡、票款相关安全措施的落实。

（3）负责组织开展票务事故的调查、处理。

（4）参与监督票卡销毁工作。

（5）为票务工作的完善提供建议。

7. 车务部票务职责

（1）执行车站票务运作的各项规章制度、作业程序。

（2）负责车站票务备品及工器具的使用、保管及申领。

（3）参与调查车站的票务违章并进行相应分析。

二 车站票务管理原则

（1）借助 AFC 系统的管理操作平台，遵循财务规定，确保票卡、收益安全。

（2）车站现金管理严格遵守"收支两条线""账实相符"的要求。

（3）车站在每日运营结束后，对票款进行清点，记录实际数量、金额。

（4）票务结算时间以北京时间为准，实行 24 小时制。

三   车站各岗位票务工作职责

各城市轨道交通运营企业管理方式不统一以及车站设备设施的差异，造成车站各岗位设置不尽相同，其岗位票务工作职责及作业流程设计也有差别。现以国内某城市轨道交通运营企业为例，介绍车站各岗位票务工作职责。

1. 站长（中心站站长、站区长）

（1）**全面负责车站票务运作管理。**总体负责车站的票务管理工作，确保车站的票务运作顺畅。

（2）**组织票务业务培训，指导和监督车站票务作业。**组织车站行车、客运和票务工作，编制、执行车站行车、票务和客运组织方案；按要求组织中心站内各站值站召开接班会，组织票务业务培训；监控值站行车、客运和票务工作，监督、检查、指导车站员工的票务工作。

（3）**总体负责车站的车票、现金以及票务备品安全。**对车站站存车票、现金、票据和票务备品的安全负领导责任，并负责保管部分票务备用钥匙。

（4）**负责车站票务突发事件的应急处理。**处理票务紧急情况，必要时处理乘客的票务纠纷。协助票务事故的调查处理。

2. 值班站长

（1）**负责本班票务运作管理，检查、督促、指导、协助客值开展相关票务工作。**检查、督促、指导、协助客值的票务工作；负责运营开始前操作 SC，同时监控 SC 及 AFC 设备的运作；处理简单的 AFC 设备故障；负责安排巡站工作。

（2）**负责车站的车票、现金以及票务备品安全。**具体负责本班车站的车票、现金、票据、票务备品安全，保管部分票务钥匙、紧急按钮钥匙及钱箱钥匙。

（3）**负责乘客事务的处理。**现场处理乘客的票务纠纷。

（4）**处理票务紧急情况，执行紧急情况下的票务运作模式。**

3. 客运值班员

（1）**负责对 AFC 设备及系统运作状态进行监控。**

（2）**负责票务作业安排和管理。**负责安排钱箱、票箱的更换工作及废票箱的清理工作；负责给 TVM 补币补票；负责给售票员配票、配备用金，以及结账的工作；完成相应票务报表、台账的填写，在 SC 输入相应数据及每月报表的装订和存档；负责车票、报表的接收及上交工作；负责清点钱箱、票箱，以及车站票款的解行。

（3）**负责车票、现金、票务备品安全。**负责票务室的车票、现金、票据、票务备品的完整、齐全，负责保管车站部分票务钥匙。

（4）**负责乘客事务的处理。**负责处理与乘客相关的票务事宜、处理简单的 AFC 设备故障（吞币、卡票、卡币等），负责办理团体票及安排、监督、协助站务员的票务工作。

（5）**协助值站处理票务紧急情况。**

4. 行车值班员

（1）负责 AFC 设备运作状态的监控。

（2）负责 AFC 设备故障的报修。

（3）负责部分票务钥匙的保管。

（4）执行紧急情况下的票务运作模式。行车值班员票务工作职责见二维码。

行车值班员票务工作职责

5. 售票员（票务值班员、客服中心岗）

（1）**负责乘客事务处理**。负责客服中心的售票、车票更新等相关工作，及时处理乘客的无效票和过期票，处理简单的 BOM 设备故障，向乘客提供优质服务。

（2）**完成相关票务工作**。严格按票务制度和有关规定出售车票、处理车票，确保票、款、账的安全和正确，完成相应票务报表的填写及上级布置的其他票务工作。

（3）**执行紧急情况下的票务运作模式**。

6. 站厅站务员（厅巡）

（1）负责引导乘客正确操作票务设备。

（2）负责简单 AFC 设备故障的处理。

（3）协助完成相关票务工作。

（4）负责 AFC 设备运作状态的巡视。

（5）执行紧急情况下的票务运作模式。

四　车站各岗位票务工作内容

1. 值班站长票务工作内容

每日运营开始前及运营结束后进行日常票务设备检查、票务作业监督检查，填写相关台账。

2. 客运值班员票务工作内容（表 4-1-1）

客运值班员票务工作内容　　　　　　　　　　　　　　　表 4-1-1

序号	票务工作项目	票务工作内容
1	客值交接班	（1）在值站监督下进行交接班； （2）核对车票； （3）核对备用金与票款； （4）核对报表台账； （5）交接钥匙、票务备品、工器具； （6）系统操作交接班
2	领取备用金	在台账上记录增加金额，备注说明，同时在 SC "备用金配发" 中录入数据
3	与配票人员交接	（1）车站接收单程票； （2）车站接收除单程票以外的车票； （3）车站上交车票； （4）车站站间调配单程票； （5）车站站间调配除单程票以外的车票

序号	票务工作项目	票务工作内容
4	TVM 补币、补票	将双人清点完成的补币钱箱及单程票票箱装上票务推车，双人完成补币、补票；根据现场补币、补票的数据填写记录表台账，并在 TVM 和 SC 上录入补币、补票数据，打印清单
5	给售票员配备车票、备用金及备品	（1）开站前准备好给早班售票员配发的车票、备用金、备品等，放在售票员配票箱中，同时准备好客服中心钥匙，填写记录表台账； （2）售票员当面清点确认配发的车票、备用金，客值在 SC 上录入配发车票及备用金数据，打印清单，售票员签名确认； （3）如需给售票员增加车票或备用金，客值在 SC 上录入增加的车票及备用金数据，打印清单，售票员签名确认； （4）如需配发预制单程票，客值在 SC 上录入预制单程票数据，打印清单，售票员签名确认
6	给售票员结算	（1）客值根据本站实际情况，从售票员处及时收取预收款；客值与售票员当面清点确认所收款项后在 SC 上录入预收款金额，打印清单，售票员签名确认； （2）客值与售票员共同清点计算实收金额； （3）售票员经 BOM 操作前验票发现的非正常车票，客值和售票员封装车票放在上交区，客值交接班时调整库存；经 BOM 操作后产生的异常车票，下班结算时客值在 SC 上做无效票录入，车票封装后随当天报表上交上级部门； （4）客值在 SC 上录入该班售票员备用金金额、实收金额、上交车票等数据，打印清单，售票员签名确认后，打印售票员结算单核对应收款项；若产生长款，随当天票款解行； （5）售票员办理的异常车票，售票员和客值共同检验加封确认，上交上级部门，并在售票员结算单备注栏说明，同时备注上交无效车票数量；上交的车票如发现数量、车票状态账实不符，所产生的经济损失由经手客值负责赔偿； （6）客值检查售票员填制的相关凭证，发现违规操作及异常情况在售票员结算单备注栏说明；客值填写记录表台账； （7）实收金额错输、漏输或其他情况导致票款差异的，在售票员结算单备注栏说明，同时上交事件情况说明； （8）车票回收张数错输、漏输或其他情况导致票款差异的，在售票员结算单备注栏说明，同时按正确数据填写手工报表售票员结算单； （9）晚班售票员交还客服中心的钥匙、相关备品，客值在记录表台账上确认
7	回收自助售票、充值设备的钱箱	现场在台账上记录设备钱箱"机器读数""钱箱号码"
8	回收自助售票、检票设备的票箱	回收 TVM 车票，现场台账记录无效票数和车票结余数；回收闸机票箱，现场台账记录每个票箱的"机器读数""票箱号码"
9	清点自助售票、充值设备的钱箱	在台账上记录"实点数"，并填写"差异额"；客值在 SC 上录入钱箱"机器读数""实点数"数据，打印台账；回收的硬币以车站实际补币金额放入 TVM 补币箱锁闭，放置于 AFC 票务室现金区域保管

序号	票务工作项目	票务工作内容
10	清点自助售票、检票设备的票箱	在台账上记录实际清点数量；客值在 SC 上录入数据；以每箱 1000 张放入 TVM 补票箱锁闭，放置于 AFC 票务室保管；TVM 补票箱装满后，余下的车票按封装要求装好备用；清点本班除乘客事务处理以外的无效票，用专用信封封装，加盖客值和站务员人名戳，放入上交区
11	解行票款	（1）客值与值班站长或站务员双人清点并将票款按银行要求打包； （2）客值填写现金缴款单，放入银行提供的专用现金解行箱内，加封后存放 AFC 票务室现金安全区域； （3）客值在系统报表生成前将当天解行金额录入 SC，打印现金解行清单； （4）客值与押运公司职员办理交接，核对押运公司职员身份后在交接单上签名确认； （5）指定车站收到的现金缴款单回单随当天报表上交上级部门
12	打印 SC 生成的统计报表	（1）客值在运营当天规定数据上传时间内完成票款、备用金和车票的清点录入； （2）拾币、补短款或其他异常票款的情况，分开录入 SC 系统"异常票款"栏，在"车站营收日报"备注栏说明票款来源； （3）晚班客值、值班站长负责核对报表数据，如出现大额差异，在"车站营收日报"差异原因栏备注说明； （4）晚班客值将报表整理打包
13	管理车票存根、赠票出站联等	客值负责赠票、儿童票、行李票相关存根联的留存保管，其中赠票的出站联回收后按规定日期上交票务部
14	异币处理	（1）与银行对零发现异币处理； （2）TVM 找零发现异币处理； （3）自助售票、充值设备钱箱回收发现异币处理

3. 售票员票务工作内容（表 4-1-2）

售票员票务工作内容

表 4-1-2

序号	票务工作项目	票务工作内容
1	发售车票	售票员按要求发售各类车票
2	办理退票	（1）单程票退票（包括正常情况下退票和清客等地铁原因退票）； （2）其他票种退票
3	乘客事务处理	乘客持异常票要求处理时，售票员应依据乘客所处情况做相应处理，具体有以下几种情况： （1）车票超时； （2）车票超程； （3）车票既超时又超程； （4）车票在非付费区有入站标志； （5）车票在付费区无入站标志； （6）车票在付费区已有非当天入站标志； （7）无票（含遗失车票）

续上表

序号	票务工作项目	票务工作内容
3	乘客事务处理	（8）经 BOM 分析无法读取信息的无效票； （9）储值票、"一卡通"余额不足，乘客不愿充值； （10）违规使用票卡； （11）黑名单票； （12）车票过期； （13）乘客一人购买多张单程票进站； （14）TVM 卡币、卡票； （15）TVM 发售无效票； （16）自助充值设备故障
4	特殊情况票务处理	特殊票务处理仅限于对车站运营造成影响时实施，站长（值站或客值）严格按照授权范围进行处理，并如实记录，不得滥用权限。具体情况包括如下几种： （1）乘客持单程票不能换乘最后一班车； （2）单程票超程不愿意补款； （3）恶意逃票不愿意补交罚款； （4）乘客携带现金不足，无法补齐所乘车费； （5）入站码为本站但已进入付费区未乘车且遇紧急情况无法乘车

4. 站厅站务员票务工作内容（表 4-1-3）

站厅站务员票务工作内容　　　　　　　　　　表 4-1-3

序号	票务工作项目	票务工作内容
1	乘客引导	（1）及时引导需要办理自助业务的乘客至自助设备办理，引导乘客正确操作设备； （2）当站厅乘客排长队时，及时缓解排队客流，指引乘客到人少的设备处排队； （3）引导乘客有序进出闸机，避免乘客错误或违规行为的发生； （4）主动引导进出闸车票有问题的乘客到车站客服中心处理
2	站厅巡视	（1）定时巡视车站公共区域票务设备的运作情况，发现异常及时上报车控室，并在故障设备前放置"暂停服务"提醒牌； （2）见有老年乘客、小孩、行动不便者等特殊乘客进站及时通知车控室，并根据实际情况主动提供帮助； （3）定期检查出站闸机，发现单程票遗留时，投放到单程票回收箱； （4）及时回收其他场所发现的乘客遗留车票
3	协助客值完成票务工作	（1）协助客值进行更换钱、票箱及清点工作； （2）检查车票的有效性； （3）处理相关的票务事宜或纠纷
4	故障处理	负责简单 AFC 设备故障的处理
5	边门管理	（1）核对老人、残疾人等免费相关证件，放行乘客并做好记录，运营结束后统计数量，上报客值； （2）对进站乘客所持纸票等进行验票放行，其中需回收的相应联在运营结束后上交客值

———————— 拓展知识 ————————

排 班 制 度

1. 排班规定

1）排班原则

（1）根据实际工作需要及定岗要求，紧凑、合理、科学地排班，确保精简高效地完成各项生产任务。

（2）排班要严格遵守有关劳动法律法规，严格执行城市轨道交通运营企业排班与考勤相关规定。

（3）排班要根据员工业务情况及新老情况进行搭配。

（4）排班要以优先服务乘客为原则。

（5）员工上岗必须持有本岗位资格证，并经正式聘任，只可高岗顶低岗，不得低岗顶高岗。

2）排班要求

（1）按各车站核定的定员定岗标准执行，不能擅自增加或减少岗位。

（2）特殊情况下，如遇临时改变行车计划、大客流等情况，需及时上报，及时调整。

2. 调班规定

（1）员工调班只允许同级之间互调。

（2）员工应按车站排班表安排按时上岗，不准私自调班。

（3）员工调班后不得连续工作超过12h，不得连续休息超过3天。

（4）每人每月因私调班次数不能超过两次。凡未经批准擅自调班的按串岗处理，擅自补休或委托他人顶岗者做旷工处理。

（5）员工因个人原因调班必须提前一天向站长/副站长提出申请并填写车站调班申请，站长/副站长经核查调班双方同意，批准后方能生效。

（6）站长调班须经中心领导审批，副站长调班须经站长审批。

📖 单元测试

请老师根据实际教学需要，组织学生完成"单元4.1 车站各岗位票务工作"的测试，相关试题见本书配套资源包。

职业能力训练

职业能力训练4-1：车站各岗位票务工作职责和工作内容互测

1. 训练所需基础知识

车站各岗位票务工作职责和工作内容。

2. 训练目的

通过分组参与趣味活动，帮助学生进一步明晰车站各票务岗位工作职责和工作内容，初步建立票务管理工作的岗位意识。

3. 训练要求

分学习小组完成车站各岗位票务工作职责和工作内容的复述。

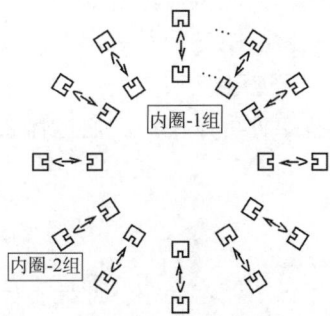

图 4-1-3　小组站队形式

每两个学习小组（人数均等）组成一个旋转木马，站成图 4-1-3 所示的两个圈，若内圈为 1 组，则外圈为 2 组。内圈不动，外圈顺时针转动，类似击鼓传花，教师说停，则由内圈同学抽查外圈同学陈述某岗位职责情况，回答完毕，第一轮抽查结束；外圈继续转动，教师说停，再由外圈同学抽查内圈同学陈述某岗位职责情况，回答完毕，第二轮抽查结束。至此，全部同学均被抽查。

4. 评价方式

课堂训练时间结束后，由教师随机抽查，按答题情况给予平时成绩加分。

单元 4.2　票卡管理

单元4.2知识树

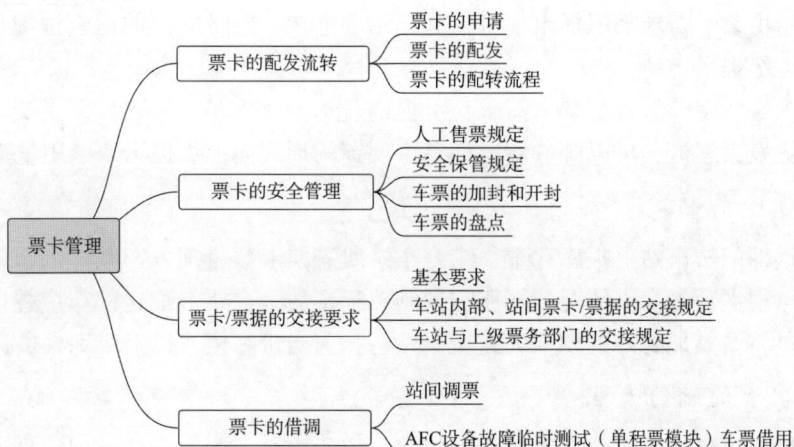

单元导入

20××年 8 月 17 日 7：43，某地铁×号线发生列车故障导致晚点的应急情况，约 20：30，××1 站有一名女乘客在出站时要求补领赠票。乘客反映 19：45 在××站 B 端票亭办理储值票免费更新业务时，售票员未发放赠票，于是××1 站致电××站说明该情况。××站当班值站立即开展调查，多次询问，但售票员均否认未发赠票行为。之后又经多方调查，售票员方承认当天办理其他两笔储值票应急免费更新业务时，也没有发放赠票，并在当天将 2 张赠票带回家的事实。

分析以上事件可知，售票员票务遵章意识淡薄，当班出现未发放赠票且值站多次调查了解时均没有如实反映，而是刻意隐瞒，最终截留并侵占赠票，对此事件负全部责任。值站敏感度较高，切实履行了班中票务审核职责，发现问题后能持续跟进并及时调查，按实向上级汇报，确保了公司票务收益。

那么，城市轨道交通运营企业对票卡是如何管理的？哪些票种可以使用，通过什么途径发放、发售？如何妥善保管、交接票卡？

理论知识

单元 2.1 已经对城市轨道交通票卡的发展、种类、使用等做了基本介绍，此处不再赘述。票卡按使用对象不同可分为乘客用票和地铁内部用票两种。其中乘客用票面向乘客发行；地铁内部用票仅供员工或内部工作使用，不向乘客发行，如工作证件、特殊工作票和地铁测试票等。车站是城市轨道交通运营企业的车票出售、流通中心，票卡如何进行配发、流通、保管、加封、盘点、交接、借调、上交等相关管理工作是本单元需要学习的内容。由于面向乘客发行的票卡是票卡管理的重点，以下未做特殊说明的票卡主要指乘客用票。相关资源见二维码。

票卡管理概述

一　票卡的配发流转

（一）票卡的申请

票卡申请由票卡需求部门提出，可依据车站票卡在一段时间内的运营情况，结合预计使用量，向上级提出申请。

为应对国家法定节假日的票卡需求，可提前若干工作日制订需求计划上交上级票务部门。若车站突发大客流，可以邮件和电话等更便捷的形式向上级提出票卡用量申请。

（二）票卡的配发

票卡配送部门按车站上报库存量，结合车站所需票卡数量配发车票。遇节假日等大客流时，车站可根据预测客流情况上报所需预制单程票数量，票卡配送部门应提前备好送到车站。配送员将清点加封好的票卡配送至车站后，与当班客值或以上级别人员进行交接。

（三）票卡的配转流程

车站是城市轨道交通运营企业的票卡出售、流通中心，票卡配送部门将票卡配发到车站后，即由车站负责对票卡进行安全管理。在自动售检票模式下，票卡通过一系列自动售检票设备进行流通、周转，实现系统内的循环使用。车站需要时将一定数量的票卡补充进 TVM 等自助售票设备的票箱内，以供乘客自行购买；另外，车站还需要将一定数量的单程票、储值票配发到客服中心，由售票员在 BOM 上操作发售。相关资源见二维码。

票卡的发行、配转和处理

乘客购得票卡后，持票卡进闸乘车。出闸时单程票由出站闸机回收，供车站投入 TVM 等自助售票设备中循环使用；储值票闸机不回收，供乘客重复使用；票卡车票有异常问题时，乘客可持问题票到客服中心处理；若票卡因为超程等原因无法出闸，也可选择在自助补票机上自助处理。当乘客在购买单程票或储值票后，因特殊原因需要退票可到客服中心办理，符合退票条件，售票员退还乘客购票金额，回收乘客车票。

城市轨道交通运营企业票卡的配转流程如图 4-2-1 所示。

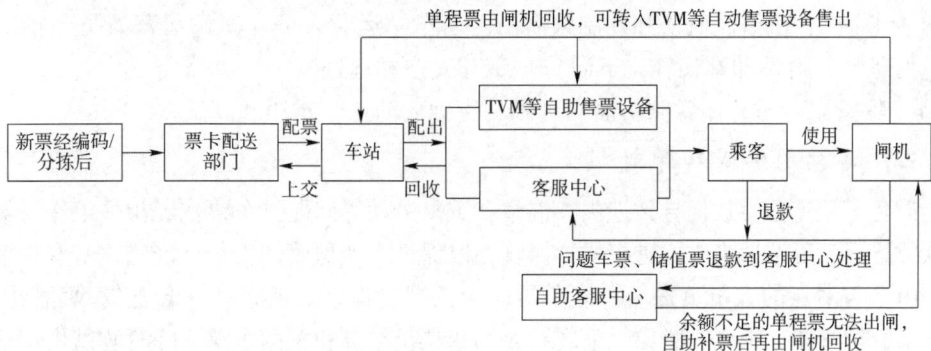

图 4-2-1　城市轨道交通运营企业票卡的配转流程

二　票卡的安全管理

（一）人工售票规定

（1）售票员严禁携带私款、私人车票（员工票除外）进入客服中心或临时售票点；严禁更新、处理非乘客要求处理的票卡及发售非客值或值站配发的票卡。

（2）售票员办理售票、充值、验票、乘客票务事务等业务时，必须遵守票务守则且不接受外币和支票；票卡、备用金不足时，及时要求客值补充。

（3）售票员处理售票、充值、验票、乘客票务事务等业务过程中，发现异常或操作失误，应立即通知客值前来确认，严禁转售误充值、误售的票卡或隐瞒不报。

（4）运营时间，当班售票员未经上级许可不得擅自离开，如确需离开（如上洗手间、就餐等），客值或值站根据情况决定是否安排顶班；结束顶班的员工应退出登录系统，将自己的票、款、单据等物品安全上锁。

（二）安全保管规定

因票卡自身制作成本及所赋予的价值均属于城市轨道交通运营企业财产的重要部分，其安全管理直接影响企业收益安全。为保证票卡的安全，原则上票卡只能存放于专门的安全管理区域。具体规定如下：

（1）原则上票卡只能存放于票务室、客服中心、临时售票点、TVM、云购票机、闸机、自助售卡充值机、车票回收箱等处。

票务室是设置在车站设备区内，专门用于保管车站现金、票卡及结算票款的工作间。车站应根据车票的性质、票种在票务室内划分区域，对票卡实行分类存放，建立专门的台账对票卡的分类存放、配发、回收等流通情况进行记录，并定期安排专人对各类票卡进行全面盘点，以确保台账记录情况与实际清点情况相符。票务室内存放票卡的票柜、保险柜在无人值守时应处于锁闭状态。赋值"一卡通"、赋值储值票和预制票应存放于票务室内的保险柜或上锁的票柜中。

（2）客服中心（临时售票点）票卡保管：售票员在客服中心处理票卡时，应将票卡放在乘客接触不到的地方，存放于临时售票点的票卡尤其须做好防盗工作。

（3）运送途中：票卡在运送途中，一律放在上锁的配票箱、票箱或上锁的手推车中。赋值"一卡通"、赋值储值票和预制票需由两名车站运营人员（车站运营人员包括车站站务员、值班员、值站和站长等，下同）负责其安全和运送。

（4）保管票卡时，注意防折曲、刻画、腐蚀、防水、重压和高温。

（三）车票的加封和开封

为避免车票零散存放而导致遗失、混淆和重复劳动等问题，车票在经相关工作人员清点并确认数量后，可按适当方式进行加封保管，以保证车票保管的安全、准确。所有车票的加封均需由参与清点的人员负责。有值车票（含预制单程票、赋值"一卡通"、赋值储值票、赋值日票、纪念票、纸票、赠票，下同）及与售票员结算相关的车票、临时测试借用归还的车票、乘客弃票、回收箱的地铁储值票和"一卡通"车票需由当班客值或值班站长与另一名员工（与售票员结算相关的车票当事人必须参与清点）共同清点加封，其他车票可单人清点加封。

车票（包含票据）可用票盒、布袋、信封、砂纸加封，加封后必须保证一经破封无法复原，以确保加封的车票状态处于控制中。封条上注明的信息包括票种、数量、加封车站、加封人和加封日期等，预制票尚需注明售出期限及金额。图4-2-2所示为某地铁封条样式。

（1）票盒加封：适用于任何类型的车票和票据，车票放入票盒后，用砂纸在票盒中间部位一字形缠绕后，接口处贴封条加封。

（2）布袋加封：主要用于加封筹码型单程票，车票放入布袋后，将布袋口用绳子缠绕扎紧后用封条缠绕加封。

（3）信封加封：适用于任何类型的车票和票据，但数量不宜过多。车票放入信封后，将票务信封口封住，再用封条将信封背面的接缝处封住。在票务信封的正面注明加封信息，并在信封背面封条骑缝处及封面上盖加封人员人名章。加封方法如图4-2-3所示。

（4）砂纸加封：主要用于直接加封一些票面面积较大、便于用砂纸缠绕的车票，如纸票。将车票用砂纸（扎把带）十字形缠绕后加封（不需装入信封），并在封条上注明加封信息，加封方法如图4-2-4所示。

图4-2-2 某地铁封条样式

图4-2-3 信封加封示意图

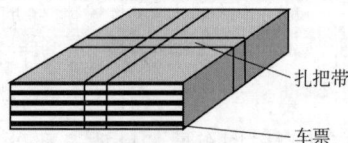

图4-2-4 砂纸加封示意图

车站开封有值车票、乘客弃票、回收箱地铁储值票和"一卡通"车票、与售票员结算相关的车票、临时测试借用归还的车票时，由客值或以上级别人员与另一名车站员工在仪器监控摄录状态下完成。其他车票的开封可由客值或以上级别人员在仪器监控摄录状态下单人开封清点。有些城市轨道交通运营企业因为人员分工不同，规定所有车票均由客值或以上级别人员在仪器监控摄录状态下单人开封清点。无论双人开封或单人开封，拆封或使用过程中车票出现数量或信息不符要及时上报上级票务部门。

开封后发现车票数量或信息有误，待核查清楚后方可使用。车站需要用票时可开另一包封口完好的车票。同时，车站在台账和票务管理系统上做好记录，并将情况逐级上报。

车票的加封和开封均需在车站票务室完成。

（四）车票的盘点

（1）原则上盘点工作在每月月末的某日（各城市轨道交通运营企业规定盘点日各不相同）运营结束后进行。

（2）车站需对站存各票种车票，分票种、票价进行全面盘点。

①已按规定加封车票的盘点：无须拆封，按加封数量盘点。

②未按规定加封或未加封车票的盘点：由客值或以上级别人员与另一名员工共同清点。客值在票务室时，闸机回收票可由站务员工单人在仪器监控摄录状态下盘点。有些城市轨道交通运营企业规定所有车票均由客值或以上级别人员在仪器监控摄录状态下单人盘点。

（3）盘点时发现车票数量不符时，闸机回收票可以直接由盘点人员按盘点数量加封，其他车票客值需立即通知值班站长到现场核查。

（4）盘点结束，盘点人员在票务系统相应界面记录盘点情况。

（5）盘点日单程票的清点：车站将所有闸机、TVM、云购票机及车票回收箱内的普通单程票全部回收后用点票机清点，实际清点数量与票务室内站存的其他普通单程票（不含TVM废票、BOM废票等需随报表上交的单程票）的合计数量在票务系统相应界面记录。

（6）盘点日回收箱的清点：回收箱需由客值或以上级别人员和另一名员工开启，并共同清点、加封回收箱回收的车票，同时做好记录。

三 票卡/票据的交接要求

（一）基本要求

为保证票卡/票据在各岗位之间交接过程中的安全，车站在进行交接时，需建立交接凭证和统计台账，交接人员依据交接凭证办理交接手续并做好书面交接记录，详细记录交接票卡/票据的种类、数量、状态、信息等；交接时若发现数量或信息有误，交接双方需及时核查更正；对于不能及时查明原因的，应按实际数量进行签收，车站在交接记录表上记录相关情况，并将情况立即报告上级组织调查。

票卡/票据的上交由上级部门指定人员到站收取或车站按指定车次上交上级部门指定人员。车站客值应按要求提前准备好票卡，按规定加封，填写相关台账，待专人到站后根据台账和加封数清点各票卡数量，确认无误后签认。

车票未上交前由车站保管并做好交接及记录。

（二）车站内部、站间票卡/票据的交接规定

原则上票卡/票据应当面交接，交接时若发现数量或信息不符，按实际数量进行签收，同时车站需及时组织调查，并将情况逐级上报，差额情况及时在台账和票务系统相应界面记录。

车站进行票卡/票据交接时，需做好交接记录。交接赋值票卡时，车站可通过确认票卡信息或确认票卡ID的方式进行。若通过确认票卡ID方式进行交接，需设置台账，并做好记录。

（三）车站与上级票务部门的交接规定

1. 配票规定

（1）配票程序。配票人员到达车站后，客值或以上级别人员在票务室根据配票明细单当面交接各种票卡，确认无误后签名，并在票务系统相应界面和台账上做好记录。

（2）配票时各种票卡的交接规定。

①赋值储值票、日票、"一卡通"、纪念票：车站可选择当面清点数量或按加封数接收，车站应在若干工作日内通过确认票卡ID或分析票卡信息方式完成确认，确认过程中若发现票卡信息有问题，车站需及时报上级票务部门。

②编码单程票、纸票、赠票、预制票：交接时接收人确认加封正确完好后可凭加封数量交接。

③交接发现实际清点数与加封数不符的规定。

a. 当面清点数量时发现问题：车站按实点数接收票卡/票据，在配票明细单上注明问题票卡的数量、相关票卡的加封人、加封时间和加封内容，交接双方人员签名（盖章）确认。车站按实际接收的票卡数量填报票务系统相关界面记录。

b. 交接后开封时发现问题：开封人需立即通知值班站长及以上人员现场确认，并及时报上级票务部门。

2. 上交车票规定

（1）上交范围。车站上交的票卡、票据包括超过使用期限的预制单程票、TVM和BOM发售过程中产生的废票/发售不成功的票卡、乘客弃置车票（包括车票回收箱内的非单程票、拾获车票等）、回收乘客的无效车票、给乘客办理退款的车票、临时测试借用归还的有值单程票、待清洗车票、指定上交的车票、团体收据、现金送款单、非标准币等。

（2）上交车票的加封规定。根据需上交票卡、票据的种类，可选择票务信封或布袋加封，通常要求双人加封，加封封面需注明车票来源、名称、数量、票种、ID、余值、车站名、加封人、加封日期及时分。

（3）上交车票的清点规定。已经上交的车票由上级票务部门负责清点，清点时应在监控系统监控下开封，并根据票务报表核对车票的实际情况。开封后发现车票实际情况与票务报表不一致时，应立即将车票、布袋/票务信封、封条等封存，同时通知车站，由车站安排人员及时到场处理。

四 票卡的借调

（一）站间调票

若车站遇设备故障或大客流突发等情况，可申请站间调票。车票调入站与车票调出站的相关工作人员须按公司规定，通过加封数量或当面清点车票数量签收，并做好台账记录。如图4-2-5所示为某公司站间调票工作流程。

制订调票计划 → 审批计划 → 通知相关车站加封车票 → 通知配票人员 → 站间调票 → 车站签收车票 → 凭证、单据入账

图4-2-5 某公司站间调票工作流程

（二）AFC设备故障临时测试（单程票模块）车票借用

临时测试时，只允许借用闸机回收票。测试借票需填写相关台账作为借票记录。

原则上借票人员应在当天将车票交还车站。测试完毕，若AFC系统维修人员需带走车票，需要在相关台账上注明。车票应在若干个工作日内归还车站。

归还有值车票时，交接双方需共同将车票用信封加封，车票随报表上交上级票务部门。

━━━━ 拓展知识 ━━━━

《中华人民共和国残疾人证》真伪如何辨别

（1）第二代《中华人民共和国残疾人证》有中国残疾人联合会印章（图4-2-6）；

（2）视力残疾人证采用红色磨砂人造革皮面，其他类别残疾人证采用绿色封面（图4-2-6）；

（3）残疾人证编码实行全国统一20位编码，由18位居民身份证号加1位残疾类别代码和1位残疾等级代码组成，看倒数第二位是否为1、4、7（1——视力残疾；4——肢体残疾；7——多重残疾）（图4-2-6）；

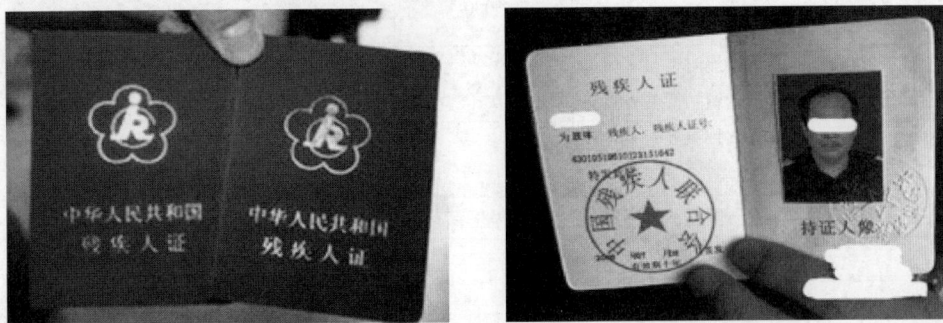

（4）内容一律用计算机打印（图4-2-6）。

图4-2-6 《中华人民共和国残疾人证》示例

单元测试

请老师根据实际教学需要，组织学生完成"单元4.2 票卡管理"的测试，相关试题见本书配套资源包。

职业能力训练

职业能力训练4-2：车站票卡配转流程模拟演练

1. 训练所需基础知识

票卡配发、配转流程，补票、配票、结算、交接作业流程和规定，岗位交接班要求，回收、清点车票的规定，车票加封的方法，车票上交的规定，结算票数、库存票数的计算。

2. 训练目的

通过分组分角色桌面模拟演练，帮助学生进一步掌握车票配转流程中各岗位的基本技术要求，学生通过教师点评和观察其他组的展示得到提高，初步建立票务管理工作的岗位意识。

3. 训练要求

分学习小组完成车站票卡配转流程桌面模拟演练。

（1）具体要求：应清晰展现案例所示的票务工作内容，包括配发车票、补票作业、配票作业、结算作业、交接作业、回收车票、清点车票、车票加封、车票上交。

①请计算各岗交接时车票数量、运营结束后车站库存车票数、上交车票数（表4-2-1）以及表4-2-1中问号处的内容。

车站车票数量统计表 　　　　　　表4-2-1

序号	时　间	票务情况	普通单程票	3元预制单程票	"一卡通"	一日票
1	04：00	车站原有车票	21000	3000	3000	500
2	05：00	运营前客值给TVM补票	2000			
3	06：00	白班客值配发给白班售票员	20		30	20
4	09：00	票务部配发，白班客值签收	5000	5000	2000	
5	11：00	大客流时白班客值配发给站厅站务员		1000		
6	12：40	结算时站厅站务员共回收车票		252		
7	13：50	白班客值回收闸机	980			
8	14：30	白班客值配发给晚班售票员	15		20	20
9	14：40	白班客值和晚班客值交接班	？	？	？	？
10	14：45	晚班客值与白班售票员结算时，售票员回收车票	5张有效票 2张乘客退票 1张设备发售无效票		8张有效票	6张有效票 1张乘客退票

续上表

序号	时 间	票 务 情 况	普通单程票	3元预制单程票	"一卡通"	一日票
11	15：00	白班售票员和晚班售票员交接班				
12	15：40	晚班客值给 TVM 补票	1000			
13	23：50	晚班客值与晚班售票员结算时，售票员回收车票	3 张有效票 1 张乘客退票		5 张有效票	7 张有效票 2 张乘客退票
14	次日 00：10	运营结束后回收 TVM 票箱	有效票 536 废票 5			
15	次日 00：12	运营结束后回收单程票回收箱（闸机旁）	23			
16	次日 00：30	运营结束后回收 AGM 票箱	1554			
17	次日 00：45	清点车票后加封	？	？	？	？
18	次日 10：00	车票上交				

②某城市轨道交通运营企业票务作业、交接内容及台账、报表种类（表4-2-2）。

票务作业、交接内容及台账、报表种类 　　　　　表4-2-2

	岗位作业、交接内容	台账、报表记录
客值与客值 交接	AFC 设备、票务钥匙、备品备件及对讲设备情况	台账：车站票务交接班登记本、票务钥匙使用记录表
	备用金、票款及车票数量	台账：车站票务交接班登记本
	发票	台账：车站票务交接班登记本
	核对票务报表	
	其他需特别说明的情况	台账：车站票务交接班登记本
售票员与售票员 交接	票务备品及对讲设备	台账：车站客服中心交接班记录表
	钥匙（客服中心钥匙、BOM 收银钱箱钥匙等）	台账：车站客服中心交接班记录表
	登录 BOM，检查 BOM 状态	
	其他需特别说明的情况	台账：车站客服中心交接班记录表
站厅站务员与 行值交接	对讲设备及钥匙（边门的门钥匙、自动扶梯钥匙等）	台账：钥匙借用登记表、车站备品借用/归还登记本
客值与售票员 交接	钥匙	台账：票务钥匙使用记录表、车站客服中心交接班记录表
	票务备品及对讲设备	台账：车站客服中心交接班记录表
	车票、现金等	报表：售票员结算单
	TVM 补币补票	报表：TVM 补币记录表 台账：TVM 加票记录表
	回收闸机	台账：闸机回收车票记录表
	TVM 钱箱、票箱回收	报表：钱箱清点报告 台账：TVM 加票记录表
	统计站存车票	报表：车站售票/存票日报
	上交车票	报表：车票上交单

（2）参与岗位：参与岗位包括配票员、白班客值、晚班客值、白班售票员、晚班售票员、站厅站务员（兼任白班和晚班），另有场景解说员负责必要的讲解，其他角色可按小组演练需要自由设置。

（3）所需备品：所需备品包括各岗位工种胸牌、场景（票务室、客服中心等）标志牌、TVM 票箱、闸机票箱、单程票回收箱、票卡、票务信封/票盒/布袋、封条、SC 录入界面图（或 SC 实操台）、台账单等。

（4）演练展示时间：每组应在规定时间内完成既定案例的桌面模拟演练展示。

（5）演练展示地点：实训室。

4. 评价方式

（1）以学习小组为单位，由专、兼职教师和学生代表共同完成评价，教师评价占 60%，学生评价占 40%。

（2）评价指标，见表 4-2-3。

评价指标 表 4-2-3

序号	评价标准	权重（%）
1	所需备品准备齐全，胸牌佩戴规范	5
2	角色分工明确，配合协调，各司其职	4
3	运营前白班客值给 TVM 补票，台账登记，录入 SC	4
4	白班客值给白班售票员配票，按标准交接，填写报表、台账，录入 SC	5
5	票务部给车站配发车票，按标准交接、签认，录入 SC	5
6	大客流，白班客值给站厅站务员配票，按标准交接，填写报表、台账，录入 SC	5
7	白班客值和站厅站务员结算，按标准交接，填写报表、台账，录入 SC	5
8	白班客值安排回收闸机票箱内车票，台账登记，录入 SC	5
9	白班客值给晚班售票员配票，按标准交接，填写报表、台账，录入 SC	5
10	白班客值和晚班客值按标准交接、签认，SC 交接	5
11	晚班客值和白班售票员结算，按标准交接，填写报表、台账，录入 SC	5
12	白班售票员和晚班售票员按标准交接、签认，BOM 交接	3
13	晚班客值安排给 TVM 补票，台账登记，录入 SC	4
14	晚班客值和晚班售票员结算，按标准交接，填写报表、台账，录入 SC	5
15	运营结束，晚班客值回收 TVM 票箱、AGM 票箱、单程票回收箱内车票，台账登记，录入 SC	10
16	晚班客值清点计算车站库存车票数是否与 SC 数据相符，完成所有报表的填写，计算上交车票数，分别按要求加封车票	15
17	提前准备好需上交的车票，填写报表、台账，交接清楚，录入 SC	5
18	桌面模拟演练表现力强，按时完成所有程序，整体效果好	5
	总计	100

单元4.3　现金管理

单元4.3知识树

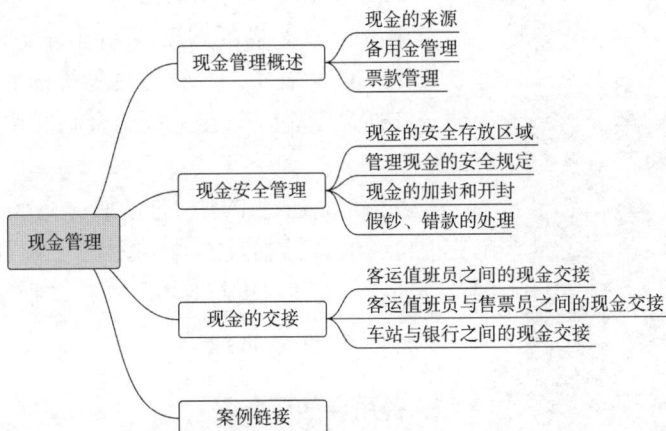

```
                              现金的来源
                   现金管理概述  备用金管理
                              票款管理

                              现金的安全存放区域
                   现金安全管理  管理现金的安全规定
        现金管理                现金的加封和开封
                              假钞、错款的处理

                              客运值班员之间的现金交接
                   现金的交接   客运值班员与售票员之间的现金交接
                              车站与银行之间的现金交接

                   案例链接
```

单元导入

20××年3月31日00：37，某城市轨道交通运营企业某站晚班值站独自一人核对当日解行票款，客值在一旁进行其他票务工作。

00：42，客值完成报表录入工作后核对车站备用金，此时值站仍在清点当日解行票款。

00：46，值站核对完车站解行票款后，对车站备用金进行零钞更换，更换零钞完毕，值班站长对车站备用金进行了全面清点。由于值站的疏忽，在独自兑换零钞的过程中误将备用金437.5元放入解行箱中（当日票款金额应为173668.5元，而车站实际解行174106元）。

客值当日未对值站清点后的解行票款进行复核，亦未在值站更换完全部零钞后，对车站所有备用金再次进行核对，以致未能及时发现并纠正备用金437.5元误放入解行箱解行的问题。

20××年4月1日，白班客值接班时发现备用金短款437.5元。经过调查，发现3月31日解行票款中误解行备用金437.5元。

对以上案例进行原因分析，认为：

当班员工未按照"客运值班员与值班站长或站厅站务员双人清点并将票款按银行要求打包"的规定，值站独自清点当日解行票款，且独自用备用金与票款进行兑零；当班客值未在值站清点完解行票款后予以复核，亦未在值站兑零后全面清点车站备用金，以致值站误将备用金放入解行箱解行未被及时发现，导致此次备用金误解行事件的发生。

那么，什么是备用金？什么是解行票款？车站对现金管理究竟有哪些规定？怎样才能避免票务差错事件？

⬤▬ 理论知识

一 现金管理概述

(一) 现金的来源

城市轨道交通车站现金来源主要有两类，即备用金和票款。

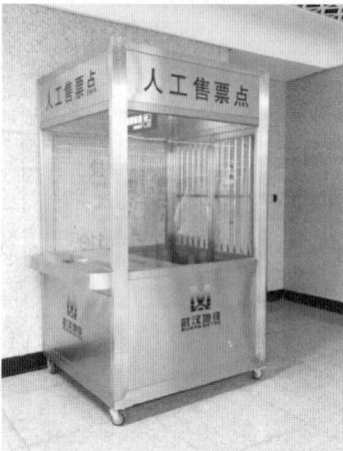

备用金指由上级部门配发给车站，专用于给乘客兑零、找零、TVM 补币、与银行兑零等的周转资金。有些城市轨道交通运营企业也会将备用金临时用于车站发生客伤时的应急基金。

票款指车站通过 TVM、自动加（充/增）值机、自助售卡充值机、BOM 或临时票亭（图 4-3-1）人工向乘客发售车票及办理票卡充值、更新等售票、补票业务中收取的现金。

图 4-3-1 临时票亭

(二) 备用金管理

1. 备用金的配备

票务部负责城市轨道交通运营企业所辖各站备用金的统计、申领，车站负责站内备用金的管理。票务部将各站首次申请汇总，提交财务部核准，并根据核准金额配发车站。若车站需要对备用金数额进行调整，须先向上级提出申请，经批准后转交票务部汇总，提交财务部核准，并根据核准金额进行调整。备用金配发到车站后，主要供车站流通使用。

车站备用金主要根据各车站硬币流失量、TVM 每日合理补币金额、配给售票员所需金额以及车站客流量情况计算配发。当前情况下，各城市备用金使用相对频繁的为备用硬币。由于各地硬币及零钞的使用及流通情况不同，备用硬币的获得途径也不完全一致。如上海、香港的硬币使用流通管理较好，市民广泛使用硬币，但北京、广州等地硬币在市面上流通较少，市民习惯使用纸币。相关部门应根据车站硬币实际消耗量和客流量制订备用硬币兑换计划。

2. 备用金的使用

车站备用金的使用应严格执行财务制度，遵循专款专用的原则。车站日常备用金通常配发固定数额，应用于车站票务周转，即兑换零币、给自动售票设备补币和配备给客服中心售票员。车站临时备用金通常是节假日增配的，应在节后全额返存银行。

车站备用金不得用于垫付收益差额，不能违规借用。备用金的增减情况应建立台账登记，每日运营结束后必须清点，做到账实相符。

紧急特殊情况下，由于地铁原因涉及客伤赔偿的，车站启用应急程序，需从车站备用金中垫支赔偿款的，需按规定填写使用审批表，办理车站备用金借支手续。借支部门需在一定时间内到财务部办理借款手续，将款项归还原借支车站。

3. 备用金的补还

因工作失误，将备用金当作票款送存银行，车站需在当天报表上说明情况，并在次日解行票款中予以调整。

原则上车站正常运作过程中不造成备用金的差额。银行兑零发生的差额与银行结算多退少补；车站人员工作失误导致的差额由责任人承担；其他特殊情况产生的差额（如客伤应急），通过上报审批后由相关部门补还。

对银行或外部单位提供的硬币出现非标准币、少币等情况，明确是银行或外部单位责任的，由公司协调银行和外部单位进行处理。

（三）票款管理

1. 票款的流程

经 TVM 等自助售票类设备及客服中心所获票款由车站清点后，需及时存入企业在银行的专用账户。现金票款的流程如图 4-3-2 所示。

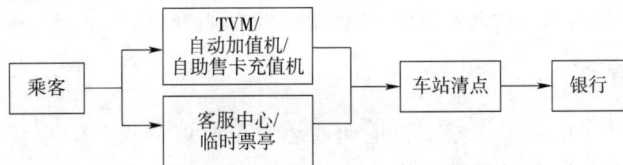

图 4-3-2　现金票款的流程

2. 票款收益

车站票款收益主要来源于两方面：一是 TVM 等自助设备发售车票、充值所得票款；二是客服中心的售票员通过 BOM 发售、处理车票所得收益。客值需在每日运营结束后，将所有票款收益进行清点规整，计算当日运营总收入，并按计划及时存入企业在银行的专用账户。

通过云支付进账的票款由后台直接结算，车站不需纳入票款收益管理。

（1）自动售票充值收益。每天运营开始前，客值需将一定金额的现金补充到 TVM 等自助设备的硬币找零箱和纸币找零箱中，乘客投入的购票钱币会通过处理模块存入相应钱箱。运营结束后，客值对车站所有的 TVM 等自助设备进行结账操作，取出设备内的纸币钱箱和硬币钱箱，并回收到票务室进行全面清点，完成钱箱清点报表的填写。

（2）客服中心收益。客值对客服中心的收益管理主要通过给售票员配票款和结账来实现。

配票款指客值为售票员开始售票工作前配备各种车票和备用金的过程。结账指客值在售票员结束售票工作后，在票务室对售票员收取的现金车票进行清点、记录的过程。无论是配票款还是结账，或者在售票员工作过程中，由于现金车票数量不足，向客值申请追加备用金和车票，或者售票员工作中收到票款数量过多，提前向客值上交预收款，所有这些现金和车票的交接情况都应如实填写报表，并将相关数据及时录入车站计算机系统。

客值每天根据自动售票充值收益、客服中心收益等实际情况计算当日车站总收益，填

177

写车站营收日报，并按规定及时将票款存入企业在银行的专用账户。

3. 票款解行

车站与银行之间的现金交接主要指车站将票款收益存入企业在银行的专用账户的过程，通常称为票款解行（或现金解行）。

解行操作时要求城市轨道交通运营企业根据车站特点及银行的服务时间确定解行时间，以保证车站能将现金尽可能多地存入银行，尽量减少留存在车站过夜的现金，降低车站收益保管风险。

各个城市轨道交通运营企业的实际情况不同，所采用的票款解行方式也不尽相同，目前票款解行方式主要有以下两种。

（1）直接解行：车站清点票款，由车站人员送到银行，银行工作人员与交款人员当面清点票款并当即返还现金送款单的解款方式。

（2）集中站收款/打包返纳（如广州地铁）：由银行或专门押运公司到车站收取票款，运送到银行，银行工作人员按规定清点票款后于次日返还现金送款单，最终确认送行金额的解款方式。多数城市轨道交通运营企业采用此种方式解行。

二　现金安全管理

车站备用金及票款收入作为城市轨道交通运营企业现金收益的重要部分，其安全管理直接影响企业收益安全。以保证现金安全为目的，城市轨道交通运营企业均有严格的安全管理规定。相关资源见二维码。

（一）现金的安全存放区域

车站现金只能存放在现金的安全区域。现金安全区域包括票务室（票款室、点钞室）、客服中心（含临时售票亭，下同）、TVM、自动加（充/增）值机、自助售卡充值机。

（二）管理现金的安全规定

现金安全管理

1. 票务室内存放现金的安全规定

首先必须随时保持锁闭状态（票务室门和防盗门需同时锁闭）；其次除当班票务工作人员外，其他人员必须得到规定级别人员的许可，方可进入票务室，当值人员离开票务室时，票务室内所有人员必须随同离开，不得逗留。车站需设立台账，记录进入人员、进入原因、进入时间以及离开时间。

除现金交接、钱箱清点外，其他时间票款室内所有现金只能保管在保险柜、存放硬币的票柜、补币箱、待清点的钱箱或已锁闭解行箱内。

2. 客服中心存放现金的安全规定

首先，客服中心应随时保持锁闭状态（临时售票亭除外，但车站需随时监控临时售票亭的安全情况）。其次，运营时间除当班售票员、车站票务检查人员外，其他人员必须得到当班值站或以上级别人员的许可，方可进入客服中心。最后，非运营期间，原则上不允许进入客服中心，确须进入时，须得到当班值站或以上级别人员的许可，在客服中心监控

设备可正常监控状态下进入。车站需设立台账，记录批准人员、进入人员、所做事项、进入时间以及离开时间。

售票员在处理现金时，应将现金放在客服中心的 BOM 钱柜、上锁的票盒或抽屉（用于兑零的硬币除外）且乘客接触不到的地方。存放于临时售票亭的现金需做好防盗工作。

3. 现金运送途中的安全规定

现金运送途中必须放入锁闭的钱箱、配票箱或上锁的手推车中，由车站运营人员单人或双人（各城市轨道交通运营企业规定不同）负责安全运送。解行现金必须由规定级别（如当班客值）以上的员工负责安全。

现金清点中钱箱
清点工作

4. 现金清点的安全规定

现金的清点工作须在安全区域完成，坚持双人清点原则，并保证在仪器监控状态下进行，清点完毕及时填写台账。相关资源见二维码。

（三）现金的加封和开封

现金清点中钱币
清点工作

为确保车站收益安全，所有现金的加封由参与清点的人员负责，需在监控系统监控下清点和加封，加封人在封条上应注明加封金额、加封车站、加封人、加封日期等加封内容。现金可用砂纸、信封、钱袋加封，加封后必须保证一经破封无法复原。

1. 砂纸加封

一般情况下，车站清点纸币时，按各面额分类清点，同一面额纸币每满 100 张可用砂纸加封（图 4-3-3）。加封前，在封条上注明加封内容。加封时，在砂纸一字形缠绕归整后的纸币中部、接缝处贴上封条。

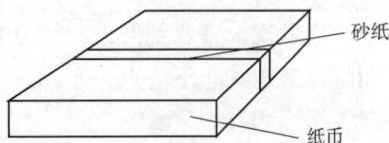

图 4-3-3　砂纸加封示意图

2. 信封加封

信封可加封纸币和票据。加封纸币一般仅限于同一面额不足 100 张的纸币，按面额大小归整后放入信封进行加封。加封前，在票务信封的正面注明加封内容。加封时，先将信封口封住，再用封条将信封背面的接缝处封住，最后在信封背面封条骑缝处及封面上盖章。

3. 钱袋加封

通常用于对硬币的加封，纸币需用钱袋加封时，应先用砂纸加封或信封加封后再放入钱袋内加封。加封前，在封条上注明加封内容。加封时，将钱袋口用绳子缠绕扎紧后再用封条缠绕加封。

现金的开封需客值或以上级别的员工在监控仪监控状态下逐袋开封、清点。监控系统发生故障时车站清点票款、清点兑零硬币、开启及加封解行箱等工作应当由当班客值或以上级别的员工和另一名员工双人清点、双人加封开封。按规定开封清点后若发现金额不符，立即上报上级到票务室确认，差额由加封人负责；如未执行开封清点规定，差额由开封人负责。

（四）假钞、错款的处理

在日常票务工作中，难免碰到假币、错款等问题，为了预防此类问题的发生，除了给票务人员配备相应的钞票真伪辨别设备以外，最重要的是提高票务工作人员的整体素质及工作能力，这就要求所有票务人员在工作中细致谨慎、一丝不苟，正确使用钞票真伪辨别设备，掌握必备的票款收缴、鉴别、计算、找零等技能。

1. 车站客服中心假币、错款处理原则

车站客服中心进行现金交易时，需要使用相关设备辨别钞票真伪，如发现假钞或无法确认真伪时，应礼貌拒收。结账、缴款过程中发现收到假币时，若假币无法被车站验钞机正常检出，则相应票款损失由公司承担；若假币能够被正常检出，则损失由收款人承担。

一般情况下，当出现错款时，人工作业遵循"长款上交、短款自负"的处理原则。所谓错款，即应收票款与实收票款间存在差异，若实收金额比报表显示的应收金额大，即为长款，则多出金额作为其他票款上交；若实收金额比报表金额小，即为短款，由造成错款的工作人员补交相应差额。但如果是设备故障引起的差额（如 BOM 在车票批次处理中应发单程票 20 张，因设备故障，实际只发出 10 张，而设备记录发出了 20 张），则相应票款损失由公司承担。银行在票款清点过程中发现所收现金与应收票款存在差额时，相应损失由票款加封人承担。

2. TVM 等自助设备假币、错款处理原则

当发现设备收到假币时须立即停用，对 TVM 等自助设备收取的假币，必须是全过程在监控摄像状态下清点，车站须做好相关记录，公司负责承担相应的票款损失，必要时公司将组织调查。

3. 鉴别真假人民币的传统做法

除了使用钞票真伪辨别设备来鉴别钞票真伪外，票务人员还应当掌握鉴别真假人民币的传统四步骤。

"一看"：看钞票的水印是否清晰，有无层次感和立体效果，看安全线（假币常在纸张中夹入一条银白色塑料线，有时两头会露出剪齐的断头）。

"二摸"：用手指反复触摸币面主要图景及"中国人民银行"字样，真币有凹凸感，假币则无。

"三听"：钞票纸张是特殊纸张，挺括耐折，用手抖动会发出清脆的响声。

"四测"：用紫光灯检测无色荧光图纹，用磁性仪检测磁性印记，用放大镜检测图案印刷的接线技术及底纹线条。

三　现金的交接

（一）客值之间的现金交接

车站客值之间的现金交接主要是指各班客值在交接过程中对车站备用金、票款的交接。交接账实是否相符直接反映车站备用金、票款收益安全情况及客值差额补交情况，因此，客值必须严格按照现金交接管理规定进行交接。

交接前，交班客值需根据相关原始报表记录核算交接时的票款收入金额及备用金金额，并记录在交接班本和车站营收日报上，作为交接凭证；接班客值须核算交接班本和车站营收日报上的记录是否准确，然后实际清点交接的票款、备用金，确保与交接班本和车站营收日报上记录一致，在客值交接班本上签名确认。

交班过程中，客值如果发现实点金额与交接班本和车站营收日报不一致，需立即通知值站共同清点票款和备用金。若出现短款，由交班人员补交相应差额；若出现长款，则多出金额作为其他票款，由接班人员计入营收。为避免客值在交接过程中私自带走交接长款，侵占公司票款收益，需在票务室（票款室、点钞室）监视区域进行交接，对交接中出现的长、短款情况，需在交接台账和车站营收日报上做好记录说明并立即组织调查。

现以某城市轨道交通运营企业为例，介绍其具体交接工作流程（图4-3-4）。

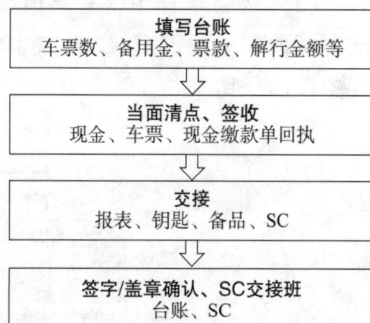

（1）早交班值班员根据库存实际车票数量、备用金金额、票款收入、解行金额等如实填写台账（如车站票务交接班登记簿）。

（2）接班值班员应依据台账上的记录当面清点保险柜中的现金、车票、现金缴款单回执并进行签收。纸币、硬币清点规定如下。

①纸币清点：保险柜中的所有纸币必须当面清点后签认交接，交接时若发现数目有误，接班人应立即通知值班站长到票务室确认，同时按实际数量进行签收。值班站长应及时上报上级票务管理部门，并进行调查处理。若差额原因无法查明，则短款由交班人补足，长款随当天票款上交。

②硬币清点：对已加封的硬币交接时，接班人确认加封正确完好后可凭加封数目交接。加封前必须双人清点（清点钱箱除外），确认无误后共同盖章加封；开封前必须双人（其中一名为客值）确认封条正确完好后开封共同清点；清点后若发现金额不符，应立即请值站到票务室签名确认，差额由加封人负责；如未执行双人开封清点规定时，差错由开封人负责；与银行兑换的硬币，应双人清点后加封。

（3）交接各类车站票务报表、票务钥匙、票务备品等，并在SC上进一步确认票款等交接信息正确。

（4）以上操作完成后，双方在台账（如车站票务交接班登记簿）上签字、盖章确认，并在SC上完成交接班操作。

图4-3-4　客值现金交接流程

填写台账
车票数、备用金、票款、解行金额等

↓

当面清点、签收
现金、车票、现金缴款单回执

↓

交接
报表、钥匙、备品、SC

↓

签字/盖章确认、SC交接班
台账、SC

（二）客值与售票员之间的现金交接

售票员开窗工作前，客值应准备好本班需配发的车票、备用金等，与售票员当面清点、交接。售票员关窗工作后，应对本班BOM所收票款及剩余车票进行清点，与客值结账、交接，因此，也存在现金交接问题。

下面仍以某城市轨道交通运营企业为例，介绍其具体交接工作流程。

1. 早班车到站前规定时间售票员上班时的交接（图4-3-5）

（1）客值与售票员当面清点所领车票及备用金后，将实际金额填写在手工报表（如售票员结算单）的相应栏目中，双方盖章确认，同时将以上初始数额在 SC 上输入电子报表（找零硬币无论是加封或是未加封的，售票员都应当面清点，确认无误后签收）。

（2）早班第一班售票员上班，值班员要发放 BOM 单程票票箱及客服中心的钥匙和 BOM 开机钥匙并进行登记。

（3）运营过程中，客值追加的备用金应补登手工报表（如售票员结算单"备用金领取"栏）。

（4）客值向售票员收取预收款时，应当面清点所收款项，并在手工报表（如售票员结算单的"预收款金额"栏）上注明后签名确认。

（5）运营过程中，售票员如要离岗（上洗手间、吃饭等），须通知车控室，由值站安排客值顶班，顶班交接时双方应各自在 BOM 设备退出及登录自己的操作号，严禁使用他人的操作号售票。

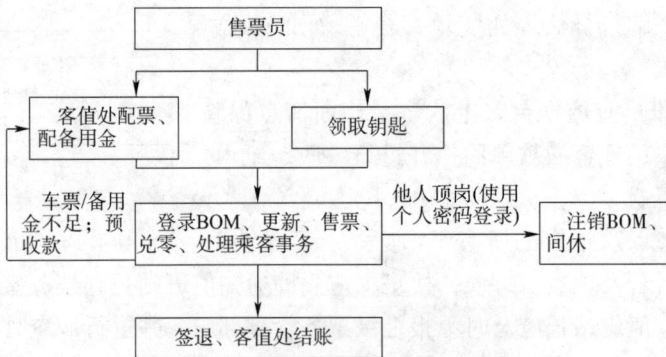

图4-3-5　售票员上班交接流程

2. 售票员下班结账时的交接（图4-3-6）

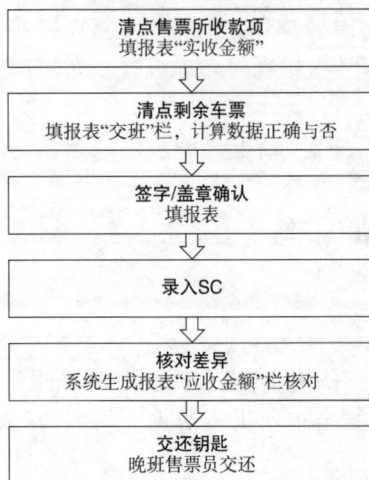

图4-3-6　售票员下班交接流程

（1）客值与售票员当面清点所收现金后将实际金额填写在手工报表（如售票员结算单的"实收金额"栏）中，双人盖章确认。

（2）客值与售票员当面清点剩余车票数量后填写手工报表（如售票员结算单的"交班"栏），并核对检查单程票出售情况（如查看乘客事务处理单）；然后计算检查手工报表（如售票员结算单）各项数据计算是否正确。

（3）完成以上操作后，双方在手工报表上签字、盖章确认，同时在 SC 上输入相关数据。

（4）系统在确认输入完毕后，自动调出数据库数据，填入"应收金额"栏并进行差异核对。

（5）差异生成后，SC 无权对数据进行调整，只能核对相应的凭证、填写差异原因。

（6）若为晚班售票员交班则须交还 BOM 单程票箱及客服中心的钥匙和 BOM 开机钥匙并进行登记。

（三）车站与银行之间的现金交接

车站每天至少解行一次，一般情况下，车站每日需将所有的隔夜票款、早班售票员收入、预收票款及解行前已清点的钱箱收入全部解行。车站进行现金交接时，需做好交接记录，解行完毕，将银行代收款单、现金缴款单等随当天报表上交票务部。

以某城市轨道交通运营企业为例，介绍其具体解行工作流程（图 4-3-7）。

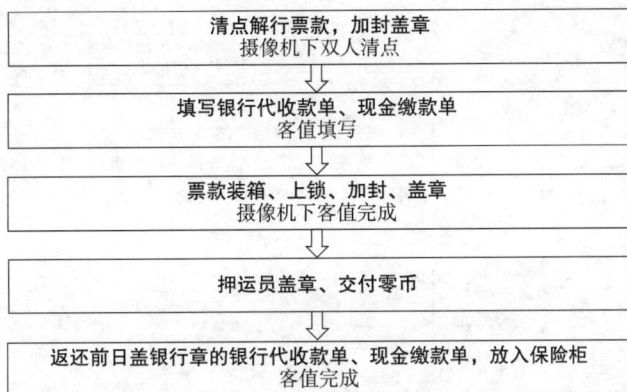

图 4-3-7 解行流程

（1）客值与站厅站务员双人在摄像机有效范围内点算解行票款，并加封盖章。

（2）银行押运人员到达票务室后，客值填写银行代收款单和现金缴款单，在摄像机有效范围内将清点打包的票款装入解行箱并上锁加封盖章，然后交予银行押运人员，由押运员在银行代收款单和现金缴款单上签字盖章（此时押运员只点收打包票款封包上的数额）；同时，押运员交付车站兑换的零币（此过程必须在摄像机有效范围内进行）。

（3）客值将盖有银行章的银行代收款单和现金缴款单放入票务室的保险柜中。

（4）各站须在每日下午银行结束押钞时间前，将本站所有的隔夜票款、早班 TVM 钱箱收入及 BOM 收入全部解行。为确保安全，车站应将中班票款尽可能多地存入银行，尽量减少留存车站的隔夜票款。

遇需临时解行时，应根据与银行之间的协议，视具体情况通过电话通知押运公司在非指定时间到站解款，一般在正常工作时间内。夜班押运需经领导批准。

案例链接

某城市轨道交通运营企业车站收益管理案例

车站收益的管理视各公司情况有所不同，现以国内某城市轨道交通运营企业为例，介绍车站收益管理流程（图 4-3-8）。相关资源见二维码。

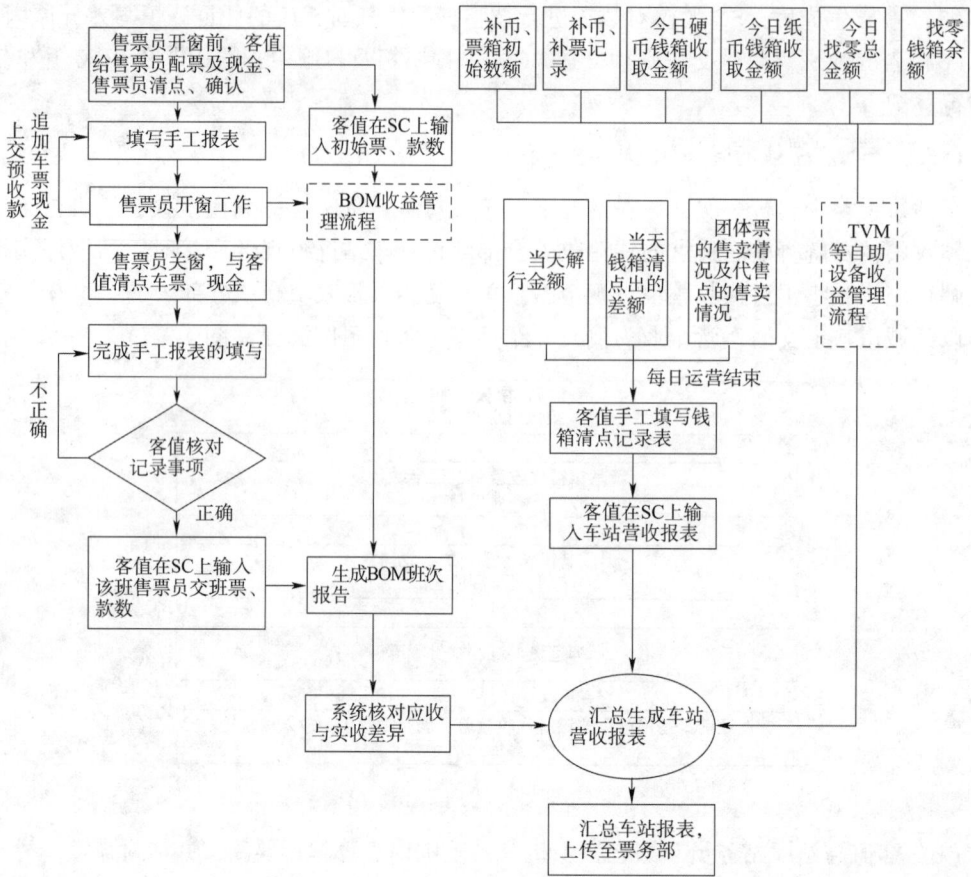

图 4-3-8　某车站收益管理流程

（一）客值收益工作流程

客值主要收益管理工作包括两部分，即 TVM 等自助设备收益管理和 BOM 收益管理，通常这两项工作是交织进行的，为方便梳理关系，下面分开介绍其收益工作流程。

车站收益管理

1. TVM 等自助设备收益工作流程（图 4-3-9）

（1）运营前规定时间与站厅站务员开启备用金保险箱，在指定区域（摄像机监控范围）开封硬币和纸币并进行清点，核对无误后分装 TVM 等自助设备补币钱箱，确认补票箱内单程票数量。

（2）将补币钱箱及补票箱装车上锁，然后将手推车移送至站厅层，与站厅站务员共同开启设备及添加找零硬币/纸币和补票箱，同时检测 TVM 等自助设备，确认设备正常运作。

（3）回票务室填写设备加币/票记录单后盖章确认，并及时完成 SC 录入。

（4）运营过程中，客值应根据需要完成 TVM 等自助设备补币、补票、更换钱箱及钱箱清点等工作。

2. BOM 收益工作流程（图 4-3-10）

（1）进行售票员的配票、备零和售票员结算单等台账的准备工作。

（2）售票员关窗后，客值与其当面清点车票、现金，对售票员填写的手工报表进行核对，发现错误应及时让售票员修改或重填报表。若核对无误，在 SC 上输入该班售票员交班票款数。

（二）售票员收益工作流程（图 4-3-11）

（1）售票准备：售票员到客值处报到，领取备用金、车票等，依据售票员结算单上所列车票的数量、备用金等当面清点，并在售票员结算单上签收，领取客服中心钥匙、BOM 的开关钥匙（若为第一班，则向值班员领取；若为接班人员，则向交班人员领取）。

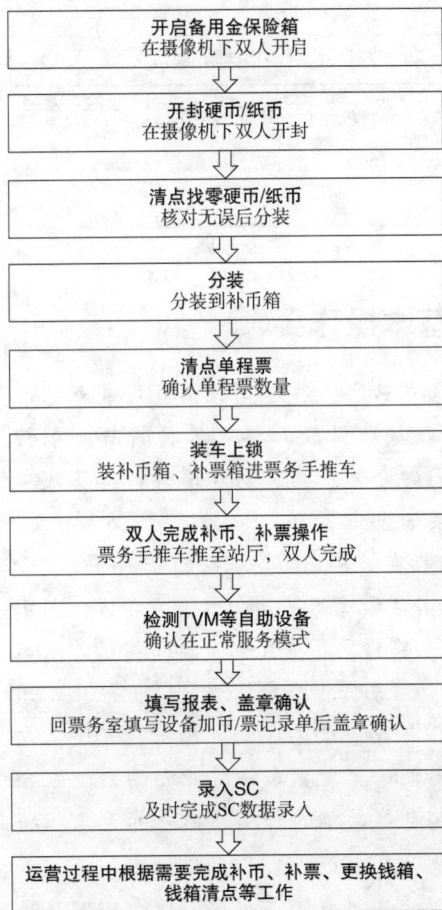

图 4-3-9　TVM 等自助设备收益工作流程

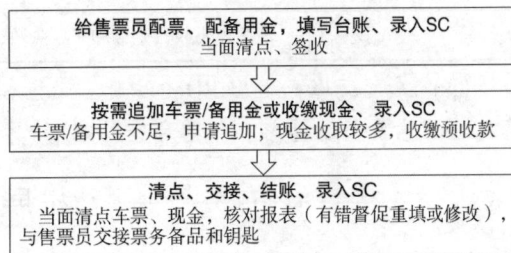

图 4-3-10　BOM 收益工作流程

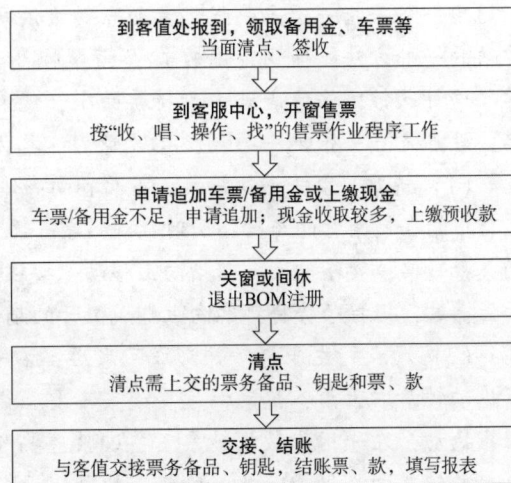

图 4-3-11　售票员收益工作流程

（2）开窗售票：在 BOM 上注册，开始办理售票、分析车票、补票、更新车票等工作。

①追加车票、备用金：若车票、备用金不足，售票员须及时要求补充，客值补充车票、备用金后，须在售票员结算单上注明。

②上缴预收款：若售票员售票作业收取现金较多，可由客值依据本站的实际情况，从售票员处及时收取预收款，当面清点，并在售票员结算单上签收。

③严格按售票作业程序工作，见表 4-3-1。

售票作业程序   表 4-3-1

步 骤	程 序	内 容
1	收	收取乘客购票的票款
2	唱	讲出票款金额，重复乘客要求的购票张数和车票类型，如未听清乘客的要求，应主动礼貌地询问
3	操作	正确、迅速地操作： （1）检验钞票真伪，如钞票为伪钞，则要求乘客另换张钞票。 （2）在 BOM 上选择相应功能键，处理车票，让乘客确认余值
4	找	清楚说出找赎金额和车票张数，将车票和找赎的零钱一起礼貌地交给乘客

（3）关窗交班：退出 BOM 注册，交接客服中心内的票务备品和票务钥匙，根据售票情况填写售票员结算单，到票务室结账/结算。

━━━━━━ 拓展知识 ━━━━━━

手持式单指单张点钞法的基本操作要领

用一个手指一次点一张钞票的点钞方法叫单指单张点钞法。这是点钞中最基本也是最常用的一种方法，使用范围较广，频率较高，适用于收款、付款和整点各种新旧大小钞票。这种点钞方法优点是由于持票面小，能看到票面的四分之三，容易发现假钞票及残破票；缺点是点一张记一个数，比较费力。具体操作方法如下。

（1）持票。左手横执钞票，下面朝向身体，左手拇指在钞票正面左端约四分之一处，食指与中指在钞票背面与拇指同时捏住钞票，无名指与小指自然弯曲并伸向票前左下方，与中指夹紧钞票，食指伸直，拇指向上移动，按住钞票侧面，将钞票压成瓦形，左手将钞票从桌面上擦过，拇指顺势将钞票向上翻成微开的扇形，同时，右手拇指、食指做点钞准备。

（2）清点。左手持钞并形成瓦形后，右手食指托住钞票背面右上角，用拇指尖逐张向下捻动钞票右上角，捻动幅度要小，不要抬得过高。要轻捻，食指在钞票背面的右端配合拇指捻动，左手拇指按捏钞票不要过紧，要配合右手起自然助推的作用。右手的无名指将捻起的钞票向怀里弹，要注意轻点快弹。

（3）记数。与清点同时进行。在点数速度快的情况下，往往由于记数迟缓而影响点钞的效率，因此，记数应该采用分组记数法。把 10 作 1 记，即 1、2、3、4、5、6、7、8、9、1（10），1、2、3、4、5、6、7、8、9、2（20），以此类推，数到 1、2、3、4、5、6、7、8、9、10（100）。采用这种记数法记数既简单又快捷，省力又好记。但记数时机默记，不要念出声，做到脑、眼、手密切配合，既准又快。

🔲 单元测试

请老师根据实际教学需要，组织学生完成"单元 4.3 现金管理"的测试，相关试题见本书配套资源包。

职业能力训练 4-3：车站现金收益管理流程模拟演练

1. 训练所需基础知识

车站收益管理流程，现金收益管理工作相关规定，岗位交接班要求，票款、备用金的结算。

2. 训练目的

通过分组分角色桌面模拟演练，帮助学生进一步掌握现金收益管理中各岗位的基本技术要求，学生通过教师点评和观察其他组的展示得到提高，进一步建立规范、严谨的票务管理岗位意识。

3. 训练要求

分学习小组完成车站现金收益管理流程桌面模拟演练。

（1）具体要求。应清晰展现案例所示的现金收益管理工作内容，包括补币作业、配备用金、上交预收款、交接结算作业、现金解行、回收钱箱清点作业、运营结束结算作业。

案例：

①请计算运营结束后车站库存票款金额及备用金金额，以及表 4-3-2 中问号处的金额。

车站票款/备用金统计表　　　　　　　　表 4-3-2

序号	时间	现金收益情况	票款（元）	备用金（元）
1	04：00	车站隔夜票款及备用金	21052	23600
2	05：00	运营前客值给 TVM 补币		2000
3	06：00	白班客值配发给白班售票员		4200
4	11：00	大客流白班客值配发给站厅站务员		2200
5	12：40	结算时站厅站务员共回收现金	2244	2200
6	13：50	白班客值回收 TVM 现金总数	5000	
7	14：30	白班客值配发给晚班售票员		2100
8	14：40	客值交接班	?	?
9	14：45	晚班客值与白班售票员结算时，回收的现金总数41238元（乘客事务处理单显示售票员操作退 3 元单程票 2 张，4 元单程票 1 张，6 元单程票 1 张，TVM 卡币退 10 元）	?	?
10	15：00	售票员交接班		
11	15：40	晚班客值给 TVM 补币		600
12	15：45	晚班客值向晚班售票员预收款	5000	

续上表

序号	时间	现金收益情况	票款（元）	备用金（元）
13	16：00	解行	?	
14	23：50	晚班客值与晚班售票员结算时，回收现金数 8225 元（乘客事务处理单显示售票员操作退 2 元单程票 1 张，5 元单程票 2 张，TVM 少找零退 3 元）	?	?
15	次日 00：10	运营结束后回收 TVM 现金总数 4255 元	?	?
16	次日 01：00	盘点库存票款及备用金	?	?

②某城市轨道交通运营企业票务作业、交接内容及台账、报表种类（表4-3-3）。

票务作业、交接内容及台账、报表种类 表4-3-3

岗位作业、交接内容		台账、报表记录
客值与客值交接	AFC 设备、票务钥匙、备品备件及对讲设备情况	台账：车站票务交接班登记本、票务钥匙使用记录表
	备用金、票款及车票数量	台账：车站票务交接班登记本
	发票	台账：车站票务交接班登记本
	核对票务报表	
	其他需特别说明的情况	台账：车站票务交接班登记本
售票员与售票员交接	票务备品及对讲设备	台账：车站客服中心交接班记录表
	钥匙（客服中心钥匙、BOM 收银钱箱钥匙等）	台账：车站客服中心交接班记录表
	登录 BOM，检查 BOM 状态	
	其他需特别说明的情况	台账：车站客服中心交接班记录表
站厅站务员与行值交接	对讲设备及钥匙（边门的门钥匙、自动扶梯钥匙等）	台账：钥匙借用登记表、车站备品借用/归还登记本
客值与售票员交接	钥匙	台账：票务钥匙使用记录表、车站客服中心交接班记录表
	票务备品及对讲设备	台账：车站客服中心交接班记录表
	车票、现金等	报表：售票员结算单
客值与银行押运员交接	空押运箱、装有票款和报表的押运箱交接	报表：押运交接单
	上日报表银行确认后退回	报表：现金缴款明细单
	预收款	报表：售票员结算单
	TVM 补币补票	报表：TVM 补币记录表 台账：TVM 加票记录表

岗位作业、交接内容	台账、报表记录
准备解行	报表：现金缴款单、现金缴款明细单
TVM 钱箱、票箱回收	报表：钱箱清点报告 台账：TVM 加票记录表
统计车站营收	报表：车站营收日报

（2）参与岗位：参与岗位包括白班客值、晚班客值、白班售票员、晚班售票员、站厅站务员（兼任白班和晚班）、银行收款员，另有场景解说员负责必要的讲解，其他角色可按小组演练需要自由设置。

（3）所需备品：岗位工种胸牌、场景（票务室、客服中心等）标志牌、TVM补币箱、纸币钱箱、硬币钱箱、票务手推车、票务钥匙、配票款箱、解行箱、纸钞、硬币、信封/钱袋、封条、SC 录入界面图（或 SC 实操台）、报表台账单等。

（4）演练展示时间：每组应在规定时间内完成既定案例的桌面模拟演练展示。

（5）演练展示地点：实训室。

4．评价方式

（1）以学习小组为单位，由专、兼职教师和学生代表共同完成评价，教师评价占 60%，学生评价占 40%。

（2）评价指标见表 4-3-4。

评价指标　　　　表 4-3-4

序号	评价标准	权重（%）
1	所需备品准备齐全，胸牌佩戴规范	5
2	角色分工明确，配合协调，各司其职	5
3	运营前白班客值给 TVM 补币，填写报表，录入 SC	5
4	白班客值给白班售票员配备用金，按标准交接，填写报表、台账，录入 SC	5
5	大客流，白班客值给站厅站务员配备用金，按标准交接，填写报表、台账，录入 SC	5
6	白班客值和站厅站务员结算，按标准交接，填写报表、台账，录入 SC	5
7	白班客值安排回收、清点 TVM 钱箱，填写报表，录入 SC	5
8	白班客值给晚班售票员配备用金，按标准交接，填写报表、台账，录入 SC	5
9	白班客值和晚班客值按标准交接、台账上签认，SC 交接	5
10	晚班客值和白班售票员结算，按标准交接，填写报表、台账，录入 SC	5
11	白班售票员和晚班售票员按标准交接、台账上签认，BOM 交接	5
12	晚班客值安排给 TVM 补币，填写报表，录入 SC	5
13	晚班售票员上交预收款，按标准填写报表，录入 SC	5
14	晚班客值将票款解行，按标准填写报表，录入 SC	5
15	晚班客值和晚班售票员结算，按标准交接，填写报表、台账，录入 SC	5

续上表

序号	评 价 标 准	权重（%）
16	运营结束，晚班客值回收、清点 TVM 钱箱，填写报表，录入 SC	10
17	晚班客值清点计算车站库存票款金额、备用金金额是否与 SC 数据相符，完成所有报表的填写，需要时加封现金	10
18	桌面模拟演练表现力强，按时完成所有程序，整体效果好	5
总计		100

单元 4.4 票务备品及钥匙管理

单元4.4知识树

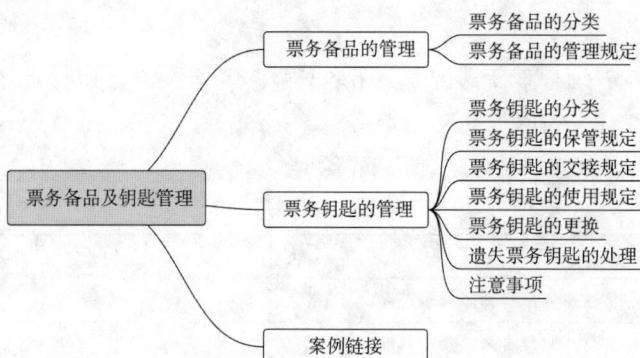

```
                                    ┌─ 票务备品的分类
                   ┌─ 票务备品的管理 ─┤
                   │                └─ 票务备品的管理规定
                   │
                   │                ┌─ 票务钥匙的分类
                   │                ├─ 票务钥匙的保管规定
                   │                ├─ 票务钥匙的交接规定
票务备品及钥匙管理 ─┼─ 票务钥匙的管理 ─┼─ 票务钥匙的使用规定
                   │                ├─ 票务钥匙的更换
                   │                ├─ 遗失票务钥匙的处理
                   │                └─ 注意事项
                   │
                   └─ 案例链接
```

单元导入

20××年 1 月 31 日，某站站务员当班期间由于疏忽大意，在打开闸机侧门处理乘客问题后，未及时取回钥匙就走开了，致使遗失一串票务钥匙（包括 TVM 维修门钥匙、BOM 侧门钥匙、闸机维修门钥匙和钱箱底座钥匙），经查找，未果。

20××年 3 月 10 日 14：35，某站当班值站与客值对 TVM 进行补币后，准备交还找零器上盖钥匙给行车值班员时，发现钥匙不见了。于是值站立即原路返回寻找找零器上盖钥匙，但未找回。

分析以上两起遗失票务钥匙事件，均是当事人疏忽大意，未严格按照票务钥匙的管理规定执行所致。票务钥匙的管理有哪些规定？除了票务钥匙，还有哪些票务备品？应如何管理这些票务备品？

理论知识

城市轨道交通车站的票务工作流程复杂，手续严格，所需的备品和钥匙种类繁多，并

且需要专人看管，各种备品和钥匙的申领使用需要做好登记，借出须
及时归还。相关资源见二维码。

票务备品及钥匙管理

一　票务备品的管理

　　在日常票务工作中，车站需要进行大量现金和车票的清点、存放
及运送工作，为了提高车站票务工作效率，同时保障现金、车票清点
工作的准确性，以及现金、车票在存放和运送途中的安全性，通常需要使用一些辅助备品
完成票务工作。

（一）票务备品的分类

　　常见的票务备品主要有钱箱、回收钱箱、找零箱、解行箱、票箱、补票箱、回收票
箱、废票箱、收银钱箱、售票盒、配票箱、票柜、保险柜、验钞机、纸币清分机、点钞
机、点币机、点票机，票务手推车等。这些票务备品按用途不同大致可分为存放类备品、
清点类备品和运送类备品三类。常见票务备品如图4-4-1所示。

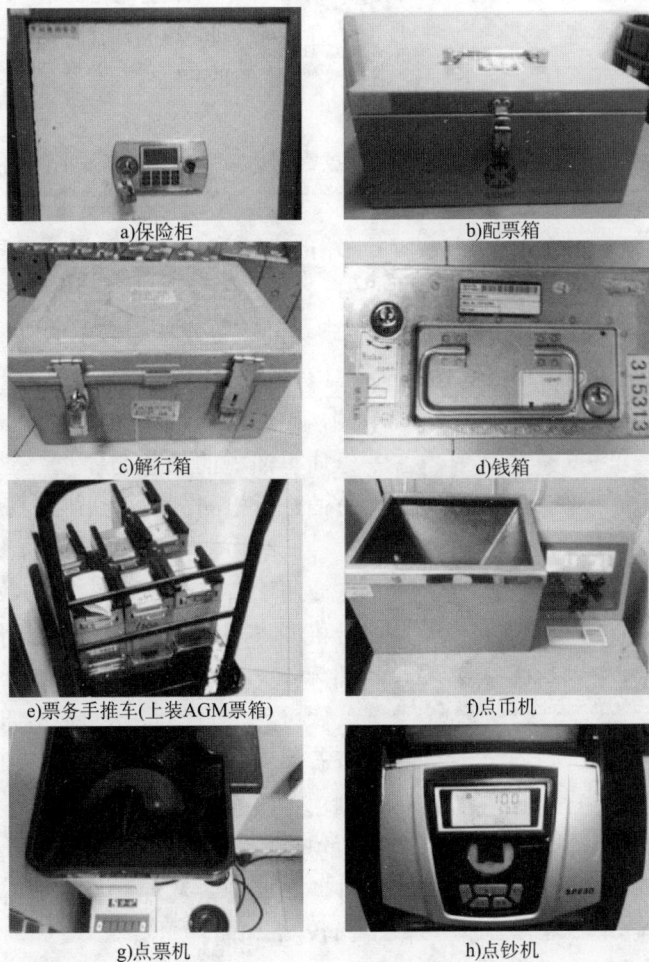

a)保险柜

b)配票箱

c)解行箱

d)钱箱

e)票务手推车(上装AGM票箱)

f)点币机

g)点票机

h)点钞机

图4-4-1　常见票务备品

（1）存放类备品：主要用于安全存放车站内的现金和车票。

①（回收）钱箱、找零箱、解行箱：主要用于存放现金。（回收）钱箱分为纸币（回收）钱箱和硬币（回收）钱箱，放置于TVM、自动加（充/增）值机、自助售卡充值机等自助设备中，用于接收或回收乘客购票支付的纸币或硬币；找零箱主要用于存放TVM中的找零硬币或纸币（有些城市轨道交通运营企业将硬币找零箱称为"补币箱"）；解行箱主要用于车站与银行进行现金交接时存放现金（部分城市轨道交通运营企业称其为"尾箱"）。

②票箱、补票箱、回收票箱、废票箱：主要用于存放单程票。票箱分为AGM票箱和TVM（BOM）票箱。AGM票箱置于出站闸机、双向闸机中，用于存放回收的单程票（有些城市轨道交通运营企业也称其为"AGM回收票箱"）；TVM（BOM）票箱置于TVM、BOM等设备中，用于存放待售的单程票；补票箱置于TVM中，用于补充待售的筹码型单程票；回收票箱置于TVM中，用于筹码型单程票清空时暂时存放车票；废票箱置于TVM、BOM等设备中，用于存放发售不成功的废票。

通常使用薄卡型单程票的TVM票箱与AGM票箱同型号，使用筹码型单程票的TVM补票箱与AGM票箱同型号，这样可以互换，更方便补票作业。

③收银钱箱、售票盒/配票箱：主要用于存放待售的各类车票。收银钱箱置于客服中心内，用于票务员日常工作中票卡、备用金、票款的收纳，售票盒/配票箱由售票员上岗前至票务室（点钞室）领出，下班前交还。

以上票务备品流动性强，使用中重点注意需轻取、轻放，按操作标准正确使用，保持其清洁，避免损坏备品、伤及自己和他人。

④票柜、保险柜：主要用于存放暂时不用的车票和现金，置于票务室（点钞室）内，通常应按规定上锁。

（2）清点类备品：主要用于清点车票、现金的数量及检验钞票的真伪。

①验钞机：用于检验钞票的真伪。一般具有多种验钞手段，如荧光检测、红外穿透检测、磁性检测、激光检测等，通过对人民币的纸质、油墨的颜色与厚度、磁性、荧光字等各方面进行检测，以达到辨别真伪的目的。

②纸币清分机、点钞机、点币机、点票机：主要用于清点现金和车票的数量，其中纸币清分机能将不同面额的纸币在清点过程中自动按面额分类（图4-4-2）。

以上清点类备品使用时重点注意需检查是否有遗留现金、车票，发现遗留现金和遗留预制单程票的情况要及时上报。

图4-4-2　纸币清分机

（3）运送类备品：主要用于运送车站内的现金和车票。

票务手推车：用于装运各种钱箱、票箱等贵重设备及现金、车票等有价证券，可锁闭，极大限度地保障了设备及有价证券运送的安全和便利。

使用票务专用手推车（含带轮子的配票箱）前要确认其状态良好后方可使用。使用时不要碰伤自己或乘客，同时要注意保护好车站其他服务设备设施，避免损坏。

（二）票务备品的管理规定

票务备品的状态直接影响车站票务工作的安全、效率和质量，车站需按相关规定加强对票务备品的管理，以保持其数量完整、状态良好。

（1）票务备品配发到站后，车站需设置专门的备品台账，用以记录票务备品的保管、交接和使用情况，保管人员需根据书面台账定期对所负责保管的所有票务备品进行盘点，清点备品的种类、数量，并检查确认状态是否良好，确保做到账实相符，状态良好。

（2）票务室（点钞室）内的票务备品由车站当班客值或值站负责保管；客服中心、临时售票亭的票务备品由当班操作员（售票员或票务值班员）负责保管。

（3）备品的申购和更换由车站上级部门（如车务部、客运部）统一负责，解行箱由银行负责更换。

（4）车站在使用票务备品过程中需注意保持备品的清洁，爱护并注意避免其受损。

二　票务钥匙的管理

（一）票务钥匙的分类

票务钥匙：指票务工作中使用的钥匙，可分为 AFC 设备钥匙和非 AFC 设备钥匙两大类。

1. AFC 设备钥匙

AFC 设备钥匙主要是指使用车站 AFC 设备所需的各类钥匙。

（1）设备门钥匙：TVM 门钥匙、闸机门钥匙、TCM 门钥匙、BOM 侧门钥匙、边门（边门门禁）钥匙、云购票机门钥匙、云闸机门钥匙、自助客服中心门钥匙。

（2）支架钥匙：纸币/硬币钱箱支架钥匙、纸币/硬币补币支架钥匙、补票支架钥匙。

（3）设备箱钥匙：纸币/硬币钱箱钥匙、纸币找零箱（回收箱）钥匙、硬币补币箱钥匙、BOM 电子钱箱钥匙、BOM 键盘钥匙、闸机票箱钥匙、云购票机的补票箱钥匙、车票回收箱钥匙。

2. 非 AFC 设备钥匙

（1）房门钥匙：票务室（点钞室）门钥匙、票务室（点钞室）防盗门钥匙、客服中心门钥匙。

（2）柜门钥匙：票柜钥匙、保险柜钥匙、钥匙柜门钥匙、监控系统专用柜钥匙。

（3）其他：解行箱钥匙、回收箱钥匙［用于开启置于站厅回收乘客弃票等的回收箱（图4-4-3）］、挂锁钥匙。

图4-4-3　回收箱

（二）票务钥匙的保管规定

（1）日常使用的票务钥匙由客值或以上级别人员保管，日常无须使用的备用钥匙由站长助理或站长加封后交客值或以上级别人员保管。备用钥匙一般仅限于工作人员不慎遗失或损坏票务钥匙时使用。

（2）保险柜钥匙需放置于票务室（点钞室）内锁闭的钥匙柜中，由客值或值站保管。

（3）根据实际工作需要及收益安全管理需要，对于一些直接涉及收益安全的操作环节，需由双人掌握不同钥匙共同完成操作，以达到互相监控的目的。

（4）钥匙借出后，借用人负责钥匙的保管和使用安全，不得随意转借他人。

（5）票务钥匙保管、交接及增减情况均需设立台账记录，并定期对钥匙的保管情况进行盘点。

（三）票务钥匙的交接规定

（1）票务钥匙在保管人之间或保管人与使用人之间交接。日常使用的 AFC 设备钥匙等通常由使用人和当班的保管人进行交接。票务室门钥匙、文件柜钥匙、钥匙柜门钥匙等，则应在每班客值、行车值班员或值站之间进行当面交接。

（2）车站上级相关部门需根据钥匙交接情况建立交接凭证及统计台账。交接凭证的必要内容应包含钥匙种类、数量、交接时间、交接人，统计台账的必要内容应包含钥匙种类、数量、使用或保管地点。具体内容和格式可由相关部门根据实际情况自行拟定。

（3）交接人员需根据交接凭证当面清点钥匙种类、数量，确认无误后办理交接手续。若交接时发现钥匙有误、破封等异常情况，交接双方需及时核查，不能查明原因的，立即报告上级部门组织调查。

（四）票务钥匙的使用规定

（1）不得单人同时使用以下票务钥匙，以保证收益安全：

①TVM 门钥匙与能取出各类钱箱的钥匙（如纸币钱箱支架钥匙及纸币钱箱钥匙）。

②票务室（点钞室）门、防盗门钥匙与各类钱箱钥匙，但某些城市轨道交通运营企业允许单人在监控摄录状态下清点钱箱的除外。

（2）客服中心门钥匙供售票员在运营售票期间使用。

（3）AFC 系统维修人员对 TVM 进行故障处理时，由车站人员持 TVM 维修钥匙配合维修。

（4）纸币模块钥匙仅供维修人员使用，使用完毕由维修人员和值站共同加封后交由车站保管。

（5）票务钥匙使用完毕应立即归还，遵循"谁借用、谁归还"原则。

（6）运营结束后保管人需对所保管的钥匙进行清点，确认全部归还。

（五）票务钥匙的更换

车站票务钥匙自然折损或折断时，由车站上级相应部门负责钥匙的更换，已破损钥匙的处理按照相关规定执行，不得随意丢弃、私自处理。

（六）遗失票务钥匙的处理

票务钥匙在保管、使用时发现遗失，车站应及时组织调查并上报上级组织，同时在台账中记录相关情况。除遗失 AFC 设备通用钥匙外，遗失其他票务钥匙时，车站应及时向上级申请更换相应锁头。

（七）注意事项

（1）所有的票务钥匙均统一配发、统一管理，不得复制、私自接收票务钥匙。

（2）使用钥匙过程中需注意避免对钥匙造成损坏。

案例链接

某城市轨道交通运营企业票务备品及钥匙管理规定

一　票务钥匙的管理

（一）钥匙种类

票务钥匙主要包括 AFC 设备维修专用钥匙、保险柜钥匙、票柜钥匙、票款室门钥匙、客服中心门钥匙、BOM 电控钱箱钥匙、密码钱箱钥匙、TVM 维修门开启扳手、票箱钥匙、纸币钱箱钥匙、纸币回收箱钥匙、纸币找零箱钥匙、补币钱箱钥匙、硬币回收钱箱钥匙、闸机钥匙、备用钥匙等。

（二）钥匙的保管

（1）钥匙应在值班站长交接班登记簿上做好记录。

（2）保险柜钥匙、票款室门钥匙、纸币钱箱钥匙、纸币回收箱钥匙、纸币找零箱钥匙由当班值站全权负责保管。

（3）票箱钥匙、补币箱钥匙、硬币回收箱钥匙、闸机钥匙在运营时间由当班客值保管，非运营时间由值站保管。

（4）客服中心钥匙、BOM 电控钱箱钥匙、密码钱箱钥匙在运营时间由当班售票员保管，非运营时间由值站保管。

（5）票柜钥匙、TVM 维修门开启扳手须放置于票款室保管。

（6）AFC 设备维修专用钥匙仅限于 TVM 维修门钥匙、闸机钥匙各一把，行车值班员负责存放、保管及交接。

（7）如维修人员需要借用票箱钥匙、纸币钱箱钥匙、补币箱钥匙、硬币回收箱钥匙等，由 AFC 系统专业人员与车站值站办理钥匙借用手续；在维修过程中，须值站或指定专人在现场跟踪 AFC 系统维修人员的使用，用完后及时归还。

（8）票务备用钥匙封入票务专用信封，车站留存两套，其余上交客运二部保管。

（三）钥匙的交接

（1）票务钥匙必须由使用人和当班值站直接进行交接。

（2）值站之间交接班时，保险柜钥匙、票款室门钥匙、纸币钱箱钥匙、纸币找零箱钥匙、纸币回收箱钥匙要当面交接。

（3）维修专用钥匙由值班员负责与通号部 AFC 系统专业人员之间交接，使用时须按规定办理借用手续，当班值班员确认。

（4）运营开始和结束时，客服中心钥匙、BOM 电控钱箱钥匙、密码钱箱钥匙在值站和售票员之间交接；两班交班时，客服中心钥匙、BOM 电控钱箱钥匙、密码钱箱钥匙在前一班次售票员和下一班次售票员之间交接。

（四）钥匙更换

（1）已破损的钥匙须封入票务专用信封中，到客运二部进行更换。

（2）根据每站客流、设备情况，车站钥匙损坏在一定周期内可以免费换一次，损坏次数过多时需交一定罚金，再做更换。

（3）车站领到更换的钥匙后，须在值班站长交接班登记簿上记录"换取钥匙类型"及"换取时间"等信息。

二　票务备品的管理

（一）票务备品种类

（1）AFC 设备备品包括纸币回收箱、纸币找零箱、硬币回收箱、补币箱、票箱。

（2）耗材类备品包括 A4 打印纸、BOM 打印纸、TVM 打印纸、墨盒、色带、色带架、票盒等。

（3）其他票务备品包括日期章、站名章、零币袋、票务信封、签封、账册、账钉、印刷报表、单程票清点机、点钞机、验钞机、计算器、票柜、保险柜、计算机桌椅、BOM 工作桌椅、PC 工作桌椅、手推车、货架等。

（二）票务备品的保管

（1）耗材类备品、AFC 系统及其他备品须在车站材料台账上登记领用、使用情况，由值站全权负责统一管理，轮班值站做好交接工作。

（2）各项备品均存放于车站票款室内，分类码放整齐，方便使用。

（3）值站应做好各项备品的日常登账工作，定期进行盘点，做到账实相符。

（4）工作人员应妥善使用各项备品，保证车站票款室内所有票务备品均完好可用，不得毁损和浪费。

（三）设备备品的报修

（1）设备备品发生损坏时，工作人员直接报修，登记报修记录；若三个工作日仍未修复，车站当班值站做出书面说明，经站区上报客运二部。

（2）设备备品损坏无法修复时，由值站做出书面说明，经站区上报客运二部。

（3）设备备品丢失，值站做出书面说明，经站区上报客运二部。

（四）票务备品的申领

（1）车站需领用相关票务备品时，由值站经站区向客运二部提出书面申请。

（2）客运二部根据库存情况，确认备品种类、数量后，进行配发。

（3）车站根据客运二部的要求进行领取，并根据备品领用情况及时登记车站材料台账，注明站内领用的备品具体存放位置、领用人姓名、领用时间；如需归还，须登记归还时间。

拓展知识

钱箱、票箱维护注意事项

（1）钱箱、票箱要轻放，不得在地上拖行，以免刮花。

（2）钱箱、票箱要用双手摆放。

（3）钱箱、票箱放入票务手推车时要注意放置平稳。

（4）保持钱箱、票箱的清洁。

（5）放在高处的钱箱、票箱注意靠墙放，以免落下造成损坏。

（6）禁止脚踩钱箱或坐在钱箱上。

（7）遇钱箱无法顺利取出或放入钱币时应及时报修，待 AFC 系统维修人员处理，不可强行操作。

单元测试

请老师根据实际教学需要，组织学生完成"单元 4.4　票务备品及钥匙管理"的测试，相关试题见本书配套资源包。

职业能力训练

职业能力训练 4-4：模拟车站票务备品和钥匙的交接工作

1. 训练所需基础知识

车站票务备品交接工作要求，车站票务钥匙交接工作要求。

2. 训练目的

通过分组分角色模拟演练，帮助学生进一步掌握车站票务备品及钥匙管理中各岗位的基本技术要求，学生通过教师点评和观察其他组的展示得到提高，进一步建立规范、严谨的票务管理岗位意识。

3. 训练要求

分学习小组完成车站票务备品及钥匙的交接工作模拟。

（1）分组绘制售票员和客值交接票务备品及钥匙的流程图、客值交接班时交接票务备品及钥匙的流程图，并按不同流程图分别拟定桌面模拟过程的评价指标点及其所占权重。

（2）两人一组，按桌面演练方式完成售票员和客值上岗、下班前的票务备品及钥匙交接过程，客值交接班时票务备品及钥匙的交接过程。

4. 评价方式

（1）以学习小组为单位，由专、兼职教师和学生代表共同完成评价，教师评价占 60%，学生评价占 40%。

（2）评价指标见表 4-4-1。

评 价 指 标　　　　　　　　　　　　表 4-4-1

序号	评 价 标 准	权重（%）
1	及时完整上交流程图	5
2	流程图清晰、结构明确、无错漏	20
3	评价指标拟定完整、合理	20
4	桌面模拟演练所需道具准备充分	10
5	售票员与客值的票务备品工作交接模拟流畅、完整、无误	10
6	售票员与客值的票务钥匙工作交接模拟流畅、完整、无误	10
7	客值与客值的票务备品工作交接模拟流畅、完整、无误	10
8	客值与客值的票务钥匙工作交接模拟流畅、完整、无误	10
9	在规定时间内完成所有任务	5
总计		100

单元 4.5　票务报表管理

单元4.5知识树

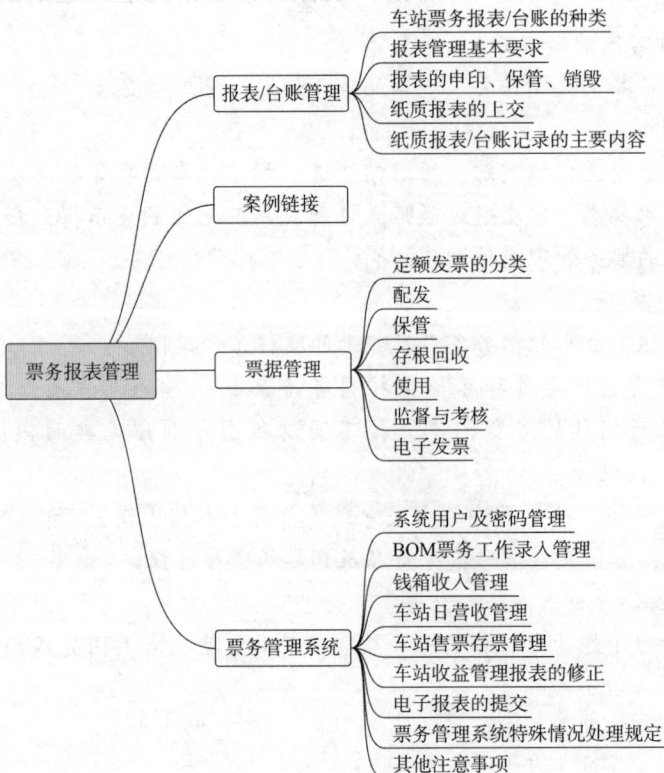

票务报表管理
- 报表/台账管理
  - 车站票务报表/台账的种类
  - 报表管理基本要求
  - 报表的申印、保管、销毁
  - 纸质报表的上交
  - 纸质报表/台账记录的主要内容
- 案例链接
- 票据管理
  - 定额发票的分类
  - 配发
  - 保管
  - 存根回收
  - 使用
  - 监督与考核
  - 电子发票
- 票务管理系统
  - 系统用户及密码管理
  - BOM票务工作录入管理
  - 钱箱收入管理
  - 车站日营收管理
  - 车站售票存票管理
  - 车站收益管理报表的修正
  - 电子报表的提交
  - 票务管理系统特殊情况处理规定
  - 其他注意事项

单元导入

20××年9月30日中秋节，甲站TVM多次出现突然断电故障，大批乘客未购票，从边门直接进站乘车，其中部分未购票乘客于8：59—9：31几批先后到达乙站客服中心进行补票，此时正遇乙站出站高峰期，A端客服中心付费区及非付费区排队乘客均较多，售票员一边向当班客值报告请求增配单程票，一边按要求逐一为出站的乘客发售付费出站票；因需补票的乘客较多且等候时间较长，部分拿到出站票的乘客情绪激动，拒绝在BOM打印单据上签名便直接出站离开，此后，客值、值站均未到客服中心要求售票员备注"乘客不愿签名"并亲自签认，售票员下班结算时在车站票务室内自行在56张付费出站票打印单据上代乘客进行了姓名补签，且所签名极不严肃，均为刘备、张飞等小说中的人物名。

客值发现售票员代签了乘客姓名且代签姓名极其不严肃后，未及时制止，也未敏感意识到问题所在，而是心存侥幸、置若罔闻，且不负责任地在所有打印单据"经办/审核"处补签了客值签名，同时也未将此事作为重点票务事件逐级报告当班值站。当班值站由于车站当日持续大客流，也未按要求核对当天白班的所有票务报表，更不清楚此事，直至10月8日接到票务部收益核对员通知需要填写票务事件说明时，方知晓此事并报站长。

10月10日，安检部票务稽查室将票务部收益核对员申请调查该站售票员自行代乘客补签姓名且代签姓名极不严肃一事的申请协查单交予部门票务组，要求部门予以处理后回复。这样的事件将会受到怎样的处理？为什么有些报表需要乘客签名？城市轨道交通车站对票务报表有哪些具体规定？

理论知识

一 报表/台账管理

城市轨道交通运营企业的票务工作纷繁复杂，每天都需要整理当天的票务工作，填写相应的报表/台账。票务报表/台账是记录车站现金交接、收益汇总、车票交接、发售、站存的原始记录，也是作为结算部门对站务员进行收益结算的原始依据，在车站票务工作中起着非常重要的作用。

票务报表是城市轨道交通票务管理非常重要的组成部分。通过票务报表，可以规范记录票务处理事项，可以计算车站的票务收入，这是城市轨道交通运营企业的主要收入，因此，票务报表类似于财务报表，具有其重要性和严肃性。车站票务报表有手工填写和计算机录入打印两种形式，但在无纸化办公越来越普及的大背景下，计算机录入的报表通常直接上传至上级部门，极少需要打印。

票务台账是票务报表的补充，通常用于即时记录车站票务运作相关情况。

（一）车站票务报表/台账的种类

由于各城市轨道交通运营企业的管理模式与要求不同，所以票务报表/台账的类型、设计和名称也有所不同，但它们的用途却类似。下面主要以国内几个城市轨道交通运营企业为例说明其具体用途。

（1）用于反映售票员票款收支情况的报表/台账。例如，广州地铁、深圳地铁的售票员结算单，武汉地铁BOM班次结算台账单，上海地铁的售票员日营收结算单等。

售票员结算单是售票员结算过程中记录的报表。在客值给售票员配车票、票据、备用金及中途追加车票、备用金，售票员向客值上交预收款、结账等情况下使用，用于记录售票员实收总金额与所配备备用金总额的情况，从而核算售票员实际票款收入。

（2）用于反映售票员受理乘客非即时退款情况的报表/台账。例如，广州地铁的无效车票处理申请表，武汉地铁的BOM非即时退款申请单等。

此类报表/台账一般在乘客所持地铁储值票、日票等无法使用，卡内仍有余值，需要办理退款手续时填写。通过该报表/台账向上级票务部门申请确认车票可退余值，在得到上级票务部门的确认回执后，通知乘客若干个工作日后再来车站领取车票内的余值和押金。

（3）用于反映售票员不能通过BOM行政处理给乘客办理退款和事务处理情况的报表/台账。例如，广州地铁的乘客事务记录表，武汉地铁的BOM行政处理记录单，上海地铁的乘客事务处理退款抵冲凭证，郑州地铁的特殊乘客事务处理单等。

乘客事务记录表一般用于车站BOM故障或因车票异常无法通过BOM处理留下记录，但又需给乘客办理退款或事务处理情况时填写，记录售票员进行的无法在售票员结算单上反映的票务情况，与售票员结算单一起构成售票员收益结算的依据。

（4）用于反映TVM收益情况的报表/台账。例如，广州地铁的TVM打印补币单、钱箱清点报告，武汉地铁的TVM领款补币登记单、TVM钱箱清点台账单，上海地铁的TVM日营收结算单等。

此类报表/台账通常由客值在每次更换完TVM钱箱进行清点时使用，用于记录TVM钱箱收益，每天所有TVM钱箱实点金额扣除车站补币金额就是车站TVM票款收入。

（5）用于反映车站每日运营收入情况的报表。例如，广州地铁、深圳地铁的车站营收日报，武汉地铁的车站现金日实收报表等。

根据钱箱清点报告、售票员结算单、TVM打印补币单等记录生成，用于体现车站每日的运营收入情况。通过钱箱票款、钱箱差额、补币金额、BOM票款、乘客事务差额等来计算TVM收入和BOM收入，形成车站营收总金额，并记录票款解行情况。

（6）用于反映车站每日车票发售、站存数量情况的报表。例如，广州地铁的车站售票存票日报，深圳地铁的"车站售/存票日报"，上海地铁的单程票（应急票）储耗日报表等。

车站售票存票日报根据本日的TVM单程票发售记录单、SC报表、售票员结算单、车票上交单、配票明细单等记录生成，体现车站每日各类车票的发售数量、站存数量。

（7）用于反映车票配发或上交情况的报表/台账。例如，广州地铁的配票明细单、车票上交单，深圳地铁的中心配发车票清单、车站上交车票清单，上海地铁的票卡收发柜存账等。

配票明细单一般在车票配送部门人员到站配送车票时随车票一起交给车站，客值在票务室根据配票明细单与配票人员当面交接各种车票，确认无误后在配票明细单上签名，所配车票记入车站售票存票日报。车票上交单在车站上交车票时由当班客值填写，记录车站上交车票的票种、数量、上交原因等，作为双方交接的凭证。

（8）用于反映解行现金情况的报表。例如，广州地铁的现金交款单，深圳地铁的现金缴款单、武汉地铁的现金解款凭条、现金封包交接单等。

现金缴款单由客值在票款解行时填写，记录车站送交银行的实际票款金额，随解行的票款一起交给银行，银行在次日清点完收到的票款后，在现金缴款单上加盖公章作为已收款凭证，填写时应注意缴款人全称、账号、开户行、金额的填写，确保票款能准确存入企业在银行的专用账户。

（9）用于反映客值票务交接情况的台账。例如，广州地铁的值班员交接班本，深圳地铁的车站票务交接班登记本、武汉地铁的票款交接簿等。

值班员交接班本是客值之间交接班的记录凭证，一般车站留查，不需上交上级管理部门。交接班前，交班值班员需详细在值班员交接班本上记录票务室内所有现金、车票、票务钥匙、票务备品的数量及状态，并在"交班值班员"栏签名确认；接班值班员需对照值班员交接班本记录的情况，清点、检查票务室内的现金、车票、票务钥匙、票务备品的数量及状态是否与记录相符，确认相符后，在"接班值班员"栏签名确认。

（二）报表管理基本要求

1. 报表内容填写/录入基本原则

报表填写/录入是一项细致而又严肃的工作，填制人员必须坚持票务规章制度，报表填写/录入必须真实、准确、完整、及时。报表填写完毕，填写人员必须加盖私章；录入报表时必须使用自己的员工号及密码操作。

（1）真实：报表填写/录入必须如实反映票务情况，不得捏造事实、弄虚作假。

（2）准确：报表填写/录入需确保数据正确。

（3）完整：必须按报表所列事项填写/录入，不得遗漏。

（4）及时：报表必须在规定期限内填制/录入完毕，并按规定时间上交，不得故意拖延。

2. 纸质报表书写要求

（1）必须用黑色或蓝色笔填写，字迹必须清晰、工整，不得潦草，阿拉伯数字应一个一个地写，不得连笔书写。

（2）属于过底的纸质报表用圆珠笔填写，一定要写透，不要上面清楚，下面模糊；属于非过底的纸质报表可用圆珠笔、钢笔或签字笔填写。

（3）报表的各项指标必须齐全，不得随便空格不报，凡因客观原因不产生数字的空格用"—"表示。

3. 纸质报表改错规定

（1）纸质报表填写发生错误时，不得刮擦、挖补、涂抹或用化学药水更改字迹。应采用"划线更正法"修正，在报表中错误文字或数据上画一红线，并由更改人在该处签名或盖人名章以示负责。

（2）若一张报表更改较多，相关记录已不清晰时，应另填写一份，该报表作废，作废各联应注明"作废"字样或加盖"作废"戳记，车站留存保管，不得撕毁或随意丢弃。重填时非本人的员工签章无须填写，但更改人在报表空白处需签章。

4. 纸质报表遗失规定

（1）车站遗失票务报表，发现人员应立即上报当班值站，再上报车站上级相关部门组织调查。

（2）若车站只遗失报表的其中一联，则将情况备注在另一联的空白处。

（3）车站补填遗失报表时，需根据台账、录像等原始资料重新统计、补填票务报表，在相关补填报表的备注栏注明"报表遗失补填"，遗失报表中涉及乘客签名的，"乘客签名"栏无须填写。

5. 纸质报表拍照上传规定

需要拍照上传的纸质报表，应在规定时间内将拍摄清晰、完整的照片发送至指定部门，原件车站留存。

（三）报表的申印、保管、销毁

（1）车站报表的申印、发放及保管由上级主管部门负责。报表格式更换时，由客运部提前一个月提供给上级主管部门申印。

（2）纸质报表保管部门需按月整理、装订成册。保管的各类报表（含电子报表）需在一定期限内留存，以备结算部门、审计部门提取相关数据。不同城市轨道交通运营企业其具体的保管期限有所不同，一般是按照统计范畴的规定执行。

（3）保管期限满后，由所属部门统一注销、销毁，严禁私自将报表注销、销毁，以防泄露商业机密。

（四）纸质报表的上交

报表的上交通常按规定时间、地点和方式进行，各站客值需要提前将车站要上交的报表归整后放入文件袋中，做好报表上交交接的准备，再由票务人员按既定方式收取各站报表。

例如，广州地铁规定：票务部门人员乘指定车次列车到各站收取报表，交接时由客值与票务部门人员在指定车次列车车头进行交接。武汉地铁规定：车站将装有车站现金日实收报表和原始单据的文件袋按相关规定交至票务室。西安地铁规定：各车站将需上交票务部票务室的手工报表规整齐后放入"退款钱袋"中，由客值与车票配收员在指定车次的列车车头进行交接。

（五）纸质报表/台账记录的主要内容

目前，各城市轨道交通运营企业的报表管理基本实现电子化，需要填报纸质报表的情况越来越少，只有在处理票务事务过程中，无法在票务系统留下完整操作痕迹时，或者在票务系统出现故障时，或者需要通过报表现场交接时，才需要填报，如乘客事务记录表、车票/现金借出记录表、车票上交单等。

票务台账需要记录的内容主要是对票务报表的补充。日常需要记录的内容包括增配备用金、预收票款、追加及增配车票、售卖期间发生的异常情况（如发售前及发售过程车票异常、车票充值异常、交接不清相关情况等）、弃票交接情况以及其他需要即时记录的情况。票务管理系统故障时需增加填写的内容包括配给售票员各票种票价、开窗张数、关窗张数、追加金额、遗失金额、设备故障情况、售票员实收总金额；钱箱清点时的清点日期、清点时间、清点人员、钱箱取出 TVM 号码、钱箱号码、钱箱实点金额、无法通过点币机的金额、非标准币金额及数量；车站人员或 AFC 系统维修人员从 TVM 内取出，或从故障钱箱或补币箱清出现金，在 TVM 外拾获现金（含非标准币）；车站票款发生被劫/特殊原因票款需上交公安部门等情况涉及的金额、本日送行金额、客值交接长款等。需对异常情况及特殊原因进行即时记录。

各城市轨道交通运营企业相关部门应根据运作情况统一制定票务台账的样式。

案例链接

某城市轨道交通运营企业纸质报表/台账填写案例

1. 乘客事务记录表（表 4-5-1）

此报表是日常票务工作中填制最频繁的纸质报表。车站办理 BOM 行政事务无法处理的乘客事务时需填写乘客事务记录表。乘客事务记录表含"退款事务""其他乘客事务"两部分内容。

"退款事务"部分填写说明：

车站处理以下情况应及时填写退款事务部分。

（1）开出无效车票处理申请表；

（2）给"车票处理申请表收据"办理退款和无法在 BOM 上进行非即时退款支付操作；

（3）非 BOM 办理的储值票、单程票（含特殊、应急情况下的单程票退款及赠票发放、无法换乘尾班车退款）、纸票、日票等退款；

（4）其他异常情况（如办理 BOM 单程票退款操作过程中出现异常、储值票在 BOM 办理退款时漏选押金等）；

（5）黑名单地铁重度残疾人票及地铁老年人免费票退款；

（6）办理无初始值地铁特种票、日票退款或换票。

乘客事务记录表

表 4-5-1　OP105

NO: GDWG/J-KY-14　20×× 年 2 月 28 日

B站　开出 OP103 共 3 张（含作废）　NO.:　11101　11102（作废）　11103

普通 TOKEN／纸票

序号	票种	退款事务 车票ID (1 2 3 4 5 6 7 8 9 0)	余值	办理时间	乘客签名	确认人
1	BOM退异常单程票	1 2 3 4 5 6 7 8 9 0	¥2.00	9:00	×××	李果
2	纸票	0 1 1 2 3 1	¥2.00	10:35	×××	李果
3	当日本站列车晚点/运营清客/火灾紧急		¥25.00	退票10张，发放赠票10张	—	杨清
4	尾班车（审批）无法搭乘	1 2 3 4 5 6 7 8 9 4	¥9.00	23:30	×××	杨清
	总计金额			¥38.00		

储值票　11103

序号	票种	退款事务 车票ID	押金	余值	乘客签名
1	OP103C	1 1 1 0 9 5	¥20.00	¥24.00	×××
2	非即时退款交易凭证	0 3 3 4 5 6 7 8 9	—	¥25.00	×××
3					
4					—
	总计金额		¥20.00	¥49.00	—

其他乘客事务

事件详情	处理结果	涉及金额 +/- (元)	确认人	乘客签名
运能不足	免费更新普通"一卡通"2张，共3.80元	-¥3.80	杨清	
BOM全部故障，V04卡币5元，22:00 故障代码 CV001	退还乘客5元	-¥5.00	李果	×××
BOM全部故障	持学生"一卡通"乘客超程补款1.50元	¥1.50	李果	×××
当天本站列车晚点	免费更新普通"一卡通"车票3张共5.70元，共发放赠票3张	-¥5.70	杨清	
合计		-¥13.00	—	—

售票员　张冠　员工号　004　　值班员　李果　员工号　007

注:1. 运能不足，值站:杨清。

2. BOM 全部故障情况下办理 V04 卡币 5 元业务，处理结果金额有修改，乘客不愿签名，值站现场确认，实际已退还乘客 5 元。值站:杨清。

第一联（黄色）经营管理部；第二联（白色）制票室；第三联（红色）车站

"开出 OP103 共　张"栏填写该班售票员所办理的无效车票处理申请表的张数，如当班未办理，要填写"0"或"—"；"NO："栏填写所办理的无效车票处理申请表单号（若为作废的无效车票处理申请表，需在单号后注明"作废"）。若一班售票员填写了多张乘客事务记录表，则在第一张乘客事务记录表上填写相应内容。

办理车票退款时需按"退款事务普通筹码型票卡（TOKEN）/纸票""退款事务储值票"分区填写。"票种"按车票种类填写，黑名单地铁重度残疾人票填写为"黑名单重残票"，黑名单地铁老年人免费票填写为"黑名单老免卡"，BOM 即时退款异常单程票另需注明"BOM 退款异常单程票"。办理应急情况下的单程票退款时，需注明应急事件名称，非本站发生的需注明发生应急事件的线路或车站名、非当天办理的还需注明发生应急事件的日期（月、日）。乘客持"车票处理申请表收据"办理退款，"退款事务储值票"区，"票种"栏填写为"OP103C"。乘客持非即时退款凭证需人工办理时，票种栏填写为"非即时退款申请交易凭证"。经审批同意办理的特殊退款，须在该条记录的空白处注明"审批同意"。

凡是涉及无初始值地铁特种票、日票退款或换票业务均在"退款事务普通筹码型票卡（TOKEN）/纸票"记录。

"车票 ID"栏填写 BOM 分析显示的"卡号"或票面卡号（卡号超过十位的填写后十位，下同）：纸票填写票面的编号；"车票处理申请表收据"填写"车票处理申请表收据"的编号；非即时退款凭证填写非即时退款凭证的凭证号（必要时可以占用两行并用括号括住）。

"余值""押金"栏根据车票的实际余值、押金填写，"车票处理申请表收据"按无效票处理通知书上所注明的"余值""押金"填写。因 APM 车站无更新功能，故在办理普通储值票退款时，如 BOM 分析车票显示"上次交易类型"为"进站"，则需售票员手工扣除该票种最低车程费后余值填写。

"余值""押金"栏填写错误的更正：须办理人、确认人盖章及乘客在更改后的余值旁签名确认，若乘客已离开，且有客值或以上级别人员已在现场确认办理的，则在报表备注："现场确认"，同时备注清楚实际处理金额，并签章确认；若售票员未即时通知客值或以上级别人员到现场确认或因特殊原因无法即时到现场确认，车站也需将相关情况备注清楚。

BOM 办理退款漏选押金，可在乘客事务记录表上补退押金。"押金"栏填写相应车票允许退的押金金额、"余值"栏填写"0"，该笔退款张数无须在系统张数栏录入，同时在乘客事务记录表做好备注。

"乘客签名"栏由乘客填写。原则上每笔退款事务均须乘客签名。若一乘客一次性办理 2 张及以上车票退款时，须请乘客用"｝"括住，或者由客值或以上级别人员备注该乘客实际退款的张数及实际退款金额。应急情况下合并填写、办理 OP103C 时无须乘客在乘客事务记录表上签名。

"退款事务"的"办理时间"栏填写办理退票的时间（纸票及应急情况合并填写时除外），以 BOM 显示的时钟时间为准。办理时间更改时，需办理人及确认人签章确认。

车站在处理"列车晚点""运营故障需清客""列车越站""车站出现火灾等紧急情况"当日办理退款的可合并填写为一条记录，注明退票总数，涉及发放赠票的注明赠票总数，无须填写ID和票种，无须乘客签名；办理非当日发生的应急退款事务需每笔分开填写。

发生"运能不足"车站当日办理退款时，发生站当班值站需在当日乘客事务记录表空白处注明"运能不足"，并签章确认。若发生站当日办理退款的可合并填写为一条记录，注明退票总数，无须填写ID和票种，无须乘客签名；当日非本站办理的，由客值或以上级别人员现场确认办理，需逐笔填写，事件详情栏需注明"××站运能不足"。"运能不足"非当日办理退款时每笔事务均需报审批，同意后每笔分开填写。

若办理BOM单程票退款操作过程中出现异常时（退款后单程票余值不为零、退款后车票无法分析等），需备注异常情况。

"其他乘客事务"部分填写说明：

不能在BOM"行政处理"办理的乘客事务填写在"其他乘客事务"栏。

收取乘客现金、应急情况、客服中心找零槽发现遗留现金或少找零给乘客等事务，车站均需在乘客事务记录表上反映。填写"事件详情"时，由售票员根据实际发生情况详细填写。

（1）若办理当日应急情况下的乘客事务，需注明应急事件名称、非本站办理的需注明发生应急事件的线路或车站名、非当天办理的需注明发生应急事件的日期（月、日）。办理特殊审批同意的乘客事务时，除填写事件详情外，还需注明"审批同意"。

（2）地铁乘车码（含官方、微信，下称乘车码）应急情况下乘客要求办理时，"列车晚点""运营故障需清客""车站出现火灾等紧急情况"车站给乘客办理退款、发放赠票，以及"列车越站"给乘客办理退款，当日办理的可合并填写，需注明票种，需每笔记录票卡ID，无须乘客签名；非当日办理的每笔需分开填写。此类乘客事务记录表需在工作群拍照上传给车票核对室。

（3）信用卡、银联手机闪付应急情况的办理详见"乘客事务业务登记表填写细则"，除信用卡、银联手机闪付及乘车码以外的其他车票应急情况下乘客要求办理时，"列车晚点""运营故障需清客""车站出现火灾等紧急情况"车站给乘客免费更新车票、发放赠票，以及"列车越站"给乘客免费超程更新车票，当天办理的可合并填写为一条记录，无须填写票种和票卡ID，无须乘客签名；非当天办理的每笔事务需分开填写，并在"处理结果"栏增加注明所更新车票ID（指BOM分析时"卡号"或票面ID）和票种，并请乘客签名确认。在处理"列车晚点""运营故障需清客""车站出现火灾"等情况，给乘客在BOM上发售车票时需填写乘客事务记录表，每笔事务分开填写，并请乘客签名确认。

（4）乘车码车票在发生"运能不足"车站乘客当天要求办理退款时，发生站当班值站需在当日乘客事务记录表空白处注明"运能不足"，并签章确认，发生站当日办理的可合并填写为一条记录，需记录票种，需每笔记录票卡ID，无须乘客签名；当日非本站办理的，由客值或以上级别人员现场确认办理，需逐笔填写，事件详情栏需注明"××站运能不足"；非当日办理的每笔事务均需报审批，同意后每笔分开填写。此类乘客事务记录表需在工作群拍照上传给车票核对室。

（5）除信用卡、银联手机闪付及乘车码以外的其他车票在发生"运能不足"车站乘客当天要求办理车票免费更新时，发生站当班值站需在当日乘客事务记录表空白处注明"运能不足"，并签章确认，发生站当日办理的可合并填写为一条记录，无须填写票种和票卡ID，无须乘客签名；当日非本站办理的，由客值或以上级别人员现场确认办理，需逐笔填写，事件详情栏需注明"××站运能不足"。"运能不足"非当日办理的每笔事务均需报审批，同意后每笔分开填写。

（6）对实施纸质报表取消上交的线路车站，发生应急情况时，以下两种情况在工作群说明多元化支付相关的办理数量，BOM小单可无须上传工作群，车站留存备查。若涉及填写乘客事务记录表时，则上传乘客事务记录表。具体情形如下：

①乘车码因App故障、云闸机全部故障、网络故障等情况，付费区乘客无法出站发售免费出站票。

②应急情况下特殊审批的多元化事务涉及发售免费出站票。

③具体示例见表4-5-2。

具体示例 表4-5-2

多元化支付类型	应急情形	工作群备注内容 （按日期、车站、多元化支付类型、应急、处理情形注明办理的总笔数）
地铁乘车码	App故障，乘客付费区无法出站，且云BOM和乘客手机均无法处理	×月×日-A站　地铁乘车码因App故障，发售免费出站票共××笔
	云BOM故障，乘客付费区无法出站，且云BOM和乘客手机均无法处理	×月×日-A站　地铁乘车码因云闸机故障，发售免费出站票共××笔
	网络故障，乘客付费区无法出站，且云BOM和乘客手机均无法处理	×月×日-A站　地铁乘车码因网络故障，发售免费出站票共××笔
各类多元化乘客事务	B站临时停运，付费区因乘客要求退票发售免费出站票的	×月×日-A站　B站临时停运，审批办理无法到达B站，发售免费出站票的多元化事务共××笔

"处理结果"由售票员根据实际处理情况填写。当售票员进行异常乘客事务的处理时，需备注本次收取的车程费以及在BOM上对该张票卡的处理情况。若办理的乘客事务已在BOM小单空白处清楚并完整记录相关的处理结果，只需在"事件详情"栏注明BOM小单编号的后四位，"处理结果"栏无须填写。若填写错误需修改"处理结果"栏的涉及金额，对售票员单人办理的相关乘客事务，须由办理人及乘客签名确认；对要求双人办理的乘客事务，须由办理人、确认人签章及乘客签名确认；若乘客已离开，且有客值或以上

级别人员在现场确认办理的，则在报表备注"现场确认"，同时备注实际处理金额，并签章确认；若售票员未即时通知客值或以上级别人员到现场确认或因特殊原因无法即时到现场确认，车站也需将相关情况备注清楚。

"涉及金额+/－"栏填写处理乘客事务所造成的差额数，分正（+）、负（－）差额。正差额为办理乘客事务增加的收入，如BOM全部故障处理付费区内超时、超程、无票等乘客事务时所收的现金，对付费区内持票无法出站的乘客收取的车程费、乘客弃钱等。负差额为因办理乘客事务减少的收入，如办理应急情况下免费更新车票或退款而减少的收入等。

"乘客签名"栏由乘客填写。

"涉及金额+/－"栏的"合计"项由售票员计算填写；负责给售票员结账的客值或以上级别人员复核后在"值班员"栏签章确认，并相应填写员工号。

办理储值票、"一卡通"事务时，均须在事件详情中注明票面编号或BOM分析显示"卡号"（卡号超过十位填写后十位，下同），并注明票种。多元化支付事务注明多元化支付方式/乘车方式，正常情况下乘车码注明绑定手机号；云卡（一种地铁发行的虚拟票卡，下同）记录BOM分析显示逻辑卡号或注册手机号；信用卡注明实体卡号；银联手机闪付注明手机号及BOM分析显示逻辑卡号，无逻辑卡号时，需备注绑定使用的实体卡号和手机查询的设备卡号前6位及后4位。应急情况下乘车码、云卡记录乘客注册手机号。

其他需要反映的情况可在"备注"栏反映。信用卡、银联手机闪付进站开边门的，备注开边门情况及开边门的时间。

同一张表中，未发生业务时，该栏可用斜线表示，在各项合计栏填写"0"。

2. 车站售票存票日报（表4-5-3）

票务管理系统故障时，客值或以上级别人员根据车站原始记录完成售存日报的填写。

普通TOKEN"发售"栏根据SC报表数据填写。其中"普通TOKEN"的发售量="BOM汇总统计－按班次（现金）"发售SJT栏的发售数+"BOM行政处理－按操作员统计"发售免费出站票和付费出站票数量+SC报表"TVM收益综合统计"中各TVM普通SJT数量合计数填写。

除"普通TOKEN"外的其他各票种的本日结存根据车站当天实际站存数填写。

"普通TOKEN"的"本日结存"列填写如下。

清空日：本日结存=根据车站实际从设备中回收清点的普通TOKEN的数量+点钞室内站存的普通TOKEN的合计数填写+回收箱普通TOKEN的合计数。

非清空日：本日结存=点钞室实际TOKEN数量+TVM和闸机结存车票数量（可通过SC查询）。

"备注"栏填写车票盘点情况、AFC系统维修人员清理出来的闸机内部散落的TOKEN数量、票务应急情况下开边门原因、人次及边门回收的TOKEN数量、车站发生被劫车票等其他需要说明的事项。

车站售票/存票日报　　　　　　　　　　　　表 4-5-3

NO：00000000

GDWG/J-KY-10　　　　　　　　　　　　　　　　**OP202**

××站　　　　　　　　　　　　　　　　　　　**20××年4月20日**

票　种	本日结存	票　种	本日结存	票　种	本日结存
弃票/回收箱储值票	4	2	90	0.5	1000
赋值一日票	100	3	100	1	2000
赋值三日票	200	4	100	2	3500
赋值"一卡通"	500	5	100		
TVM 废票	2	6	100		
赠票	500	7	200		
特种工作票	1	8	200		
		9	100		
		10	100		
		11	100		
		12	100		
合计	1307	合计	1290	合计	6500

中间列标注：不限期预制票（元）　右列标注：纸票（元）

票种	发售	本日结存
普通 TOKEN	3070	7890

值班员	朱可	复核人	孙伟

第一联-车票核对室（黄色）；第二联-车站（蓝色）

3. 车票上交单（表4-5-4）

正常情况下，车票上交单在车站每日或每月上旬（优化车站）随指定车次列车上交车票钱袋、实物钱袋、报表时，由客值或以上级别人员填写。只需反映上交的钱袋数量，所有钱袋填写在同一张车票上交单上。

车 票 上 交 单

表 4-5-4

NO：00000002　　GDY/TJ-PG-019

E 站

OP204

车票类型	张　数	ID 起止号	金　额	附　注
OP103	**3**			
OP103C	**2**			
BOM 退款成人储值票	1			
发售不成功"一卡通"	1			
非即时退款申请凭证	1			
非即时退款凭证	1			
3 元纸票	300	0010001 – 0010300		
人工退款单程票	1			
合计	310			
备注				

制表人	洪辰	员工号	**016**	制表日期	20×× .2.21	上交日期	20×× .2.22
核收入				员工号		核收日期	

第一联-车票核对室（黄色）；第二联-车票核对室（红色）；第三联-车站（蓝色）

在上交票务管理系统车站售票存票日报无相对应票种的车票时需填写车票上交单，其他情况可在票务系统界面导出后打印车票上交单上交。

"制表人"及"员工号"由车站人员或交票人员填写。"制表日"栏填写钱袋或车票的上交日期。"核收日"栏在车站上交钱袋时由车站人员填写上交日期。"核收入"由环境工程公司配票人员负责填写。

系统故障时，除填写上交钱袋的车票上交单外，所有车票上交都必须填写车票上交单并上交车票核对室。

此种情况上交车票时，车票上交单的填写要求如下：

乘客事务记录表上记录的所有退款车票、BOM 退款储值票、乘客事务车票、发售不成功储值票、"羊城通"、日票，其他特殊原因需售票员上交的车票填写在一张车票上交单上。

BOM 废票、临时测试借用的有值车票（指 TVM 单程票模块故障维修时借用的车票）、已在证券上加盖日期章而未在当日发放完毕的赠票填写在一张车票上交单上。

乘客弃置或回收箱回收的储值票/日票填写在一张车票上交单上。

由配票人员下站收取的闸机回收票、TVM 废票、售卖剩余 ES 预制票、纸票、有质量问题的车票等按票种分别填写在一张车票上交单上。

"车票类型"栏，根据上交车票类型、票种或钱袋的不同分别写明，如"退款单程票""退款储值票""乘客事务处理车票""发售不成功储值票""闸机回收票""TVM 废票""BOM 废票""回收箱储值票"等。

"张数"栏对应填写上交各种类型车票的数量。

"ID 起止号"栏，对应填写上交的纸票、储值票、"一卡通"的票面编号或 BOM 分析显示的 16 位 "卡号"。若不足 16 位时，按实际 ID 填写。

"金额" 栏对应填写有值车票的余值。预制单程票、预赋值储值票、预赋值 "一卡通"、预赋值日票、纸票只需注明车票的单价。回收箱的日票的 "金额" 栏按 "0" 填写。

"附注" 栏根据车站客值交接班本的执法弃票情况进行备注。

"合计" 栏注明本次上交的所有车票数量总和。

"备注" 栏在需反映其他特殊情况时填写。如特殊原因上交的车票，须注明上交原因、车票类型等。

"制表人" 及 "员工号" 由交票人员填写。

"制表日" 栏填写车票产生日期。若交接钱袋或配票人员下站回收车票，则填写车票的上交日期。

"核收日" 栏在车站上交钱袋时由车站人员填写上交日期。

若车站当天一次性上交多天车票时，需按车票产生的日期每天填写一张车票上交单。

4. 车票/现金借出记录表（OP205，表 4-5-5）

车票/现金借出记录表　　　　　　　　　　　　　　　　表 4-5-5

NO：00000001　GDY/QW-DP12-021　OP205

借出车票						
车票类型	张数	车票 ID		借出原因：		
2 元不限期预制票	20			（ ）测试 TVM		
3 元不限期预制票	20			（ ）测试 BOM		
4 元不限期预制票	15			（ ）测试进/出闸机		
				（√）站间调票		
				（ ）		
发放人	吴起	请借人	秦岭	借出部门　C 站	请借部门	D 站
员工号	035	员工号	×××	请借时间	20××.2.14	
归还车票						
票种	张数	车票 ID		注：		
归还人		签收人		归还部门	接收部门	
员工号		员工号		归还时间		
借出现金金额	¥		借出现金原因：			
发放人		请借人		借出部门	请借部门	
员工号		员工号		请借时间		
归还现金金额	¥		备注：			
归还人		签收人		归还部门	接收部门	
员工号		员工号		归还时间		

第一联-车票核对室（黄色）；第二联-车票核对室（白色）；第三联-请借部门（红色）；第四联-借出部门（蓝色）

在发生车站之间临时借用现金业务、乘客受伤时应急基金的启用或 TVM 单程票发售模块故障维修临时借用单程票时，填写本表（系统正常时站间调票不需填写此表，只需在系统直接输入）。

本表由借出车站客值或以上级别人员负责填写，并由借入车站或借用人员签名确认。

“借出车票”和“归还车票”栏下的“票种”“张数”“借出原因”以及“借出现金金额”“借出现金原因”“归还现金金额”栏需详细填写清楚，若“借出部门”和“请借部门”为车站，需填写车站名。上述栏目若需更改，必须由发放人和请借人双人签章确认。

当借出车站收到归还的车票或现金时，需将借出车票或现金时填写的本表一式四联收齐后，填写“归还车票”或“归还现金”的有关栏目，因被出闸机回收无法归还车票或AFC维修人员需带走车票时，需备注原因并由归还人和签收人签章确认。若借出车票或现金时填写的本表一式四联未能收齐，则由借出车站在一份新表中填写归还车票或归还现金的内容，接收部门签收，在“备注”栏注明原借出车票或现金的日期、“车票/现金借出记录表”的编号。

本表在一般情况下车站留存，无须上交。

票务管理系统故障，发生站间调票业务时，详细填写本表（需注明票种明细）。

本表由借出车站客值或以上级别人员负责填写，并由借入车站人员签章确认。

“借出车票”和“归还车票”栏下的“票种”“张数”“车票ID”“借出原因”需详细填写清楚，若“借出部门”和“请借部门”为车站，需填写车站名。上述栏目若需更改，必须由发放人和请借人双人签章确认。

车站调配预制票时，在相应的车票/现金借出记录表的“车票类型”栏注明调配车票具体的票价、数量、车票使用期限及使用车站等信息。

本表第一联由借出部门交车票核对室（若借出部门为车站，则随当天报表于次日交车票核对室）；第二联由借入部门交车票核对室（若借入部门为车站，则随当天报表于次日交车票核对室）；第三联由借入部门留存；第四联由借出部门留存。

5. 收款收据（图4-5-1）

收 款 收 据　　NO:0000001

GATHERING RECEIPT　　2019年4月20日

今收到 ××百货公司 30人 ××××站5#—××××站

折后总价108元（原总价：￥120.00）

金额（大写） 零佰零拾零万零仟壹佰零拾捌元零角零分

收款单位（盖章） ￥108.00

××地铁集团有限公司 发票专用章

核准： Approve　会计： Accountant　记账：值班员B Chalk it up　出纳： Cashier　经手人：值班员B Cleal with

图4-5-1　××地铁集团有限公司团体票收款收据

在办理团体优惠时，须在收款收据填写单位名称、人数、起止车站、原总价金额及折扣后金额。

若团体乘车的行程为从起点站经中间站至起点站，且经中间站时不出站，该团体的乘车费用按从起点站至中间站的单程收费。团体优惠超程，终到站需另开一张收款收据。收据需注明团体超程，需将原单据与超程收据一并上交车票核对室。

收款收据由值班员或以上级别人员单人办理，办理人分别在“记账人”和“经手人”栏盖章确认。

填写收据时必须确保过底清晰。

收款收据需填写完整，不得漏项。

团体收入金额与收款收据需及时交当班客值入账。

6. 现金交款单（图 4-5-2）

现金交款单由客值或以上级别人员在票款、备用金、解行错款短款解行时填写，交款单的“款项来源”栏注明票款或备用金，补交解行错款短款的还须备注“补交错款短款”，备注栏注明交款车站（交款车站必须严格按票务管理系统中显示的站名填写）。

车站收到已加盖“现金讫章”的现金交款单回执，每月规整后上交车票核对室。

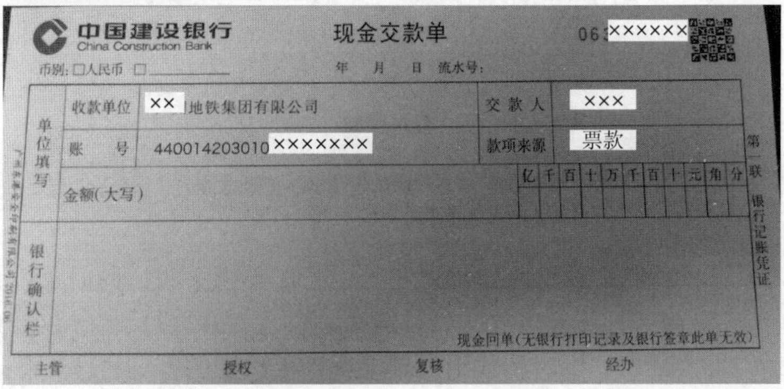
中国建设银行 China Construction Bank　现金交款单　063××××××

币别：□人民币 □　年　月　日　流水号：

单位填写	收款单位	××地铁集团有限公司	交款人	×××
	账号	440014203010×××××××	款项来源	票款
	金额(大写)		亿 千 百 十 万 千 百 十 元 角 分	
银行确认栏				

第一联 银行记账凭证

现金回单(无银行打印记录及银行签章此单无效)

主管　授权　复核　经办

图 4-5-2　某城市轨道交通运营企业现金交款单

二　票据管理

城市轨道交通运营企业所使用的票据有纸质发票和电子发票之分。城市轨道交通运营企业发行、使用的车票（储值票、单程票等）纸质报销凭证由公司自行印刷，“一卡通”发票由“一卡通”公司提供。纸质发票主要有定额发票、手写发票和机打发票，因定额发票使用方便、快捷，故使用最为频繁，其他发票在车站极少使用，故此以定额发票为例介绍纸质发票的管理。

（一）定额发票的分类

定额发票通常包括“一卡通”定额发票和地铁定额发票两种。它们分别有不同面值，如“一卡通”定额发票（图 4-5-3）通常包含 5 元、10 元、20 元、50 元、100 元，地铁定额发票通常包含 2 元、3 元、4 元、5 元、6 元、7 元、8 元、9 元等。

（二）配发

负责发票配发的部门通常会参考各客运部需求、客流及充值情况制订配发计划，将发票配送到车站，发票管理员在定额发票领用存台账上登记配送时间、配送车站、配送数量等。发票通常按发票编号顺序整本配发，不得抽发、跳发、拆解配发。

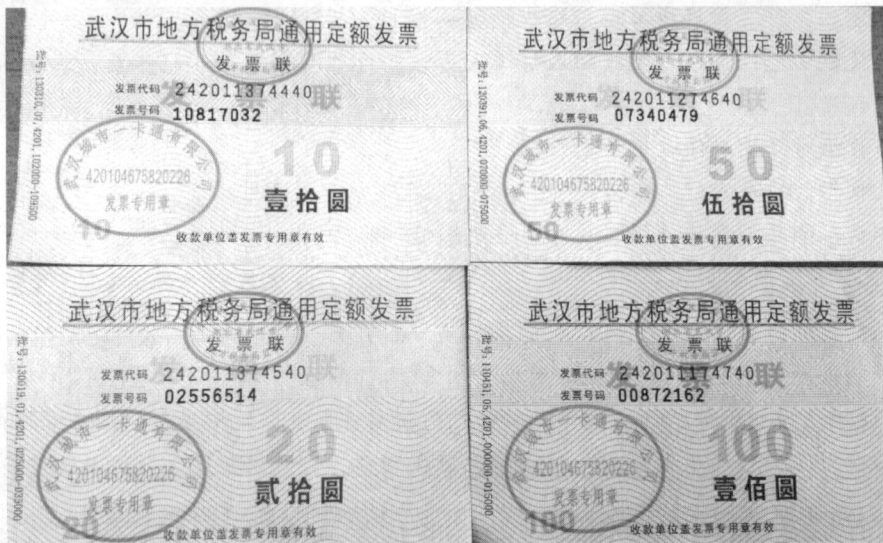

图 4-5-3　武汉城市 "一卡通" 定额发票

发票配送到车站后，由发票管理员和车站值站双方共同确认发票数量、面值和号段，无误后车站值站在定额发票领用存台账上签字确认。

（三）保管

报销凭证和发票的保管应由专人负责，妥善保管，不得丢失。同时加强保全措施，做好防盗、防火、防潮。发票保管过程中出现被盗、遗失、损毁或其他导致发票无法使用的情况，应及时通知上级部门，同时将残损发票上交；上级相关部门经了解情况并核实后应及时反映给税务机关，按税务机关要求办理相关后续手续。

（四）存根回收

若发票设有存根，车站应将使用完毕的发票存根按面值逐箱整理，不得擅自损毁。车站上级相关部门应定期回收发票存根。上交发票存根时，由值站整理填写相关台账。

（五）使用

需要发票的乘客，单程票、日票、计次票在购票时领取；储值票、"一卡通"在购票或充值时领取。

车站工作人员向乘客提供发票时，应按实际票价开给乘客，不得由乘客自行撕取，应按发票编号顺序发放，不得抽发、跳发。

（六）监督与考核

任何人如有侵吞、私售、故意损毁发票等行为，按照城市轨道交通运营企业相关规定予以相应处罚，情节严重的应移交司法机关处理。

必须有真实的交易事项才能开具发票，严禁虚开、多开发票，对虚开、多开发票的人员经核实后，应予以罚款。

（七）电子发票

电子发票近年来在许多城市轨道交通运营企业逐步普及，乘客通过自助服务终端购票后，通过电子发票开票操作指引直接在 App、小程序上或采用扫码方式均能方便地获取电子发票，减少了纸质发票的使用量，管理上也更简便。

例如，广州地铁集团有限公司个人抬头电子发票样本和公司抬头电子发票样本如图 4-5-4、图 4-5-5 所示。

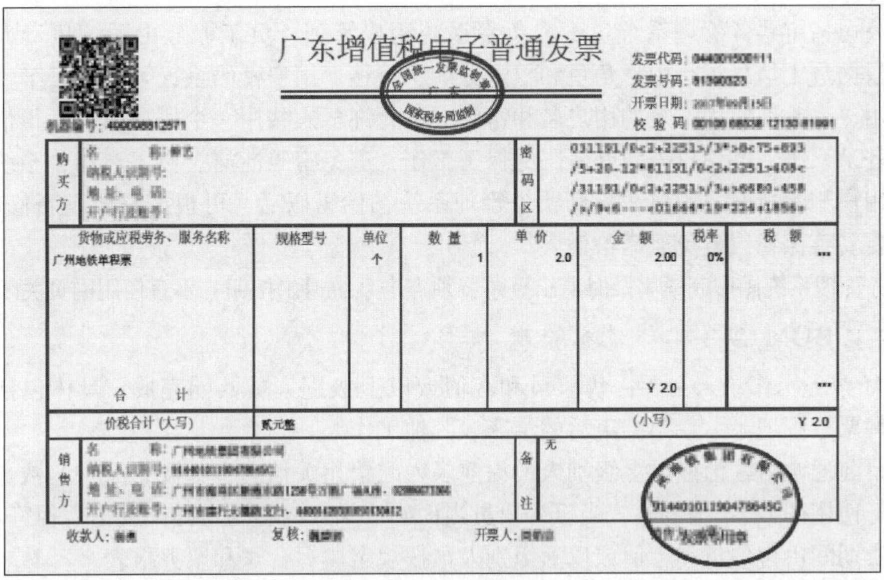

图 4-5-4　广州地铁集团有限公司个人抬头电子发票样本

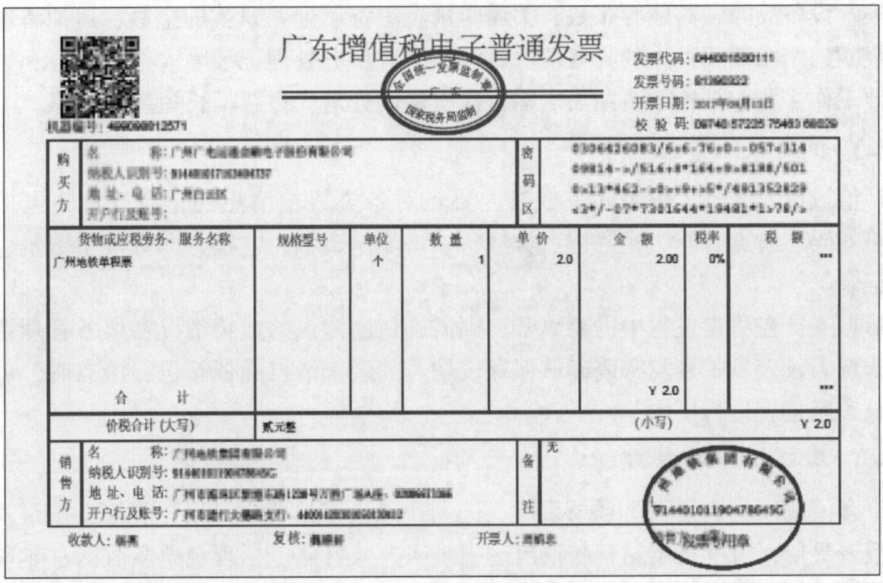

图 4-5-5　广州地铁集团有限公司抬头电子发票样本

三　票务管理系统

目前，城市轨道交通运营企业对于台账和报表的管理更多地是运用票务管理系统进行，需要的表单、凭证等数据通过网络传输共享，既节省人力又节约物力。但由于各公司使用的票务管理系统软件都是基于自身需要和不同公司联合开发，因此，其系统管理的方式也都不同，但它们能够实现的功能却是相似的。下面以某城市轨道交通运营企业为例，介绍票务管理系统的部分应用。

（一）系统用户及密码管理

由公司指定票务管理系统负责人负责系统用户管理。员工账号由系统负责人统一创建，并根据员工信息进行用户角色和权限分配、转移、用户密码重置等设置工作。

各用户只允许使用本人的用户名和密码，不允许多人共用一个用户名，不得借用他人用户名登录系统。各用户需做好密码的保密工作，避免密码泄露。员工离司，系统负责人需跟进用户删除情况。用户在接到票务管理系统初始密码后，可根据需要重新修改密码，新密码要妥善保管，避免泄露给他人。

票务管理系统操作完毕需及时退出登录，须点击系统退出按钮，不宜使用网页关闭操作。

（二）BOM票务工作录入管理

BOM票务工作录入主要由售票员和客值或以上级别人员共同完成，具体包括售票前准备、售票过程记录、售票结束后的结账、其他工作等。

售票前通常由客值或以上级别人员提前录入配票相关信息，如配票票种、数量、备用金金额、使用的BOM编号等，当班售票员当面确认录入内容与实际配发是否相符。

售卖期间由售票员和客值或以上级别人员按规定填写台账和票务报表。

售票工作结束后的结账由售票员与客值/值班站长共同完成，包括对应票种关窗、追加、遗失、设备故障、其他等张数，关窗时现金中备用金、票款的金额，追加备用金、预收票款金额，结账期间发生的异常情况备注，乘客事务处理记录等。

其他工作主要包括售票员结账后需再次上岗的处理，售票员长短款处理等。

（三）钱箱收入管理

由客值或以上级别人员录入完成，主要是对各类钱箱清点的记录，具体包括钱箱种类、钱箱号码、清点时间、实际清点金额、设备显示金额、差额、非标准币数量、清点异常情况记录等。

如清点人员在清点过程中需要离开，则需确认已清点的钱箱情况在票务管理系统中已录入，清点人录入员工号及密码确认保存成功。其余未清点的钱箱进行清点时，可重新开具新的电子版报表进行操作。

（四）车站日营收管理

晚班客值或以上级别人员登录系统，进入"录入车站营收日报"界面，按票款产生日期选择报表日期，将本日车站营收情况逐一录入。其具体包括现金票款收入、非现金票款收入、团体票收入、备用金使用、实际补币金额、票款实际解行金额、银行确认已解行票款和备用金情况、长短款及补款情况、其他异常情况等。

车站需每天在系统上生成营收日报，避免影响第二天的营收上日结存。

（五）车站售票存票管理

客值或以上级别人员登录系统，进入"录入车站售票/存票日报"界面，根据本日的

SC 报表、配票明细单等报表录入相关信息。

（六）车站收益管理报表的修正

报表界面数据录入错误时，客值或以上级别人员可在相应界面修改，修改时需与相关责任人一同确认，必要时需上报值站核查、确认。

报表日期出现错误时，车站报值站，由值站登录系统，进入"修改报表日期"界面，查找错误日期报表，勾选修改，并在其后录入正确的报表日期保存。

已录入的备注点击保存后，除"钱箱清点报告"界面备注外，其他界面系统不能对原备注进行修改。备注格式：原备注"×××"修改为"×××"。

（七）电子报表的提交

报表录入结束后，由客值或以上级别人员根据车站台账、报表、车票等原始信息核对所有报表后，提交当日所有车站报表。车站报表提交后，车站将无法修改相关报表数据。

（八）票务管理系统特殊情况处理规定

当票务管理系统出现异常情况时，车站应立即上报。若能够立即进行处理、修复，修复后正常使用；若票务管理系统故障影响车站正常票务运作，车站填写纸质票务报表/台账，记录相关票务运作情况。

票务管理系统故障修复后，车站根据票务报表/台账、原始单据的相关内容补录系统，并及时提交上级单位。

（九）其他注意事项

（1）票务管理系统的具体操作按照操作手册进行。单元 3.5 对 SC 票务管理功能的介绍就是以某企业票务操作手册为母版编制的。

（2）车站登录票务管理系统录入、修改数据时，相关人员均需在监控仪监控状态下的车站票务管理系统专用电脑上操作。车站票务管理系统专用电脑专用于票务管理系统，不允许车站用于日常办公、浏览内部网站或作其他用途。

（3）车站在票务管理系统各界面录入数据完毕，需及时进行保存并确认系统提示"保存成功"。原则上车站员工由于其他事项需离开，需确保所录入界面锁定或已保存后方可离开。

（4）操作人员操作完票务管理系统后，需及时注销。

◦ 拓展知识 ◦

银行票据填写要求

银行、单位和个人填写的各种票据和结算凭证是办理支付结算和现金收付的重要依据，填写票据和结算凭证，必须做到标准化、规范化，要素齐全、数字正确、字迹清晰、不错漏、不潦草，不得涂改。

（1）中文大写金额数字应用正楷或行书填写，如壹、贰、叁、肆、伍、陆、柒、捌、玖、拾、佰、仟、万、亿、元、角、分、零、整（正）等字样。

（2）中文大写金额数字到"元"为止的，在"元"之后，应写"整"（或"正"）字，在"角"之后可以不写"整"（或"正"）字。

（3）中文大写金额数字前应标明"人民币"字样，大写金额数字应紧接"人民币"字样填写，不得留有空白。大写金额数字前未印"人民币"字样的，应加填"人民币"三字。

（4）阿拉伯小写金额数字中有"0"时，中文大写应按照汉语语言规律、金额数字构成和防止涂改的要求进行书写。举例如下：

①阿拉伯数字中间有一个"0"时，中文大写金额要写"零"字。如￥1，409.50，应写成人民币壹仟肆佰零玖元伍角。

②阿拉伯数字中间连续有几个"0"时，中文大写金额中间可以只写一个"零"字。如￥6，007.14，应写成人民币陆仟零柒元壹角肆分。

③阿拉伯金额数字万位或元位是"0"，或者数字中间连续有几个"0"，万位、元位也是"0"，但千位、角位不是"0"时，中文大写金额中可以只写一个零字，也可以不写"零"字。如￥1，680.32，应写人民币壹仟陆佰捌拾元零叁角贰分，或者写成人民币壹仟陆佰捌拾元叁角贰分；又如￥107，000.53，应写成人民币壹拾万柒仟元零伍角叁分，或者写成人民币壹拾万零柒仟元伍角叁分。

④阿拉伯金额数字角位是"0"，而分位不是"0"时，中文大写金额"元"后面应写"零"字。如￥16，409.02，应写成人民币壹万陆仟肆佰零玖元零贰分；又如￥325.04，应写成人民币叁佰贰拾伍元零肆分。

阿拉伯小写金额数字前面，均应填写人民币符号"￥"，阿拉伯小写金额数字要认真填写，不得连写分辨不清。

单元测试

请老师根据实际教学需要，组织学生完成"单元4.5　票务报表管理"的测试，相关试题见本书配套资源包。

职业能力训练

职业能力训练4-5：纸质报表的手工填写及电子报表录入、打印

1. 训练所需基础知识

手工报表填写、电子报表录入、打印。

2. 训练目的

通过规范填写纸质报表，及时完成电子报表的录入和打印，进一步掌握纸质报表填写要求、电子报表录入时机和打印操作等报表管理基本技能。

3. 训练要求

（1）个人按所提供资料填写纸质乘客事务记录表（OP105）。

（2）在资料所示的适当时机完成电子报表的录入和打印。

（3）所需备品：SC录入界面图（或SC实操台）、空白纸质乘客事务记录表等。

4. 相关资料

20××年3月4日，烈士陵园站早班客值李甲（01071089），早班售票员王刚（01072386）；晚班客值陈真（01071166），晚班售票员苏雪（01074468）。

王刚当班期间办理了以下几件事务：因列车晚点，退票15张、发放赠票15张，共计30元；乘客从延误列车下来，边门回收超时单程票10张、发放赠票10张，为2张普通"一卡通"处理免费超时更新共20元、发放赠票2张，乘客已持票出站强烈要求退回本次车费3.00元（审批同意）。因运能不足，办理退票2张计9元。因BOM全部故障，办理持学生储值票（Store Value Ticket，缩写为SVT）乘客超程车票，收取2元；乘客无票补9元，开边门出站。23：28，办理一名未赶上末班车乘客的单程票退票（车票ID 4366778750，余值2元）；23：29，办理一名未赶上换乘末班车乘客的单程票退票（车票ID 6785533212，票面价值7元，已乘车程费5元，退2元）。另给一持OP103C（单号001098）的乘客办理退款，无效票处理通知书上余值为16元，押金20元。

王刚当班期间开出OP103共2张，单号002002、002004（其中单号002004作废），单号002002为名为李静的乘客从海珠广场站持学生票SVT（票面编号1000216655）进站，出站时由于车票无效无法正常出站，票面完好。

5. 手工报表填写要求

（1）独立完成，字迹清晰，按规定格式正确书写。

（2）报表填写方法及样本详见单元4.5的案例链接。

6. 电子报表录入、打印要求

（1）有实训条件的，请按上述资料录入票务系统相应界面，票务系统录入、打印方法按相应操作手册要求完成，具体录入规则参照单元3.5对SC票务管理功能的相关介绍，完成后请导出并打印相应电子表单以供考核。

（2）无实训条件的，可打印SC票务管理软件界面图（见附录4-1），按图点击、口述录入内容，完成电子报表录入过程。

模块工作任务

车站票务管理综合模拟演练

1. 所需基础知识

票卡管理，现金管理，票务备品及钥匙交接，岗位交接班，手工报表填写，电子报表录入。

2. 演练目的

重点培养学生的团队协作能力。通过分组分角色模拟演练，帮助学生全面掌握车站票务管理工作的技术要求，学生通过模块4中5个单元的【职业能力训练】获得完成本次模块工作任务所需实践基础，再通过教师点评和观察其他组的展示，进一步提高票务管理相关职业技能，最终建立规范、严谨的票务管理岗位意识。

3. 任务要求

（1）按时提交个人独立填写的乘客事务记录表 OP105（空白表格见附录 4-2）。

（2）分学习小组（7~9 人/组）完成车站票务管理综合模拟演练，具体包括配发票卡、补票作业、补币作业、配票/备用金作业、上交预收款、交接结算作业、现金解行、回收车票清点作业、回收钱箱清点作业、车票加封、车票上交、盘点作业、票务备品及钥匙交接作业、报表填写与交接作业。

（3）参与岗位：配票员、白班客值、晚班客值、白班售票员、晚班售票员、站厅站务员（可兼任白班和晚班）、银行收款员，另有场景解说员负责必要的讲解，其他角色可按小组演练需要自由设置。

（4）所需备品：各岗位工种胸牌、场景（票务室、客服中心等）标志牌、TVM 票箱、闸机票箱、单程票回收箱、票卡、TVM 补币箱、纸币钱箱、硬币钱箱、票务手推车、票务钥匙、配票款箱、解行箱、纸钞、硬币、票务信封/票盒/布袋/钱袋、封条、SC 票务管理软件界面图（或 SC 实操台）、报表台账单等。

（5）当日车票配转情况见表 4-2-1，当日现金收益情况见表 4-3-2。

4. 评价方式

（1）以学习小组为单位，由专、兼职教师和学生代表共同完成评价，教师评价占 70%，学生评价占 30%。

（2）教师、学生评价用模块工作任务评价表，见附录 4-3。

思考题

1. 车站票务管理原则有哪些？

2. 票卡配转流程是怎样的？

3. 票卡加封有哪几种方式？分别适合何种类型的票卡？

4. 票卡交接的基本要求有哪些？

5. 车站备用金和票款的用途有何不同？

6. 车站票款收益主要来源于哪几方面？

7. 车站现金解行的方式有哪几种？

8. 出现错款情况时，人工作业遵循的八字处理原则是什么？其具体含义是什么？

9. 票务备品如何分类？各类备品的具体用途是什么？

10. 票务钥匙如何分类？每一大类又是如何细分的？

11. 报表内容填写/录入的八字基本原则是什么？其具体含义是什么？

12. 纸质报表改错规定有哪些？

模 块 5

乘客票务事务处理

📖 **模块描述**

　　本模块主要是帮助学生全面深入地掌握乘客票务事务的处理方法，难点是乘客票务事务处理的不同情况及应对措施，特别是特殊情况下的票务处理办法。本模块所涉及的是课程学习的核心内容，也是客运值班员岗位工作的核心技能。

📖 **教学目标**

　　1. 思政目标

　　通过本模块的学习，帮助学生树立"求真求实、讲原则、讲风格"的理念，融入"要在增加知识见识上下功夫"的思政元素，培养学生的科学精神、科学方法、科学态度，将求真理、悟道理、明事理融入今后的学习和工作中。

　　2. 知识目标

　　学生应了解各种乘客票务事务的基本含义，充分理解各种票务事务处理的规则，透彻掌握不同情况下乘客票务事务处理的规范流程和应对方法。

　　3. 能力目标

　　学生应能了解乘客票务事务的种类，针对不同情况灵活运用票务政策处理日常票务问题；能在车站发生不同乘客事务的情况下，迅速做出正确判断，按程序解决乘客票务事务问题，避免发生票务差错和票务纠纷。

　　4. 素质目标

　　通过本模块的训练，学生应具有严谨的工作作风，灵活应变的职业能力，按章处理乘客票务事务等实践能力。

📖 **建议学时**

　　12 学时，其中实训 6 学时。

课程思政案例

勤学明辨、科学处事

1. 案例名称

TVM 全部断电、闸机全部开启事件。

2. 案例描述

20××年 12 月 19 日 6：11，某站客值、站务员在给位于站厅 A 端的 TVM203 加币加票、输入数据时维修门登录维护单元突然显示白屏，工作人员对 TVM203 重启无效后欲尝试断电重启，但此时发现有一个三角插头脱落在外，随后客值打开 TVM202，查看比较两台 TVM 的三角插座情况，发现 TVM202 的三角插头插在电源上，因此，怀疑可能是插头脱落造成 TVM203 显示白屏。于是客值尝试把 TVM203 的三角插头插到电源上，随后就发生 A 端 TVM 全部断电、闸机全部开启现象。经上报、紧急支援和维修，6：42 A 端 TVM201、TVM202 恢复正常，6：43 闸机恢复正常。闸机常开期间，车站进站乘客共计 11 人，其中持单程票乘客 6 人、持储值卡乘客 5 人，无乘客投诉。由于车站人员和机电人员事后采取措施得当，A 端 TVM 和全站闸机在首班车（6：44）到达前已恢复正常，故对车站运营未造成影响，也未造成收益损失。

3. 案例分析

分析上述案例可知，当事客值在排查故障原因的过程中，因重启无效后发现 TVM203 内部电源箱上一条电源线插头未插，通过比较发现 TVM202 电源箱同位置插座是插上的，因此，简单认为此处为故障原因，未注意到电源箱上方的警示标志，在开机带电情况下将插头插入，导致 TVM203 因瞬间电流过大跳闸，上级 15min 回路开关联动跳闸。对于在 AFC 设备简易故障处理手册中未列明或依据其方法不能解决的 AFC 设备故障，车站员工不得自行判断并擅自操作设备，应及时上报，让驻站维修人员前往处理。

4. 案例启示

求知问学，勤学明辨，在"增长知识见识上下功夫"。学习和工作中需要始终坚守科学精神、科学方法和科学的态度，在日常票务作业中发现的设备安全隐患应及时上报并做好相关防护措施，确保员工自身安全及设备安全，保证车站正常的票务运作，为维护城市轨道交通正常运营秩序贡献自己的力量。

单元 5.1　普通乘客票务事务处理

单元5.1知识树

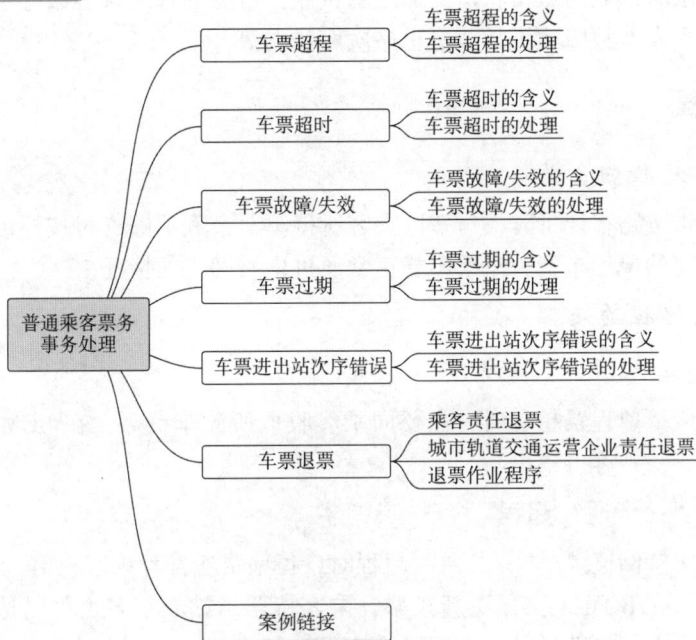

```
                              ┌── 车票超程的含义
                  车票超程 ──┤
                              └── 车票超程的处理

                              ┌── 车票超时的含义
                  车票超时 ──┤
                              └── 车票超时的处理

                              ┌── 车票故障/失效的含义
              车票故障/失效 ──┤
                              └── 车票故障/失效的处理

                              ┌── 车票过期的含义
                  车票过期 ──┤
                              └── 车票过期的处理

  普通乘客票务                ┌── 车票进出站次序错误的含义
  事务处理        车票进出站次序错误 ──┤
                              └── 车票进出站次序错误的处理

                              ┌── 乘客责任退票
                  车票退票 ──┤── 城市轨道交通运营企业责任退票
                              └── 退票作业程序

                  案例链接
```

单元导入

20××年 4 月 26 日，某城市轨道交通运营企业某站一乘客到 B 端客服中心表示自己的储值卡无法进站，售票员查验后发现该卡内有 4 月 24 日的进站码未清除，随后将此储值卡进行扣值更新。更新完后再次验卡，发现卡内余额并没有变化（乘客储值卡中的车费未被扣除），但进站码已被清除，因此，造成公司票款流失（按票务规章，清除非当日进站码应扣除最低车费 2 元）。

经调查发现，该乘客在 4 月 24 日出站时没有扣到钱，随后转乘公交后造成卡内余额低于 2 元。4 月 26 日乘客到客服中心处理时，在卡内余额低于 2 元的情况下清进站码，系统将默认扣值为零，而售票员在更新时未发现异常即更新储值卡，导致票务收益流失。

分析以上案例，我们知道售票员在更新车票时，须仔细核对操作数据是否正确，对不正常的数据应手工进行更正，否则，习惯性地操作将会导致票款收益流失，对企业造成影响。另外，若错误数据无法手工进行更正应及时报值站和客值处理。那么，哪些情况下需要对乘客手中的车票做更新处理？是否都需要收取费用？乘客事务处理过程中设备出现问题该怎么办？

理论知识

在城市轨道交通日常运营工作中，会遇到诸如乘客持票无法正常进出闸机、出站时闸门被误用等乘客票务事务，此时首先必须非常熟悉相关业务规定；其次要坚持"为乘客服务"的经营理念，讲究服务方法，确保乘客满意。

乘客票务事务是乘客利用城市轨道交通方式出行，车站 AFC 设备在提供正常服务过程中，因乘客自身原因、设备原因或其他特殊原因造成无法正常使用设备或无法正常进出闸机引起的事务处理。

在实行计程限时票制的城市轨道交通运营企业，常见的普通乘客票务事务处理主要有车票超程、超时，车票故障或失效，进出站次序错误等。

一 车票超程

（一）车票超程的含义

车票超程是指按路程计价时，付费区乘客所持车票余额不够支付按标准计算所得的起点站至终点站之间的单程车费，车票不能正常通过出站闸机的情况。

（二）车票超程的处理

1. 单程票超程

付费区乘客所持单程票超程时，需要向乘客收取所欠车费后，在 BOM 或自助补票设备上操作更新车票，乘客持票出站。

2. 储值票/"一卡通"超程

付费区乘客所持储值票/"一卡通"超程时，售票员应推荐乘客充值；若乘客不充值，则收取超程车费，在 BOM 上操作更新车票，乘客持票出站。乘客也可以选择通过自助补票机、自助客服中心等自助设备完成充值或补票更新。

二 车票超时

（一）车票超时的含义

车票超时是指乘客验票进入付费区后，在付费区逗留时间过长，超过城市轨道交通运营企业规定的在付费区停留时间，车票不能正常出闸的情况。

（二）车票超时的处理

1. 乘客所持单程票超时

付费区乘客所持单程票超时时，售票员向乘客收取超时补款（各城市轨道交通运营企业自行规定超时补款金额）后，在 BOM 上操作更新车票，乘客持票出站。乘客也可以选择通过自助补票机、自助客服中心等自助设备完成超时更新。

2. 乘客所持储值票/"一卡通"超时

付费区乘客所持储值票/"一卡通"超时时，若车票进站日期显示是当天进站，则向乘客收取超时补款后在 BOM 或自助设备上操作更新车票，乘客持票刷卡出站；若车票进站日期显示不是当天进站，则需要售票员人工操作扣除上次乘车费用（一般是最小车程费），再输入当日进站码更新车票，乘客持票刷卡出站。

三　车票故障/失效

（一）车票故障/失效的含义

车票故障/失效是指车票无法正常通过闸机，且无法通过车站级 AFC 终端设备进行更新处理的情况。

（二）车票故障/失效的处理

故障/失效票的处理应按不同票种在付费区和非付费区分别处理。

1. 单程票故障/失效的处理

（1）非付费区。当非付费区乘客持故障/失效单程票要求乘车时，售票员需判断造成车票故障/失效的是城市轨道交通设备原因还是乘客自身人为原因，若属于乘客自身人为原因，则回收乘客手中的故障/失效车票，并请乘客重新购票乘车；若为城市轨道交通设备原因，如 TVM 发售的故障/失效车票，则回收故障/失效车票，按规定办理乘客事务处理单，在 BOM 上给乘客免费发售一张等值的普通单程票。

（2）付费区。当付费区乘客持故障/失效单程票不能出站时，售票员通过判断，如为乘客自身人为原因，则回收故障/失效车票，并请乘客按规定补款后，在 BOM 上发售有效出站票供乘客出闸；若为城市轨道交通设备原因，则回收故障/失效车票，并在 BOM 上给乘客免费发售有效出站票，以供乘客出闸。

2. 储值票故障/失效的处理

（1）非付费区。当非付费区乘客持故障/失效储值票乘车时，售票员可以为乘客办理非即时退款，回收故障/失效储值票，请乘客填写无效票处理申请单，在规定的若干个工作日后来车站领取车票余值和押金的退款。

（2）付费区。当付费区乘客持故障/失效储值票乘车时，售票员应给乘客发放免费出站票，再为乘客办理非即时退款，回收故障/失效储值票，请乘客填写无效票处理申请单，在规定的若干个工作日后来车站领取车票余值和押金的退款。

其他纪念票、计次票、日票等票卡在使用有效期内发生故障等情况，票面完好，无人为破坏痕迹，却无法正常使用且无法通过车站级 AFC 设备更新的，可参照储值票退票处理方式办理非即时退款。

城市公交"一卡通"车票故障/失效，应当指引乘客拨打"一卡通"公司的咨询电话，到其指定地点办理。

四　车票过期

（一）车票过期的含义

车票过期是指车票超过了规定使用有效期，无法正常通过闸机进出站的情况。

（二）车票过期的处理

车票过期按不同票种分别处理。

1. 普通单程票、出站票、团体票、纸票过期

普通单程票、出站票、团体票、纸票通常限定为当日使用，非当日的车票即为过期票，无论乘客在非付费区还是付费区，都应向乘客说明原因，请乘客重新购票。

2. 储值票过期

当乘客所持储值票超过有效期限时，若其在非付费区，应直接为乘客免费办理车票的延期手续；若乘客在付费区，应在非付费区模式下为乘客办理车票延期手续后，再询问乘客进站车站，输入进站码更新车票后，乘客持票出站。

3. "一卡通"过期

城市公交"一卡通"车票的有效期由"一卡通"公司确定，到期后须到"一卡通"公司指定机构办理延期手续方可继续使用。因此，"一卡通"车票过期，应当指引乘客拨打"一卡通"公司的咨询电话，到其指定地点办理延期手续。

4. 日票、纪念票、赠票过期

日票、纪念票、赠票的有效期以发行公布的有效期为准，车票到期后不可延期。因此，这些车票过期后，只能向乘客说明原因，请乘客重新购票。

五　车票进出站次序错误

（一）车票进出站次序错误的含义

车票进出站次序错误是指车票所处付费区或非付费区模式与乘客实际所在的区域不一致的情况。

（二）车票进出站次序错误的处理

车票进出站次序错误应按非付费区和付费区分别处理。

1. 非付费区

乘客在非付费区，但乘客车票显示已在进站闸机验过票，显示为付费区模式，不能再次验票进站，这种情况一般是乘客持票在进站闸机验票后未及时进闸所致。在 BOM 或自助设备非付费区模式下分析车票，若车票上次验票时与当前时间之差在系统分析的更新时间范围内（如 20min 内），则设备会显示该票可以更新，通过"更新"按钮更新车票信息，乘客可持车票正常进站；若车票上次验票时间与当前时间之差已超过系统允许的更新时间范围，需要根据各城市轨道交通运营企业的票务政策与规定进行相应处理。

有些城市轨道交通运营企业对于单程票和储值票超过免费更新时间范围的处理规定有所不同。若是单程票则应回收车票，向乘客解释说明，请乘客重新购票；若是储值票、"一卡通"则按规定收费更新车票，乘客持更新后的车票进站。

2. 付费区

乘客在付费区，但所持车票没有进闸记录，显示仍为非付费区模式，车票不能正常通过出站闸机，这种情况一般是乘客进闸时没有成功验票，与其他乘客一起并闸进站或没有经进站闸机验票直接从其他地方进入付费区所致。在 BOM 或自助设备付费区模式下分析车票，根据设备分析显示单程票发售车站名，输入进站车站进行更新；没有发售车站名的车票，如储值票或预制票等，可根据乘客提供的进站地点，按票务政策规定对车票进行付费或免费更新。

乘客在付费区，所持储值票已在出站闸机处刷卡扣费，但未出闸，通常判断为闸门误用，核实情况后，可向乘客发放免费出站票。

六　车票退票

城市轨道交通供乘客使用的车票是有价证券，乘客购买后若因自身或其他特殊原因需要退票，应符合运营企业退票的限制条件。不同城市轨道交通运营企业对于能否退票及退票时的限制条件各不相同。根据退票责任不同，大致可分为乘客责任退票和城市轨道交通运营企业责任退票两种。

（一）乘客责任退票

乘客责任退票是指由于乘客自身原因造成的不能继续使用车票、产生退票的情形。

1. 单程票退票

对于已售单程票的退票，不同城市轨道交通运营企业的规定不同。有些城市轨道交通运营企业规定单程票一经售出，概不退票（城市轨道交通运营企业设备故障等方面原因除外），如北京地铁、京港地铁。大部分城市轨道交通运营企业规定符合一定条件可以退票，如广州地铁规定已购买的单程票没有进闸记录且票内信息能被读取，自购买之时起不超过30min 的，乘客可以在发售站办理退票，单程票在售出30min 后一律不办理退票；武汉、上海、长沙、西安地铁规定当日未使用的单程票可按票面值退票，非当日车票不予退票。

还有特殊原因造成的乘客已经进闸但不能乘车的情况，如乘客已在本站进站，但末班车已经开出；乘客携带违禁物品已在本站进站，但被车站人员发现并制止其乘车；等等。以上特殊情况下，乘客要求退票，经审批同意后可办理退票。

2. 储值票退票（相关资源见二维码）

储值票还有余额，但乘客不再继续使用，要求退票时大致有以下两种情况：

（1）若储值票卡内信息可读，能查看车票 ID 和余值，一般可以由售票员通过 BOM 办理退款手续。票面完好，可将车票余额和押金全部退还给乘客；票面有人为折损，则押金不退，只退还卡内余额。

储值票退票处理

（2）若储值票卡内信息不可读，或者无法通过 BOM 处理退票，应按故障车票或失效车票办理非即时退款手续。售票员应回收故障/失效车票，请乘客填写无效车票处理申请表，按规定将车票和报表一并上交上级票务部门审核是否能退款以及退款的具体金额，并请乘客在若干工作日之后，凭车票处理申请表收据到指定车站取回退款。

为保证储值票退款的安全、准确，无论储值票卡内信息能否读取，票务系统都可以根据各城市轨道交通运营企业的实际情况设置退款的其他限制条件，如使用次数、余额限制等，若车票超出限制条件范围，则无法在 BOM 上办理即时退款，以确保退票处理有足够的安全性，防止欺诈行为的发生。由于多数城市轨道交通运营企业均不再发售新储值票，所以此类事务量日趋减少。

（二）城市轨道交通运营企业责任退票

当企业运营过程中发生不可预料的事件，如设备故障、列车晚点、越站停车、火灾、

轧人等，乘客要求退票时，属于城市轨道交通运营企业责任退票。通常这种情况下，在任何车站，无论乘客所持何票种，均可在规定期限内办理退票、退款或免费更新手续。

（三）退票作业程序

当乘客要求退票时，工作人员应引导乘客到客服中心办理。售票员应根据需要先分析车票状态，确认车票能否办理退款，并根据公司对退票的相关规定为乘客办理退票手续。

1. 即时退款

若车票符合即时退款条件，售票员应在 BOM 非付费区模式下为乘客办理即时退款。回收车票，按规定填写相关报表，请乘客签认。在 BOM 上办理退款后，应再次分析车票，确认车票已退款且余额为零。若退款出现异常，售票员需立即通知客值或以上级别人员到现场处理。通过 BOM 办理退款后的车票，应按要求加封上交。

2. 非即时退款

若车票需办理非即时退款，售票员回收车票，再根据具体情况在 BOM 上办理退款申请，或填写纸质无效车票处理申请表，上交车票及表单由上级票务部门审批确定车票可退款金额，并请乘客若干工作日之后持有效凭证到指定车站领取退款。乘客持有效凭证来站领取退款时，车站应根据 BOM 非即时退款查询结果界面或无效票处理通知书显示的退款金额给乘客办理退款，并请乘客在报表上签认。

案例链接

某城市轨道交通运营企业普通票务事务处理规定

一 乘客须遵守的票务规则摘录

（1）乘客已在闸机上验票而未进闸的，可在 20min 内在验票站免费处理。超过 20min 乘客未进闸的，单程票作废予以回收，其他车票按所使用车票种类的最低单程票价支付车费，但因城市轨道交通运营方面的原因导致的除外。

（2）乘客在有效时限内同一车站进出闸，单程票由闸机回收，持其他车票的乘客支付所使用车票种类的最低单程票价。

（3）乘客所使用的车票，不足以支付所到达车站的实际车费时，须补交超程车费。

（4）乘客每次乘车从进闸到出闸的有效时限根据线网允许的最远乘车里程、列车的速度及乘客候车、换乘所需的合理时间确定。乘客乘坐地铁超过有效时限的，乘客除须缴交当次车程费用以外，还须按出闸站线网单程最高票价缴交超时车费，但因地铁运营方面的原因导致的除外。

（5）乘客乘坐一个地铁车程既超时、又超程的，乘客除须缴交当次车程费用以外，还须按出闸站线网单程最高票价缴交超时车费，但因地铁运营方面的原因导致的除外。

（6）乘客进闸时没有在闸机验卡区正常感应车票的（没有进闸记录），应按照乘车车程支付车费，持单程票的以购票站为出发站支付车费。

(7) 地铁出闸站线网单程最高票价，是指地铁出闸站到地铁线网中可到达车站的最高单程票票价。

二 普通单程票无法正常进出闸机的处理规定

乘客持普通单程票无法正常进出闸机时，售票员应依据乘客所处的位置和车票分析结果按表 5-1-1 对应栏做相应的处理。

普通单程票无法正常进出闸机的处理规定   表 5-1-1

车票分析结果	非 付 费 区	付 费 区
进出站次序错误	若该票显示可以更新，则更新处理车票；若无法更新，则回收单程票并向乘客说明原因，请乘客重新购票乘车	（1）本站设备发售的单程票，原则上不允许进行更新操作，确有特殊情况时，需由值班员或以上级别人员确认，并由车站自立台账做好记录。 （2）非本站设备发售的单程票，车站按 BOM 分析显示的发售车站输入进站码（ES 预制票按乘客反映的进站车站输入进站码）及根据 BOM 显示收费金额收取费用后更新。 （3）打印更新小单，一联车站留存，一联给乘客
车票过期	车站判断为非当日的车票，则回收车票并向乘客说明原因，请乘客重新购票乘车	（1）车站判断为非当日的车票，则回收车票并向乘客说明原因，请乘客购买付费出站票。 （2）打印付费出站票小单，一联车站留存，一联给乘客
车票超程	—	（1）收取超程费后更新车票。 （2）打印更新小单，一联车站留存，一联给乘客
车票超时	—	（1）车站判断为当日的车票，收取超时费后更新车票。 （2）打印更新小单，一联车站留存，一联给乘客
车票故障	（1）若车票人为折损，回收车票并向乘客说明原因，请乘客重新购票乘车。 （2）若为 TVM 发售的故障票，售票员通知值班员现场确认，给乘客免费发售一张等值单程票，TVM 发售的故障票需上交	查看是否人为折损，是，回收车票，给乘客发售付费出站票；否，回收车票，再给乘客发售免费出站票出站，打印小单，乘客在小单上签名确认，无须提供给乘客

三 储值票无法正常进出闸机的处理规定

乘客持储值票无法正常进出闸时，售票员应依据乘客所处的位置和车票分析结果按表 5-1-2 对应栏做相应的处理。

储值票无法正常进出闸机的处理规定 表 5-1-2

车票分析结果	非 付 费 区	付 费 区
进出站次序错误	（1）显示需更新收费时，向乘客说明原因后更新车票，更新费用从卡上扣除；打印更新小单，一联给乘客，一联车站留存。 （2）显示无须更新收费时直接更新车票	询问乘客进站车站，输入进站码更新车票，乘客持票出站
车票过期	为乘客办理车票的延期手续	转到非付费区模式下为乘客办理车票的延期手续后，询问乘客进站车站，输入进站码更新车票，乘客持票出站
车票余额不足或付费区超程	（1）对普通储值票，提醒乘客办理车票充值，不愿意充值时指引乘客购买其他车票；对地铁特种票，则指引乘客到指定车站充值，告知乘客本次需重新购买单程票。 （2）打印的充值小单，一联车站留存，一联给乘客	（1）对普通储值票，提醒乘客办理车票充值，不愿意充值时请乘客补交超程费后更新车票、出站；对地铁特种票，本次补交超程费后更新车票出站，指引乘客到指定车站办理车票充值。 （2）打印的更新或充值小单，一联车站留存，一联给乘客
车票超时	—	（1）车票显示进站日期为当天的，办理补交超时费后更新车票、出闸。 （2）车票显示进站日期非当天的，先转到非付费区模式更新车票（有更新费用时从卡上扣除），再转回付费区模式，询问乘客进站车站，输入进站码更新车票、出闸。 （3）打印的更新小单，一联车站留存，一联给乘客
车票故障	（1）车站为乘客办理非即时退款。 （2）给持地铁重度残疾人票的乘客开边门进站乘车，给持地铁学生储值票的乘客发售半价纸票乘车。其他乘客请其另行购票进站	（1）车站为乘客办理非即时退款，发售免费出站票给乘客出站。 （2）打印的免费出站票小单上注明办理的无效车票处理申请表单号或非即时退款凭证序列号，乘客签名确认。若乘客暂不愿意即时办理非即时退款，车站收取本次车程费，本次车程费直接按票价乘以该票种最低折扣（普通储值票为 9.5 折，地铁学生票为 5 折）收取，发售免费出站票给乘客出站

四 日票无法正常进出闸机的处理规定（表 5-1-3）

日票无法正常进出闸机的处理规定 表 5-1-3

车票分析结果	非 付 费 区	付 费 区
进出站次序错误	更新车票，乘客持票进站	更新车票，乘客持票出站
车票超过可用时限（从首次进闸时间计）即为过期	请乘客另行购票乘车	请乘客补付费出站票出站。打印付费出站票小单，小单一联给乘客，一联车站留存

续上表

车票分析结果	非 付 费 区	付 费 区
车票故障 （无法分析或分析显示 车票数据错误的车票）	车站为乘客办理非即时退票，回收故障车票，填写无效车票处理申请表。请乘客重新购买其他车票	（1）车站为乘客办理非即时退票，回收故障车票，填写无效车票处理申请表。 （2）给乘客发放免费出站票出站，打印小单，小单上注明办理的无效车票处理申请表单号，乘客签名确认，一联上交车票核对室，一联车站留存
乘客持非本站更新的 车票要求出站	—	（1）售票员转到非付费区模式下进行"进出站码更新"操作。 （2）再转到付费区模式下进行"进出站码更新"操作，售票员询问乘客的进站车站，输入进站码后更新车票，乘客持票出站
同一车站进站无法出站	—	车站对乘客确属本人需要刷票出闸的情形（不是故意违规使用车票的行为），发售免费出站票给乘客出闸，并在 BOM 非付费区模式下更新车票小单上注明"日票付费区要求出站"

注：日票不设超时和超程限制。

五　"一卡通"无法正常进出闸机的处理规定

车站根据 BOM 自动显示要求处理"一卡通"；对无法在 BOM 处理的情况，车站对应卡类型指引乘客拨打"一卡通"客服热线咨询。乘客持"一卡通"无法正常进出闸时，售票员应依据乘客所处的位置和车票分析结果按表5-1-4 对应栏做相应的处理。

"一卡通"无法正常进出闸机的处理规定　　　　　表5-1-4

车票分析结果	非 付 费 区	付 费 区
进出站次序错误	（1）显示无须更新收费时直接更新车票。 （2）显示需更新收费时，向乘客说明原因后收费更新车票；打印更新小单，一联给乘客，一联车站留存	询问乘客进站车站，输入进站码更新车票，乘客持票出站
车票过期、未年审	（1）对普通"一卡通"车票，指引乘客拨打"一卡通"客服热线咨询办理。 （2）对老年人优待卡，指引乘客持卡和本人身份证到社会保障卡中心服务网点办理。 （3）对"一卡通"重度残疾人优惠票，指引乘客致电市残联咨询办理。 （4）对老年人优待卡半价票、"一卡通"残疾人优惠票，车站确认本人使用后发售半价纸票给乘客进站。 （5）对持老年人优待卡免费票、"一卡通"重度残疾优惠票的乘客，车站确认本人使用后开边门让乘客进站。其他乘客请其另行购票进站	（1）指引乘客到指定地点或拨打相应电话咨询办理，具体与非付费区"车票过期"的指引一致。 （2）对持老年人优待卡免费票、"一卡通"重度残疾人优惠票的乘客，车站开边门让乘客出站；其他乘客车站发售付费出站票。 （3）打印的免费出站票小单需乘客签名确认，车站留存；打印的付费出站票小单，一联给乘客，一联车站留存

续上表

车票分析结果	非付费区	付费区
车票余额不足或付费区超程	指引乘客自行到"一卡通"自动充值机上或其他人工充值点进行充值，或请乘客另行购票进站	(1) 车站付费区可进行"一卡通"充值时，车站指引乘客充值后出站。乘客不愿意充值或车站付费区无法充值时，车站指引乘客在自助客服中心完成车票更新。 (2) 需要在 BOM 更新"一卡通"时，请乘客补交超程车费后更新车票、出站（更新前需提醒乘客车票更新后要马上出站，出站后再进行充值，否则，即使已支付超程费用，闸机仍会按进站车站扣除车程费）。更新小单一联车站留存，一联给乘客
车票超时	—	(1) 车票显示进站日期为当天的，请乘客补交超时费后更新车票、出闸。 (2) 车票显示进站日期非当天的，向乘客解释说明需补收上次车程费，按 BOM 非付费区模式显示的更新金额收取费用后更新车票，再转回付费区模式，询问乘客进站车站，输入进站码更新车票、出闸。 (3) 打印的更新小单，一联车站留存，一联给乘客
车票故障	(1) 对普通"一卡通"，指引乘客到指定地点或拨打相应电话咨询办理，具体与非付费区"车票过期"的指引一致。 (2) 老年人优待卡免费票、"一卡通"重度残疾人优惠票为本人使用时，车站开边门让乘客乘车。 (3) "一卡通"残疾人优惠票、未过期的"一卡通"学生票、老年人优待卡半价票为本人使用时，车站发售半价纸票给乘客乘车。持其他"一卡通"乘客，指引其另行购票乘车	(1) 老年人优待卡免费票、"一卡通"重度残疾人优惠票为本人使用时，车站开边门让乘客出站。 (2) 其他"一卡通"按对应票种折扣向乘客收取本次车程费后，发售免费出站票让乘客出站。 (3) 车票指引与非付费区"车票故障"指引一致

注："一卡通"故障无法出站时，本次车程费直接按进出站单程票价乘以该票种折扣收取。"一卡通"无 ID 且故障无法出站时，售票员需通知值班员现场确认办理。手机票因手机没电无法出站时，本次车程费按无折扣收取。

六 乘车码无法正常进出闸机的处理规定

乘客反映乘车码无法进出闸机时，先指引乘客手动刷新，刷新后乘客仍不能进出闸机，按表 5-1-5 对应栏做相应的处理。

乘车码无法正常进、出闸机的处理规定　　　　　表 5-1-5

事 务 类 型	非 付 费 区	付 费 区
有当天进站记录	此情况乘客无法自助更新，只能通过 BOM 更新车票。 （1）本站进站 20min 以内的：车站确认闸机扇门被误用或车票已刷码但乘客未进闸时，通过 BOM 更新后的乘车码可以再次进闸。本次更新不会产生扣费。 （2）其他情况：通过 BOM 更新乘车码，告知乘客（以下同情形更新操作时，车站需按此告知），更新费在过闸的 7 日内扣取。通过 BOM 更新后的乘车码可进闸	—
有非当天进站记录	此情况由系统给乘客推送补登通知。 （1）车站指引乘客查询系统补登通知，并按提示完成信息补登后，可刷码进站。告知乘客（以下同情形操作时，车站需按此告知），车程费在过闸的 7 日内扣取。补登后的乘车码可进闸。 （2）若乘客没有接收到补登通知：车站通过 BOM 更新乘车码，告知乘客（以下同情形更新操作时，车站需按此告知），本次更新费将会产生最低单程票价的扣费，在过闸的 7 日内从扣取。更新后的乘车码可进闸	BOM 分析有非当天进站记录时： （1）车站指引乘客在手机端查询补登通知，并按提示完成信息补登后，在 BOM 付费区模式下输入进站码更新车票后可出闸。 （2）若乘客没有接收到补登通知：在 BOM 非付费区模式下更新乘车码（操作按非付费区有非当天进站记录的第 2 点）后，将 BOM 切换至付费区模式，询问乘客进站车站，输入进站码更新车票后可出闸
乘车码有出站记录	—	BOM 分析是否有本站刚刚出闸的记录，且经与乘客确认属闸门被误用或车票已刷码但乘客未出闸情形时，为乘客办理免费出站票。否则，询问乘客本次车程的进站车站，输入进站码更新车票后，乘客可刷码出闸
乘车码被限用	请乘客使用其他车票进站，同时指引乘客联系相关客服进行咨询	本次车程按无效车票乘车处理，收取补票费用后发售付费出站票。乘客对乘车码被限用有疑问时，指引乘客联系相关客服进行咨询
手机没电无法使用	车站指引乘客使用其他车票乘车	告知乘客手机无法使用，请乘客在手机恢复正常后按系统通知补登出站信息，并为乘客办理免费出站票

七　云卡无法正常进出闸机的处理规定

云卡是地铁 App 提供的一种虚拟票卡，搭载于手机中使用。乘客反映云卡无法进出闸机时，按表 5-1-6 对应栏做相应的处理。

云卡无法正常进出闸机的处理规定　　　　　表 5-1-6

事 务 类 型	非 付 费 区	付 费 区
进出站次序错误	若 BOM 显示需更新收费时，向乘客说明原因后按 BOM 显示更新金额收取费用后更新云卡，打印更新小单，一联给乘客，一联车站留存；若 BOM 显示无须更新收费时直接更新云卡	询问乘客进站车站，输入进站码更新云卡，乘客持云卡出站

续上表

事 务 类 型	非 付 费 区	付 费 区
车票超时	—	（1）BOM 显示进站日期为当天的，办理补交超时费后更新云卡、出闸。 （2）BOM 显示进站日期为非当天的，先转到非付费区模式更新云卡（按 BOM 显示更新金额收取费用），再转回付费区模式，询问乘客进站车站，输入进站码更新云卡，出闸。 （3）打印的更新小单，一联车站留存，一联给乘客
乘客反映云卡故障无法出闸或出闸时手机没电	进站时乘客反映手机没电，请乘客改用其他票卡搭乘地铁	（1）乘客在付费区反映云卡故障无法出闸，车站询问乘客进站车站，本次车程费直接按进出站单程票价减去 2 元收取费用，并记录云卡 ID 或乘客注册手机号，发售免费出站票给乘客出站。 （2）乘客在付费区反映手机没电，无法使用云卡出闸，车站报审批处理

拓展知识

地铁云卡知多少

1. 什么是地铁云卡？

地铁云卡是基于主机的卡模拟（Host-based Card Emulation，缩写为 HCE）技术的一种虚拟卡，通过绑定银联卡，实现近场通信（Near Field Communication，缩写为 NFC）手机非接触式刷卡过闸。

2. 地铁云卡可绑定哪些银行卡？

具备银联标志的有效银行卡可在上述案例中地铁官方 App 绑定地铁云卡。

3. 地铁云卡的使用规则是什么？

（1）使用地铁云卡搭乘地铁限一人一卡，进出站需刷同一张卡，不可一卡多人同时使用。

（2）乘客同意地铁云卡服务协议相关条款后，系统会从捆绑的银联卡中自动按地铁线网最高单程票价的金额向地铁云卡进行预充值。

（3）在出闸时，系统会从预充值金额中按进闸站至出闸站的单程票价扣取本次车程费。车程费扣取后，系统会从绑定的银联卡中自动向地铁云卡补值，使地铁云卡保持具有地铁线网最高单程票价的金额，否则，地铁云卡将不支持下次乘车。

4. 地铁云卡无法进闸的原因有哪些？

（1）地铁云卡内的金额未达到地铁线网最高单程票价。

（2）地铁云卡上次进闸后没有对应的出闸记录。

（3）没有点亮手机屏幕。

（4）手机没有开启 NFC 功能。

（5）没有将地铁 App 设置为 NFC 默认应用。

（6）部分型号的手机没有默认 HCE 钱包。

5. 地铁云卡无法出闸的原因有哪些？

（1）乘客从进闸到出闸超过有效时限。

（2）地铁云卡没有进站记录。

（3）没有点亮手机屏幕。

（4）手机没有开启 NFC 功能。

（5）没有将地铁 App 设置为 NFC 默认应用。

（6）部分型号手机没有默认 HCE 钱包。

6. 如何获知地铁云卡本程扣费金额？

（1）出闸刷手机时，留意闸机显示信息。

（2）手机连接网络，进入地铁官方 App 云卡功能，点击卡片可查询扣费记录。

7. 对地铁云卡扣费有异议怎么办？

（1）进入地铁官方 App 云卡功能，点击卡片可查询扣费记录。

（2）经查询，对扣费有异议的，请与车站工作人员联系。

8. 地铁云卡预充值如何办理退款、解绑？

App 更新至最新版本，乘客可直接在手机上办理云卡预充值退款。使用 App 办理退卡时，款项将在 5 个工作日内原路返回乘客绑定卡的账户。

9. 地铁云卡补值异常处理

为乘客办理销卡、退款，请乘客更新 App，在地铁后台成功销卡后，重新申请地铁云卡。

10. 地铁云卡跟银行账户有关还是跟手机有关？

地铁云卡是一张虚拟的地铁手机卡，会分配一个专用的车票 ID 与手机注册账户绑定，与银行绑定的账户无关。

单元测试

请老师根据实际教学需要，组织学生完成"单元 5.1　普通乘客票务事务处理"的测试，相关试题见本书配套资源包。

职业能力训练

职业能力训练 5-1：乘客票务事务处理实操

1. 训练所需基础知识

乘客票务事务处理规则。

2. 训练目的

通过本次能力训练，帮助学生进一步掌握普通乘客票务事务的处理方法，能灵活运用票务政策正确处理普通票务事务，训练形成售票员的基本岗位能力。

3. 训练要求

（1）请依照案例所列情况，说明乘客票务事务如何处理。

案例1：11月11日，某乘客7：30自A站刷"一卡通"进站，B站出站时未刷到卡，同一天再次进站仍未刷到卡，17：30从C站无法出站。

案例2：某乘客出站时持有两张卡，售票员验卡后发现，A卡有进站码，但余额不足以支付本次车费；B卡余额足以支付本次车费，但无进站码。

案例3：某乘客使用乘车码在付费区无法扣费（分析车票发现乘车码被限用）。

案例4：某乘客持单程票在付费区不能通过闸机出站。

案例5：某老年乘客持老人免费卡在非付费区无法正常进闸，售票员通过BOM操作无法进行更新处理。

案例6：某乘客持储值票在付费区无法正常出闸。

案例7：某乘客持票面完好的普通储值票申请办理退票，但卡内信息不可读。

案例8：某乘客在付费区出闸过程中使用储值票，闸门打开时其他乘客出闸，自己未出闸。

案例9：某乘客在付费区出闸时发现单程票遗失。

案例10：站厅站务员发现某乘客在付费区无票，无法出闸。

（2）使用票务模拟故障设定软件，按要求设定票务故障，并完成相应乘客票务事务处理作业。

①设定非付费区乘客单程票有入站标志，本站进站且进站时间为20min以内。

②设定非付费区乘客单程票有入站标志，本站进站且进站时间距当前超过20min。

③设定非付费区乘客储值票有入站标志，本站进站且进站时间为20min以内。

④设定非付费区乘客储值票有入站标志，本站进站且进站时间距当前超过20min。

⑤设定非付费区乘客储值票有入站标志，车票显示昨天从其他站进站。

⑥设定付费区乘客储值票有入站标志，但车票显示昨天从其他站进站。

⑦设定非付费区乘客储值票过期。

⑧设定付费区乘客单程票超程，在BOM上处理车票。

⑨设定付费区乘客单程票超时，在BOM上处理车票。

⑩设定付费区乘客单程票超时又超程，在BOM上处理车票。

⑪设定付费区乘客单程票无入站标志，余额足够，在BOM上处理车票。

⑫设定付费区乘客单程票无入站标志，余额不足，在BOM上处理车票。

⑬设定付费区乘客储值票过期。

⑭付费区乘客无票乘车。

⑮付费区乘客遗失单程票。

⑯付费区乘客单程票过期。

⑰付费区乘客闸门误用。

⑱付费区乘客单程票非人为原因失效。

⑲非付费区乘客单程票非人为原因失效。

⑳设定付费区乘客储值票超程，乘客不愿充值，直接补超程费用。

㉑设定付费区乘客储值票超程，乘客不愿充值，发付费出站票，原票免费更新。

4. 评价方式

课堂训练时间结束后，由教师随机抽查，根据答题情况、操作准确度和速度给予成绩。

单元5.2　售票类设备故障时的票务应急处理

单元5.2知识树

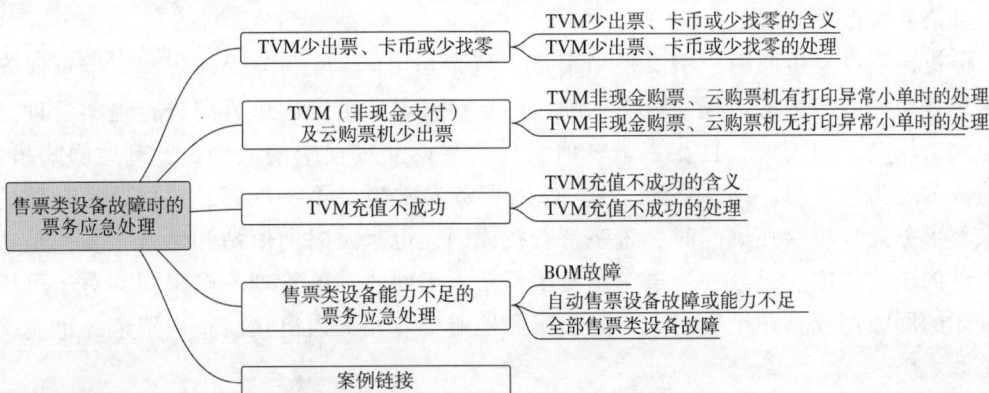

单元导入

20××年12月18日早06：30—07：35，某地铁车站 TVM204 及 TVM206 连续出现少出票现象。晚班售票员 A1（17日晚班）询问乘客所购车票金额后，经晚班值站同意，通过操作 BOM 上的"行政支付"栏，用备用金退款共计 49 元整（其中 6 元单程票 1 张，7 元单程票 5 张，8 元单程票 1 张）。因缺少维修工具，值站尝试简单故障处理后，未将故障修复，便将其设定为"暂停服务"状态，随后要求行车值班员报告票务轮值监控，要求维修部工作人员到站进行维修处理。

早 9：00，晚班值站与白班客值进行票务交接过程中，晚班值站说明了早上TVM206 故障、报修及晚班售票员用备用金退款情况，白班客值接班后与维修部工作人员一同对 TVM206 进行了维修，维修过程中发现 TVM204 也存在故障，但在对两台设备的维修过程中，维修部工作人员仅在 TVM206 出票口处找到 7 张单程票，白班客值在未检验车票状态的情况下，于 09：37 将 7 张单程票放入车站单程票人工回收箱（因车站单程票人工回收箱锁坏，故当日未使用锁头将回收箱锁闭，而是由 17 日晚班客值 A2 在回收箱外粘贴封条）。

晚班售票员 B1（18 日晚班）于 19：36 至客服中心与白班售票员进行交接，19：42 交接完毕。22：48，在未通知值站及客值的情况下，售票员 B1 让边门保安拆开单程票回收箱封条，将回收箱内的单程票取出后交给她，边门保安按其要求进行操作。

23：33—23：37，售票员 B1 通过 BOM 验卡后，确定 7 张单程票为本站当日发售且无入站信息，属可退票范围，便未通知客值及值站到场，自行对 7 张单程票进行了退票处理（其中 6 元单程票 1 张，7 元单程票 6 张，共计 48 元整），私入囊中。

23：52，晚班客值 B2（18 日晚班）经过边门时发现单程票回收箱内没有单程票，故以为今日废票为零，未及时录入车站 SC。

次日 0：07，客值 B2 与售票员 B1 结算时发现其有 7 张单程票退款，便询问原因，售票员 B1 谎报称"有几名乘客早上购买了往返车票后于 23 点多一同前来退票，验票后用备用金退给了乘客"。因车站之前发生过类似情况，客值 B2 未多想，便在售票员结算单上补签了姓名。

部门票务组于 12 月 20 日知晓此事后，至该站与其他相关员工进行了调查分析，21 日安检部票务稽查介入调查。

分析该事件发生原因，主要是当事员工售票员 B1 违反票务操作规程，授意保安擅自将单程票回收箱内的单程票取出，随后私自对可退票范围内单程票进行退票处理，造成车站备用金无故流失，且在当班客值发现异常询问过程中编造理由，刻意隐瞒事实，性质较为恶劣。同时，18 日晚班客值 B2 对票务异常事件不够敏感，对售票员交回的退票乘客事务处理单存在疑问时，未坚持查找原因，也未及时向值站和站长报告，是造成该事件的次要原因。另外，当事车站对单程票人工回收箱的管理不够重视，对于可用锁头锁闭的回收箱仅粘贴纸质封条，无法很好地避免非相关人员接触箱内票卡，也应该立即整改。

从上述事件中我们不难看出，在 AFC 设备出现故障时，处理票务事务需要非常严谨，既不能贪图小利，又需要对票务异常事件保持高度敏感，才能避免票务事故的发生。那么，AFC 设备会出现哪些故障？发生故障时如何处理票务事务才规范？

理论知识

城市轨道交通车站运营过程中，AFC 系统中的售票类设备具有乘客自助购票、自助取票、自助充值、乘车信息查询、乘客票务事务处理等功能。若设备出现故障或能力不足，导致乘客无法正常乘车或处理相关票务事务，车站必须采取其他方式妥善处理，完成车站的票务运作。

售票类设备通常置于城市轨道交通车站非付费区内，主要包括 TVM、自动加（充/增）值机、BOM、云购票机、云 BOM 等。常见的售票类设备故障有：TVM 少出票、卡币或少找零，TVM（非现金支付）及云购票机少出票，TVM 充值不成功，自助客服中心发生异常事务，售票类设备能力不足的票务应急处理等。

一 TVM 少出票、卡币或少找零

（一）TVM 少出票、卡币或少找零的含义

TVM 少出票主要是指 TVM 在给乘客发售单程票的过程中，因 TVM 自身原因或单程票边缘变形、变厚等导致单程票被卡在 TVM 的某个部位，造成出票数量不足，且 TVM 自动进入"暂停服务"模式的情况。

TVM 卡币主要指乘客在 TVM 上投币购票时，因 TVM 自身原因或乘客所投纸币（硬币）边缘变形、有胶带物等导致纸币（硬币）被卡在 TVM 的某个部位，且 TVM 不再接收纸币（硬币）的情况。

TVM 少找零是指当乘客投入 TVM 的现金金额大于实际购票金额时，因 TVM 自身原因或找零硬币或纸币边缘变形、粘有胶带物等导致找零硬币或纸币被卡在 TVM 的某个部位，TVM 停止找零，造成乘客找零金额不够的情况。

（二）TVM 少出票、卡币或少找零的处理

当乘客反映 TVM 出现少出票、卡币或少找零问题时，由值班员或以上级别人员核实设备现场情况后，与售票员或站务员双人办理。

对卡币、少出票的乘客，原则上优先以多退少补的原则给乘客发售相应面值的车票，若乘客因自身原因无须购票可直接办理退款，车站需将相关办理情况备注清楚。对少找零的乘客退还相应现金。

（1）核实现场与乘客反映情况一致，能打印设备单据时，依据打印的设备单据记录情况在 BOM 行政事务界面办理退款。

（2）核实现场 TVM 无与乘客反映情况一致的打印单据或不能打印单据时，检查 TVM 投币口或取票口是否有纸币、硬币、车票堵塞或显示屏是否显示卡币、卡票或少找零故障代码，确认是否发生卡币、卡票或少找零情况。

①直接行政事务处理：如显示屏显示相应故障代码，则在 BOM 行政事务界面办理，同时报专业维修人员处理设备故障。

②需进一步确认再处理：如检查投币口或取票口无纸币、硬币、车票堵塞，显示屏未显示相应故障代码，则由客值与另一车站员工共同打开 TVM 维修门，查看 TVM 的最近交易记录，并根据查询情况进行处理。

a. 若交易记录显示交易情况不完整，显示实际找零数量与应找零数量不一致，或未发售车票，或发售车票与乘客购买数量不一致等，根据具体情况在 BOM 行政事务界面办理，同时通知专业维修人员处理。

b. 若交易记录显示正常且显示已正确发售车票且实际找零数量与对应找零数量一致，则表示没有卡币、卡票、少找零情况发生，无须退款，由客值负责向乘客做好解释工作。

c. 若 TVM 既没有显示任何故障也没有与乘客反映购票情况一致的交易记录，报专业维修人员确认，并按维修人员确认的结果处理。若确认后仍不存在设备故障，则无须退

款，车站人员向乘客解释，请乘客重新购票。

若乘客坚持设备存在故障，不接受解释，可以向值站申请调用车站监控录像，再根据录像情况进行处理。

处理 TVM 乘客事务时，AFC 系统维修人员从 TVM 中取出的现金一律上交客值。AFC 系统维修人员判断人工从 TVM 清出的硬币是否与储币箱差额相关。涉及金额及判断结果需在票务管理系统做好记录。严禁车站从 TVM 内取出现金直接交给乘客。

二　TVM（非现金支付）及云购票机少出票

（一）TVM 非现金购票、云购票机有打印异常小单时的处理

（1）若小单显示"请换用其他自助取票设备，扫描下方二维码取票或使用手机扫描下方二维码获取进一步帮助"，车站工作人员指引乘客按小单显示操作。

（2）若小单显示"发售异常，请凭此单前往客服中心处理"，车站工作人员可根据单据办理：单据显示订单号、时间、金额与乘客手机信息相符时，车站依据单据记录情况给乘客办理退款或发售相应面值车票。车站需回收异常小单。

（3）若 TVM 非现金购票打印异常小单显示"无须人工处理"，则告知乘客由于网络繁忙导致未能出票，如已扣款，7 个工作日内款项会自动退回账户。

（二）TVM 非现金购票、云购票机无打印异常小单时的处理

（1）TVM 非现金购票出现乘客事务时，车站工作人员首先核实乘客手机订单是否付款成功。

①若未付款，车站工作人员需告知乘客付款不成功。

②若付款成功，车站工作人员或以上级别人员单人登录 TVM 后，按操作程序进行确认：

a. 若有异常交易记录，且显示的订单号、时间、金额分别与乘客手机扣款信息的商户单号、时间、金额相符，车站工作人员可为乘客办理退款或发售相应面值车票。

b. 若无异常交易记录，车站工作人员向乘客做好解释。乘客不认同时，车站工作人员报 AFC 系统维修人员核查处理。

（2）云购票机出现乘客事务时，乘客事务办理遵循乘客优先原则。未出票、少出票、云购票机售卖车票无法进闸等事务，车站均需报 AFC 系统维修人员确认，并按照 AFC 系统维修人员确认结果办理。AFC 系统维修人员可在现场确认或即时指引办理的，车站按 AFC 系统维修人员的确认结果即时办理；AFC 系统维修人员不在现场或不能即刻指引办理的，车站即时报审批处理，根据乘客意愿发售单程票或办理退款。

①未出票、少出票。车站首先核实乘客手机客户端是否可申请退票，若可以则指引乘客自行在手机上办理退票；若不可以，车站按办理原则处理。办理时，车站结合乘客意愿，给乘客发售等值车票或退款。

②车票无法进闸。车站按上述原则办理，办理时车站结合乘客意愿，给乘客发售等值车票或退款。

（3）网络故障无法取票时，车站指引乘客在手机上办理退票，乘客使用其他车票乘车。

三　TVM 充值不成功

（一）TVM 充值不成功的含义

TVM 充值不成功是指乘客在 TVM 上充值时，因 TVM 自身原因或其他原因，TVM 收取乘客的充值金额后并不能充进票卡余额（未将充值金额信息写入票卡）的情况。

（二）TVM 充值不成功的处理

当乘客反映 TVM 充值不成功时，客值与其他车站工作人员双人共同打开 TVM 维修门，查看最近交易记录，确认是否有与乘客反映一致的充值交易记录。

（1）若没有与乘客反映一致的充值交易记录，则应立即通知专业维修人员到现场处理，确认 TVM 是否发生已收款但充值不成功的情况。客值根据维修人员判断结果进行乘客事务处理。

（2）若有与乘客反映相符的充值交易记录，在 BOM 上分析车票，根据查询情况，核实是否确有发生 TVM 已收款但充值不成功的情况。

①若 BOM 分析车票显示已成功充值，则请乘客通过显示屏确认车票已成功充值，并请乘客通过显示屏确认车票充值前后余额及相应时间，做好解释工作后将票卡交还给乘客。

②若 BOM 分析车票余额及历史交易记录均显示没有该次充值，则表示 TVM 确实发生已收款但充值不成功的情况，客值应按规定办理乘客事务处理单，再注明充值不成功处理情况，根据乘客需要在 BOM 上给乘客办理等额充值或退还乘客充值金额。

四　售票类设备能力不足的票务应急处理

售票类设备能力不足的票务应急主要针对车站 BOM 或自动售票设备部分或全部故障，或由于车站突发大客流导致售票类设备能力不足等情况。

（一）BOM 故障

当车站 BOM 故障时，乘客所持车票不能在 BOM 上进行分析处理操作，而乘客不能正常进出闸机时，车站应根据情况予以不同处理。

1. 部分 BOM 故障

若只有部分 BOM 发生故障，售票员应通知客值进行故障处理，在售票窗口摆放"设备故障、暂停服务"提示牌，同时，客值应安排人员引导乘客至 TVM 上购票充值及至其他能正常办理业务的客服中心或自助客服中心办理相关票务业务。客值无法处理的设备故障，通知相关维修部门，并做好报修记录。

2. 全部 BOM 故障

当全部 BOM 发生故障时，售票员应及时在售票窗口摆放"设备故障、暂停服务"提示牌，通知值站。值站开启车站所有可用 TVM 和自助客服中心，引导乘客到 TVM 上办理充值，到自助客服中心处理乘客事务，并立即报修。派人在各进出站闸机处看护，对不能正常进出闸的乘客，开启边门，指引其由此进出，回收出站乘客的单程票。

3. "BOM 故障"的处理程序（图 5-2-1）

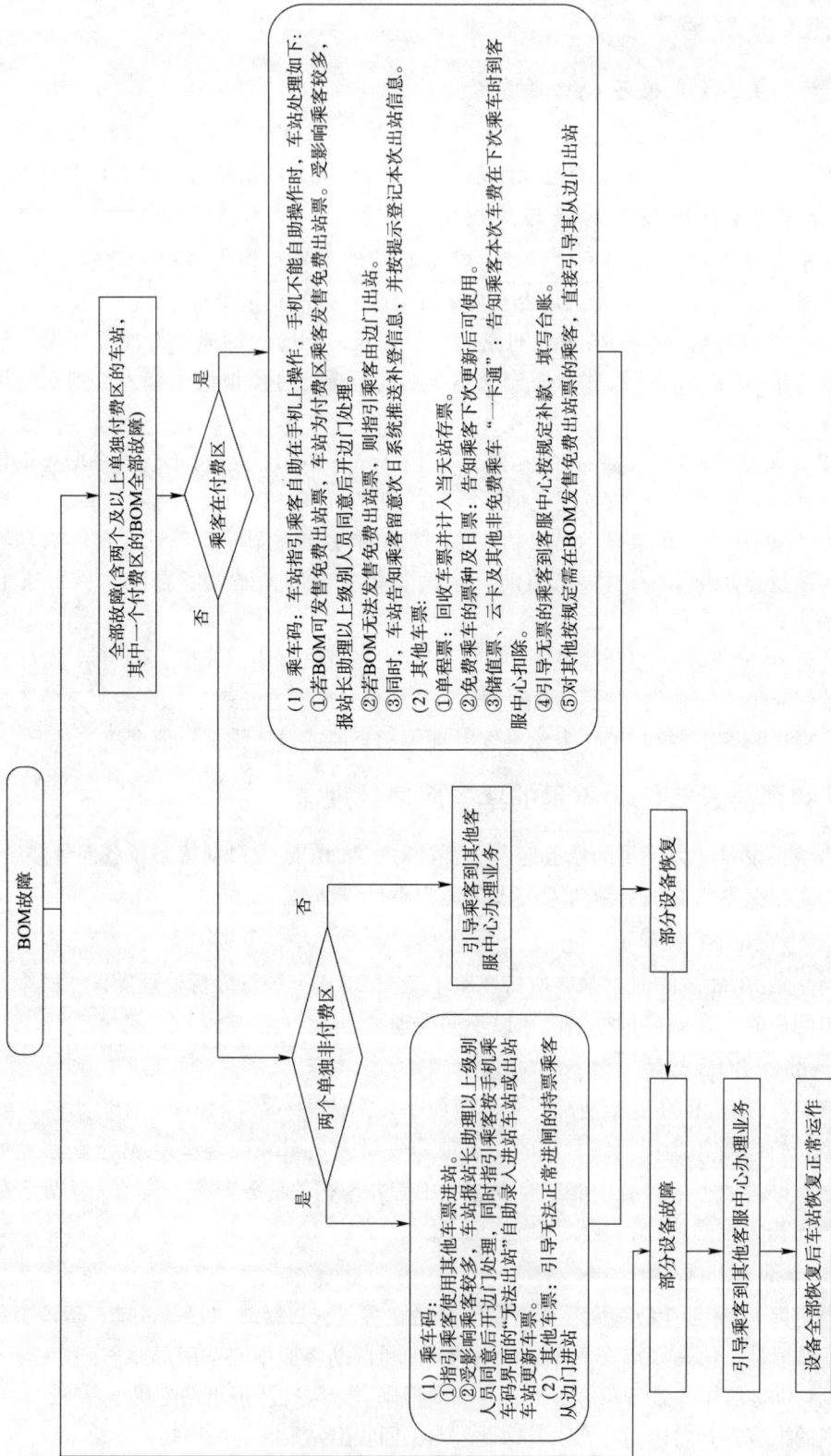

BOM故障

全部故障（含两个及以上单独付费区的车站，其中一个付费区的BOM全部故障）

乘客在付费区

两个单独非付费区

是

否

是

否

乘客在付费区——是：

(1) 乘车码：车站指引乘客自助在手机上操作，手机不能自助操作时，车站处理如下：
①若BOM可发售免费出站票，车站为付费区乘客发售免费出站票。受影响乘客较多，报站长助理以上级别人员同意后开边门出站。
②若BOM无法发售免费出站票，则指引乘客由边门出站。
③同时，车站告知乘客留意次日系统推送补登信息，并按提示登记本次出站信息。

(2) 其他车票：
①单程票：回收车票并入当天站存票。
②免费车的票种及日票：告知乘客下次更新后可使用。
③储值票、云卡及其他非免费乘车"一卡通"：告知乘客本次乘车费在下次乘车时到客服中心扣除。
④引导无票乘客到客服中心按规定补款、填写台账。
⑤对其他按规定需在BOM发售免费出站票的乘客，直接引导其从边门出站。

两个单独非付费区——是：

(1) 乘车码：
①指引乘客使用其他车票进站。
②受影响乘客较多，车站报站长助理以上级别人员同意后开边门处理，同时指引乘客按手机乘车码界面的"无法出站"自助录入进站车站或出站车站更新车票。

(2) 其他车票：引导无票乘客从边门进站。

引导乘客到其他车票站

引导乘客到其他客服中心办理业务

部分设备恢复

部分设备故障

引导乘客到其他客服中心办理业务

设备全部恢复后车站恢复正常运作

图 5-2-1 "BOM 故障"的处理程序

242

（二）自动售票设备故障或能力不足

自动售票设备能力不足是指当车站出现突发大客流等特殊情况时，由于现有的自动售票设备数量有限，不能满足乘客购票需要，导致大量乘客在车站非付费区滞留并等候购票的情况。自动售票设备能力不足的处理与设备故障处理类似。

1. 部分自动售票设备故障

当站内部分自动售票设备故障时，若为职责范围内的故障情况，客值应进行简单故障处理；若非职责范围内或无法处理的设备故障，工作人员应及时向相关部门报修，并做好报修记录。站内站务人员对乘客做好引导宣传工作，现金售票设备故障时引导乘客在非现金售票设备处购票，非现金售票设备故障时则引导乘客前往现金售票设备处购票。若仍无法满足乘客需求，视客流情况，值站可下令适当加开 BOM，安排售票员在 BOM 上出售单程票，以加大售票能力。

2. 全部自动售票设备故障

当车站全部自动售票设备故障时，客值应立即通知值站，向相关维修部门报修，做好记录，并到站厅进行宣传疏导工作。全部自动售票设备故障时，值站安排售票员在 BOM 上出售单程票。根据客流情况，当 BOM 售票不能满足乘客购票需求时，值站需要报站长确定是否出售预制票或纸票，并报告控制中心的行调，由行调通知其他车站做好给乘客检票的准备工作；同时安排人员引导持纸票的乘客从应急通道进站；车站在设备恢复正常或客流有效缓解后恢复正常运作，值站决定停止售卖纸票并上报控制中心行调。

3. "自动售票设备售票能力不足"的处理程序（图 5-2-2）

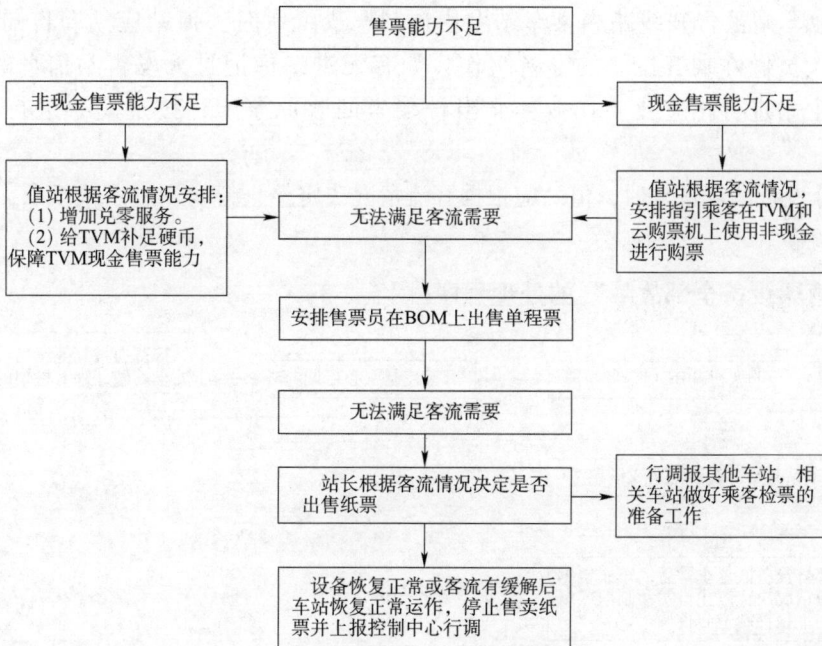

图 5-2-2　"自动售票设备售票能力不足"的处理程序

（三）全部售票类设备故障

当车站发生全部售票类设备故障时，将无法出售单程票，乘客所持车票也不能在BOM上进行分析、处理操作。此时，客值应立即向值站汇报车站设备情况，向公司相关维修部门报修，做好报修记录。值站应立即将车站现场运营处置情况上报中心站站长（站区长），并由中心站站长（站区长）逐级上报公司，由中心站站长（站区长）根据客流情况下令发售预制票或纸票。若车站客运组织安全有序且运力允许，车站站存预制票可以满足发售需求，车站可优先发售预制票。

1. 故障发生站的处置

（1）车站通过调度电话通知控制中心行调，由行调告知线路内其他车站做好应对准备。

（2）客值到票务室，将封存预制票或纸票配发给各售票员，做好相关台账报表记录。

（3）客值配发好预制票或纸票后，到站厅进行宣传疏导工作。

（4）售票员领取预制票或纸票，在车站客服中心（或临时售票亭）内依照票价表发售预制单程票或纸票。

（5）车站工作人员应做好宣传引导工作，组织乘客有序进出车站。

（6）车站通过广播、提示牌、人工宣传等方式提醒乘客暂停充值业务，引导乘客购买预制单程票或纸票。

2. 故障发生影响站的处置

当其他车站被告知线路内某车站发售预制票或纸票时，值站应立即告知站内所有票务工作人员做好乘客检票的准备工作，如有无进站标记且无发售站信息的预制票，按故障发生站进行相应补票作业，非当日乘坐回收原票卡，按过期票进行相应补票作业。

当部分设备恢复正常后，值站应根据客流情况决定停止售卖预制票或纸票，并上报控制中心行调。

3. "售票设备全部故障"的处理程序（图 5-2-3）

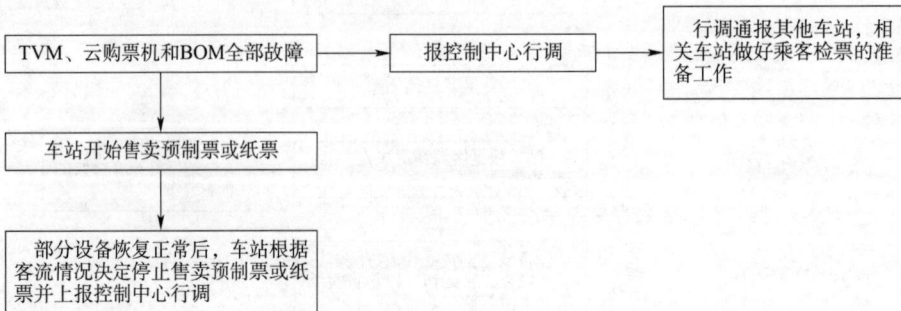

图 5-2-3　"售票设备全部故障"的处理程序

某城市轨道交通运营企业售票类设备故障引起的乘客退款处理（表5-2-1）

乘客事务退款处理　　　　　　　　　　　　　表5-2-1

BOM 操作	TVM 卡币	TVM 卡票	TVM 少找币	TVM 少出票	设备发售失效票	设备充值失败
操作规定	（1）通知当班客值或值站到现场对设备进行简单故障处理。 （2）如当场在设备内找到现金、车票，直接退回乘客。 （3）如设备无卡币、卡票，且情况属实，从售票员收取的票款中退款，再根据乘客需要通过 BOM 直接发售单程票给乘客				（1）验票后确定车票失效，回收车票。 （2）从售票员收取的票款中退款，再根据乘客需要通过 BOM 直接发售单程票给乘客	按自动充值验票机充值收钱不写卡的票务处理流程确认可退款的，从售票员收取的票款中退款
打印小票	无须备注	无须备注	无须备注	无须备注	无须备注	备注：充值不写卡发生日期、乘客充值卡号、电话

━━━━━━◆ 拓展知识 ◆━━━━━━

自助客服中心发生异常事务的处理规定

　　乘客反映通过自助客服中心自助处理后出现异常情况时，车站在 BOM 上分析车票是否更新成功，若是，则告知乘客车票可正常使用；若未更新成功，则询问乘客有没有打印小单，并按以下流程处理。

　　（1）有小单时，向乘客收取自助客服中心打印的交易凭证小单，根据小单信息进行处理。

　　①若小单显示"请留意手机退款信息"，则告知乘客支付金额会按原支付渠道自动退回，小单给回乘客。车票在 BOM 更新处理，并按 BOM 显示向乘客收取更新费用。

　　②若小单显示"请持小单联系工作人员退款"，则车站将小单回收，在 BOM 行政事务界面点选"其他"栏办理退款（实际无须退钱给乘客），再对车票进行免费更新。若乘客再次自助更新了车票，车站回收小单后给乘客办理退款。

　　（2）无小单时，车站需请专业维修人员确认在 BOM 更新显示的收费是否需要向乘客收取，并在相应事务办理小单上签章确认。

　　①若需要，车票在 BOM 更新处理，并按 BOM 显示向乘客收取更新费用。

　　②若不需要，在 BOM 行政事务界面点选"其他"栏办理退款（实际无须退钱给乘客），再对车票进行免费更新。专业维修人员需备注"更新费用自助客服中心已扣"并签章确认。

　　③专业维修人员不在现场或不能即时指引办理的，车站可视服务需要即时报特殊审批处理。

对于自助客服中心无法更新的单程票，设备提示指引乘客到客服中心处理。

单元测试

请老师根据实际教学需要，组织学生完成"单元5.2　售票类设备故障时的票务应急处理"的测试，相关试题见本书配套资源包。

职业能力训练

职业能力训练5-2：售票类设备故障时的票务处理分析

1. 训练所需基础知识

售票类设备故障时的票务处理规则。

2. 训练目的

通过本次能力训练，帮助学生进一步掌握售票类设备故障情况下的乘客票务事务处理方法，使学生能灵活运用票务政策正确处理相应票务事务，训练形成售票员在设备故障情况下的应急能力。

3. 训练要求

请依照案例所列情况，说明乘客票务事务如何处理。

案例1：某乘客使用TVM准备购买5元单程票一张，投入10元纸币，TVM吞币后未出票、找零。

案例2：某乘客使用TVM给"一卡通"充值，投入100元纸币后，卡内余值未增加，纸币未退还。

案例3：某乘客通过手机购买了一张4元单程票，在TVM现场取票不成功，打印异常小单显示"发售异常，请凭此单前往客服中心处理"。

案例4：某乘客使用TVM购买3元单程票一张，投入10元纸币，仅找零2元。

案例5：某乘客通过云购票机购买了一张5元单程票，使用该单程票无法进闸。

案例6：某乘客反映通过自助客服中心自助处理超程事务异常，没有打印小单。

案例7：某站自动售票设备现金售票能力不足。

案例8：某日某站BOM全部故障，某付费区乘客反映其乘车码无法出闸。

案例9：某日某站BOM全部故障，某非付费区乘客反映其储值票无法进闸。

案例10：某站自动售票类设备全部故障。

若有实训条件，可在设备上模拟操作上述案例的乘客票务事务处理过程。

4. 评价方式

课堂训练时间结束后，由教师随机抽查，根据答题情况和操作准确迅速程度给予成绩。

单元 5.3　检票类设备故障时的票务应急处理

单元5.3知识树

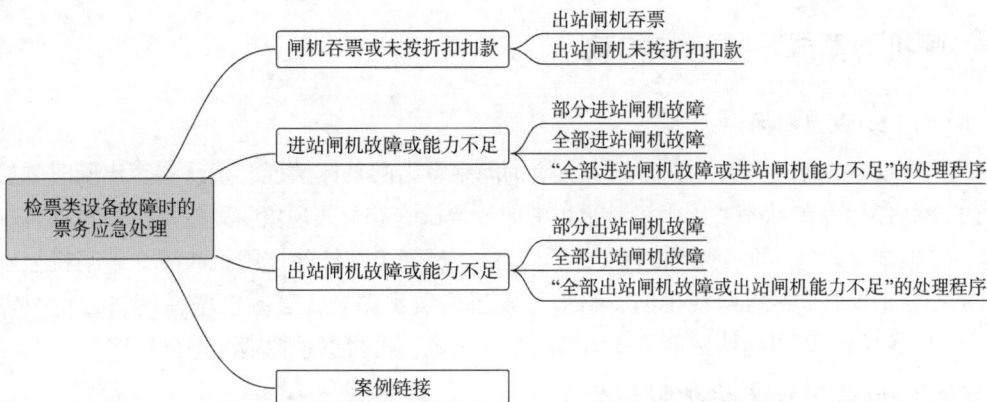

```
                                           出站闸机吞票
                        闸机吞票或未按折扣扣款
                                           出站闸机未按折扣扣款

                                           部分进站闸机故障
                        进站闸机故障或能力不足  全部进站闸机故障
检票类设备故障时的                              "全部进站闸机故障或进站闸机能力不足"的处理程序
票务应急处理
                                           部分出站闸机故障
                        出站闸机故障或能力不足  全部出站闸机故障
                                           "全部出站闸机故障或出站闸机能力不足"的处理程序

                        案例链接
```

单元导入

　　某日某地铁车站进站闸机故障，一名乘客刷卡通过后闸机扇门不关闭，后续乘客不刷卡可连续通过，车站报修后，安排一名工作人员专职盯守。因此，车站减少一名售票替岗人员，引发站厅购票乘客大量堆积，进出站秩序不顺畅。分析上述事件，正确的处理程序是：AFC 设备故障后，应首先排除异物遮挡闸机传感器或扇门情况，前期处理无效的立即报修，并对设备故障情况详细描述。如故障设备为双向闸机，在不影响站厅走行秩序的情况下，可变换闸机通行方向，确认设备正常后，对乘客开放，做好宣传引导工作。如车站各闸机通过能力足够，可暂停使用此故障设备，做好提示引导，避免故障设备引发乘客堆积、票卡丢失，影响运营秩序及运营收入、票卡库存。

　　处理此类事件的要点：

　　（1）车站工作人员应关注各类服务、票务设施的使用情况，对故障或状态不稳定设备及时发现、报修，做好报修时的故障描述及班组间设备故障情况交接。

　　（2）根据车站实际客流组织及人员配置情况，合理设置设备服务模式，避免因设备不稳定引发客流堆积，造成运营危险隐患。

　　（3）改变设备服务状态时，应充分考虑对客运组织及乘客使用的便利性，如车站出入通过能力足够或改变闸机通行方向会引起客流交叉不便于客运组织时，可将设备暂停服务，采取临时引导措施，疏导乘客使用其他闸机通行。

　　（4）如车站通过能力不够，可使用闸机通道，通过手持验票机提供检票服务，并做好手持验票机的领用、归还、数据传输工作。

　　城市轨道交通车站运营过程中，AFC 系统中的检票类设备承担着乘客自助检票功能。若设备出现故障或能力不足，车站必须妥善处理，避免引起乘客投诉或扩大故障影响范围。

⊜ 理论知识

检票类设备通常置于城市轨道交通车站非付费区与付费区分界处，主要包括普通闸机和云闸机等。常见的检票类设备故障有闸机吞票或未按折扣扣款、进出站闸机故障或能力不足等。检票类设备能力不足的票务应急主要针对车站进出站闸机部分或全部故障，或由于车站突发大客流导致检票类设备能力不足等情况，能力不足的处理与设备故障处理类似。

一　闸机吞票或未按折扣扣款

（一）出站闸机吞票

当乘客反映出站闸机吞票，车站人员应询问乘客出闸具体情况，确认乘客出闸时闸机确实处于"暂停服务"状态或出闸机显示正常但投票口确有卡票现象，则按规定填写乘客事务处理单，给乘客发售一张免费出站票，通知维修人员到车站排除该闸机故障。若闸机显示正常且能接受车票则向乘客解释说明，给乘客发售付费出站票。若乘客坚持闸机吞票故障存在，不接受解释，可以向值站申请调用车站监控录像，再根据录像情况进行处理。

（二）出站闸机未按折扣扣款

乘客反映持储值票出闸，出站闸机未按折扣扣款时，车站通过 BOM 分析车票，经值站以上级别员工查询最近历史交易记录确认出站闸机未按折扣扣款，如多扣乘客车费，车站可给乘客退还多扣的车费，在乘客事务处理单上详细记录处理情况，请乘客签名，并通知维修人员到达车站排除该闸机故障。

不仅是储值票，"一卡通"、计次票等其他票种，乘客反映多扣费时，车站也应及时确认地地铁原因导致情况是否属实，一旦确认情况属实，多扣金额可直接办理退款。

二　进站闸机故障或能力不足

（一）部分进站闸机故障

当部分进站闸机故障时，值站可视客流情况，下令减缓或减少售票窗口；如有需要，可适当关闭站内 TVM 及售票窗口，以减少车站进站压力。

（二）全部进站闸机故障

全部进站闸机故障是指全部进站闸机停止检票，乘客无法通过进站闸机正常进站。当发生全部进站闸机故障时，值站应指挥各岗位人员按以下程序处理。

1. 故障发生站票务处理

故障发生站必须及时安排人员引导持票的乘客通过边门进站，同时报控制中心行调，由行调通知其他车站做好给乘客更新车票的准备工作。车站在设备恢复正常或进站闸机客流有效缓解后恢复正常运作，并上报控制中心行调。

2. 受影响车站票务处理

受影响车站在接到行调通知后，安排售票员做好乘客车票更新工作，引导乘客更新车票后通过出站闸机正常出站。

（三）"全部进站闸机故障或进站闸机能力不足"的处理程序（图5-3-1）

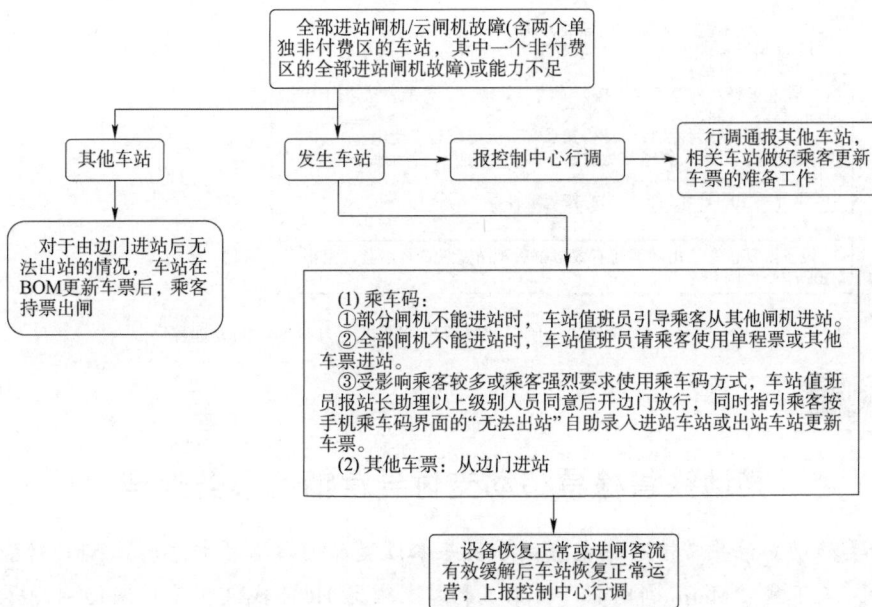

图 5-3-1 "全部进站闸机故障或进站闸机能力不足"的处理程序

三 出站闸机故障或能力不足

（一）部分出站闸机故障

当部分出站闸机故障时，在车站条件许可的情况下，可打开故障闸机通道，组织持回收类车票乘客出站，人工回收车票，宣传引导持非回收类票卡乘客刷卡出站。

（二）全部出站闸机故障

全部出站闸机故障是指全部出站闸机停止检票，乘客无法通过出站闸机正常出站。当发生全部出站闸机故障时，值站应指挥各岗位人员按以下程序处理：

值站及时报控制中心行调，通知售票员及站台站务员引导乘客从边门出站，对持单程票的乘客，应回收其单程票并记入当天站存；对持储值票/"一卡通"的乘客，应告知其本次车费在下次乘车时到客服中心扣除。车站在设备恢复正常或出闸客流有效缓解后恢复正常运营，并上报控制中心行调。

（三）"全部出站闸机故障或出站闸机能力不足"的处理程序（图5-3-2）

对于票务规章中未列出的特殊情况或乘客不愿意配合、不认可地铁处理等情况，车站人员要即时、快速、灵活地处理。原则上客运值班员处理3min不能解决问题时，由值站处理；值站处理超过5min不能解决问题时，需报具有审批权限级别人员决定办理，办理时由客运值班员到现场确认。乘客对审批办理的结果仍不接受时，车站站长或以上级别人员应到现场灵活处置、平息纠纷。

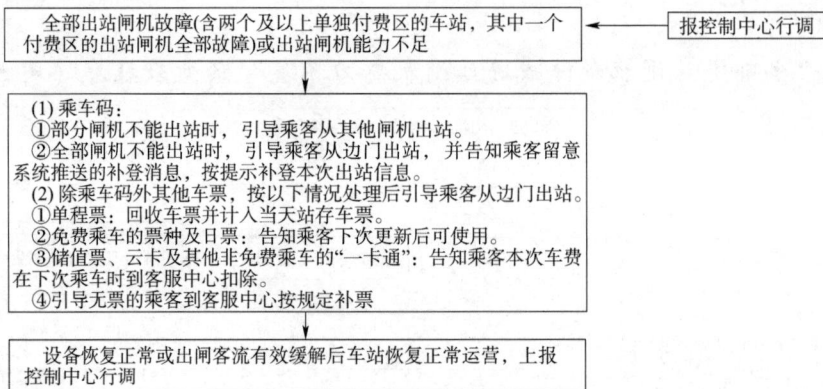

图 5-3-2 "全部出站闸机故障或出站闸机能力不足"的处理程序

案例链接

某地铁售检票移动支付异常情况票务处理

售检票移动支付异常情况不包含因手机基本设置原因（如手机型号、NFC 功能不具备或未打开、未下载"Metro 新时代" App、乘客未绑定 HCE 钱包、手机网络问题等）导致无法使用手机支付购票及进出站的情况。

1. TVM 扫码购票

如乘客反映在车站 TVM 扫码支付后未得到车票，车站工作人员应：

（1）向乘客确认是否支付成功，确定支付设备。如确认支付成功，则根据乘客反映情况确认 TVM 设备是否卡票，如 TVM 卡票，则参照单程票购票卡票处理流程处理；如支付失败或无法确认是否卡票，则向乘客说明正常情况下在 2 个工作日内退款返还至乘客手机账户，请乘客再次购票进站。如超过自动退款期后，乘客到站反映未出票且未收到退款，车站工作人员可登记乘客购票信息，填写售检票移动支付业务退款/扣费异常处理登记表并告知乘客将于 3 个工作日内处理完毕。之后，车站工作人员联系智慧地铁客服，将登记信息告知其处理，智慧地铁技术人员于 2 个工作日内完成手工退款。

（2）说明。

①通常情况下，全部出票失败系统将于当日退款至乘客手机账户，部分出票失败退款将于次日退还至乘客手机账户。

②造成 TVM 未出票或出票失败的主要原因有 TVM 网络不畅、TVM 网络故障、TVM 永久性故障（如硬盘损坏）等。

2. NFC 手机亮屏过闸

2018 年正式上线的某地铁 App 可应用于 25 款手机，不在支持列表范围内的 NFC 手机若能安装 App，则其安装成功后打开 App 时将提示用户该手机型号暂不支持手机过闸功能，用户确认后自动退出 App（可避免不在列表内的手机能进不能出的情况）。

（1）无法正常进闸。如乘客反映手机无法正常亮屏进闸，车站工作人员应：

售检票移动支付异常

TVM扫码购票分支：

TVM扫码购票

TVM扫码购票票是否支付成功
- 否 → 向乘客说明情况后，请乘客重新购票进闸
- 是 → TVM是否卡票
  - 否 → 退款将于2个工作日内返还；请乘客重新购票进闸
    - 超期未退款 → 登记乘客购票信息，并告知乘客将于3个工作日内处理完毕；之后，工作人员联系智慧地铁客服，将登记信息告知其处理
  - 是 → 参照单程票卡票处理流程处理

NFC手机亮屏过闸分支：

NFC手机亮屏过闸
- 扣费异常（到站后拨打服务热线反映）→ 登记乘客购票信息，并告知乘客将于3个工作日内处理完毕；之后，工作人员联系智慧地铁客服，将登记信息告知其处理

无法正常进闸
- 分析手机次序进站次序是否正常
  - 否 → 做次序更新后提醒乘客自行刷卡进闸
  - 是 → 重新关闭开启NFC开关尝试进闸，若仍无法进站则可能存在手机适配问题，向乘客说明情况后，请乘客刷卡进闸或扫码进闸

无法正常出闸
- 是否为亮屏进闸时的同一手机
  - 集中出现大量乘客 → 统计乘客数量，集中登记表，明确乘客数量，通过专用通道放行
  - 否 → 提醒乘客使用同一手机亮屏支付出闸
  - 是 → 是否乘客自身原因手机遗失关机或电量耗尽关机等
    - 是 → 视同无票，须按最高单程票价补交车费，并提醒乘客下次进站前须更新且收取最低票价
    - 否 → 分析手机次序是否正常、超时乘车
      - 次序错误或超时 → 做次序更新或超时更新后提醒乘客刷卡出闸
      - 次序正常且未超时 → 向乘客说明相关信息后免费出闸，并提醒乘客下次进闸前须进行更新操作并收取最低票价

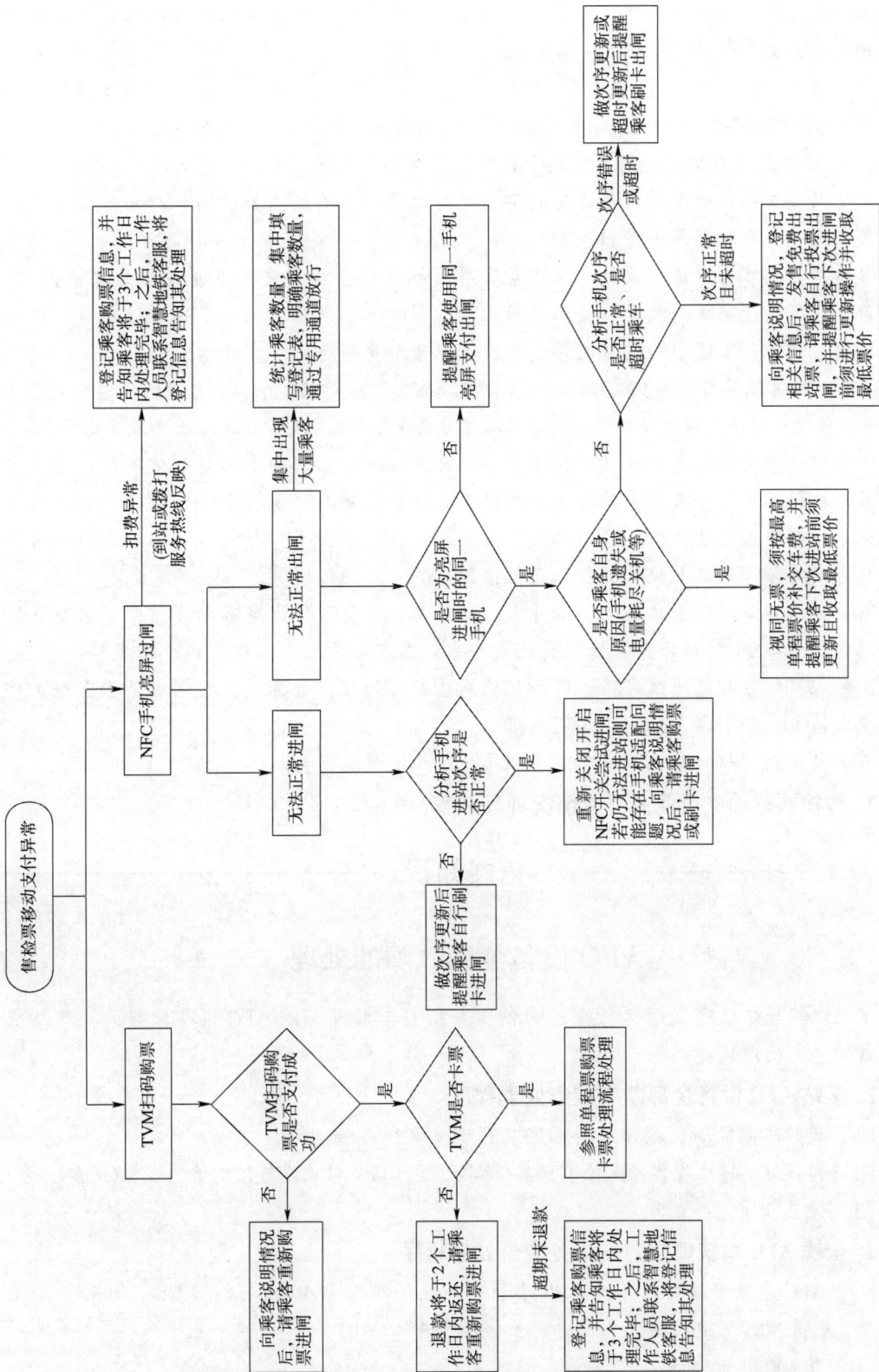

图 5-3-3　售检票移动支付业务异常情况处理流程

①分析乘客手机进站次序是否正常，如进站次序错误，则为乘客做次序更新后提醒乘客自行刷卡进站。

②如确认手机基本设置正常且进站次序正常，可尝试重新关闭开启 NFC 开关尝试进闸，若仍无法进站则可能存在手机适配问题，向乘客说明情况后，请乘客购票或刷卡进闸。

（2）无法正常出站。如乘客反映手机无法正常亮屏出闸，车站工作人员应：

①协助乘客确认所用手机是否为亮屏进闸时的同一部手机，如非同一部手机，则提醒乘客使用同一部手机亮屏支付出闸。

②核实因乘客自身原因导致无法正常亮屏出闸（如手机遗失或电量耗尽关机等），则视同无票，须按最高单程票价补交车费后出站。同时，向乘客说明，下一次使用该手机亮屏进闸前，须前往客服中心进行次序更新，收取 2 元费用后，方可进站乘车。

③确认乘客使用同一部手机且手机基本功能正常，则分析乘客手机次序是否正常、是否超时乘车，如次序错误或超时乘车则为乘客做次序更新或超时更新后提醒乘客自行刷卡出闸。

④如确认乘客手机基本设置正常、次序正常且未超时，则向乘客说明情况后，使用售检票移动支付业务相关免费出站票发放登记表登记乘客姓名、手机号，由操作员及值站签字确认后，向乘客发售一张免费出站票，请乘客自行投票出闸，并提醒乘客下次使用该手机亮屏进闸前须进行更新操作并收取最低票价。

⑤如乘客到站反映手机过闸扣费异常，车站工作人员可登记乘客扣费信息，填写售检票移动支付业务退款/扣费异常处理登记表并告知乘客将于 3 个工作日内处理完毕。之后，车站工作人员联系智慧地铁客服，将登记信息告知其处理，智慧地铁技术人员于 2 个工作日内完成核查，如确实多扣则手工退款。

⑥进站更新、超时补款等均参照单程票处理规则收取现金。

3. 售检票移动支付业务异常情况处理流程（图 5-3-3）。

—◦ 拓展知识 ◦—

AFC 设备全部故障的处理

下面以某城市轨道交通运营企业为例，介绍当车站或全线 AFC 设备故障时，车站应当采取的票务处理措施。

1. 车站 AFC 设备全部断电应急处理程序

（1）故障未解除时，按值站要求发售预赋值单程票/纸票。

（2）接值站"停止发售预赋值单程票/纸票"通知后，停止发售预赋值单程票/纸票。

（3）恢复正常事务处理。

2. 全线 AFC 系统瘫痪时的票务应急处理程序

全线 AFC 系统瘫痪时，车站上报站务分部主任及以上人员，经批准后，开始售卖应急纸票，引导乘客从边门进、出站，并上报控制中心行调。

（1）乘客在非付费区。

已购买单程票：引导乘客从边门进站。

持其他票种的乘客通过购买应急纸票从边门进站。

（2）乘客在付费区。

单程票：引导乘客从边门出站，人工回收单程票并汇入当日站存车票，填写车站车票库存日报表。

计次票、纪念票和储值票、"一卡通"车票：引导乘客从边门出站，车站须告知乘客下次乘车时，须到任意地铁车站客服中心扣除本次乘次/车费后，方可正常进站。

AFC 设备恢复正常后，车站上报站务分部主任及以上人员，经批准后，停止售卖应急纸票，并上报控制中心行调。

单元测试

请老师根据教学需要，组织学生完成"单元 5.3　检票类设备故障时的票务应急处理"的测试，相关试题见本书配套资源包。

职业能力训练

职业能力训练 5-3：AFC 设备故障时的票务处理分析

1. 训练所需基础知识

AFC 设备故障时的票务处理规则。

2. 训练目的

通过本次能力训练，帮助学生进一步掌握 AFC 设备故障情况下的乘客票务事务处理方法，能灵活运用票务政策正确处理相应票务事务，训练形成售票员在设备故障情况下的应急能力。

3. 训练要求

请依照案例所列情况，说明乘客票务事务如何处理。

案例 1：某乘客在付费区将单程票投入出站闸机，闸门未开。

案例 2：某乘客出闸后反映其储值票本次交易被多扣了费用。

案例 3：某付费区乘客持普通单程票无法正常出闸，车站 BOM 全部故障。

案例 4：某站进站闸机部分故障。

案例 5：某站进站闸机全部故障，故障发生站如何处理？

案例 6：某站进站闸机全部故障，受影响车站如何处理？

案例 7：某站出站闸机部分故障。

案例 8：某站突发大客流，出站闸机能力不足。

案例 9：某站 AFC 设备全部断电。

案例 10：全线 AFC 系统瘫痪。

若有实训条件，可在设备上模拟操作上述案例的乘客票务事务处理过程。

4. 评价方式

课堂训练时间结束后，由教师随机抽查，根据答题情况和操作准确迅速程度给予成绩。

单元5.4 降级运营模式下的票务应急处理

单元5.4知识树

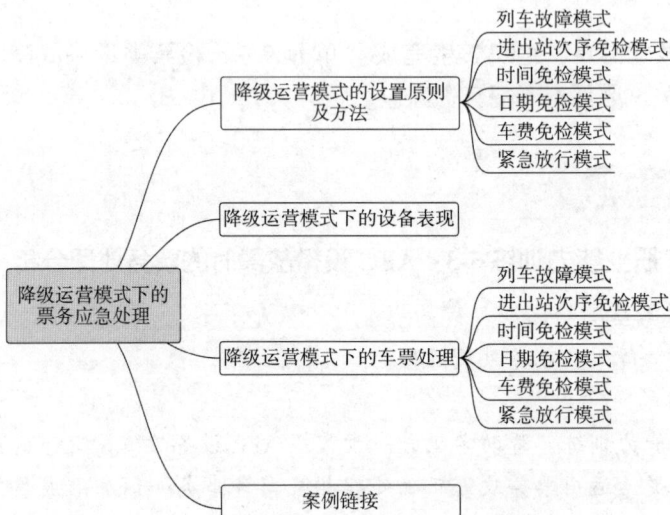

```
                                    ┌─ 列车故障模式
                                    ├─ 进出站次序免检模式
                      降级运营模式的设置原则 ├─ 时间免检模式
                      及方法          ├─ 日期免检模式
                                    ├─ 车费免检模式
                                    └─ 紧急放行模式

                      降级运营模式下的设备表现

降级运营模式下的                      ┌─ 列车故障模式
票务应急处理                          ├─ 进出站次序免检模式
                      降级运营模式下的车票处理 ├─ 时间免检模式
                                    ├─ 日期免检模式
                                    ├─ 车费免检模式
                                    └─ 紧急放行模式

                      案例链接
```

单元导入

1996 年 1 月 19 日下午 5：20 左右，北京首钢一段高压输电线被砸断，引起北京供电系统的电源故障，造成京西大规模停电，此时正值下班高峰运营期，57 辆地铁列车突然断电被迫停运，堵塞长达 146min。

2010 年 8 月 28 日傍晚，一场突如其来的停电事故给英国伦敦地铁和东南部的铁路交通带来了巨大混乱。停电对伦敦发达的地铁网络影响最为严重，当时正值下班高峰期，每小时有 500 多趟列车在伦敦地下穿梭。停电之后，近 2/3 的地铁列车停运，约 25 万人被困在地铁中，许多地铁站被迫暂时关闭。

以上两起国内外意外停电事故处理得当，均未造成人员伤亡，但停电后乘客票务事务必将受到影响，车站应该如何处理呢？

理论知识

当地铁列车在运营过程中出现列车故障、火灾、电力供应中断等意外故障时，AFC 系统的中央计算机或者 SC 可以下达命令，将某车站或全部车站的终端设备设置到 AFC 系统降级运营模式，配合车站降级运营情况下的票务组织和客流组织，提高城市轨道交通降级运营时处理效率和管理水平。

降级运营模式的种类有列车故障模式、进出站次序免检模式、时间免检模式、日期免检模式、车费免检模式、紧急放行模式。由于紧急放行模式需要乘客迅速撤离车站，否则有生命危险，有些城市轨道交通运营企业将紧急放行模式单列，便于和其他降级模式区别开。设置降级运营模式前，应上报部门领导，征得同意后方可下发。如果车站情况特别紧急，也可先设置紧急模式再上报。

一　降级运营模式的设置原则及方法（相关资源见二维码）

（一）列车故障模式

（1）设置原则：当轨道交通列车出现运营故障，需在某站进行清客时或列车晚点，导致延误时间预计达到或达到一定标准（如5min），或因列车晚点，要求退票的乘客超过一定人数（如10人）时。

降级运营模式的设置原则及方法

例如，武汉地铁规定列车延误时间预计达到或达到5min及以上时可设置列车故障模式；广州地铁规定列车晚点导致要求退票的乘客达到10人及以上时可设置列车故障模式。

（2）设置方法：通过城市轨道交通清分中心、线路中央计算机系统、SC系统设置"列车故障模式"。

（3）取消时机：恢复运营或接到控制中心有关"列车运行恢复"的通知后，值站下令通过SC系统取消该模式。

（二）进出站次序免检模式

（1）设置原则：①车站的进站闸机全部故障且无法立即修复或者由于车站出现大客流造成进站乘客拥挤，且此时付费区有容纳大量乘客进站的条件；②车站付费区出现大量乘客手持进出站次序错误的车票到客服中心处理，造成大量乘客排队等候的情况（可能由于其他某站的进闸机全部故障造成等），或本站出站闸机故障，或出站大客流等。

（2）设置方法：通过城市轨道交通清分中心、线路中央计算机系统、SC系统设置"进出站次序免检模式"。

（3）取消时机：在车站恢复正常或接到控制中心"有关设备恢复正常""大客流控制结束"等通知后，值站下令通过车站SC系统取消该模式。

（三）时间免检模式

（1）设置原则：由于列车延误或时钟错误等地铁原因导致乘客手中的车票超时。

（2）设置方法：通过城市轨道交通清分中心、线路中央计算机系统、SC系统设置"时间免检模式"。

（3）取消时机：在解决了乘客手中车票"超时"的问题之后，值站下令通过SC系统取消该模式。

（四） 日期免检模式

（1）设置原则：由于地铁原因导致乘客手中车票过期。

（2）设置方法：通过城市轨道交通清分中心、线路中央计算机系统、SC 系统设置"日期免检模式"。

（3）取消时机：在解决了乘客手中车票"过期"的问题之后，值班站长下令通过 SC 系统取消该模式。

（五） 车费免检模式

（1）设置原则：在接到控制中心行调有关"列车越站"的通知时。

（2）设置方法：通过城市轨道交通清分中心、线路中央计算机系统、SC 系统设置"车费免检模式"。

（3）设置地点：列车越站后运行前方的第一个车站。

（4）取消时机：在接到控制中心有关"列车运行恢复"后的一段时间，值站下令通过 SC 系统取消该模式。

（六） 紧急放行模式

（1）设置原则：车站出现火灾等危及乘客生命安全、需要及时疏散乘客出站的紧急情况时。

（2）设置决策人：车站值站及以上级别人员，值站无须申请，可根据现场情况，直接设置。

（3）设置方法：通过 SC 系统或车控室的紧急按钮设置该模式。由于紧急按钮的操作时间更短，所以优先选用紧急按钮操作设置，若紧急按钮设置无效再通过 SC 系统设置"紧急放行模式"。

（4）取消时机：在紧急情况结束后，确认紧急按钮复位，通过 SC 系统取消该模式。

二 降级运营模式下的设备表现

当 AFC 系统设为降级运营模式时，其设备表现与正常运营模式时不同，主要表现如下：

（1）中央计算机系统工作站上会明显地显示该车站名称及模式，如字体或颜色闪烁等，以便进行监控。

（2）设置了该模式的 SC 系统会在显著位置用明显的文字或符号显示所设置的模式，并用明确的文字或符号显示车站内的哪些设备已经进入该模式。

（3）在收到 SC 系统下达的命令后，车站终端设备按模式要求进入相应的状态，按模式要求对车票进行处理。具体如下：

①列车故障模式下终端设备表现。出站闸机按列车故障模式处理车票，进站闸机停止检票，BOM 可正常运作，TVM 处于"暂停服务"状态。

②进出站次序免检模式下终端设备表现。若进站客流冲击则开放全部进站闸机，其他设备正常运作；若出站客流冲击则开放全部出站闸机，其他设备正常运作。

③时间免检模式、日期免检模式、车费免检模式下终端设备表现。出站闸机按相应模式处理车票，其他设备正常运作。

④紧急模式下的终端设备表现。

a. 设置此模式的车站，BOM 可正常运作，但在操作员显示器上显示紧急状态信息；TVM 处于"暂停服务"状态；闸机保持开放状态（三杆式闸机转杆掉杆、扇门式闸机和拍打门式闸机闸门打开），乘客显示器显示紧急放行信息（所有指向付费区的末端指示器闪烁显示"禁止通行"标志，所有指向非付费区的末端指示器闪烁显示"通行"标志）。

b. 其他车站的 BOM 和 TVM 停止出售到达该站的单程票。

三　降级运营模式下的车票处理

1. 列车故障模式

在此模式下，对于已购票进站的乘客和列车清客后的乘客，可持票通过出站闸机出站。所有票种车票均不扣除车费或乘次，单程票不回收返还乘客，并写入此模式的标记信息。

模式结束后，对于乘客留存的单程票，若选择继续使用，可以在一段时间内在系统中的任一车站继续使用，重新通过进站闸机进站；对于不准备继续使用单程票的乘客，可在规定时限内（如 7 日）到客服中心办理退票。储值票等其他车票可照常使用。相关资源见二维码。

2. 进出站次序免检模式

当车站的进站闸机全部故障无法立即修复或车站出现大客流冲击时，允许乘客不通过进站闸机进站。此模式下对车票的处理如下：

（1）在设置此模式的车站，所有进站闸机及边门开放，不检验任何车票，持票乘客可以直接进站。

列车故障模式下的
车票处理

（2）无进站信息的车票在其他车站或本站出闸时，出站闸机根据从线路中央计算机系统下载的设置信息按进站地点为设置此模式的车站进行扣费，乘客从闸机出站；对于单程票，会检查购票车站，如果是设置此模式的车站，则不检查进出站次序并回收，但票值必须相符，否则也要补交相应的费用。

（3）若有大于两个车站设置该模式，则对所有无进站信息的车票都不检查进出站次序，出站闸机按最低车费进行扣费。具体措施：储值票、"一卡通"等扣除最短车程费；计次票扣除一个乘次；单程票不检查车票余值，直接回收。

当车站的出站闸机故障或车站遭遇出站大客流冲击时，允许乘客不通过出站闸机出站。此模式下对车票当时不做处理，乘客直接持票出站，不需检票，待下次乘车时，受影响的车票可通过 BOM 处理扣除本次车费（部分城市轨道交通运营企业可通过闸机直接扣除本次车费）。

3. 时间免检模式

如果由于城市轨道交通运营企业的原因，引起列车延误或者乘客进站后在系统停留的时间超过系统设置的乘车时间，为了使这部分乘客能正常离开车站，系统可设置"时间免检模式"。在这种情况下，出闸机不检查车票上的进站时间信息，但仍然检查车票的票值、进出站码、日期等，所有车票按正常票价扣费。

4. 日期免检模式

若由于城市轨道交通运营企业的原因导致乘客手中的车票过期，系统设置"日期免检模式"，在此模式下允许过期的车票继续使用，但仍然检查车票的票值、进站码等信息，所有车票按正常票价扣费。

5. 车费免检模式

如果某个城市轨道交通车站由于事故或者故障而关闭，导致列车越过该站后才停车，系统可将越站停车的第一个车站设置"车费免检模式"。被设置"车费免检模式"的车站，其出站闸机将不检查车票的余值，回收所有的单程票，对于储值票、"一卡通"则扣除最少的车费，计次票扣除一个乘次。

6. 紧急放行模式

在系统设置为紧急放行模式时，车站内的进站闸机都将显示"禁止进入"标志，同时所有的 TVM 自动退出服务；SC 系统将车站设置为紧急放行模式的信息传送到中央计算机系统，中央计算机将向其他车站广播这一信息，并记录被设置为紧急放行模式的时间。

（1）设置此模式的车站，所有闸机不对车票进行任何读写，单程票不回收。

（2）其他车站的闸机对车票的处理正常。

（3）紧急模式所影响的车票，乘客在一段时间（如 7 日）内再次使用时，闸机自动判断车票的售出日期或进闸时间是否符合条件（设备根据保存的此紧急模式所发生历史数据对车票发售日期、地点、进闸情况进行检查），符合条件的车票可在任何车站进闸使用。车票出闸时根据实际车费进行检查、回收，车费不足或不符合条件的问题车票应到客服中心进行更新。

案例链接

某城市轨道交通运营企业降级模式下车站票务处理程序

一 列车延误票务处理程序

列车晚点达到或预计超过5min 或城市轨道交通发生运营故障需要清客时。

（1）向部门领导申请设置"列车故障模式"，同意后，通过 SEMS（Station Equipment Monitoring System，即车站设备监控系统，与车站计算机系统功能相同）设置。

（2）安排工作人员在出入口设置相关告示。

（3）关闭所有进站闸机、TVM，停止客服中心的售票工作。

（4）通过车站广播、手提广播和设置在出闸机的告示，将有关车票的使用情况告诉乘客："由于列车服务受阻，请各位乘客改乘其他交通工具。乘客手中的单程票出闸不回收，7日内可在任何车站使用；储值票不扣任何车费，车票可照常使用。不便之处，敬请原谅。"

（5）安排工作人员在每组出闸机处设置"列车服务受阻告示"，内容如图 5-4-1 所示。

列车服务受阻告示

本公司因列车受阻向各位乘客表示道歉，乘客在出闸时，车票将以下列方式处理：

本站乘车的乘客：储值票、"武汉通"——不扣任何车费，车票可照常使用。

单程票——使用车票出闸不回收，7日内可在任何车站使用。

图 5-4-1　列车服务受阻告示

（6）安排工作人员引导乘客有序地从出闸机出闸，单程票投入回收口，从退票口取回车票，储值票、"一卡通"直接刷卡出站，不扣任何车费，车票可照常使用。

（7）列车故障模式下的票务处理。

①车站首先应将付费区内乘客引导出闸。

②如果乘客需要退票，可在出闸后直接到客服中心，持有效的单程票换取赠票或退票。车站工作人员应认真分析确认车票符合退票条件（BOM 正常运营模式下，乘客在付费区，BOM 区域选择"付费区"，车票分析结果为"正常"；乘客在非付费区，BOM 区域选择"非付费区"，车票分析结果为"正常"）后，再将赠票或相应金额退给乘客，同时收回车票。

③当班 BOM 操作员班次结束前，集中办理赠票、退票手续，填写行政处理单时，应分别填写卡型票退款金额、单程票退款金额；单程票退票数录入当班 BOM 退票数量一栏，并在 SEMS 上填写车票上交单，次日将退款车票使用票务专用信封（信封上注明"退票总额""退票面值"及相应面值对应的"退票数量"等信息）封包，和上交单一起由专人交至票务清分部，以便账目审核。

④赠票的发放与使用规定。

a. 发放规定：车站发放赠票时在票面上加盖站名章和日期章（日期章统一为车票有效期的截止日），并填写乘客票务事务处理单，须写明发放原因，乘客、值站及一名工作人员共同签字确认，如有必要可留下乘客的联系电话。乘客票务事务处理单次日随报表交票务清分部。列车延误原因发放赠票，如乘客数量过多无法及时填写乘客票务事务处理单，可事后统计发放赠票的数量，集中填写，无须乘客签字和联系方式，但从乘客手中回收的单程票须于次日随报表上交票务清分部。

b. 使用规定：赠票须在有效期（7 日）内使用，逾期作废，且不办理退票。持赠票乘客从专用通道进出站，限单程乘车。持赠票进站检票时车站撕下副券，出站时检票放行。

二　大客流票务处理程序

（1）车站发生大客流，车站 TVM、BOM 出售单程票的能力不能满足需求时，申请发售预赋值票。

（2）预赋值票数量不足时，值站向控制中心请求出售纸票，在控制中心同意后，值站可安排工作人员出售纸票。

（3）车站出现突发性客流，进闸机的能力不足时，值站可申请设置"进出站次序免检模式"，允许乘客不通过闸机验票进入付费区。

三 紧急模式票务处理程序

车站出现火灾等危及乘客生命安全，需及时疏散乘客出站的紧急情况时。

（1）通过 SEMS 或车控室的紧急按钮设置紧急模式。

（2）关闭所有进闸机、TVM，停止客服中心的售票工作。

（3）安排工作人员通过车站广播、手提广播向乘客广播以下内容："由于车站出现紧急情况，请各位乘客保持镇静，在车站工作人员的协助下尽快离开本站。乘客手中的单程票不回收，可在 7 日内再次使用，储值票不扣费，下次可正常使用。不便之处，敬请原谅。"

（4）安排工作人员在出入口设置有关"紧急情况，请乘客使用其他交通工具"的告示，告示内容如图 5-4-2 所示。

告示

本公司对车站发生紧急情况向各位表示道歉，请改乘其他交通工具。

本站乘车的乘客：储值票、"武汉通"——不扣任何车费，车票可照常使用。

单程票——不回收，7 日内可在任何车站使用。

图 5-4-2　紧急情况告示

（5）疏导乘客离开车站。

（6）紧急模式下的票务处理。

①车站首先应将付费区内乘客引导出站（闸机通道开启，可直接出站）。

②如果乘客需要退票，可在 7 日内持车票到客服中心办理。车站工作人员应认真分析确认车票符合退票条件（紧急模式下提示为"正常车票"、正常模式下提示为"紧急模式下出闸车票"）、余额和时间（应为发生紧急情况、设置紧急模式当日）后，再将赠票或退款给予乘客，同时收回车票。

③当班 BOM 操作员班次结束前，集中办理赠票、退票手续，填写行政处理单时，应分别填写卡型票退款金额、单程票退款金额；单程票退票数录入当班 BOM 退票数量一栏，并在 SEMS 上填写车票上交单，次日将退款车票封包（信封上注明"退票总额""退票面值"及相应面值对应的"退票数量"等信息），和上交单一起由专人交至票务清分部，以便账目审核。

④赠票的发放和使用规定与列车延误票务处理相同。

⑤持储值票、"一卡通"出闸不扣任何车费，车票可正常使用。

⑥对于紧急情况下所有受影响的车票，在恢复正常运营之后，可正常使用。

◦ 拓展知识 ◦

特殊情况下车站票务应急处理程序

一　"列车晚点"的处理程序（图 5-4-3）

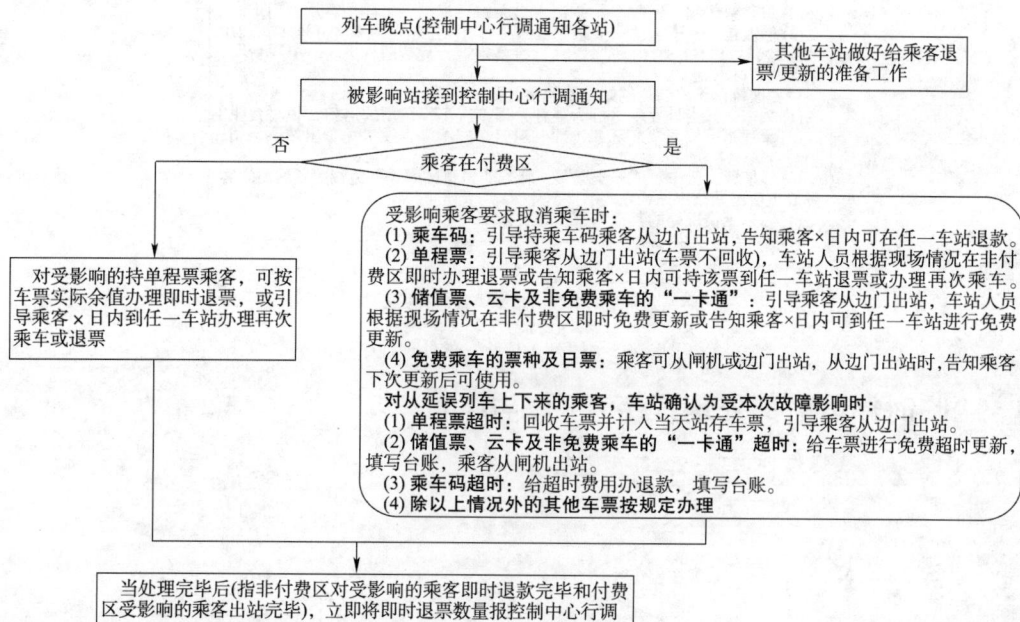

```
列车晚点(控制中心行调通知各站)
            │
            ├──────────────→ 其他车站做好给乘客退
            │                 票/更新的准备工作
            ▼
被影响站接到控制中心行调通知
            │
            ▼
        乘客在付费区
   否 ←────────────→ 是
```

否：对受影响的持单程票乘客，可按车票实际余值办理即时退票，或引导乘客×日内到任一车站办理再次乘车或退票

是：
受影响乘客要求取消乘车时：
(1) 乘车码：引导持乘车码乘客从边门出站，告知乘客×日内可在任一车站退款。
(2) 单程票：引导乘客从边门出站(车票不回收)，车站人员根据现场情况在非付费区即时办理退票或告知乘客×日内可持该票到任一车站退票或办理再次乘车。
(3) 储值票、云卡及非免费乘车的"一卡通"：引导乘客从边门出站，车站人员根据现场情况在非付费区即时免费更新或告知乘客×日内可到任一车站进行免费更新。
(4) 免费乘车的票种及日票：乘客可从闸机或边门出站，从边门出站时，告知乘客下次更新后可使用。
对从延误列车上下来的乘客，车站确认为受本次故障影响时：
(1) 单程票超时：回收车票并计入当天站存车票，引导乘客从边门出站。
(2) 储值票、云卡及非免费乘车的"一卡通"超时：给车票进行免费超时更新，填写台账，乘客从闸机出站。
(3) 乘车码超时：给超时费用办退款，填写台账。
(4) 除以上情况外的其他车票按规定办理

当处理完毕后(指非付费区对受影响的乘客即时退款完毕和付费区受影响的乘客出站完毕)，立即将即时退票数量报控制中心行调

图 5-4-3　"列车晚点"的处理程序

二　"运营故障需清客"的处理程序（图 5-4-4）

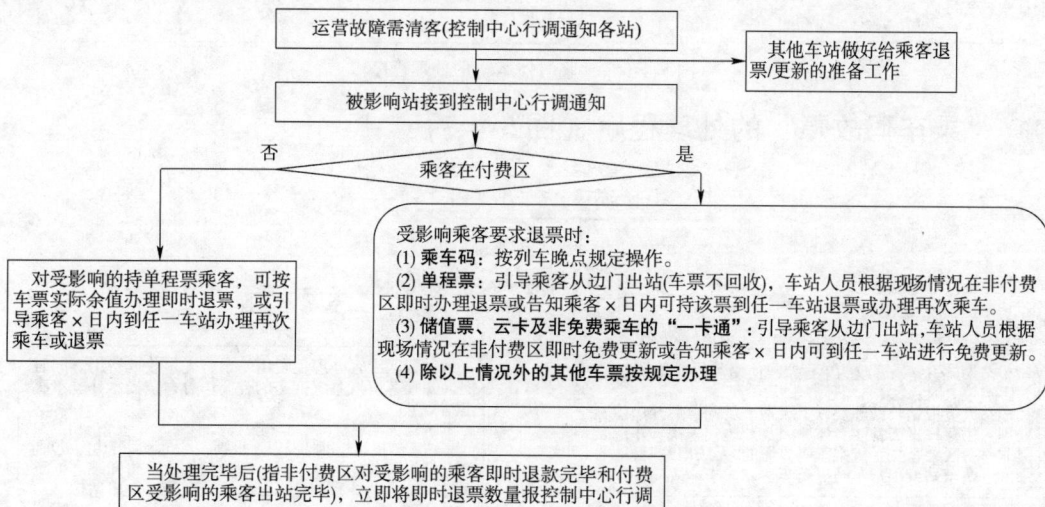

```
运营故障需清客(控制中心行调通知各站)
            │
            ├──────────────→ 其他车站做好给乘客退
            │                 票/更新的准备工作
            ▼
被影响站接到控制中心行调通知
            │
            ▼
        乘客在付费区
   否 ←────────────→ 是
```

否：对受影响的持单程票乘客，可按车票实际余值办理即时退票，或引导乘客×日内到任一车站办理再次乘车或退票

是：
受影响乘客要求退票时：
(1) 乘车码：按列车晚点规定操作。
(2) 单程票：引导乘客从边门出站(车票不回收)，车站人员根据现场情况在非付费区即时办理退票或告知乘客×日内可持该票到任一车站退票或办理再次乘车。
(3) 储值票、云卡及非免费乘车的"一卡通"：引导乘客从边门出站，车站人员根据现场情况在非付费区即时免费更新或告知乘客×日内可到任一车站进行免费更新。
(4) 除以上情况外的其他车票按规定办理

当处理完毕后(指非付费区对受影响的乘客即时退款完毕和付费区受影响的乘客出站完毕)，立即将即时退票数量报控制中心行调

图 5-4-4　"运营故障需清客"的处理程序

三 “列车越站”的处理程序（图 5-4-5）

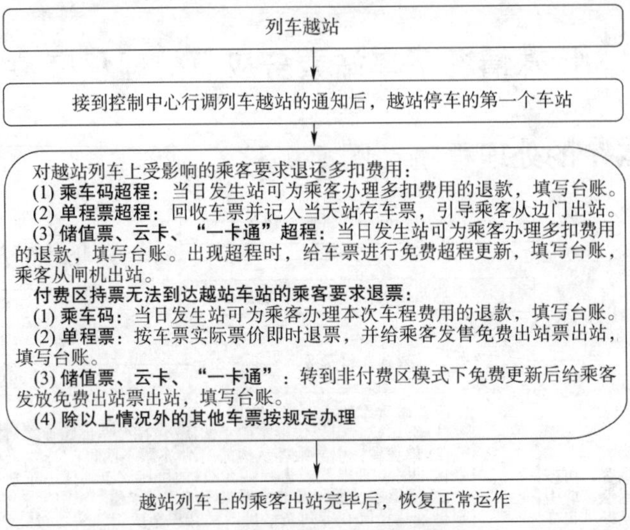
列车越站
接到控制中心行调列车越站的通知后，越站停车的第一个车站
对越站列车上受影响的乘客要求退还多扣费用：
(1) **乘车码超程**：当日发生站可为乘客办理多扣费用的退款，填写台账。
(2) **单程票超程**：回收车票并记入当天站存车票，引导乘客从边门出站。
(3) **储值票、云卡、“一卡通”超程**：当日发生站可为乘客办理多扣费用的退款，填写台账。出现超程时，给车票进行免费超程更新，填写台账，乘客从闸机出站。
付费区持票无法到达越站车站的乘客要求退票：
(1) **乘车码**：当日发生站可为乘客办理本次车程费用的退款，填写台账。
(2) **单程票**：按车票实际票价即时退票，并给乘客发售免费出站票出站，填写台账。
(3) **储值票、云卡、“一卡通”**：转到非付费区模式下免费更新后给乘客发放免费出站票出站，填写台账。
(4) **除以上情况外的其他车票按规定办理**
越站列车上的乘客出站完毕后，恢复正常运作

图 5-4-5　“列车越站”的处理程序

四 “临时停运”的处理程序（图 5-4-6）

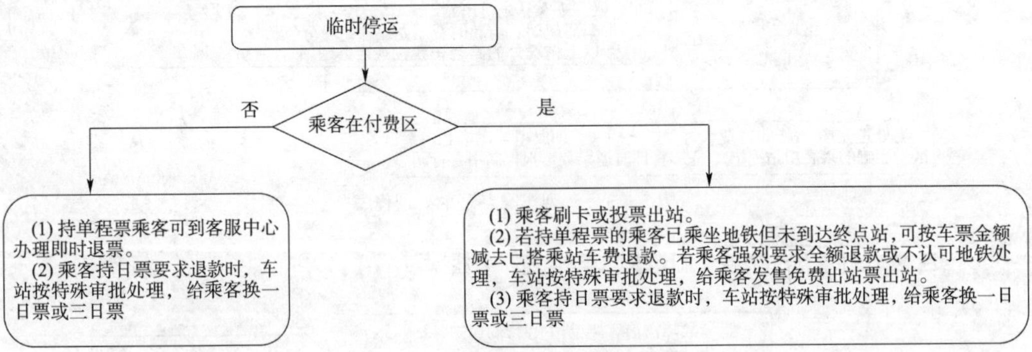
临时停运
乘客在付费区
否
是
(1) 持单程票乘客可到客服中心办理即时退票。
(2) 乘客持日票要求退款时，车站按特殊审批处理，给乘客换一日票或三日票
(1) 乘客刷卡或投票出站。
(2) 若持单程票的乘客已乘坐地铁但未到达终点站，可按车票金额减去已搭乘站车费退款。若乘客强烈要求全额退款或不认可地铁处理，车站按特殊审批处理，给乘客发售免费出站票出站。
(3) 乘客持日票要求退款时，车站按特殊审批处理，给乘客换一日票或三日票

图 5-4-6　“临时停运”的处理程序

五 “乘车码故障”的处理程序（图 5-4-7）

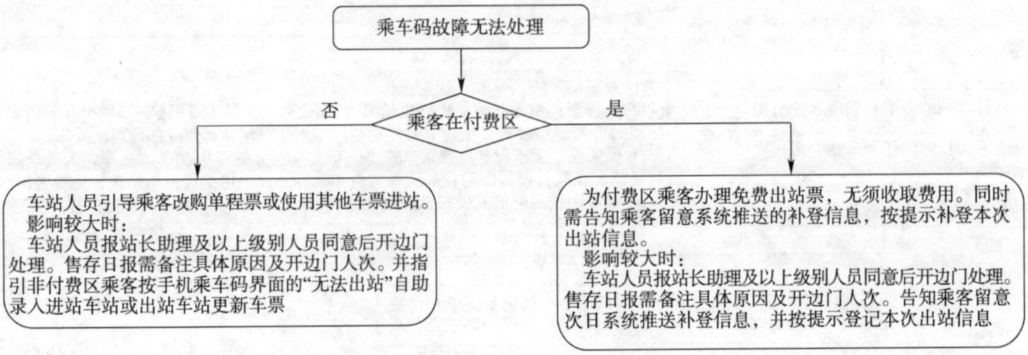
乘车码故障无法处理
乘客在付费区
否
是
车站人员引导乘客改购单程票或使用其他车票进站。
影响较大时：
车站人员报站长助理及以上级别人员同意后开边门处理。售存日报需备注具体原因及开边门人次。并指引非付费区乘客按手机乘车码界面的“无法出站”自助录入进站车站或出站车站更新车票
为付费区乘客办理免费出站票，无须收取费用。同时需告知乘客留意系统推送的补登信息，按提示补登本次出站信息。
影响较大时：
车站人员报站长助理及以上级别人员同意后开边门处理。售存日报需备注具体原因及开边门人次。告知乘客留意次日系统推送补登信息，并按提示登记本次出站信息

图 5-4-7　“乘车码故障”的处理程序

六　"车站出现火灾等紧急情况"的处理程序（图5-4-8）

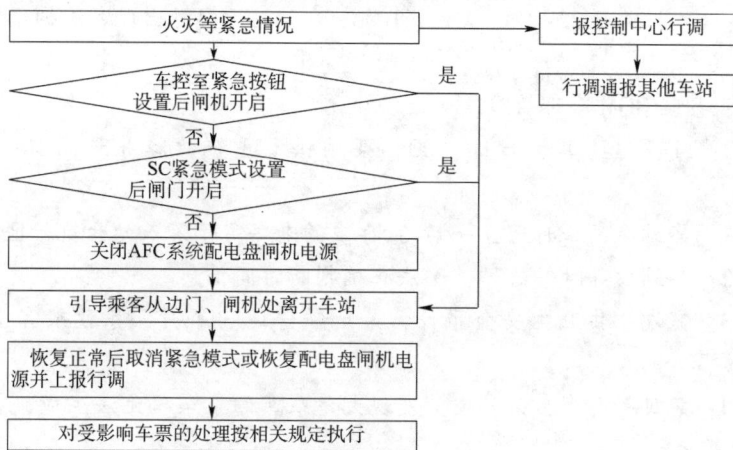

图5-4-8　"车站出现火灾等紧急情况"的处理程序

单元测试

请老师根据实际教学需要，组织学生完成"单元5.4　降级运营模式下的票务应急处理"的测试，相关试题见本书配套资源包。

职业能力训练

职业能力训练5-4：降级运营模式下的票务应急处理桌面演练

1. 训练所需基础知识

AFC系统降级运营模式的设置原则，AFC系统降级运营模式下的票务处理规则。

2. 训练目的

通过训练，帮助学生进一步掌握降级运营模式下乘客票务事务处理方法，培养学生严谨的职业习惯和灵活应变的能力。

3. 训练内容

请依照下列情况正确设置运营模式，并描述在该运营模式下如何处理乘客车票。

案例1：某站全部TVM故障，同时50%的BOM故障。

案例2：某站全部进站闸机故障。

案例3：某地铁临时停运。

案例4：某站出现突发性客流，进站闸机能力不足，进站乘客拥挤。

案例5：B站因为故障临时关闭，上行列车越过该站停车至A站，下行列车越过该站停车至C站。

案例6：某站台设备房突然起火，需紧急疏散乘客。

案例7：某站大客流远远大于车站运能，造成站厅站台秩序混乱，需要关闭车站。

案例8：12月24日22：00，A站、B站、C站站厅同时出现客流拥堵情况，进站闸机能力不足。

案例9：某站BOM全部故障。

案例10：11月11日上午10：00，某站供电系统故障导致闸机、TVM设备断电。

案例11：某站晚高峰时间，一名约50岁的老年男子落入站台轨行区受伤。

案例12：某站设备时钟故障，无法正确判断时间信息。

案例13：突发公共卫生安全事件，某地铁停运3个月，导致乘客手中的车票过期。

案例14：某日早高峰，某站突然发现大量乘客的乘车码无法生成，导致进出闸拥堵，影响较大。

4. 训练时间

100min。

5. 训练要求

独立完成训练内容，相互抄袭者均记零分。

6. 评价方式

课堂训练时间结束后，由教师随机抽查，根据答题情况和操作准确迅速程度给予成绩。

📊 **模块工作任务**

乘客票务事务判定及处理答辩

1. 所需基础知识

乘客票务事务处理规则、AFC设备故障时的票务处理规则、AFC降级运营模式的设置原则、AFC降级运营模式下的票务处理规则。

2. 答辩目的

重点培养学生的应急处理能力。通过本次答辩，帮助学生进一步掌握正常与非正常情况下乘客票务事务的判定和处理方法，能灵活运用票务政策正确处理乘客票务事务，形成售票员的核心岗位能力。

3. 任务要求

(1) 依据单元5.1【案例链接】中某城市轨道交通运营企业票务处理规定以及单元5.2、单元5.3、单元5.4中的相关内容，判定表5-4-1中的票务问题并提出处理办法。以个人为单位，答辩考核前上交书面答案。

(2) 2020年6月17日，厦漰站售票员李甲10：00—12：00在客服中心上岗，遇到了以下乘客事务，经过验票，乘客的车票信息见表5-4-1。

已知：乘车时限为4.5h，厦滘—机场北站票价为9元，本站最高单程票价为11元，线网最高单程票价为17元。

某城市轨道交通运营企业乘客票务事务处理案例　　　　表5-4-1

序号	当前时间	乘客所在区域	车票类型	验票信息			问题判定处理方法
				入站时间	入站点	其他	
示例	10：08	非付费区	单程票	09：45	厦滘		进站次序错误，超20min。 回收单程票，重新购票
1	10：12	非付费区	云卡	09：58	大石		
2	10：15	非付费区	单程票	无	无	6月15日大石站购买	
3	10：18	非付费区	储值票	09：00	机场北		
4	10：21	非付费区	"一卡通"	10：00	厦滘		
5	10：22	非付费区	日票	10：12	厦滘		
6	10：26	非付费区	"一卡通"	无	无	余额1元	
7	10：28	非付费区	单程票	无	无	云购票机购票无法入闸，BOM读不到任何信息	
8	10：30	非付费区	日票	无	无	BOM读不到任何信息	
9	10：38	非付费区	乘车码	15日08：00	机场北		
10	11：00	付费区	单程票	无	无	购票站：体育西路	
11	11：01	付费区	"一卡通"	无	无	最近一笔交易为10：57本站出闸	
12	11：03	付费区	单程票	无	无	单程票投入闸门未开	
13	11：09	付费区	"一卡通"	06：00	机场北	余额10元	
14	11：12	付费区	单程票	无	无	6月16日厦滘站购票	
15	11：14	付费区	储值票	无	无	BOM显示车票已过期	
16	11：21	付费区	云卡	8日06：00	机场北		
17	11：25	付费区	储值票	无	无	BOM读不到任何信息	
18	11：30	付费区	"一卡通"	无	无	最近一笔交易为便利店消费	
19	11：40	付费区	乘车码	16日20：20	大石		
20	11：41	全站	各类车票	无	无	列车晚点导致要求退票人数预计20人左右	

4. 评价方式

（1）由教师随机抽查，根据答题情况给予成绩。

（2）教师评价用模块工作任务单，见"附录5-1　乘客票务事务判定及处理答辩评价表"。

思考题

1. 乘客票务事务的概念如何准确描述?

2. 车票超程、车票超时、车票故障的概念分别是什么?

3. 车票进出站次序错误的概念是什么?

4. 发生乘客责任需要退普通储值票如何处理?

5. 乘客持普通单程票无法正常进出闸时如何处理?

6. 乘客持成人"一卡通"无法正常进出闸时如何处理?

7. 售票类设备通常设置在车站什么位置?主要包括哪些设备?

8. 降级运营模式的设置原则是怎样的?

9. 某次列车晚点,从该趟列车上下来的乘客手中车票因此而超时,其票务事务如何处理?

10. 因运营故障某站需清客时,其票务应急处理程序是怎样的?

11. 因 A 站突发事故,控制中心行调下达上下行列车均越过 A 站再停车的通知后,A 站的前方站和后方站票务事务如何处理?

12. 车站发生火灾的票务事务应急处理程序是怎样的?

模块 6

票务差错、违章和事故管理

模块描述

本模块主要是帮助学生区分城市轨道交通票务差错、违章和事故，在学习过票务运作规定、车票管理规定、现金管理规定等相关规章制度后，分析各案例出现的问题及违反了哪些规章制度，区分各案例中责任人的行为属于票务差错、票务违章还是票务事故。本模块所涉及的是课程学习的核心内容，也是票务相关岗位需要时时注意的内容。

教学目标

1. 思政目标

通过本模块的学习，使学生养成良好的行为习惯、工作习惯，培养学生的法治意识，融入"要在加强品德修养上下功夫"的思政元素。引导学生认真、严肃地对待票务工作，面对金钱的诱惑时不为所动，遵纪守法，形成正确的道德观、价值观。

2. 知识目标

通过本模块的学习，学生应充分理解城市轨道交通票务差错、票务违章、票务事故的定义及分类。

3. 能力目标

通过本模块的学习，学生应能区分票务差错、票务违章、票务事故；能在充分理解各项票务规章制度的前提下，分析各票务案例存在的问题，责任人的行为属于票务差错、票务违章、票务事故中的哪一种及具体的类别。

4. 素质目标

通过本模块的训练，培养学生严肃、认真的工作习惯，建立遵纪守法的行为准则。

建议学时

6 学时，其中实训 2 学时。

课程思政案例

遵章守纪、从我做起

1. 案例名称

员工利用"一卡通"系统漏洞非法获利事件。

2. 案例描述

20××年8月23日，某"一卡通"用户持7张余额均在400元以上的"一卡通"卡到"一卡通"公司客户服务中心要求退卡。在办理手续过程中，工作人员发现该批票卡的余额都与后台数据不相符。经过查询和分析，"一卡通"公司更发现自20××年2月1日以来，先后有100多张"一卡通"卡在某几个地铁站发生异常充值，之后还在家乐福、好又多等地消费，且这批卡仍在使用中。"一卡通"公司感到事态严重，于20××年9月23日报案。经过公安机关的全力侦查，事情终于真相大白："一卡通"在地铁站客服中心充值成功后，数据要几秒钟的时间才能传到"一卡通"公司的数据库里。有人利用这个时间空当，强行断电或者中途抽卡，阻止数据上传到"一卡通"公司的数据库里，这样"一卡通"卡里充进了钱，但数据库里没有相应的记录。持卡人就可以拿这些凭空"变"出来的钱大肆消费了！20××年10月26日至11月17日，先后有9名涉及此案的犯罪嫌疑人被刑事拘留，其中有8名是某城市轨道交通运营企业的值班员！他们大肆搜罗百多张"一卡通"卡，反复非法充值25万余元，然后到各大超市疯狂消费并勾结他人销赃，甚至将非法充值的"一卡通"打折出售。

3. 案例分析

利用职务之便进行牟利的行为是万万不可的。该城市轨道交通运营企业8位值班员利用职务之便将财务非法据为己有，等待他们的是法律的制裁。

4. 案例启示

分析上述案例可知，学生应该具备法治意识，要在加强品德修养上下功夫。在工作岗位上发现设备漏洞应及时汇报，而不是利用漏洞非法牟利。学生应树立正确的职业道德观，能正确迅速判断哪些行为是容易触及红线的危险行为，杜绝钻空子、谋私利的想法和行为。

单元 6.1　票务差错管理

单元6.1知识树

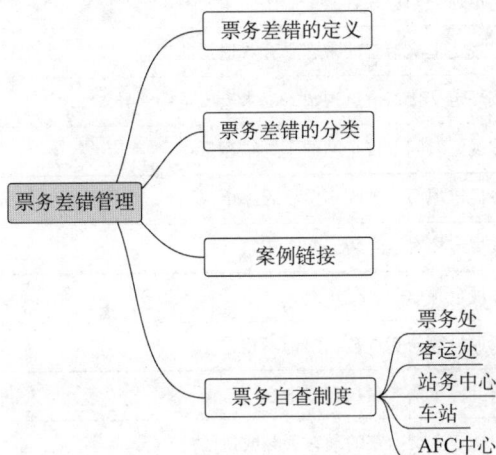

```
                          ┌── 票务差错的定义
                          │
                          ├── 票务差错的分类
                          │
            票务差错管理 ──┤
                          ├── 案例链接
                          │
                          │              ┌── 票务处
                          │              ├── 客运处
                          └── 票务自查制度┤── 站务中心
                                         ├── 车站
                                         └── AFC中心
```

单元导入

20××年4月1日15：00，某站客值张×监督客服岗李×在A端客服退出BOM进行交接。15：03，客值张×陪同客服岗李×到票务室进行结算。15：05，客服岗李×将手提金柜中的钱、票进行清空，并对钱、票进行逐一清点。15：05—15：10，客服岗李×在清点过程中不小心将一张10元纸币混淆在一整把的100元纸币中进行清点，造成90元长款。15：10—15：15，客值张×再次清点过程中也未发现上述情况，导致两人清点相同，按虚拟金额进行结算、录入系统。20：00，客值张×与接班客值王×进行交接，发现票款少了90元，立即报值站，开始查找原因。

站务员整理票款不仔细，错将一张10元当100元进行清点造成差异。客值未将点钞机调整到红外智能模式进行清点，未发现其中一把100元中有10元的夹钞现象。以上是导致票务差错发生的主要原因。

票务差错是什么呢？如何避免票务差错的发生呢？

理论知识

一　票务差错的定义

某城市轨道交通运营企业对于票务差错的定义如下：员工在日常票务管理、设备操作、票务运作过程中，因疏忽违反相关规章制度造成轻微影响的行为。

二 票务差错的分类（表6-1-1）

票务差错的分类

表6-1-1

差错种类		差错内容
现金管理	1	未按规定时间处理长、短款
	2	未按规定解行票款或解行票款金额不符
	3	售票员遗漏票款在客服中心
	4	未按规定上交拾获的乘客丢弃或遗留的现金
	5	未按规定交接、清点现金，尚未造成金额差异
车票管理	1	未按规定时间上报车站的车票结存量
	2	未按规定填写、签收车票出入库单
	3	未按规定核对、封装、配送车票
	4	未按规定领取、上交车票
	5	车票加封数与实点数、票种不相符
	6	售票员将车票遗漏在客服中心
	7	未按规定上交拾获的乘客丢弃或遗留的车票
	8	未按规定交接、清点车票，尚未造成数额差异
票务报表	1	未按规范填写、更正票务报表、台账
	2	未按规定及时上交或漏交票务报表
	3	未按规定整理、保管票务报表、台账
	4	未及时按通知纠正票务报表
	5	未按规定进行交接班，出现交接不清、填写台账有误等情况
	6	未按规定审核、查实车站票务报表内容或发现报表错误后未及时更正、跟踪
乘客事务处理	1	乘客事务处理单未按规定填写或冒充乘客签名
	2	未按规定办理车票发售、退票、更新等乘客事务处理
	3	未按规定向乘客提供交易凭证
AFC系统管理	1	误用他人员工号操作票务设备
	2	在票务设备上输入资料（员工号、金额等）错误
	3	未按规定巡站检查票务设备工况，尚未造成经济损失
	4	错误操作票务设备，造成设备故障，但尚未造成经济损失
	5	车票编码员没有在编码、分拣后注销就离开制票间
其他票务差错	1	丢失"银行回执"，未及时上报并进行跟进
	2	未执行双人操作、双人确认有关规定

案例链接

1. 售票员私自填写乘客事务处理单并冒充乘客签名

（1）事件概况。

20××年×月×日00：10左右，××站售票员A君到点钞室结账，向客值B君反映其办理赶不上末班车乘客单程票退款时，发售免费出站票时未请乘客签名，且其本人已在乘客事务处理单上补填记录并冒充乘客签名。

经调查，22：30左右，车站已播放末班车信息，但仍有乘客购票进站后赶不上末班车，到票亭要求退票。22：39，售票员A君办理了第一个赶不上末班车的乘客退票，该笔事务有通知值站到场确认办理。之后售票员A君单人又办理了8张单程票退款并发售免费出站票8张，但其中有4张免费出站票发售时忘记请乘客在报表上签名，后来自己检查报表时发现，便私自补填2条记录并代乘客签名，另外2条因报表用完便没有补填。

（2）事件分析。

①售票员A君票务意识淡薄，票务业务差，未按规定办理乘客事务，且在发现报表错误后，私自填写报表并冒充乘客签名，对此事件负主要责任。

②值班站长未做好班中票务管理，负当班管理责任。

2. 售票员未按规定办理乘客票务事务

（1）事件概况

20××年10月18日0：07，某站一名男乘客持储值票在出闸机验卡未能出站，售票员梁某通过BOM分析车票显示为"已出站"，于是指引乘客先到边门处等待。

0：09，售票员开边门让该名乘客出站（经了解当时空白单程票已用完，无法发售免费出站票）。值站在车控室发现后询问边门放行原因时，售票员回答为施工人员入场，当值站再次质疑后，才如实回答。

（2）事件分析。

①售票员票务安全意识薄弱，贪图方便，未认真履行岗位职责，没有严格按照票务管理规则及乘客事务处理细则的要求发售免费出站票，而是简化工作流程，让乘客从边门出站。

②售票员工作责任心不强、预想不足，在单程票不足的情况下，未及时通知值班员增配，导致没有空白单程票办理乘客事务。

③当值站提出疑问后，售票员没有认识到自己的错误，试图隐瞒事实真相，存在不诚信行为。

三　票务自查制度

票务相关处室应严格遵守票务规章制度和内部作业程序，形成自查、互查的工作机制，加强票务工作的日常检查，安全监察处定期检查相关记录。

1. 票务处

（1）每月至少检查一次票务工作执行情况。

(2) 每月至少抽查 2 个工作日的报表审核情况。

(3) 每月至少检查一次票卡制作、票卡出入库情况。

2. 客运处

(1) 每月至少检查一次站务中心票务规章制度和内部作业程序的执行情况。

(2) 每月至少核查一次站务中心解行长短款及处理情况。

(3) 每月至少检查一次站务中心票卡、现金、票务钥匙、票务备品的管理情况。

3. 站务中心

(1) 每月至少抽查两次车站票务规章制度和内部作业程序的执行情况。

(2) 每月至少抽查两次车站票卡、现金、票务钥匙、票务备品的保管情况和相关台账。

(3) 每月至少抽查两次票务相关岗位人员的业务水平，包括对票务现场培训效果的检查。

(4) 每周至少核查一次车站解行长短款及处理情况。

4. 车站

(1) 车站每班至少抽查一次票务相关岗位人员的业务水平，包括票务知识、票务政策的掌握情况。

(2) 车站每班至少抽查一次单程票流失控制措施的执行情况。

(3) 车站每天复核本班及上一班的票务报表和台账记录。

(4) 车站每月盘点一次站存车票、现金、票务备品、票务钥匙。

5. AFC 系统中心

(1) 每半月至少全面检查一次票务设备的巡检日志。

(2) 每半月至少全面检查一次 AFC 检修人员的维修日志。

◄ 拓展知识 ►

某城市轨道交通运营企业相关部门的稽查管理职责

1. 安全监察处

(1) 组织票务相关处室、中心对票务政策、标准化作业程序、管理制度的执行情况进行监督、检查。

(2) 建立健全运营分公司票务稽查管理制度，监督检查票务政策的执行情况，组织开展票务稽查，查处各类票务事故，为票务规章的修订提供建议。

(3) 定期对票务稽查情况进行分析，汇总票务稽查工作，对各种票务作弊的潜在可能性，根据需要对相关人员、设备进行调查，提出防范措施。

(4) 参与票务工作例会及专题会议，通报检查结果，提出改进建议。

(5) 对各级票务事故组织进行调查、定性处理。

(6) 对城市轨道交通内使用的各类票卡、优惠证件等日常使用情况进行现场督查。

2. 票务处

(1) 以处室专业为主，组织本处室内部票务管理规章、各项票务制度的拟定，根据需要组织修改，并监督执行情况。

（2）对本处室内票务政策、标准化作业程序、管理制度等的执行情况进行自查、内部互查。

（3）对处室及所辖 AFC 系统中心保管的票卡管理、设备维护情况、相关台账和原始记录进行检查。

（4）配合分公司进行票务稽查工作并提供必要的数据或技术支持，对票务稽查工作中提出的整改要求制定并落实整改措施。

（5）对处室内票务违章的调查处理。

（6）对自主发现的票务事故情况进行初步调查，并报安全监察处，协助安全监察处做好票务事故的调查工作。

（7）对发现的票务系统、设备的收益安全异常情况或安全漏洞及时采取防范和控制措施，并将情况上报安全监察处。

（8）组织本处室及所辖中心的票务安全教育工作。

3. 客运处

（1）以处室专业为主，组织本处室内部票务管理规章、各项票务制度的拟定，根据需要组织修改，并监督执行情况。

（2）对本处室内票务政策、标准化作业程序、管理制度等的执行情况进行自查、内部互查。

（3）对所辖站务中心保管的车票及涉及票务工作的现金的管理情况、相关台账和原始记录进行检查。

（4）配合分公司进行票务稽查工作并提供必要的数据或技术支持，对票务稽查工作中提出的整改要求制定并落实整改措施。

（5）审核所辖中心的票务差错、票务违章的调查处理。

（6）对自主发现的票务事故情况进行初步调查，并报安全监察处，协助安全监察处做好票务事故的调查工作。

（7）对发现的票务系统、设备的收益安全异常情况或安全漏洞及时采取防范和控制措施，并将情况上报安全监察处。

（8）组织本处室及所辖中心的票务安全教育工作。

4. 财务处

（1）对运营票款收入核算相关环节进行监督和控制。

（2）配合分公司票务稽查工作的开展，对票务稽查工作中出现的问题提出整改意见，并制定和落实相关整改措施。

（3）开展备用金和发票管理及使用情况的检查工作。

（4）对相关处室涉及票务工作的现金管理情况、相关台账和原始记录进行稽查。

（5）开展与银行的对账工作，对发现的收益安全异常情况或安全漏洞及时采取防范措施并报安全监察处。

（6）负责收缴票务差错、票务违章及票务事故中当事人的缴款，并对缴款通知书的回执进行确认。

（7）参与废票销毁的监督工作。

5. 人力资源处

（1）配合分公司票务稽查工作的开展，对票务稽查工作中提出的涉及人力资源处的整改要求制定并落实整改措施。

（2）根据安全监察处或当事部门票务事故定性结果，对事故的当事人和责任人提出处理意见并执行。

6. 站务中心

（1）负责组织检查本中心票务政策、管理制度、标准化作业程序的执行情况。

（2）负责组织本中心的票务差错、票务违章的调查处理，并按规定上报与跟踪处理。

（3）负责配合票务事故的调查工作。

（4）负责检查车站保管的车票和现金的管理情况、相关台账和原始记录。

（5）负责对车站票务备品和相关票务设备钥匙的使用情况进行检查，并做好记录。

（6）负责组织本中心的票务安全教育工作。

7. AFC 系统中心

（1）负责组织检查本中心票务政策、管理制度、标准化作业程序的执行情况。

（2）负责组织本中心的票务差错、票务违章的调查处理，并按规定上报与跟踪处理。

（3）负责配合票务事故的调查工作。

（4）负责组织本中心的票务安全教育工作。

单元测试

请老师根据实际教学需要，组织学生完成"单元 6.1　票务差错管理"的测试，相关试题见本书配套资源包。

职业能力训练

职业能力训练 6-1：票务差错案例分析

1. 训练所需基础知识

票务差错的定义和分类。

2. 训练目的

通过分析票务差错案例，使学生懂得按章办事，培养严谨的工作作风。

3. 训练要求

独立完成票务差错案例分析，案例如下所示。

案例 1：20××年 4 月 1 日 4：30，某站客值张三在 TVM 上进行补币作业，TVM01 补充纸币 100 张，硬币补充 1000 个。4：35，客值张三和值班站长李四在 TVM 终端上进行补币作业，因为手误将 T01 纸币补充成 10 张，硬币补充 1000 个，随即操作卸下纸币补充箱，再次补充为100张。值站对此并未提出异议。4：50，客值张三回到票务室后将补错币的小单销毁，将第二次补充正确的小单留档交接班。值站并未对此事件的处理进行跟踪。4月2日，票务室根据车站上交的小单与报表进行核对收益并未发现异常情况，但LCC后台数据出现差异。4月7日，站务室告知车站调查事件原因，车站并未查找出事件原因。4月8日，站务室与设施设备部进行沟通，调取后台操作数据，发现原因。

案例2：20××年4月24日，某站厅巡岗员工在TVM退票口拾获1元硬币，通知客值到现场处理，经确认设备未有相应乘客事务的记录，随后该员工走至客服中心，将手上的物品及1元硬币全部摆放在客服中心外的台边上。之后拿暂停服务牌摆放在TVM处，遗忘了该1元硬币，导致该1元硬币未上交给客值。

案例3：20××年3月20日，某站客服中心岗错误将硬币找零钱箱钥匙当成纸币找零钱箱钥匙使用，导致钥匙无法取出，纸币找零箱锁芯损坏。

案例4：20××年7月14日15：50，××站一名乘客持单程票无法出站，售票员A君分析车票，确认乘客所持车票为本站TVM出售且无进站码，A君没有按处理流程上报和更新操作，而是自行将车票拿到进闸机验票，再交给乘客投票出站。

4. 评价方式

课堂训练时间结束后，由教师随机抽查，按答题情况给予平时成绩加分。

单元6.2　票务违章管理

单元6.2知识树

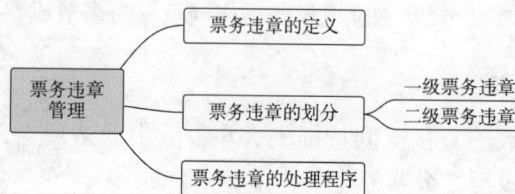

票务违章管理
- 票务违章的定义
- 票务违章的划分
  - 一级票务违章
  - 二级票务违章
- 票务违章的处理程序

单元导入

案例事件概况：

20××年7月21日，××站客值A君查看补款通知书时发现，有两笔售票员的短款共1.9元须在当天送行。经询问，客值获知员工未缴交短款。为按时将短款送行，A君计划由自己先帮售票员垫付补款，于是在未收到补款现金的情况下，A君就在票务系统勾选确认了售票员已补款1.9元，并计入当天票款打包送行。但A君一直未将自己垫付的现金放入点钞室，导致票款送行后，车站备用金实际比账面少1.9元。19：30，A君与夜班客值 B 君交班时，对车站备用金实际比账面少 1.9 元的情况进行了口头说明，表示换完衣服后再拿钱到点钞室补齐，并要求 B 君按值班员交接班本记录的备用金账实相符进行交接。但交班后，A 君接到家里电话就匆忙离开了车站，没有将短款的 1.9 元补齐。22 日 7：20，A 君想起 21 日短款 1.9 元未补交到点钞室的问题，立即打电话回车站，告知 B 君原未补交短款的两名员工 22 日均有上班，通知员工交齐短款后就可补齐点钞室备用金所少的 1.9 元，交班就不会短款了。7：30，B 君与早班客值 C 君交班接时，车站备用金实际仍比账面少 1.9 元，B 君同样口头告知 C 君备用金少 1.9 元的原因和处理方法。C 君获知后未表示异议，按备用金账实相符完成了交接。

事件分析：

①客值 A 君票务安全意识淡薄，业务生疏，未严格执行售票员补款的处理规定：出现售票员未按时交短款的情况时，没有向值站反映或如实在报表内进行备注说明，而是违规在票务系统上提前对员工补短款进行确认并送行，造成车站备用金账实不符；同时责任心不强，在交班出现短款且清楚原因时，未能及时补齐短款，是造成本次事件的主要原因，对本次事件负主要责任。②客值 B 君、C 君票务安全意识淡薄，票务业务欠缺，未能认真执行现金交接的规定，当接班发现备用金短款时，没有向当班值站汇报，也没有如实在报表和台账上记录账实不符的情况，更没有要求交班人即时补足短款，是本次事件的次要原因，对本次事件负次要责任。③值站 D 君班中未能及时发现员工的违章行为，对本次事件负当班管理责任。

票务违章是什么呢？如何避免票务违章的情况发生呢？

理论知识

一 票务违章的定义

某城市轨道交通运营企业票务违章的定义是：员工在票务管理、设备操作、现场票务运作过程中，因违反票务政策、规章制度或设备操作规范，尚未造成票务事故的行为或操作。

二 票务违章的划分

根据票务违章所导致的直接或间接损失大小，或由此造成对票务收益安全的危害程度，由高至低划分为一级至二级票务违章。

1. 一级票务违章

一级票务违章指凡是员工在票务运作过程中，因违反票务规章制度（含文件通知）、设备操作规范而给票务工作造成影响或造成直接票务收益损失 100 元至 500 元的违章行为，其行为包括：

（1）违反边门管理办法，私自放行人员从边门出入。

（2）票务相关岗位人员违章使用测试车票或违章利用 BOM 赋值。

（3）非客服中心营业时间，违规进入客服中心并违规使用票务设备。

（4）未按要求加封现金和车票，车票和现金的保管不符合相关安全管理办法。

（5）车票的注销及销毁出错，涉及金额在100元以上500元及以下。

（6）未按规定程序使用备用金或将备用金、票款挪作他用，金额在100元以上500元及以下。

（7）因违规操作票务设备或设备技术状态不良，造成票务收益流失或损失，合计价值100元以上500元及以下。

（8）丢失车票（按成本、押金、余额计算）或票务备品，合计价值100元以上500元及以下（配送途中非人为因素除外）。

案例链接

客值补错币致票务收益流失

（1）事件概况。

20××年1月23日，某站夜班客值错误将10元纸币补进5元纸币找零箱。夜班客值与白班客值进行交接班，清点备用金时发现备用金短款200元，夜班客值私自将短款的200元备用金补齐。11：08，安检发现TVM07多找零5元，问乘客要回多找的纸币，乘客不愿意给，直接离开；18：20，AFC系统工班找出多找零原因：车站人员误将10元装进5元纸币钱箱。此事件造成车站备用金账面短款125元。

（2）事件分析。

①夜班客值补纸币钱箱时，责任心不强，票务安全意识不强，未严格执行双人监控，导致错将10元纸币补进5元纸币箱。

②夜班客值发现备用金短款时，未按规定进行全面核查、上报中心，而是私自补齐短款，存在瞒报现象，票务安全意识薄弱。

③客值对当班票款收益不重视，未严格按交接程序进行操作。

④客值交接时值班站长未到场进行监督，未能及时发现客值交接班备用金账实不相符、违章交接的情况。对当班员工票务工作监控、检查不到位，未起到管理责任。

2. 二级票务违章

二级票务违章指凡是员工在票务运作过程中，因违反票务规章制度（含文件通知）、设备操作规范而给票务工作造成影响或造成直接票务收益损失100元及以下的违章行为，其行为包括：

（1）未按规定办理现金、车票、票务钥匙的交接或外借手续。

（2）客服中心岗当班期内带有私款（备用金除外）或地铁车票（本人工作卡除外）。

（3）车票的注销及销毁出错，涉及金额在100元及以下。

（4）未按规定程序使用备用金或将备用金、票款挪作他用，金额在100元及以下。

（5）因违规操作票务设备或设备技术状态不良，造成票务收益流失或损失，合计价值100元及以下。

（6）丢失车票（按成本、押金、余额计算）或票务备品，合计价值100元及以下（配送途中非人为因素除外）。

案例链接

1. 售票员挪用票款

（1）事件概况。

20××年5月14日，某站售票员接到一名女乘客反映TVM09少找零1元，售票员上前查看TVM取票找零口无硬币遗留，检查TVM显示屏无任何故障信息代码，经BOM分析，乘客所持车票为4元，但乘客坚持自己投了5元纸币购票，并表示赶时间，要求尽快处理。售票员在未汇报给任何人的前提下，从客服中心票款中取出一元给乘客。

（2）事件分析。

售票员票务安全意识淡薄，在乘客反映TVM少找零的情况下，未按规定立即向车控室汇报，贪图省事，违规从客服中心的现金中取出1元给乘客。乘客反映卡币、卡票、少找零等乘客事务时，售票员需要及时通知客值及以上人员到场正确如实办理乘客事务，异常情况需要审批办理。

2. 售票员违规办理乘客事务

（1）事件概况。

20××年11月20日下午14：30左右，××站A端付费区，有乘客向售票员A君反映自己的单程票丢失，A君向该乘客表示必须要补10元的付费出站票，但乘客表示自己只有5元钱，没有10元钱，A君在没有向上级请示的情况下，擅自让该乘客与其他乘客并闸出站。

（2）事件分析。

①当班售票员A君违反××地铁单程票流失控制管理办法相关规定，对于无票的乘客，不但不严格要求其补票，还违规引导乘客并闸出站。在遇到特殊情况自己无法处理时，没有上报客值、值站请求协助处理，而是擅自违章处理，对此次事件负主要责任。

②当班值站对当班售票员工作状态掌握不到位，对关键环节监控不到位，对售票员工作的指导和监控不到位，对此次事件负次要责任。

③中心站分管票务的副站长对车站票务工作监督、指导不到位，对此次事件负管理责任。

三　票务违章的处理程序

票务违章原则上为违章中心自行处理。在票务稽查中查处的票务违章事件，稽查人员做好票务稽查工作报告，向违章中心提供违章事件的详细资料和处理建议，制订防范和整改措施，处理结果报上级处室审批后于每月规定日期前报安全监察处，并由安全监察处负责考核。

───────── ◆ 拓展知识 ◆ ─────────

某城市轨道交通运营企业票务稽查工作原则及内容

1. 票务稽查工作原则

（1）票务稽查工作应当坚持监督检查、指导教育的原则。

相关处室、中心有责任加强票务工作日常的安全检查和员工的思想教育，强化票务工作程序，严肃劳动纪律，教育员工自觉遵守各项票务规章制度，及时消除各类隐患和漏洞。

（2）票务稽查工作应当坚持实事求是、客观公正的原则。

票务稽查工作以规章为准绳，以事实为依据，实事求是地依据相关的票务规章和作业流程，客观公正地调查处理票务工作人员违反作业纪律和作业流程的违规事件。

（3）稽查工作应当坚持有责必究、违规必究的原则。

按照"四不放过"的原则（事故原因未查清不放过、责任人员未处理不放过、整改措施未落实不放过、有关人员未受到教育不放过）处理违规事件，找出原因，分清责任，制订措施，吸取教训，防止同类事件再次发生。

2. 票务稽查的内容

（1）按稽查对象分为内部稽查和外部稽查。内部稽查是针对分公司内部的票务稽查，外部稽查是稽查小组联合地铁公安等执法单位共同针对进入地铁乘客用票和乘车行为的检查。

（2）按照稽查形式分为日常稽查和专项稽查。日常稽查是指稽查小组日常开展的检查工作，专项稽查是指稽查小组针对运营分公司票务运作过程中的某一项重点内容或某个重点问题开展的专项检查工作。

（3）内部稽查主要内容：公务票的制作与使用情况，ACC的维护巡检、清分结算情况，票库、票卡、现金、票务钥匙、票务备品、票务设备的管理情况，乘客事务处理、车站边门管理情况，票务规章制度执行情况，各种票务相关的统计数据是否准确，各种票务报表、台账的填写是否齐全规范。

（4）外部稽查的主要内容：乘客违规使用优惠车票的检查，乘客无票乘车或者乘车途中丢失车票却强行出闸行为的检查，乘客利用其他不正当手段花费少于正常乘车金额的乘车行为的检查，乘客利用造假证件违规出入边门乘坐地铁行为的检查。

单元测试

请老师根据实际教学需要，组织学生完成"单元6.2　票务违章管理"的测试，相关试题见本书配套资源包。

职业能力训练

职业能力训练6-2：票务违章案例分析

1. 训练所需基础知识

票务违章的定义和分类。

2. 训练目的

通过分析票务违章案例，使学生懂得按章办事，培养严谨的工作作风。

3. 训练要求

独立完成票务违章案例分析，案例如下所示。

案例1：20××年4月25日22：59，××站客值徐某与客服中心岗刘某结账。刘某通过核对BOM打印小单得知实点金额应为1488元，并填写客服中心岗结算单"实点金额"栏为1488元；徐某清点实点金额为1498元，但未确认客服中心岗结算单"实点金额"栏，并放入两枚1元硬币补足1500元，作为刘某次日D4班次的配出备用金。23：07，刘某清点确认次日D4班次配出备用金为1500元，由徐某加锁并放入保险箱，售票盒钥匙由刘某保管。23：28，徐某填写车站收入日报，客服中心岗刘某班次的收入记为"−2"。4月26日6时许，徐某为刘某配票，配票时未清点配出备用金。8：00，白班客值陈某与徐某交接。9：08，客服中心岗朱某与刘某交接。9：15，陈某与刘某结账，陈某清点实点金额为1490元（因当班期间仅有兑零业务，刘某认为实点金额应为1500元），双方再次清点，仍为1490元。刘某到客服中心寻找是否有遗留钱款，在寻找过程中私下拿出其随身携带的10元纸币，并与朱某确认后交给陈某，计入实点金额。

案例2：20××年×月×日，某乘客"一卡通"余额高于2元但不足以支付所乘车费无法出闸时，某地铁站售票员对该卡进行清入站点，再更改为较近的入站点操作，使该卡余额足够支付本次车费后让乘客刷卡出站。

案例3：20××年3月，乘客在付费区"一卡通"余额不足时，某地铁售票员对该卡进行清除入站点的操作，紧接着对他站或者本站发售的单程票进行加入站码后让乘客出站（售票员持有的他站单程票为其他乘客从闸机处拾得交予客服中心的车票，售票员持有的本站单程票为非付费区乘客的退票，其仅退给乘客现金未进行任何退票操作）。

4. 评价方式

课堂训练时间结束后，由教师随机抽查，按答题情况给予平时成绩加分。

单元6.3 票务事故管理

单元6.3知识树

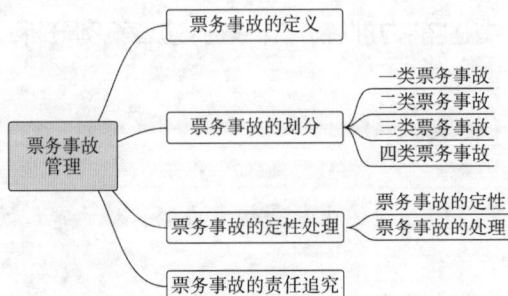

📖 单元导入

案例事件概况:

20×× 年 9 月 15 日某城市轨道交通运营企业售票员 A 在操作 BOM 上票期间,退出自己的 BOM 操作口令,用同站售票员 B 的 BOM 操作口令给一位乘客充值 50 元,占有该 50 元票款后重新用自己的操作口令操作 BOM,造成售票员 B 短款 50 元。

事件分析:

售票员 A 盗用他人密码擅自用票务设备进行涉及现金的交易,分公司决定对售票员 A 予以直接解除劳动合同的处理。由售票员 A 补交售票员 B 短款 50 元并向售票员 B 赔礼道歉。

上述案例中,售票员 A 的行为属于严重的票务事故。什么是票务事故呢?定性为票务事故,相关责任人应如何处置呢?

📕 理论知识

一　票务事故的定义

某城市轨道交通运营企业票务事故的定义:员工在票务管理、设备操作、现场票务运作过程中,因违反票务政策、规章制度,技术设备状态不良或蓄意谋利等原因,造成企业票务收益流失或严重危及公司票务收益安全的行为。

二　票务事故的划分

根据票务事故所导致的直接或间接损失大小,或由此造成对票务收益安全的危害程度,由高至低划分为一类至四类票务事故。同一票务违章、票务事故的情节涉及两条或以上条款时,以事故情节最严重或危害最大的条款进行定性和处理。

1. 一类票务事故

(1)任何主观故意导致运营分公司票务收益流失或侵占运营分公司票务收益的行为。

(2)违规将现金、车票等有价证券转移出票务安全区域,并且规避监控管理的行为。

(3)伪造账目、报表或用其他虚假行为填平账目,被查处有个人或集体违规获利事实的行为。

(4)利用职务便利、盗用他人密码擅自用票务设备进行涉及现金的交易或擅自修改、删除票务及系统数据等方面的操作。

(5)车票的注销及销毁出错,涉及金额在 10000 元以上。

(6)未按规定程序使用备用金或将备用金、票款挪作他用,金额在 10000 元以上。

(7)丢失车票(按成本、押金、余额计算)或票务备品,合计价值 10000 元以上(配送途中非人为因素除外)。

(8)因违规操作票务设备或设备技术状态不良,造成票务收益流失或损失,合计价值 10000 元以上。

(9)违规利用工作卡进行牟利的行为。

（10）员工因不执行相关票务管理制度在社会上造成较坏影响或新闻曝光，损害企业形象的。

📖 **案例链接**

1）售票员蓄意导致公司票务收益流失的事故

①事件概况。

20××年8月6日，×地铁站售票员A在给乘客办理遗失单程票的补票手续过程中，按规定向该乘客收取了15元车费，却在乘客事务处理单上虚报处理事由，向乘客发售免费出站票后将15元车费据为己有。

②事件分析。

售票员明知遗失单程票的处理流程，收取车费后应按规定发售付费出站票，却违规发售免费出站票后将从乘客那里收取的15元车费据为己有，危害公司票务收益。

2）员工套取赠票导致公司票务收益流失

（1）事件概况。

①××中心站站务员。

20××年5月31日16：09，站务员下班后获悉了×号线应急信息，于是在××1站和××2站共购买了30张2元单程票。5月31日—6月7日，站务员在××1等4个车站冒充乘客办理退票并套取赠票30张。

②××中心站值站。

20××年5月31日，值站获悉了×号线应急信息，于是在17：30下班后去到××1站购买了40张2元单程票。6月1—2日，该值站在××3站等18个车站冒充乘客套取赠票18张用于个人收藏，剩余的22张单程票丢弃在××3站的车票回收箱。

6月8日，值站向中心站站长主动承认了本人套取18张赠票的事实。6月9日，值站在调查时交还6张赠票，并交代其余12张赠票因不符合收藏条件，已丢弃在××3站的垃圾箱。

（2）事件分析。

站务员、值站身为地铁员工，利用公司应急情况下单程票退款可发放赠票的规定故意套取赠票，危害公司票务收益。

2. 二类票务事故

（1）未经批准注销及销毁车票。

（2）私自制作或使用票务钥匙、AFC系统密钥卡。

（3）遗失车票设计样稿磁盘、车票印制模板等。

（4）车票编码人员错误编写车票信息，延误了车票及时发行。

（5）变造账目、报表或其他虚假行为填平账目，未造成票务收益损坏或流失的行为。

（6）车票的注销及销毁出错，涉及金额在5000元以上10000元以下。

（7）未按规定程序使用备用金或将备用金、票款挪作他用，金额在5000元以上10000元以下。

（8）丢失车票（按成本、押金、余额计算）或票务备品，合计价值 5000 元以上 10000 元以下（配送途中非人为因素除外）。

（9）因违规操作票务设备或设备技术状态不良，造成票务收益流失或损失，合计价值 5000 元以上 10000 元以下。

案例链接

1. 客运值班员利用虚假手段填平账目

1）事件概况

某日 00：10 左右，××站点钞室同时进行纸币钱箱清点及硬币归整，纸币钱箱由客值舒某和站务员罗某双人清点，硬币则由值站 F 君单人清点。F 君在清点过程中错误地将一袋未经清点的 888 元硬币以 1000 元为单位进行了加封，导致长款 112 元。

舒某在发现长款后，在保险柜中将之前所清点的两袋 1000 元的硬币进行拆封清点，金额无误；舒某又重新清点了两袋 683 元和 304 元的散币，合计 987 元，在进行加封时故意将金额写为 874 元，将加封日期写为 1 月 5 日，以达到填平账目、避开检查的目的。后车站发现补币的 1000 元硬币只有 888 元时，经录像、调查最终确定了舒某利用虚假手段填平现金账目的行为。

2）事件分析

（1）客值舒某票务遵章意识淡薄，发现现金长款时，没有按规定上报及认真核查原因，也未按规定在报表上备注情况，而是隐瞒长款情况，擅自使用他人私章，私自修改硬币加封金额填平账目。对此事件负主要责任。

（2）值站 F 君票务安全意识淡薄，违章进行硬币清点及加封操作；对本班人员的操作没有起到监控管理的作用，未及时发现客值违章操作。

（3）站务员刘某、何某票务遵章意识淡薄，未按规定保管私章，将私章遗留点钞室，给主要责任人制造虚假封条提供了便利。

2. 伪造报表填平账目

1）事件概况

20××年 1 月 17 日 19：30，某站白班客值胡某在与夜班客值裘某交接班时，由于错误填写了客运值班员交接班本中 2 元纸票的结存数，导致纸票实际张数比账面数少 1 张（当时 SC 系统结存数为准确数据）。胡某私自垫付 2 元交给夜班跟岗客值孔某，并请孔某在运营结束后对 2 元纸票数量进行全面清点，若仍少 1 张则作为已售卖来处理。

交接班期间，当天负责监控客值交接的值站李某未监控完车票的交接情况便离开了票务室，与夜班值站王某进行交接班时也未提起未监控完车票交接的情况。

约 21：30，孔某将清点车票少 1 张 2 元纸票的情况告知站务员彭某，并提出将该张纸票做在其账上，彭某没有提出异议。结账时便在彭某的客服中心岗结算单上追加 1 张纸票并作为发售数记入账中，同时将胡某垫付的 2 元作为票款一并计入实收金额。此操作三人均未向值站王某汇报。

1 月 18 日上午，裘某在交接班时，客运值班员交接班本中 2 元纸票的结存数按追加发售 1 张纸票后的数量来填写，同时未备注说明相关情况。其间，各班客值交接均依据客运值班员交接班本的数据而未核对系统数据，至 1 月 23 日夜班客值潘某接班才发现纸票的实际数比系统数多了 1 张。

2）事件分析

（1）客值胡某错误填写客运值班员交接班本的数据，导致 2 元纸票账实不符，且违章操作，私自垫付 2 元作为票款以填平账目，同时未及时上报核查。

（2）客值裘某业务不熟，在出现账实不符的情况时未能认真核查、及时上报，同时对于胡某的违章操作不但没有制止，反而进行了操作，使该违章最终演变为事故。

（3）客值孔某没有认真履行岗位职责，没有及时核查账实情况，且没有制止违章行为，反而参与其中，主动与站务员彭某协商填平账目，使违章最终演变为事故。

（4）站务员彭某在孔某提出代为填平账目的操作时没有坚持原则、拒绝违章，反而进行了操作，导致违章操作最终演变为事故。

（5）值站李某工作落实不到位，在客值没有交接完毕时就离开票务室，导致未能及时发现问题并制止违章行为。

（6）值站王某对当班情况没有进行全面了解，导致未能及时发现问题。

3. 三类票务事故

（1）没有按规定要求设置或修改 AFC 设备运行参数，给票务正常工作造成严重影响的。

（2）车票的注销及销毁出错，涉及金额在 1000 元以上 5000 元及以下。

（3）未按规定程序使用备用金或将备用金、票款挪作他用，金额在 1000 元以上 5000 元及以下。

（4）因违规操作票务设备或设备技术状态不良，造成票务收益流失或损失，合计价值 1000 元以上 5000 元及以下。

（5）丢失车票（按成本、押金、余额计算）或票务备品，合计价值 1000 元以上 5000 元及以下（配送途中非人为因素除外）。

（6）工作中违反相关规定，导致系统数据或监控录像等重要取证资料缺失或不全，影响票务事故嫌疑的调查取证。

🗂 案例链接

票款被盗事件

1）事件概况

20××年×月×日 22：30，××站 B 端票亭售票员 A 君，在整理票款准备结账时发现，原放在票盒内已整理好的 2800 元票款不见了。经查看录像，发现票款是被一男子在 20：57 趁票亭无人时，伸手从票亭玻璃间的缝隙盗走的。

2）事件分析

（1）当事员工 A 君票款管理防范意识不强，没有认真履行票务管理规定，离开票亭时没有锁闭装钱的票盒，是此事件发生的主要原因。

（2）行车值班员票款安全意识不强，在同意 A 君上洗手间后，知道站厅站务员正在协助客值换钱箱不能到票亭附近履行监管职责时，没有与驻站保安联系，请求协助，造成票亭无人时没有防范措施，是此事件发生的次要原因。

（3）车站票亭设计存在隐患，乘客在票亭无员工监管时，可以通过票亭玻璃间的空隙伸手进去拿到东西，是此事件发生的客观原因。

4. 四类票务事故

（1）丢失 TVM 维修门钥匙、钱箱钥匙、补币箱钥匙等涉及票务收益安全的钥匙。

（2）未按规定审核、发放、回收工作卡等特殊车票，造成错误发放、遗漏回收的情况。

（3）车票的注销及销毁出错，涉及金额在 500 元以上 1000 元及以下。

（4）未按规定程序使用备用金或将备用金、票款挪作他用，金额在 500 元以上 1000 元及以下。

（5）因违规操作票务设备或设备技术状态不良，造成票务收益流失或损失，合计价值 500 元以上 1000 元及以下。

（6）丢失车票（按成本、押金、余额计算）或票务备品，合计价值 500 元以上 1000 元及以下（配送途中非人为因素除外）。

案例链接

1. 遗失补币箱钥匙

1）事件概况

某日 20：30，行车值班员 A 君与 B 君交接班，清点票务钥匙时，A 君发现少了一条补币箱钥匙，B 君立即进行查找，但未找到，于是交班让 A 君和值站 C 君继续帮忙寻找后离站，A 君将情况上报分管站长 D 君。

第二天车站对票务钥匙进行了全面核查，并继续进行查找。由于班中没有人借用补币箱钥匙，B 君最终未找到遗失的补币箱钥匙，在第三天上报部门。

2）事件分析

（1）行车值班员 B 君工作责任心不强，当班期间未认真做好票务钥匙的保管，并且在遗失钥匙后思想不重视，没有进行积极全面的查找，错失找回钥匙的时机，是造成本次事件的根本原因，对本次事件负全部责任。

（2）值站 C 君未能及时发现班中员工遗失钥匙，对本次事件负当班管理责任。

（3）分管票务的副站长 D 君负管理责任。

2. 遗失钱箱支架钥匙

1）事件概况

某日 21：30，客值 A 君在完成部分 TVM 结账列印工作后，将串在一起的 TVM 维修门钥匙、纸币和硬币钱箱支架共 6 条钥匙借给站务员黎某，配合 AFC 系统维修人员维修。22：04，黎某归还钥匙，A 君将此串钥匙穿入客值日常使用的钥匙圈内，并将整串钥匙挂回脖子上继续进行清点钱箱、配票等作业。

23：25，A 君到站厅准备进行剩余 TVM 结账列印工作时，发现原一直挂在脖子上的票务钥匙中没有了纸币和硬币钱箱支架共 2 条钥匙，A 君立即沿途寻找，并报当班值站袁某。车站经多番寻找，仍没有找到遗失的钱箱支架钥匙。

2）事件分析

（1）客值 A 君工作责任心不强，未妥善保管当班票务钥匙，同时未严格执行"客运值班员日常使用的票务钥匙，在无须使用时均应放在点钞室的钥匙柜内保管"的规定，是造成本次事件的主要原因，对本次事件负全部责任。

（2）值站袁某对班中票务钥匙保管情况监控不到位，对本次事件负当班管理责任。

三　票务事故的定性处理

1. 票务事故的定性

（1）案件调查结束后，调查组或调查人员应当对调查结果和有关证据材料进行分析，做出初步定性，并写出案件调查报告，调查报告内容包括案由、案情、违规事实、处理意见、防范措施等。

（2）在案件分析过程中如有证据不足、事实不清的情况，调查组应补充调查。

（3）结案实行集体审议制度，由分公司相关处室组成事故审理组织。审理组织在主管领导主持下，经集体审议后做出定性处理结论，经分公司总经理批示后送达有关部门。

（4）票务事故的定性应当在事故后的 7 个工作日内完成，重大、复杂或特殊情况需要延长时间的，应报主管领导同意，适当延长处理时间。

2. 票务事故的处理

（1）一类票务事故：予以解除劳动合同处理，在分公司范围内通报。根据实际损失情况由其承担全部或部分经济损失。情节严重并触犯法律的，移交司法机关依法处理。

（2）二类票务事故：视情节轻重予以当事人记过、记大过处分，在分公司范围内通报，扣发当月绩效工资 100%，并由其承担全部或部分经济损失。

（3）三类票务事故：对当事人予以警告处分，在分公司范围内通报，扣发当月绩效工资 70%，并由其承担全部或部分经济损失。

（4）四类票务事故：对当事人予以处室级内部通报批评，扣发当月绩效工资 50%，并由其承担全部或部分经济损失。

四　票务事故的责任追究

（1）在内部自查、互查过程中发现涉及票务违章、票务事故的问题，并及时上报的，对当事人进行考核，对当事中心及其上级管理处室不追究管理责任。

（2）在其他检查中发现涉及票务事故的问题，对所涉及的处室、中心或个人，按责任程度分为全部责任、主要责任、同等责任、一定责任和次要责任，按责任关系分为直接管理责任和间接管理责任。在责任追究时，按所负责任由安全监察处对当事人、当事中心及其上级管理处室按照运营分公司相关条例进行考核。

（3）凡因设备功能缺陷引起的票务事故，追究设备技术管理处室的管理责任。

（4）凡因设备技术状态不良导致的票务事故，按事故定性时的客观证据，根据相关处室、中心的工作职责范围来判断票务事故的责任部门。

（5）减免处理。

①票务事故责任人，在本人接受调查前，主动上报并陈述全部事实的，在处理时可根据情节予以减轻或免于处理。

②在其他处室或中心发现之前，当事处室或中心主动将事故事实、具体情况、材料、涉及范围等资料反馈给稽查小组，或在稽查小组调查过程中，当事处室或中心提供重要证据、线索，对案情突破发挥了重要作用的，对当事处室或中心相关管理责任人减轻处理。

（6）凡有如下行为的工作人员，由安全监察处依据运营分公司相关条例，对当事人做严肃处理：

①在票务事故中知情不报，唆使、妨碍或干扰调查的各级人员。

②调查人员泄露举报材料和举报人情况或通过不正当手段进行调查。

③在票务事故最终定性、定责之前，相关知情人员将拟办的事故定性、定责、处理结果或相关信息透露给当事人，影响事故调查处理工作的。

———————————— 拓展知识 ————————————

某城市轨道交通运营企业票务事故的调查取证规定

（1）调查主体。

①稽查小组将得到的票务违章及票务事故的情况及信息及时登记，组织工作人员收集相关材料，对案件进行分析，并在3个工作日内决定是否立案。

②经初步调查属于票务事故范围的，由稽查小组立案调查。

③经初步调查属于票务违章范围的，稽查小组应移交给当事中心及所属处室，由当事中心调查处理。

（2）调查取证。

票务事故调查应成立两名或两名以上人员组成的调查组，遵循全面、客观、公正的调查原则，收集有关证据。调查组在调查取证时可以采取以下方法：

①询问当事人和相关人员；

②要求被调查人员提供书面材料和证明；

③收集有关物证，勘查事故现场；

④使用录像、录音、监控仪等设备取证；

⑤要求相关中心或处室提供必要的数据及技术支持；

⑥其他合法的调查方法。

（3）任何参与调查的处室、中心或个人在事件调查结束前，不得将掌握的调查信息或资料外泄。

（4）询问有关人员应当单独进行，并制作询问笔录，由被询问人和询问人员签字。被询问人拒绝签字的，应注明情况并由2名以上人员签字确认。需勘验物证或者现场时，当事处室或中心应予以充分配合。

（5）调查取证过程中，相关及涉及的处室或中心应主动协助调查，按要求提供证据、技术或人员支持，无正当理由不得拒绝或延误正常的调查工作。

（6）被调查的当事人和被询问的有关人员应认真配合调查，必要时由调查组通知所属处室或中心负责人调整其工作安排，进行脱岗调查。

（7）被调查处室、中心或个人要客观、真实、全面地反映所掌握的事实，对隐瞒、捏造、诬陷或提供虚假证言、物证的将依据运营分公司相关条例追究其责任，情节严重者将依法移交司法机关处理。

单元测试

请老师根据实际教学需要，组织学生完成"单元 6.3　票务事故管理"的测试，相关试题见本书配套资源包。

职业能力训练

职业能力训练 6-3：票务事故案例分析

1. 训练所需基础知识

票务事故的定义和分类。

2. 训练目的

通过分析票务事故案例，使学生懂得按章办事，培养严谨的工作作风。

3. 训练要求

独立完成票务事故案例分析，案例如下所示。

案例 1：20××年 3 月 16 日 7：50，因票务系统故障，夜班值班员把未录入系统的 1 份早班报表和 2.4 元票款交给早班值班员陈某。16：00，陈某打包票款时未将这 2.4 元录入票务系统，导致长款 2.4 元。16：10，陈某将 2.4 元拿出点钞室。3 月 17 日 6：00，当班值站审核票务报表时，发现 16 日系统少录入了 1 份报表和票款 2.4 元。10：41，车站补录了 16 日的报表，由陈某补交短款 2.4 元。18：00，中心站站长调查此事时，陈某最后承认了侵占票款 2.4 元的事实。

案例 2：20××年 8 月 23 日 16：52，××站值站黄某完成 TVM 补币操作后，将补币箱支架钥匙拿在手上就直接去巡视出入口。黄某在经过 A 端站厅时，发现之前携带超大行李被厅巡拒绝进站的乘客再次出现在付费区，于是赶去对乘客行李进行拆包、测量等处理，随后又处理了另一起超大行李事务。17：19，黄某回到车控室准备归还钥匙时，发现补币箱支架钥匙不见了，于是立即进行多番寻找，但没有找到遗失的补币箱支架钥匙。

案例 3：20××年 5 月 19—22 日，某地铁站售票员 A 采用他人操作口令为自己的员工卡充值，并用他人操作口令向乘客补收票款及为乘客充值而截留票款等手段，违章占有票款共计 306 元。

案例 4：20××年 6 月 8 日早上，××站客值肖某与方某进行交班时发现储值票车票实点数比账面数少一张。肖某在未上报值站到现场核查的情况下，根据自己填写的相关台账主观臆测张某在报表填记中的储值票关窗张数录入错误，于是肖某在未告知张某的情况下将系统上张某报表填记中的储值票关窗张数由 15 张修改为 14 张，并尝试使用售票员张某的原始密码进行保存，由于张某未修改原始密码，肖某得以保存成功。经结算，肖某此行为直接导致张某短款 77.1 元。在修改票务管理系统数据时，接班人员方某曾提醒肖某要确认核实后再修改，但在肖某解释过自己修改的依据后，方某未再提出异议，亦未对其单人修改报表的行为进行制止。事后两人均未向值站反映该情况。7 月 28 日，××站在对点钞室进行清扫时发现一张车票，经调查，证实为肖某 6 月 7 日当班期间遗落在点钞室的车票。

案例 5：20××年 1 月 31 日 6：00，××站客值王某与值站吴某到站厅进行 TVM 补币，补币完毕后王某将 TVM 维修门钥匙挂回脖子上，乘坐液压梯到上行站台负责接发列车。7：00，王某离开站台回到点钞室给早班售票员配票。7：25，发现原挂在脖子上的 TVM 维修门钥匙不见了，王某立即沿早上行走路径进行寻找，并报当班值站吴某。车站组织对点钞室、TVM 内部、站厅站台、液压梯、垃圾桶进行了多番寻找，仍没有找到遗失的 TVM 维修门钥匙。

4. 评价方式

课堂训练时间结束后，由教师随机抽查，按答题情况给予平时成绩加分。

📊 模块工作任务

票务差错、违章和事故案例分析

1. 所需基础知识

票务差错的定义和分类，票务违章的定义和分类，票务事故的定义和分类。

2. 任务目的

重点培养学生的分析管理能力。通过分组研讨，帮助学生全面掌握车站票务差错、票务违章和票务事故案例的分析方法，学生通过模块 6 中 3 个单元的【职业能力训练】获得完成本次模块工作任务研讨所需实践基础，再通过教师点评和观察其他组的研讨，进一步提高票务差错、违章和事故管理相关职业技能，培养学生按章办事、严谨作业的工作作风。

3. 任务要求

任务分三阶段完成。第一阶段：个人课堂研讨前独立完成票务差错、违章和事故案例分析书面报告；第二阶段：教师针对上交的分析报告随机提问；第三阶段：小组研讨完善分析报告。

（1）课堂研讨前提交个人独立完成的票务差错、违章和事故案例分析书面作业。

（2）教师提前查阅全部分析报告后，随机抽取案例分析报告现场提问，报告撰写人作答。

（3）分学习小组完成车站票务差错、违章和事故案例分析研讨活动，具体包括：案例中各岗位人员存在什么问题，案例中的不当行为符合票务差错、票务违章、票务事故中哪一类哪一项，如何避免类似事件的发生。尽力做到案例分析涉及知识点正确，分析内容合理、完整、层次清晰、逻辑性强，分析结论具有教育意义或警示作用。小组长针对本组成员在研讨中的具体表现，给本组成员做综合排序，并在组内公示通过，再提交给教师。

（4）小组研讨结束后，以个人为单位上交修改后的案例分析报告。

4. 案例概况

（1）20××年1月31日23：50左右，某站夜班售票员邱某开始回收闸机单程票，并将已收票的闸机停用，停用数量超过总数量的40%。23：59，邱某将回收的全部车票随意放置在站厅A端闸机旁离开，次日00：17，末班车离开后才到场回收其余闸机车票，其间整桶单程票摆放在站厅长达18min无人看管。

（2）20××年8月7日20：55左右，接班售票员B到达客服中心，接班售票员B与交班售票员A进行交接。在交接班过程中，有乘客前来咨询和充值，售票员B由于急于回答乘客问题并服务乘客，未确认BOM503是否为自己的工号即进行乘客事务处理；实际接班售票员B使用的是售票员A的操作权限。21：30，售票员A回票务室结算，结算后发现短款1200元。8月8日00：05，售票员B回票务室结算，结算后发现长款1300元。由于售票员A在结算后，售票员B仍用其操作权限进行了充值操作，故A短款1200元、B长款1300元，实际两人长短款互为差异。

（3）20××年6月9日，晚班值站于晚上00：48清点出当日票款36667元放入车站解行箱放置区2号解行箱内并加锁。客值在01：13发现已装箱票款内未包括5月24日售票员补短款金额（5元），值站便打开2号解行箱重新清点票款，同时放入5元售票员补短款票款，并对现金缴款单进行修改，确认票款为36672元后，于01：20将票款重新装箱并将2号解行箱加锁，但未插入封签便离开票务室。01：29，客值将车站营收日报修改完毕后，将放置在硬币清分机旁地上的4号解行箱（空箱）提起放在解行箱放置区已加锁但未插封签的2号解行箱上，对4号解行箱加锁和插入封签后离开票务室。押运公司到站后白班客值便将未放入票款的4号解行箱解行，造成了车站票款未按时解行的事件。

（4）20××年×月，某站售票员在处理"付费区卡余额不足且不充值"的乘客事务时进行如下操作：①"一卡通"卡余额高于2元但不足以支付乘客所乘车费时，售票员对该卡进行清入站点，再更改为较近的入站点操作，使该卡余额足够支付本次车费后让乘客刷卡出站。②"一卡通"卡余额不足时，售票员对该卡进行清除入站点，紧接着对他站或者本站发售的单程票加入站码操作后给予乘客出站（售票员持有的他站单程票为其他乘客从闸机处拾得交予客服中心的车票，售票员持有的本站单程票为非付费区乘客的退票，其仅退给乘客现金而未进行任何退票操作）。③手机"一卡通"异常，扣车费不成功时，售票员让乘客直接从边门出站。④对有入站标志（不属于20min内免费更新范围）的"一卡通"，售票员仅对该卡进行清入站点的操作，让乘客正常使用。经查核，售票员以上行为共造成公司票务收益流失78.3元。

（5）×站售票员在2013年3月2日至4月7日，在处理48笔"储值票卡余额不足且不充值"的乘客事务时，收取乘客补票票款，本应发售付费出站票，却发售免费出站票，共造成公司票务收益流失255元。4月11日上午，收益及车票管理室在审核报表时发现异常情况后报票务稽查室。4月11日下午，票务稽查室工作人员到该站进行调查，经调取录像，并经售票员本人承认，在4月7日违规操作的6笔业务中售票员共占有票款33元。

5. 评价方式

（1）由专、兼职教师和学生代表共同完成评价，教师评价占60%，学生评价占40%。各方评价主体根据任务的评价指标和评价标准为每个学习小组进行评价，小组和个人评价按优秀、良好、中等、及格分层，具体占比情况见表6-3-1。

各方评价主体分层占比表　　　　　　　表6-3-1

小组占比（%）	个人占比（%）			
	优秀个人	良好个人	中等个人	及格个人
优秀小组（20）	50	20	20	10
良好小组（30）	30	30	20	20
中等小组（30）	20	30	30	20
及格小组（20）	10	20	40	30

（2）学生、教师评价用模块工作任务单，见"附录6-1　票务差错、违章和事故案例分析评价表"，包括小组评价表和个人评价表。

思考题

1. 票务差错的定义是什么？
2. 发生哪些情况属于票务差错？
3. 票务违章的定义是什么？
4. 一级票务违章包括哪些情况？
5. 二级票务违章包括哪些情况？
6. 票务稽查工作的四不放过原则是什么？
7. 票务事故的定义是什么？
8. 票务事故分为哪几类，各类票务事故又包括哪些情况？
9. 定性为各类票务事故后，对责任人如何处理？

参 考 文 献

［1］谢淑润，靳丽丽．城市轨道交通客运组织［M］．北京：人民交通出版社股份有限公司，2016.

［2］于涛．城市轨道交通票务管理［M］．北京：人民交通出版社，2011.

［3］上海申通地铁集团有限公司轨道交通培训中心．城市轨道交通自动售检票系统［M］．北京：中国铁道出版社，2011.

［4］人力资源和社会保障部教材办公室，广州市地下铁道总公司．站务人员［M］．北京：中国劳动社会保障出版社，2009.

［5］廉红珍．城市轨道交通自动售检票系统及票务处理［M］．北京：高等教育出版社，2019.

［6］管莉军．城市轨道交通票务管理［M］．北京：人民交通出版社，2018.

［7］廉菲．城市轨道交通网络票务清分问题研究［D］．西安：长安大学，2016.

［8］朱现超．城市轨道交通车站票务管理系统的设计与实现［D］．苏州：苏州大学，2017.

［9］卢曙光．深圳市轨道交通清分方法研究［D］．成都：西南交通大学，2012.

［10］刘美银．可持续发展视角下的城市轨道交通定价方法研究［D］．西安：长安大学，2018.

［11］陈宇，刘晶晶，黄曼全，等．探讨地铁自动售检票系统（AFC）车站设备布置的原则［J］．中国安全生产科学技术，2020（12）：82-85.

［12］杜丽娟．地铁车站自动售检票设备数量配备及布置探讨［EB/OL］．［2015-05-31］．https：//www. doc88. com/p-1595306414241. html.

［13］新华网．南京：老人带孙子过地铁闸机被夹成肠穿孔［EB/OL］．［2014-01-24］．http：//news. sohu. com/20140124/n394100075. shtml.

［14］广电运通．广电运通智慧客服解决方案在青岛地铁上线［EB/OL］．［2020-06-30］．https：//baijiahao. baidu. com/s？id＝1670863903731921589&wfr＝spider&for＝pc.

［15］广电运通．打通智慧车站乘客全过程服务，广电运通更懂你！［EB/OL］．［2019-10-25］．https：//www. grgbanking. com/cn/h5/shownew. html？id＝1419.

［16］广州地铁．智慧地铁示范车站广州上线！智慧功能看这里［EB/OL］．［2019-09-10］．https：//cloud. tencent. com/developer/news/441484.

［17］中国信息产业商会自动收费系统专业委员会．2019年城市轨道交通AFC系统市场报告（上）［R/OL］．［2020-02-28］．https：//mp. weixin. qq. com/s/qE-l-U68UFDleTJE-0zVTw.

［18］中国信息产业商会自动收费系统专业委员会．2019年城市轨道交通AFC系统市场报告（下）［R/OL］．（2020-02-28）https：//mp. weixin. qq. com/s/N09LDtenil1MhPHP1mHsJA.

附录 模块工作任务活页单

附录1-1 车站 AFC 设备布局图展示评价表

班级_____

序号	评价标准	配分	小组得分				
			小组1	小组2	小组3	小组4	小组5
1	小组分工明确，按时按要求提交作业	10					
2	车站 AFC 设备布局图绘制清晰完整	15					
3	图中设备种类齐全	15					
4	图中设备位置布置恰当	15					
5	图中设备数量适宜	15					
6	箭头方向标注齐全（包括进站、进闸、上/下楼、出闸、出站）	15					
7	改造必要得当	15					
	总计	100					

小组长签字：　　　　　　　　　　　　　　　　　　日期：　　年　月　日

评价人签字：　　　　　　　　　　　　　　　　　　日期：　　年　月　日

附录2-1　城市轨道交通运营企业票务政策对比分析报告展示评价表

班级_____

序号	评 价 标 准	配分	小 组 得 分				
			小组1	小组2	小组3	小组4	小组5
1	组内个人书面分析报告上交及时、完整	10					
2	小组成员分工明确、各司其职	10					
3	小组分析报告展示内容完整 其中，票务政策内容包括但不限于：票制、车票有效期、时限、超程规定、超时规定、优惠乘车规定、数据更新规定、无票乘车规定、携带行李物品规定、押金规定、车票回收规定、退票规定	40					
4	报告中能体现对票务政策是否有利于该城市轨道交通发展的思考，能给出一定的意见或建议	20					
5	展示课件制作精美，内容完整，展示过程流畅	20					
	总计	100					

小组长签字：　　　　　　　　　　　　　　　　　　　　　日期：　　年　月　日

评价人签字：　　　　　　　　　　　　　　　　　　　　　日期：　　年　月　日

附录 3-1　TVM 基础训练与问答评价表

班级_____　姓名_____　学号_____

序号	内　容	实　践　项　目	配分	得分
1	功能、设置位置	1. 功能　2. 设置位置 （每项 3 分，共 6 分）	6	
2	外部结构	1. 状态显示器　2. 乘客操作显示屏　3. 硬币投币口　4. 纸币投币口　5. 取票/找零口 （每项 2 分，共 10 分）	10	
3	购票方式	1. 浏览地图购票　2. 按线路购票　3. 按票价购票 （每项 2 分，共 6 分）	6	
4	内部结构 （使用筹码型单程票）	1. 主控器　2. 纸币钱箱　3. 硬币模块及硬币图像识别器　4. 单程票发售模块　5. 储值票卡模块　6. 打印机　7. 硬币钱箱座及硬币钱箱　8. 废票箱　9. 单程票回收箱　10. 不间断电源　11. 电源　12. 交流接线模块　13. 维修面板　14. 维修灯 （每项 2 分，共 26 分）	26	
5	内部结构 （使用薄卡型单程票）	1. 纸币模块　2. 纸币钱箱　3. 硬币模块　4. 硬币钱箱　5. 硬币补币箱　6. 主控模块　7. 维修面板　8. 维修键盘　9. 打印机　10. 单程票发售模块　11. 单程票箱　12. 废票箱　13. 电源　14. UPS （每项 2 分，共 28 分）	28	
6	开/关机	1. 开机流程 2. 关机流程 （每项 4 分，共 8 分）	8	
7	简单故障处理	1. 主控单元故障　2. 乘客操作显示屏故障　3. 维修面板显示屏故障　4. 票卡发售单元故障　5. 纸币处理单元故障　6. 纸币找零单元故障　7. 硬币处理单元故障　8. 打印机故障 （每项 2 分，共 16 分）	16	
	总计	—	100	

学习者签字：　　　　　　　　　　　　　　　　　　　日期：　　年　　月　　日

评价人签字：　　　　　　　　　　　　　　　　　　　日期：　　年　　月　　日

附录 3-2 TVM 补充硬币作业评价表

学生姓名			班级		用时		
序号	作业程序	作业内容				配分	得分
1	关键考核点	发生以下任何一项错误，直接不及格：（需在下面勾选对应项目） 1. 备品携带错误（钥匙错误）；□ 2.TVM 确认错误；□ 3. 发生违反设备安全和人员安全的操作。□				直接 不及格	
2	介绍岗位	**1. 客运值班员（1号口呼）**介绍：我是客运值班员××× **2. 站务员（2号口呼）**介绍：我是站务员×××				2	
3	接收命令	**1. 值班站长（老师担任）布置作业**：①请客运值班员给 TVM01（02）补充硬币； ②昨日是现金盘点日，现在请客运值班员给 TVM01（02）补充硬币 注意：布置作业时两种情况选一种进行布置				—	—
		2. 客运值班员复诵（1号口呼）：①给 TVM01（02）补充硬币，明白；②昨日是现金盘点日，现在给 TVM01（02）补充硬币，明白 注意：复诵时根据布置作业情况进行复诵，二选一				5	
4	介绍作业时机及清点备品	**1. 客运值班员介绍作业时机（1号口呼）**：作业时机有①TVM 找零硬币不足；②现金盘点日次日运营前。每项2分 注意：根据布置作业情况口呼相应的作业时机，二选一				4	
		2. 站务员清点（并口呼）备品（2号）： ①笔；②TVM 维修门钥匙；③硬币补币箱；④硬币补币箱钥匙；⑤暂停服务牌；⑥报表 注意：两种不同时机携带备品不同 考评：每漏带一件备品扣1分				8	
5	TVM 补币作业流程	一登录	1. 眼看确认 TVM（2号）：查看 TVM 编号是否正确，通过状态显示器和乘客操作显示屏确认 TVM 状态是否正常			3	
			2. 手指口呼（2号）：TVM01（02）无误，状态正常			3	
			3. 立暂停服务牌（2号）：将暂停服务牌立于 TVM 乘客服务界面前			3	
			4. 开维修门（1号）：用 TVM 维修门钥匙打开维修门			3	
			5. 登录后台（1号）：用自己的账号密码有效登录 TVM 维护后台，进入主界面			3	
			6. 回避（2号）：不看1号的登录操作			3	
		二更换	1. 进入补币界面（2号）：按菜单选项依次进入补币界面			3	
			2. 菜单操作开始补充1元硬币（2号）：输入补充数，并写入数据，各3分			6	
			3. 取出空硬币补币箱（2号）：用硬币补币箱钥匙开锁，抽出硬币补币箱，各3分			6	
			4. 放入硬币补币箱（2号）：放入准备好的硬币补币箱，并用钥匙锁紧，各3分			6	
			5. 填写报表（1号）：将 TVM 编号、硬币补币箱号码、补币数填写在 TVM 补币记录表上。（TVM 编号在确认 TVM 编号后写，硬币补币箱号码待补币箱放入后填写，补币金额待机器金额输入后填写） TVM 编号、补币箱号码各2分，补币金额5分（补币金额与机器金额不符或补币金额在机器金额输入前填写则为0分）			9	

序号	作业程序		作业内容	配分	得分
5	TVM补币作业流程	三退出	**1. 菜单操作设备自检（2号）**：通过菜单选择设备自检，等设备自检声音结束	3	
			2. 菜单退出（2号）：通过菜单退出维护界面	3	
			3. 锁紧维修面板（2号）：将维修面板钥匙锁紧	3	
			4. 锁紧后维修门（1号）：锁紧维修门；有确认锁紧动作，各3分	6	
		四撤离	**1. 眼看确认TVM（1号）**：确认TVM状态是否正常	3	
			2. 手指口呼（1号）：状态正常（需手指状态显示器及乘客操作显示屏）	3	
			3. 现场备品清理（1号和2号清理并口呼）：①笔；②TVM维修门钥匙；③硬币补币箱；④硬币补币箱钥匙；⑤暂停服务牌；⑥报表 考评：少带1项扣1分	6	
			4. 回票务室，完善报表（1号和2号）：车站名、日期可提前填写，现场作业完毕后回票务室再填写双人签名及工号，每项1分	6	
总计			—	100	
备注			限时4min，超时扣分：超过0～20s，扣2分；超过20～40s，扣4分；超过40～60s，扣6分；超过60～90s，扣8分；超过90以上，扣10分		

附录3-3 TVM 更换纸币钱箱作业评价表

学生姓名			班级		用时		
序号	作业程序	作业内容				配分	得分
1	关键考核点	**发生以下任何一项错误，直接不及格：**（需在下面勾选对应项目） 1. 备品携带错误（钥匙错误或未准备好空纸币钱箱）；□ 2. TVM 确认错误；□ 3. 发生违反设备安全和人员安全的操作。□				直接不及格	
2	介绍岗位	**1. 客运值班员（1 号口呼）**介绍：我是客运值班员××× **2. 站务员（2 号口呼）**介绍：我是站务员×××				2	
3	接收命令	**1. 值班站长（老师担任）布置作业：**①请客运值班员给 TVM01（02）更换纸币钱箱；②今日是现金盘点日，请客运值班员给 TVM01（02）更换纸币钱箱 注意：布置作业时两种情况选一种进行布置				—	—
		2. 客运值班员复诵（1 号口呼）：①给 TVM01（02）更换纸币钱箱，明白；②今日是现金盘点日，给 TVM01（02）更换纸币钱箱，明白 注意：复诵时根据布置作业情况进行复诵，二选一				5	
4	介绍作业时机及清点备品	**客运值班员介绍作业时机（1 号口呼）：**作业时机有①纸币钱箱将满或已满；②现金盘点日运营结束后 注意：根据布置作业情况口呼相应的作业时机，二选一				4	
		站务员清点（并口呼）备品（2 号）： ①笔；②TVM 维修门钥匙；③空纸币钱箱（带绿点）；④纸币钱箱锁紧钥匙；⑤暂停服务牌；⑥报表 注意：两种不同时机携带备品不同 **考评：每漏带一件备品扣 1 分；纸币钱箱未确认带绿点扣 5 分**				8	
5	TVM 更换纸币钱箱作业流程	一登录	**1. 眼看确认 TVM（2 号）：**查看 TVM 编号是否正确，通过状态显示器和乘客操作显示屏确认 TVM 状态是否正常			3	
			2. 手指口呼（2 号）：TVM01（02）无误，状态正常			3	
			3. 立暂停服务牌（2 号）：将暂停服务牌立于 TVM 乘客服务界面前			3	
			4. 开维修门（1 号）：用 TVM 维修门钥匙打开维修门			3	
			5. 登录后台（1 号）：用自己的账号密码有效登录 TVM 维护后台，进入主界面			3	
			6. 回避（2 号）：不看 1 号的登录操作			3	
		二更换	**1. 进入界面（1 号）：**按菜单选项依次进入更换纸币钱箱界面			3	
			2. 登录界面（2 号）：用自己的账号密码有效登录更换纸币钱箱界面			3	
			3. 回避（1 号）：不看 2 号的登录操作			3	
			4. 菜单操作更换纸币钱箱（2 号）：先按住 Ctrl 键再按 1，等设备自检声音结束			3	
			5. 填写报表（1 号）：将 TVM 编号、钱箱号码、电子读数填写在钱箱清点报告上。（TVM 编号在确认 TVM 编号后写、钱箱号码在打开 TVM 维修门 2 号给 1 号报钱箱号码后写、电子读数须待操作 Crtl＋1 显示稳定数据 2 号给 1 号报数后填写） TVM 编号、钱箱号码各 2 分，电子读数 5 分（未显示稳定数据即填写 0 分）			9	

序号	作业程序		作业内容	配分	得分
5	TVM更换纸币钱箱作业流程	二更换	**6. 取出纸币钱箱（2号）：** 用纸币钱箱锁紧钥匙（绿色）开锁，抽出纸币钱箱	3	
			7. 放入空纸币钱箱（2号）： 放入准备好的空纸币钱箱，并用锁紧钥匙锁紧	3	
			8. 菜单操作更换成功（2号）： 先按住 Ctrl 键再按 2，等设备显示更换成功	3	
		三退出	**1. 菜单操作设备自检（2号）：** 通过菜单选择设备自检，等设备自检声音结束	3	
			2. 菜单退出（2号）： 通过菜单退出维护界面	3	
			3. 锁紧维修面板（2号）： 将维修面板钥匙锁紧	3	
			4. 锁紧后维修门（1号）： 锁紧维修门；有确认锁紧动作，各3分	6	
		四隔离	**1. 眼看确认 TVM（1号）：** 确认 TVM 状态是否正常	3	
			2. 手指口呼（1号）： 状态正常。（需手指状态显示器及乘客操作显示屏）	3	
			3. 现场备品清理（1号和2号清理并口呼）： ①笔；②TVM 维修门钥匙；③纸币钱箱（带红点）；④纸币钱箱锁紧钥匙；⑤暂停服务牌；⑥报表 **考评：少带1项扣1分**	6	
			4. 回票务室，完善报表（1号和2号）： 车站名、日期可提前填写，现场作业完毕后回票务室再填写双人签名及工号，每项1分	6	
总计			—	100	
备注			限时 4min，超时扣分：超过 0～20s，扣 2 分；超过 20～40s，扣 4 分；超过 40～60s，扣 6 分；超过 60～90s，扣 8 分；超过 90 以上，扣 10 分		

附录 3-4　TVM 更换硬币钱箱作业评价表

序号	作业程序		作业内容	配分	得分
	学生姓名		班级　　　　　　　　　　用时		
1	关键考核点		**发生以下任何一项错误，直接不及格：**（需在下面勾选对应项目） 1. 备品携带错误（钥匙错误）；□ 2. TVM 确认错误；□ 3. 发生违反设备安全和人员安全的操作。□	不及格	
2	介绍岗位		**1. 客运值班员（1 号口呼）介绍：**我是客运值班员××× **2. 站务员（2 号口呼）介绍：**我是站务员×××	2	
3	接收命令		**1. 值班站长（老师担任）布置作业：**①请客运值班员给 TVM01（02）更换硬币钱箱；②今日是现金盘点日，请客运值班员给 TVM01（02）更换硬币钱箱 注意：布置作业时两种情况选一种进行布置	—	—
			2. 客运值班员复诵（1 号口呼）：①给 TVM01（02）更换硬币钱箱，明白；②今日是现金盘点日，给 TVM01（02）更换硬币钱箱，明白 注意：复诵时根据布置作业情况进行复诵，二选一	5	
4	介绍作业时机及清点备品		**客运值班员介绍作业时机（1 号口呼）：**作业时机有①硬币钱箱将满或已满；②现金盘点日运营结束后 注意：根据布置作业情况口呼相应的作业时机，二选一	4	
			站务员清点（并口呼）备品（2 号）： ①笔；②TVM 维修门钥匙；③空硬币钱箱；④暂停服务牌；⑤报表 注意：两种不同时机携带备品不同 **考评：**每漏带一件备品扣 1 分	8	
5	TVM 更换硬币回收钱箱作业流程	一登录	**1. 眼看确认 TVM（2 号）：**查看 TVM 编号是否正确，通过状态显示器和乘客操作显示屏确认 TVM 状态是否正常	3	
			2. 手指口呼（2 号）：TVM01（02）无误，状态正常	3	
			3. 立暂停服务牌（2 号）：将暂停服务牌立于 TVM 乘客服务界面前	3	
			4. 开维修门（1 号）：用 TVM 维修门钥匙打开维修门	3	
			5. 登录后台（1 号）：用自己的账号密码有效登录 TVM 维护后台，进入主界面	3	
			6. 回避（2 号）：不看 1 号的登录操作	3	
		二更换	**1. 进入界面（1 号）：**按菜单选项依次进入更换硬币钱箱界面	3	
			2. 登录界面（2 号）：用自己的账号密码有效登录更换硬币钱箱界面	3	
			3. 回避（1 号）：不看 2 号的登录操作	3	
			4. 菜单操作更换硬币钱箱（2 号）：先按住 Ctrl 键再按 1，等设备盘点硬币声音结束	3	
			5. 填写报表（1 号）：将 TVM 编号、硬币钱箱号码、电子读数填写在钱箱清点报告上。（TVM 编号在确认 TVM 编号后写、回收钱箱号码在打开 TVM 维修门 2 号给 1 号报回收钱箱号码后写，电子读数须待操作 Crtl＋1 显示稳定数据 2 号给 1 号报数后填写）	9	
			TVM 编号、回收钱箱号码各 2 分，电子读数 5 分（未显示稳定数据即填写 0 分）		

序号	作业程序		作业内容	配分	得分
5	TVM更换硬币回收钱箱作业流程	二更换	**6. 取出硬币钱箱（2号）：** 抽出硬币钱箱	3	
			7. 放入空硬币钱箱（2号）： 放入准备好的空硬币钱箱	3	
			8. 菜单操作更换成功（2号）： 先按住 Ctrl 键再按 2，等设备显示更换成功	3	
		三退出	**1. 菜单操作设备自检（2号）：** 通过菜单选择设备自检，等设备自检声音结束	3	
			2. 菜单退出（2号）： 通过菜单退出维护界面	3	
			3. 锁紧维修面板（2号）： 将维修面板钥匙锁紧	3	
			4. 锁紧后维修门（1号）： 锁紧维修门；有确认锁紧动作，各3分	6	
		四撤离	**1. 眼看确认 TVM（1号）：** 确认 TVM 状态是否正常	3	
			2. 手指口呼（1号）： 状态正常。（需手指状态显示器及乘客操作显示屏）	3	
			3. 现场备品清理（1号和2号）： ①笔；②TVM 维修门钥匙；③硬币钱箱；④暂停服务牌；⑤报表 考评：少带1项扣1分	6	
			4. 回票务室，完善报表（1号和2号）： 车站名、日期可提前填写，现场作业完毕后回票务室再填写双人签名及工号，每项1分	6	
总计			—	100	
备注			限时 4min，超时扣分：超过 0～20s，扣 2 分；超过 20～40s，扣 4 分；超过 40～60s，扣 6 分；超过 60～90s，扣 8 分；超过 90 以上，扣 10 分		

附录3-5 TVM更换票箱作业评价表

序号	作业程序	作业内容		配分	得分
	学生姓名		班级	用时	
1	关键考核点	**发生以下任何一项错误，直接不及格：**（需在下面勾选对应项目） 1. 备品携带错误（钥匙错误）；□ 2. TVM确认错误；□ 3. 发生违反设备安全和人员安全的操作。□		直接不及格	
2	介绍岗位	**1. 客运值班员（1号口呼）介绍：**我是客运值班员××× **2. 站务员（2号口呼）介绍：**我是站务员×××		2	
3	接收命令	**1. 值班站长（老师担任）布置作业：**①请客运值班员给TVM01（02）补票；②请客运值班员回收TVM01（02）票箱；③昨日是车票盘点日，现在请客运值班员给TVM01（02）补票 注意：布置作业时三种情况选一种进行布置		—	—
		2. 客运值班员复诵（1号口呼）：①给TVM01（02）补票，明白；②回收TVM01（02）票箱，明白；③昨日是车票盘点日，现在给TVM01（02）补票，明白 注意：复诵时根据布置作业情况进行复诵，三选一		6	
4	介绍作业时机及清点备品	**客运值班员介绍作业时机（1号口呼）：**作业时机是①运营期间单程票不足；②车票盘点日运营结束后；③车票盘点日次日运营前 注意：根据布置作业情况口呼作业时机，三选一		5	
		站务员清点（并口呼）备品（2号）：①笔；②TVM维修门钥匙；③单程票箱；④暂停服务牌；⑤报表 注意：三种不同时机携带备品不同 **考评：每漏带一件备品扣1分**		8	
5	TVM更换票箱作业流程	一登录	**1. 眼看确认TVM（2号）：**查看TVM编号是否正确，通过状态显示器和乘客操作显示屏确认TVM状态是否正常	3	
			2. 手指口呼（2号）：TVM01（02）无误，状态正常	3	
			3. 立暂停服务牌（2号）：将暂停服务牌立于TVM乘客服务界面前	3	
			4. 开维修门（1号）：用TVM维修门钥匙打开维修门	3	
			5. 登录后台（1号）：用自己的账号密码有效登录TVM维护后台，进入主界面	3	
			6. 回避（2号）：不看1号的登录操作	3	
		二更换	**1. 进入界面（2号）：**按菜单选项依次进入更换单程票箱界面	3	
			2. 菜单操作更换单程票箱（2号）：输入更换单程票数	3	
			3. 填写报表（1号）：将TVM编号、原单程票箱号码、现单程票箱号码、原单程票数、现单程票数填写在TVM更换票箱记录表上。（TVM编号在确认TVM编号后写，原单程票箱号码在打开TVM维修门2号给1号报号码后写，电子读数须待维修面板显示数据2号给1号报数后填写） TVM编号、原单程票箱号码、现单程票箱号码、原单程票数、现单程票数各2分	10	

序号	作业程序		作业内容	配分	得分
5	TVM更换票箱作业流程	二更换	**4. 取出原单程票箱（2号）：**按流程取出单程票箱	6	
			5. 放入现单程票箱（1号）：放入准备好的单程票箱	6	
		三退出	**1. 菜单操作设备自检（2号）：**通过菜单选择设备自检，等设备自检声音结束	3	
			2. 菜单退出（2号）：通过菜单退出维护界面	3	
			3. 锁紧维护面板（2号）：将维修面板钥匙锁紧	3	
			4. 锁紧后维修门（1号）：锁紧维修门；有确认锁紧动作，各3分	6	
		四撤离	**1. 眼看确认TVM（1号）：**确认TVM状态是否正常	3	
			2. 手指口呼（1号）：状态正常。（需手指状态显示器及乘客操作显示屏）	3	
			3. 现场备品清理（1号和2号清理并口呼）： ①笔；②TVM维修门钥匙；③单程票箱；④暂停服务牌；⑤报表 考评：少带1项扣1分	6	
			4. 回票务室，完善报表（1号和2号）：车站名、日期可提前填写，更换票箱现场作业完毕后回票务室再填写双人签名及工号，每项1分	6	
总计			—	100	
备注			超时扣分：超过 0~20s，扣2分；超过 20~40s，扣4分；超过 40~60s，扣6分；超过 60~90s，扣8分；超过90以上，扣10分		

附录 4-1　票务管理软件界面图

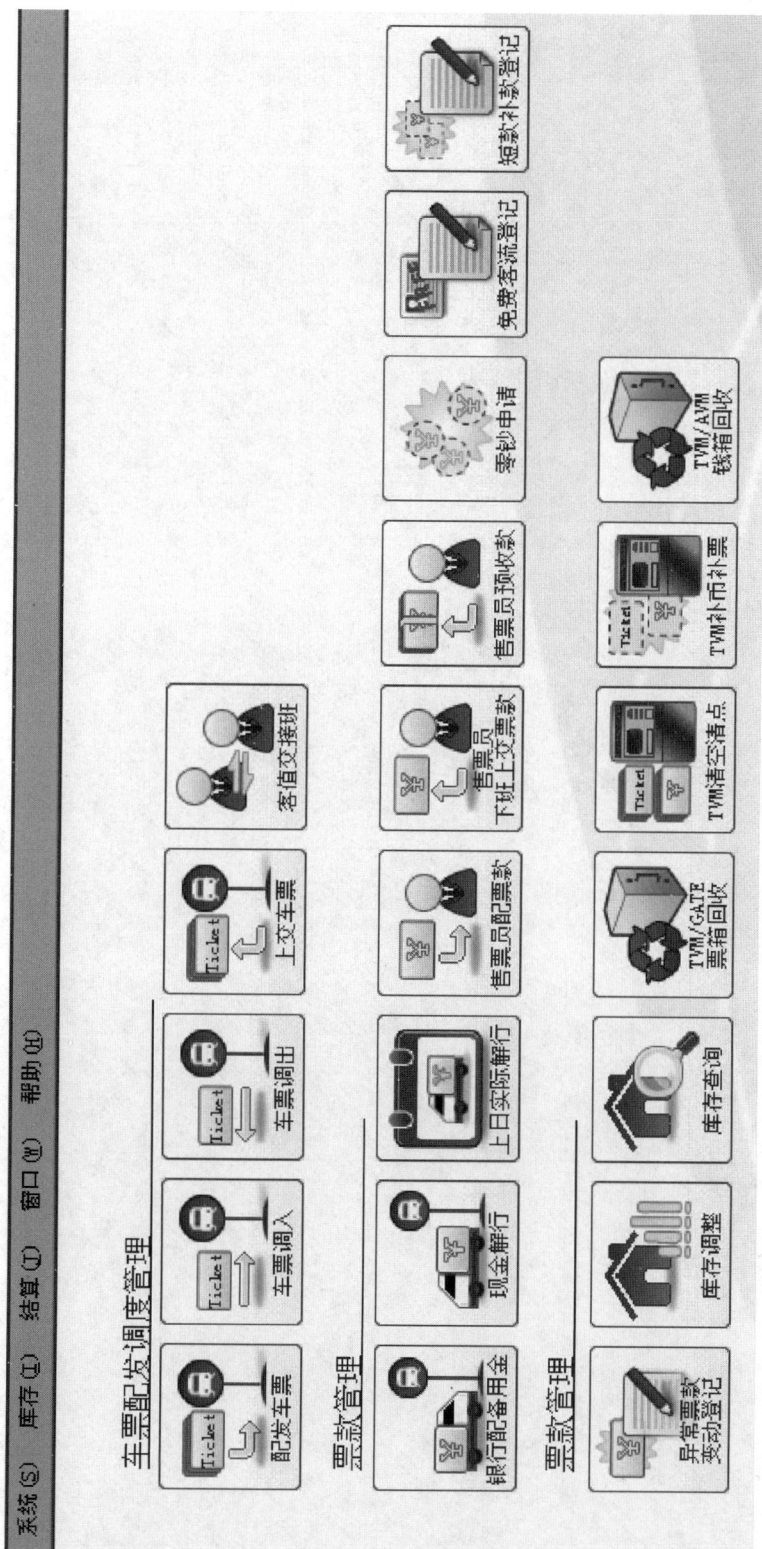

系统(S)　库存(U)　结算(J)　窗口(W)　帮助(H)

车票配发调度管理
- 配发车票
- 车票调入
- 车票调出
- 上交车票
- 客值交接班

票款管理
- 银行配备用金
- 现金解行
- 上日实际解行
- 借票员配回票款
- 借票员下班上交票款
- 借票员当班收款
- 零钞申请
- 免费客流登记
- 短款补款登记

票款管理
- 异常票款变动登记
- 库存调整
- 库存查询
- TVM/GATE票箱回收
- TVM清空清点
- TVM补而补票
- TVM/AVM钱箱回收

307

附录 4-2　乘客事务记录表

班级＿＿＿＿　姓名＿＿＿＿　学号＿＿＿＿

NO：GDWG/J-KY-14　OP105

站＿＿＿　开出 OP103 共＿＿＿张（含作废）　NO：＿＿＿　　年　月　日

	退款事务　普通 TOKEN／纸票						退款事务　储值票					
序号	票种	车票 ID	余值	办理时间	乘客签名	确认人	序号	票种	车票 ID	押金	余值	乘客签名
总计金额							总计金额					—

其他乘客事务	事件详情	处理结果	涉及金额+／−（元）	乘客签名	确认人
合计				—	—

备注：

售票员	员工号	值班员	员工号	确认人	员工号

第一联-经营管理部（黄色）；第二联-制票室（白色）；第三联-车站（红色）

附录 4-3 车站票务管理综合模拟演练评价表

班级_____

序号	评价标准	配分	小组得分				
			小组 1	小组 2	小组 3	小组 4	小组 5
1	所需备品准备齐全，胸牌佩戴规范，角色分工明确，配合协调，各司其职	5					
2	04：00，运营前白班客运值班员清点车站现有车票、票款和备用金数额	5					
3	05：00，运营前白班客运值班员和白班站厅站务员一起给 TVM 补票、补币，客运值班员录入 SC	5					
4	06：00，白班客运值班员给白班售票员配票、配备用金，按标准交接，客运值班员录入 SC	5					
5	09：00，票务部给车站配发车票，按标准交接、签认，客运值班员录入 SC	5					
6	11：00，大客流，白班客运值班员给白班站厅站务员配票、配备用金，按标准交接，客运值班员录入 SC	5					
7	12：40，大客流结束，白班客运值班员和白班站厅站务员结算，按标准交接，客运值班员录入 SC	5					
8	13：50，白班客运值班员与白班站厅站务员一起回收闸机内车票，回收清点 TVM 钱箱，客运值班员录入 SC	5					
9	14：30，白班客运值班员给晚班售票员配票、配备用金，按标准交接，客运值班员录入 SC	5					
10	14：40，白班客运值班员和晚班客运值班员**清点站存车票、票款和备用金数额**，按标准交接、签认，晚班客运值班员录入 SC	5					
11	14：45，晚班客运值班员和白班售票员结算，按标准交接，客运值班员录入 SC	5					
12	15：00，白班售票员和晚班售票员按标准交接备品钥匙等、签认，BOM 交接	5					
13	15：40，晚班客运值班员和晚班站厅站务员一起给 TVM 补票、补币，客运值班员录入 SC	5					
14	15：45，晚班售票员上交预收款给晚班客运值班员，客运值班员录入 SC	5					

序号	评 价 标 准	配分	小 组 得 分				
			小组1	小组2	小组3	小组4	小组5
15	16：00，晚班客运值班员和晚班值班站长一起将票款解行，客运值班员录入 SC	5					
16	23：50，晚班客运值班员和晚班售票员结算，按标准交接，客运值班员录入 SC	5					
17	次日 00：10—00：30，运营结束，晚班客运值班员和晚班站厅站务员一起回收清点 TVM 票箱钱箱、AGM 票箱、单程票回收箱内车票，客运值班员录入 SC	5					
18	次日 01：00，晚班客运值班员清点计算车站库存车票数、库存票款金额、库存备用金金额是否与 SC 数据相符	10					
19	模拟演练表现力强，按时完成所有程序，整体效果好	5					
	总计	100					

小组长签字：   日期：   年 月 日

评价人签字：   日期：   年 月 日

附录 5-1　乘客票务事务判定及处理答辩评价表

班级＿＿＿＿＿姓名＿＿＿＿＿学号＿＿＿＿＿

序号	评 价 标 准	配分	得　　分
1	上交书面作业完整及时、书面作业准确度	20	
2	抽选题1票务问题判定准确	10	
3	抽选题1票务问题处理得当	20	
4	抽选题2票务问题判定准确	10	
5	抽选题2票务问题处理得当	20	
6	对应急处理提问反应及时，处置得当	10	
7	口头表达简洁、清晰	5	
8	规定时间内完成答辩	5	
总计		100	

学习者签字：　　　　　　　　　　　　　　　　　　　日期：　　年　月　日

评价人签字：　　　　　　　　　　　　　　　　　　　日期：　　年　月　日

附录6-1 票务差错、违章和事故案例分析评价表

小 组 评 价 表

班级_____

序号	评 价 标 准	配分	小 组 得 分				
			小组1	小组2	小组3	小组4	小组5
1	小组研讨组织有序、气氛热烈	30					
2	对教师提问的回答有理有据、表达简洁清晰、逻辑严密	30					
3	研讨后的总结发言完整有序，有亮点	30					
4	及时上交本组书面作业，组员作业无雷同	10					
	总计	100					
	等级						
（优秀小组占20%，良好小组占30%，中等小组占30%，及格小组占20%）							

小组长签字：　　　　　　　　　　　　　　　　　　日期：　　年　月　日

评价人签字：　　　　　　　　　　　　　　　　　　日期：　　年　月　日

个 人 评 价 表

班级_____姓名_____学号_____

序号	评 价 标 准	配分	得　　分
1	个人书面分析报告上交及时、完整	5	
2	首次书面分析报告的准确度	20	
3	小组研讨中个人得分	50	
4	修改后的书面分析报告质量	25	
	总计	100	

学习者签字：　　　　　　　　　　　　　　　　　　日期：　　年　月　日

评价人签字：　　　　　　　　　　　　　　　　　　日期：　　年　月　日

附件 "城市轨道交通票务管理" 课业成长评价档案

完成本课程的学习，请填写"个人课业评价汇总表"。

个人课业评价汇总表

班级_____姓名_____学号_____

评价阶段	模　块	评价方式	个人角色 (可单选可多选)	评价结果
形成性考核 (所占比例：70%)	城市轨道交通 票务系统及 AFC 系统	绘图展示	□组长 □组员 □展示者	
	城市轨道交通 票卡与票务政策	分析报告展示	□组长 □组员 □展示者	
	AFC 系统车站 设备操作	抽题实操	□客运值班员 □站务员	
	车站票务管理	模拟演练	□配票员 □白班客运值班员 □晚班客运值班员 □白班售票员 □晚班售票员 □站厅站务员 □银行收款员 □场景解说员 □其他	
	乘客票务事务处理	抽题答辩	□售票员	
	票务差错、违章和 事故管理	案例分析	□组长 □组员	
终结性考核 (所占比例：30%)	终结考核 (可单选可多选)	□综合答辩（口试） □期末统考（笔试）		

完成本课程的学习，请填写"本课程学习效果调查表"。

本课程学习效果调查表

序号	评 价 内 容	满 意 度	改 进 建 议
1	□课程思政融入自然		
2	□课堂氛围热烈		
3	□学习效率提高		
4	□合作学习能力提高		
5	□学业压力减轻		
6	□自我认知提升		
7	□知识水平提高		
8	□学习积极性与兴趣提高		
9	□学习自信心增强		
10	□学习方法改良		
11	□自主学习能力提高		
12	□参与度与投入度提高		
13	□作业质量提高		
14	□考试内容和工作能力对应		
15	□课程内容与"1＋X"考证内容融通		

注：请从选项中勾选自己认为满意的选项（多选），并填写满意度及改进建议，此项内容与个人课业成绩评定无关，仅作为课程改革方向之参考。

学生课业自我鉴定：_____

_____

学生对课程学习的意见与建议：_____

_____

_____

教师评语：_____

_____

_____

企业导师评语：_____

_____

_____

课业总成绩：_____

_____年_____月_____日